国家社科基金项目（14BTQ001）成果

民国时期图书馆学教育研究

任家乐　著

国家图书馆出版社

图书在版编目(CIP)数据

民国时期图书馆学教育研究/任家乐著. --北京:国家图书馆出版社,2018.6
ISBN 978 - 7 - 5013 - 6525 - 8

Ⅰ.①民…　Ⅱ.①任…　Ⅲ.①图书馆学—教育工作—研究—中国—民国
Ⅳ.①G250 - 4

中国版本图书馆 CIP 数据核字(2018)第 186965 号

书　　名　民国时期图书馆学教育研究
著　　者　任家乐　著
责任编辑　唐　澈
封面设计　得铭文化

出　　版　国家图书馆出版社(100034　北京市西城区文津街 7 号)
　　　　　(原书目文献出版社　北京图书馆出版社)
发　　行　010 - 66114536　66126153　66151313　66175620
　　　　　66121706(传真)　66126156(门市部)
E-mail　　nlcpress@ nlc. cn(邮购)
Website　www. nlcpress. com ——→投稿中心
经　　销　新华书店
印　　装　北京鲁汇荣彩印刷有限公司
版　　次　2018 年 6 月第 1 版　2018 年 6 月第 1 次印刷

开　　本　710 ×1000(毫米)　1/16
印　　张　24.5
字　　数　387 千字

书　　号　ISBN 978 - 7 - 5013 - 6525 - 8
定　　价　95.00 元

序 一

姚乐野[*]

我和任家乐君相识已十有余年。2006 年,在我担任四川大学图书馆馆长期间,任家乐君成了我的同事。2010 年,他考取了我招收的历史文献学专业博士研究生。他对研究中国图书馆史,特别是民国时期的图书馆史情有独钟,从而进行了一系列系统、专门的研究,主编了《民国时期四川图书馆业概况》一书,并在《大学图书馆学报》《图书馆建设》《图书馆杂志》《图家图书馆学刊》等专业期刊上发表了多篇高质量的学术论文。2014 年,他申报的国家社科基金一般项目"民国时期图书馆学教育研究"获批立项,呈现在读者面前的这本专著,就是该项目研究的最终成果。

民国时期的图书馆事业史是中国图书馆史承上启下的重要发展阶段。在这一阶段,图书馆服务理念、图书馆专门技术相对于过去时代发生了重大变化,这种变化源自于西方图书馆学理论的引入。近代中国图书馆学理论源于西方,经历了西学东渐,吸纳改进,再到本土化发展等不同阶段。这一传播改进的过程与中国图书馆学教育有着密切的关系。可以说,中国图书馆学教育的发展极大地促进了西方图书馆学在中国的传播和改进。因此,某种程度而言,中国图书馆学教育的成果(或者说贡献)引领着中国图书馆事业的发展。

由于在近代中国图书馆学教育萌芽的时候,中国图书馆学教育所取法的源头——美国图书馆学,也只不过是一个兴起二三十年的新兴学科,还远谈不上成熟,甚至是否成为一门独立学科尚有争议,自然并无多少成规可循。正如任家乐君在书中所提到的,近代图书馆学教育的过程往往也是教学和科研并重的过程,

---

[*] 姚乐野,现任四川省社科院党委委员、副院长。兼任国家社科基金图书馆、情报与文献学学科规划评审组专家,中国高校人文社会科学文献中心专家委员会委员,中国社会科学情报学会常务理事,四川省社会科学情报学会副理事长,四川大学中国发展研究咨询中心执行主任。

是一个不断创新的过程。本书以西方图书馆学理论的引入、本土化改造为一条线索,又以图书馆学教育对图书馆职业化的相互促进和影响为另一条线索展开对主题的讨论,我认为这是颇有新意的。

仔细阅读任家乐博士这本专著,我认为至少有以下几方面的特点:一是系统全面、精深厚实。从图书馆学角度看,这是一本专门的学科发展史著作;从历史学视域看,它又是一部有关民国历史研究的专门史著作。该书在纵向上把图书馆学教育划分为民国初期至20世纪20年代、20世纪30至40年代两个阶段加以论述;横向上又以高等教育、中等职业教育、讲习会教育等不同层次的教育形式为剖面,选择典型性的案例进行研究,条理清晰;再对"课程与教学""招生、就业与深造"等教育过程进行研究,层层推进,由表及里。并且,本书对于学界很少关注的日本在华图书馆学教育也进行了较深入的研究,这些都值得充分肯定。二是史论结合,论从史出。从研究方法来说,任家乐博士的这本专著既有分阶段的历时性研究,又有横截面上的研究;既有案例研究,又有专史的考订。在具体分析中注重从史实中推断出结果,有助于厘清民国图书馆学发展中的诸多史实,深化民国图书馆史研究。三是拓展研究资料来源,充分发掘档案史料价值。这本专著有很多材料来源于档案,在我国历史档案利用并不方便的当下,任家乐博士能够花费大量精力收集、利用这些珍贵文献,足可见其不满足于已有材料,积极进取的研究态度。

就在本书即将付梓刊行之际,欣闻任家乐博士再获2018年国家社科基金项目,这是对他十多年来在图书馆事业史研究方面辛勤耕耘的回报,也是他在该研究领域的新的拓展。预祝任家乐博士在图书馆史研究上取得新的更加丰硕的成果。

是为序。

2018 年 5 月

序　二

程焕文 *

任家乐博士的著作《民国时期图书馆学教育研究》付梓在即，该著作是国家社科基金项目研究成果。从立项到结项，我都是评审人，现在任家乐博士又邀我作序，我自然乐此不疲。我之所以乐此不疲，是因为一代图书馆史与图书馆学史新人的迅速崛起令人欣喜，令人振奋，令人充满了希望。

早在 1988 年，我就曾提出 20 世纪中国图书馆"四代人"之说，20 世纪 90 年代以后此说广泛流行，成为图书馆学界的共识。进入 21 世纪以后，20 世纪 80 年代产生的第四代图书馆学人由半百而花甲，进而陆续从图书馆和图书馆学研究的舞台中央走向边缘，然后谢幕，退出舞台。

有年满退休者，如华中师范大学信息管理学院况能富副教授、华南师范大学信息管理系乔好勤教授、南京农业大学信息科学技术学院侯汉清教授、首都图书馆原馆长倪晓建教授、深圳图书馆原馆长吴晞研究馆员、湖北省图书馆原馆长汤旭岩研究馆员、上海社会科学院信息研究所原所长王世伟研究馆员、西北大学公共管理学院杨玉麟教授。

有退休后延聘者，如华东师范大学信息管理系范并思教授。

有退休后异地任职者，如北京大学图书馆原馆长戴龙基退休后转任澳门科技大学图书馆馆长，武汉大学图书馆原馆长燕今伟退休后转任南方科技大学图书馆馆长（已二次退休），上海图书馆原馆长吴建中退休后转任澳门大学图书馆馆长，中国国家图书馆原副馆长陈力退休后转任四川大学历史文化学院教授。

---

* 程焕文，中山大学资讯管理学院教授、图书馆馆长、文献与文化遗产管理部主任、国家文化遗产与文化发展研究院院长，中国图书馆学会副理事长，国际图书馆协会联合会（IFLA）管理委员会委员。

有任期届满或临近退休而换岗者,如中国科学院文献情报中心原主任张晓林任期届满以后转任上海科技大学图书馆馆长,北京大学图书馆原馆长朱强任期届满后转任阿卜杜勒·阿齐兹国王公共图书馆北京大学分馆暨古籍馆馆长,中国社会科学院图书馆原馆长杨沛超任期届满后转任研究员,即使是第四代人中的小字辈、厦门大学图书馆原馆长萧德洪也因为任期届满而转赴厦门大学马来西亚分校图书馆馆长。

有英年早逝者,如华东师范大学信息管理系黄纯元博士、宁夏图书馆原副馆长张欣毅研究馆员、东南大学图书情报教研室原主任张厚生教授、北京大学新闻与传播学院肖东发教授。

依照目前的人事制度与组织规定,不出十年,尚有一大批第四代人将陆续退至幕后或者退休,如北京大学信息管理系刘兹恒教授、李国新教授、王余光教授、王子舟教授,南开大学信息资源管理系柯平教授,中国国家图书馆副馆长张志清研究馆员、研究院院长汪东波研究馆员,武汉大学信息管理学院肖希明教授、陈传夫教授,南京大学信息管理学院叶继元教授、郑建明教授、徐雁教授,中国科学院大学图书情报与档案管理系主任初景利教授,黑龙江大学信息管理学院副院长蒋永福教授,四川大学图书馆馆长党跃武教授,广东省立中山图书馆馆长刘洪辉研究馆员,广东东莞图书馆馆长李东来研究馆员,浙江图书馆馆长褚树青研究馆员,上海图书馆副馆长刘炜研究馆员,上海图书馆副馆长周德明研究馆员,中国农业科学院农业信息研究所所长孙坦教授,等等,到那时第四代人的历史使命将基本终结。

上述学人是第四代图书馆人的杰出代表,是改革开放40年来中国图书馆事业建设和图书馆学术发展的骨干和脊梁。凡此种种情形犹如连续剧不断上演,难免使人产生"无可奈何花落去"的惆怅和"小园香径独徘徊"的孤寂,进而时常感叹"第五代人何在"。在经历了长久的惆怅、孤寂、感叹和"众里寻他千百度"的期盼以后,近年来在图书馆史和图书馆学史研究领域竟然涌现了一批十分优秀的青年学者,如中山大学王蕾博士、周旖博士、张琦博士、肖鹏博士,北京大学范凡博士,南京大学谢欢博士,第三军医大学李彭元博士,清华大学韦庆媛副研究馆员,江南大学顾烨青副研究馆员,泉州师范学院郑锦怀副研究馆员,华南师范大学郑永田博士,成都大学任家乐博士,武汉大学彭敏惠博士,河南大学翟桂荣副研究馆员，河南师范大学王仁磊博士，天津师范大学周余姣博士，云南大学刘宇博士，等等。他们大多三十余岁，朝气蓬勃，阳光向上，学兼中西，功底扎实，思想敏锐，视野开阔，成果丰硕，尤为可贵的是具有极其浓厚的图书馆精神和学术精神。这批青年才俊的成群出现，突然使人强烈地感觉到第五代人已经悄然崛起，颇有几分"蓦然回首，那人却在灯火阑珊处"的惊喜和"似曾相识燕归来"的欣慰。

虽然明知江山代有人才出，各领风骚数十年，但是，第五代人的翩然而至仍然令人兴奋不已，因为第五代人自图书馆史和图书馆学史的一地崛起与第四代人在图书馆学各个领域的遍地开花大相径庭。

图书馆史和图书馆学史向非图书馆学研究热点，却是所有图书馆学研究者的最后学术归宿，凡在此领域无所作为者均不足语。可喜的是，第五代人的崛起恰恰诞生于图书馆史与图书馆学史领域，因此颇值称道。时势造英雄，近十年来图书馆史与图书馆学史青年人才的脱颖而出，大抵可以归功于各高校图书馆学教育的发展和图书馆史与图书馆学史教学、科研团队的造就，如中山大学程焕文教授团队，北京大学王余光教授、王子舟教授团队，南京大学徐雁教授、叶继元教授、张志强教授团队，武汉大学肖希明教授、吴永贵教授团队，四川大学姚乐野教授团队，河南师范大学苏全有教授团队，以及中国国家图书馆研究院汪东波研究馆员团队，江南大学吴稌年教授团队，等等。这些团队或通过博硕士生的培养，或通过重大重点科研项目的带动，或通过大型史料著作的编撰，或通过持之以恒的专项研究，耳提面命，言传身教，培养了一批优秀的青年人才。

任家乐博士正是在这种培养环境中脱颖而出的一位优秀青年学者。他师从四川大学姚乐野教授攻读博士学位，参与姚乐野教授主持的国家社科基金重大项目"清末民国时期图书馆事业档案整理与研究"，并主持完成了国家社科基金项目"民国时期图书馆学教育研究"，毕业以后任成都大学特聘研究员，主持国家社科基金项目"民国时期图书馆与乡村社会教育研究"，继续开展图书馆史研究，在短短的数年内，便取得了骄人的图书馆史研究成就。

在过去的数十年间，有关民国时期的图书馆学教育研究已经产生了不少研究成果，要想在此领域有所建树并非易事，而要轻松自如地驾驭如此宏大的研究课题,如果没有长期积累则难以得心应手。尽管如此,任家乐博士努力为之,终于成就了这本《民国时期图书馆学教育研究》著作。

在这本著作中,任家乐博士努力地尝试用新的视野、新的理论、新的方法和新的史料去审视、解读和阐发民国时期的图书馆学教育历史,因而有着敢于逾越学术藩篱而另辟蹊径的可贵之处。

总的来说,任家乐博士是从图书馆职业化的角度去阐发民国时期图书馆学教育的产生和发展历史的。这个视野相较过去的研究有新意,也是可取和正确的,因为美国图书馆学教育走的就是这条道路,一条十分成功的道路。正因为如此,任家乐在这本著作中花了不少笔墨阐述图书馆职业化和职业学术,并尽力从各级各类图书馆学教育中发掘其中的职业因素,这也正是民国时期图书馆学教育模仿美国图书馆学教育所要追求而未能达成的目标。正因为如此,要阐述清楚民国时期图书馆学教育的职业化十分困难。

纵观美国图书馆学教育的历史,我们不难发现,美国图书馆学教育的产生具有两项划时代的里程碑意义:其一是图书馆职业化的开始。杜威(Melvil Dewey,1851 年 10 月 10 日—1931 年 12 月 26 日)于 1876 年创办世界上第一个图书馆协会——美国图书馆协会(the American Library Association)和世界上第一种图书馆期刊——《图书馆杂志》(Library Journal),然后于 1887 年在哥伦比亚大学创办世界上第一个图书馆学学校——图书馆经济学校(School of Library Economy),由此开启了世界图书馆学教育和美国图书馆员职业化的历史。我国图书馆界学者鲜有关注杜威起初使用"Library Economy"一词的用意,因此对美国图书馆员职业化的认知也不到位。其二是图书馆学学科的开始。我国的图书馆学教科书和图书馆学界对图书馆学和图书馆学教育历史的普遍认知,基本上都固化在 1808 年德国人施雷廷格(Martin Schrettinger)的《图书馆学综合性试用教科书》之上,认为这是图书馆学和图书馆学教育的肇始,其实大谬不然!诚如有人引用"吾儿有目录之学"一语,而谓我国目录学一词宋代已有之一样,令人贻笑大方。近现代图书馆学并非肇始于德国,施雷廷格是个图书馆从业者,也做过有关图书馆业务的研究,但是绝不是一个图书馆学家,因为那时根本就没有图书馆学这个学科!当然,近现代图书馆学亦非肇始于英国、法国,而是肇始于美国。在美国图书馆学界看来,1876 年美国图书馆协会和《图书馆杂志》的创办也不是图书馆学学科创立的标志,唯有 1887 年图书馆经济学校的创办才是图书馆学学科诞生的标志。可以说,近现代一切学科的产生非在高等教育中有一席之地均不足以成学。这是十分浅显的事实和道理,但是绝大多数人均视而不见听而不闻,实在是不可思议和无可奈何。

由此可见,任家乐博士选择从图书馆职业化的角度去研究图书馆学教育的历史有着返璞归真的意义。也正因为如此,任家乐博士着力阐发了民国时期的图书馆学在职教育(短期教育)和中等职业教育,以及整个图书馆学教育与图书馆职业互动,中国图书馆学教育与西方图书馆学教育的关系,乃至与政府和社会的关联。

鉴于以往的研究过于集中于文华图书馆学专科学校的研究,加之近十年来南京大学方面在金陵大学克乃文(William Harry Clemons)的研究上颇有建树,任家乐博士在此著中采用了详金陵而略文华,以免落入俗套的做法。这种做法有可取之处,亦有值得商榷之处。美国人克乃文来华供职于金陵大学十余年(1913 至 1927 年),其贡献在于金陵大学图书馆,而非图书馆学教育。虽然克乃文曾在金陵大学文科开设图书馆学公共选修课程,且对金陵大学洪有丰、李小缘、刘国钧的成长有所帮助,有所影响,但是,客观而实事求是地说,克乃文所为并非图书馆学专业教育,对民国时期的图书馆学教育亦无直接作用和影响。因此,在 20 世纪 90 年代以前,在图书馆学教育史上鲜有人提及克乃文,知之者极为罕见,如果不是最近十余年的史料发掘和过度阐发,克乃文也不过是停留在陈旧档案上的一个人名而已。因此,将金陵大学的图书馆学教育置于文华图书馆学专科学校之前,将克乃文的贡献置于韦棣华之上,并非明智之举。

在这本书中,任家乐博士对日本在"满铁"和伪满的图书馆学教育亦有专门论述,有弥补过去因回避或忽视而阙如之功。

在研究方法上,任家乐博士采用了现在流行的口述史研究方法,先后采访了毛相骞(毛坤之子)、冯士美(冯汉骥之子)、桂裕民(桂质柏之子)等图书馆学前辈的后人,以口述资料与文献史料相比照,丰富了历史研究的内容,值得称赞。

任家乐博士在本书的后记起首言"无论从图书馆学教育的学术渊源,或者说从资历的角度来说,由武汉大学、南京大学或者北京大学的学者来执笔都可能更适合一些"。看上去有点儿惶恐不安,其实大可不必,学术无国界,学术研究无禁区,共同研究、相互砥砺、互相借鉴、彼此促进,才是学术发展之路。期盼任家乐博士百尺竿头更进一步,在图书馆史和图书馆学史研究上取得更大成就。

　　是为序。

2018 年 5 月

于中山大学康乐园竹帛斋

目　录

表目录

图目录

绪　论

　　1920 年,武昌文华大学图书科(以下简称"文华图书科")创办,这是一个只有三个教员六个学生的袖珍教育机构,却是中国图书馆学教育史上的一件大事,它标志着中国图书馆学专业化教育的开始。文华图书科在 1929 年发展为独立的武昌文华图书馆学专科学校(以下简称"文华图专"),在此后的 20 余年间,这所学校以风气领先、师资雄厚、学生素质较高为业界赞誉,一直是中国图书馆学教育的风向标。在 1949 年以前,上海国民大学、北京大学、金陵大学、大夏大学、清华大学、国立社会教育学院、四川大学、云南大学等高等院校都曾开设图书馆学课程或专业,又有四川图书馆学校、成都女子职业学校高级图书管理科、天津市立师范学校图书馆学讲习班等中等职业教育机构成立,20 世纪 30 年代以后还产生了上海图书馆学函授学校、商务印书馆函授学校图书馆学科等通信教育机构,至于一些临时举办的图书馆学讲习班、培训班还有很多。这些不同层次的图书馆学教育活动,推动了中国图书馆职业化的发展,造就了一批图书馆专门人才,对中国图书馆事业发展贡献了力量,影响涉及 1949 年中华人民共和国成立以后的图书馆学教育。

　　由于 20 世纪上半叶中国一直处于政治动荡与战乱之中,图书馆事业虽渐为社会各界所承认,然而始终是在艰难的状态中发展,图书馆学教育自然也受到影响。除文华图专、金陵大学图书馆学系、国立社会教育学院图书博物馆学系、成都女子职业学校高级图书管理科等少数机构办学时间较长以外,大多数图书馆学教育机构维持时间均很短暂。这一时期图书馆学教育史的研究多是有关个体办学的著作、论文、当事人回忆录、档案文献、期刊报道等,分布散乱,还没有形成一部全面的、系统性的研究著作。

　　在这一段图书馆学教育自发产生、独立生长的岁月里,西方图书馆学是如何在一个藏书历史悠久,拥有精深校雠学、版本目录学传统的国度生根发芽并占据主导地位的? 图书馆学教育面临的困难及解决方法是什么? 图书馆学教育与图书馆业及图书馆协会等的相互关系及影响如何？图书馆学教育在近代中国图书馆职业化的进程中扮演的角色是怎样的？民国时期图书馆学教育对于当代图书馆学教育的借鉴和意义是什么？这些都是本书所欲探索的问题。

第一节　研究的意义、现状与存在的问题

20世纪上半叶是我国图书馆事业从古代藏书楼阶段迈向现代图书馆阶段的转型时期，社会地位和功用凸显，形成了专门的职业，其技术服务的重要性也在增加，需要从学术理论和职业理论两方面进行建构。学术理论方面要解决西方图书馆学本土化带来的不适，结合中国国情加以革新和创造，形成有中国特色的图书馆学，解决图书馆技术领域的种种问题。职业理论方面需要通过系统化的教育，加快图书馆员的专门化、职业化进程，建立图书馆职业的可识别性，形成职业道德规范。这两方面的进步都离不开图书馆学教育的发展。图书馆学教育并非仅限于"传授"知识，还带有实验、创造的性质，应当说是现代图书馆事业发展中最重要的一环。即使就图书馆学科自身而言，对于早期教育历史的系统整理和研究也是必要和有价值的。

民国图书馆学教育史的研究，从20世纪90年代以后逐渐升温，取得了许多有价值的成果，不过这些研究大多是将图书馆学教育作为图书馆事业的一部分，或者作为图书馆学研究的一部分来论述的，还没有单独讨论并形成一部有关早期图书馆学教育的研究专著。在本书即将出版之际，笔者发现北京大学郑丽芬2015年的博士论文《民国时期的图书馆学教育》与本书的命题高度相似，但尚未出版，可谓意外的撞车。经与郑老师交流，得以目睹该博士论文的目录部分，期待将来出版后能继续学习。

国外刊物有关中国早期图书馆学教育的研究成果很少，集中于文华图专有关人物的研究[1][2]。彭敏惠统计了我国台湾英文期刊上发表的几篇文章。在各类

---

① Edward T. James. Notable American Woman(1607 – 1950)[M]. Cambridge：Harvard University Press，Belknap Press，1971(3)：647 – 648.

② Jing Zheng Chuan，You Deng Shao，Min Cheng Wen，et al. The Queen of the Modern Library Movement in China：Mary Elizabeth Wood[J]. Library Review，2010，59(5).

中文数据库里,采用"早期图书馆学教育""图书馆学教育＋20世纪""图书馆学教育＋民国时期""金陵大学图书馆学系""文华图专"等相关的检索词进行题名及主题检索,共有60余篇。中国知网硕博士论文数据库里以"图书馆学教育"进行精确检索尚无一篇,当然并不能说是完全的研究空白,因为不少有关图书馆学人的研究论文,如对戴志骞、刘国钧、杜定友、王重民等人的学术思想研究中也掺杂了图书馆学教育的内容。

从已出版的著作来看,这些研究包括了亲历者的论述,如严文郁的《中国图书馆发展史:自清末至抗战胜利》(1983)、《毛坤先生纪念文集》(2009)、《袁同礼文集》(2010)、《杜定友文集》(2012)、《沈祖荣集》(2016)等。又有邹华亨、施金炎的《中国近现代图书馆事业大事记》(1988),程焕文的《中国图书馆学教育之父——沈祖荣评传》(1997),北京大学信息管理系等主编《一代宗师——纪念刘国钧先生百年诞辰学术论文集》(1999),梁建洲等的《毛坤图书馆学档案学文选》(2000),郑章飞、黎盛荣等的《中国图书馆学教育概论》(2001),程焕文的《文华精神:中国图书馆精神的家园》(2001),王子舟的《杜定友和中国图书馆学》(2002),谢灼华的《中国图书和图书馆史》(2005),来新夏的《中国图书事业史》(2009),郑锦怀的《中国现代图书馆先驱戴志骞研究》(2017),这些著述都有相当部分论述图书馆学教育的内容。武汉大学信息管理学院主编《文华情怀——文华图专九十周年纪念文集》(2010)、《求实奋进,共谱新篇——从文华图专到武汉大学信息管理学院(1920—2010)》(2010)两本很有价值的著作,范凡的《民国时期图书馆学著作出版与学术传承》(2011)、周洪宇的《不朽的文华——从文华公书林到文华图书馆学专科学校》(2013)、中国图书馆学会编著的《中国图书馆学学科史》(2014),彭敏惠的《文华图书馆学专科学校的创建和发展》(2015)、南京大学李刚等的《制度与范式:中国图书馆学的历史考察(1909—2009)》(2015)等,都具有相当的学术研究深度和理论价值。

值得一提的是程焕文的《中国图书馆学教育之父——沈祖荣评传》、周洪宇的《不朽的文华——从文华公书林到文华图书馆学专科学校》和彭敏惠的《文华图书馆学专科学校的创建和发展》三本专著,材料翔实,论述深入,是有关文华图专图书馆学教育的研究力作。

现有研究的第一个特点,大多数论文及著作,尤其是20世纪90年代以前的作品,资料性质的概述、简介较多,理论分析较为薄弱,对个体的研究远多过对整体的研究,对于"点"的研究远多于对"面"的研究,这些研究又集中在高等教育领域,尤其以文华图专以及文华学子的个人成就等方面的研究为多,其他层次及其他机构的图书馆学教育涉及的较少,对于图书馆学教育在图书馆职业化中的作用、日本在华殖民统治时期所从事的图书馆学教育活动、中等职业教育活动、图书馆学教育与政府之间的关系等方面的研究基本还是空白,没有形成整体性、层次性的研究著作。文华图专虽然是民国时期图书馆学教育的代表,但还不能涵盖当时图书馆学教育的全部内容。

第二个特点是图书馆学教育与图书馆学研究紧密联系,一般从图书馆学发展的角度来论述图书馆学教育的发展。例如范凡的《民国时期图书馆学著作出版与学术传承》,与李刚等的《制度与范式:中国图书馆学的历史考察(1909—2009)》两书。吴仲强等认为"图书馆学史的全部内容,应当是图书馆学领域的全部历史,即理论图书馆学、技术图书馆学和应用图书馆学的全部历史,或者称为普通图书馆学与专门图书馆学的全部历史。自然,中国图书馆学史、中国藏书学史、中国图书分类学史、中国目录学史、中国版本学史、中国图书馆学教育史等也包括在中国图书馆学史的研究内容之中"①。这是学界习惯的研究范式。虽然图书馆学教育为图书馆学发展必然延伸的观点不无道理,然而也应当看到,学科教育的发展具有社会需要的前提条件,尤其是图书馆学这种应用学科来说更是如此,没有社会需要产生的市场需求,图书馆学教育就不可能得到发展,或者说发展保持在较低的水平。由于社会需要产生图书馆职业,随着图书馆职业化的深入发展,产生了区别于其他服务性职业的特点,产生了专业化的需求,自然推动了图书馆学教育的发展,这是从职业化发展探索图书馆学教育发展的思维,与传统从图书馆学发展论及图书馆学教育的发展史并行不悖。

第三个特点是研究者习惯从公开出版物中寻找依据,较为忽视档案文献的利用。以经常引用的民国时期图书馆学著名期刊,如《图书馆学季刊》《中华图书馆协会会报》《文华图书馆学专科学校季刊》为例,这些刊物有几个特点,一是偏

---

① 李刚,等.制度与范式:中国图书馆学的历史考察(1909—2009)[M].北京:科学出版社,2013:1.

重于学术交流,主要刊载关于图书馆学术问题的讨论,以及一些相邻学科如历史学、校雠学、文学方面的研究作品,其特点以"创作"为主,而不是以"记录"为主。二是精英色彩浓重,主要聚焦精英群体以及精英机构的学术交流及个人活动。三是囿于图书馆人的内部交流。图书馆虽为学术界及普通大众获取知识的机构,但是图书馆期刊,以及图书馆著作则表现出保守的一面,除在 20 世纪初图书馆事业初建时期曾引起社会名流、知识精英的高度重视以外,大多数时候,图书馆学很少引起社会科学界的关注,是一个较为封闭的学科领域。

因此民国时期的相关出版物,大体可以归为学术史研究以及精英史研究的参考文献,如果只是研究图书馆学术的演进变化,精英群体的交流活动,那么现有的材料尚足以应付。而如果从多层面的视角去研究图书馆学教育现象,则会发现困难重重。现有材料的限制使研究者的思路总是围绕学术化、精英化的人、事、物做文章,如果从社会史而不是从学术史的视角观察和研究当时图书馆学教育的状况、图书馆职业的吸引力情况、图书馆学教育就业情况、教职员人员流动及图书馆学教育女性化趋势的形成、图书馆学教育与政府之间的关系问题等,现有材料或不足以提供支撑。

由于笔者承担的本课题的需要,以及所承担的另一个社科基金子课题的需要,多次往返四川省档案馆、成都市档案馆、重庆市档案馆、武汉大学档案馆、湖北省档案馆、云南省档案馆、中国第二历史档案馆、北京大学档案馆等机构,接触到不少与本研究相关的档案,为研究提供了新鲜的材料。档案倾向"记录"而非"创作"的一面,其材料是原始的,未经"创作"的第一手材料,研究者不易受到前人思维惯性的影响,很可能找到新的材料来弥补以往研究的不足。因此,积极利用档案及口述材料,将有利于避免研究的片面性。

第二节　图书馆事业及图书馆学教育产生的时代背景

19 世纪末至 20 世纪中叶是中国图书馆事业产生及快速发展的重要阶段,这个阶段与以往知识分享的传统迥然不同,很少保留旧时的痕迹而呈现出完全崭新的面貌。

这种不同主要表现在三个方面,第一,知识分享的风气发生了深刻变化。早期对于商业的蔑视导致商业传播水平较低,雕版印刷的高昂费用很少通过市场进行分担,政府以外的私人难以承担高昂的制造费用,大量书籍以手抄本的形式流传,这也意味着书籍的生产非常有限。由于雕版印刷价格不菲,书版在若干年灭失以后,读者很难再得到与原版相同的书籍,重新制版相当于初次制版,书籍成为非常珍贵的私人财产,任何没有回报的共享行为都可能导致书籍"贬值",因此书的主人习惯通过对等交换或友谊来控制知识的传递。

这样的藏书氛围使知识分享一般局限在有对等交换关系的藏书家之间进行,少数有声望的读书人有幸能受到邀请在私家藏书楼里一饱眼福,而政府藏书虽然对官员及后备官员(学生)开放,但一般只阅不借,开放极为有限。虽则有少数士人发起类似近代图书馆形式的书籍共享实践,然而存在时间不长,并不能影响保守的社会风气。

至清末民初时期,随着西方坚船利炮叩开中国的大门,西方先进工业品源源不断地输往中国,西方传教士积极在华传播西方文明,中国人逐渐认识到在物质领域与精神领域都远超中国的西方文明,精英分子在惶恐中积极探寻未来的出路,在学习西方先进技术的同时也认识到建立开明学习风气的重要性。郑观应认为:"英国书院之多,不胜枚举,而不费钱钞任人游观者,随在有之。"又感叹"盖教育已盛,加以社会熏陶之力,无往非研智修德之地。予观其二大博物院,益叹其既富且强,良非侥致。"梁启超则把西方教育的成功归结为学校、新闻馆、书籍馆的普遍设立。精英分子认识到知识分享的重要性,从而对西方知识分享的重要机构——图书馆在中国的萌芽和发展寄予了很高的期望。

在 20 世纪初的十余年间,全国兴起了创办图书馆的热潮,被称为公共图书馆运动时期。安徽士绅何熙年在呈请开办藏书楼文中说道:"呈为皖省置办中西图籍,设立书楼,公恳俯赐提倡,准予立案,以开风气而弭隐患事……夫开通士智之道,良亦多端。而惟购置藏书一事,其效远,其事约,施于皖省,尤觉相宜。"①政府改良派的言论也多类似,山西巡抚上书道:"近日东西各邦,于都会所在,莫不有博物、图书之馆,为士人观览之场。广厦万千,琅函委叠,非独考献征文之助,

① 何熙年.皖省绅士开办藏书楼上王中丞公呈[M]//李希泌,张椒华.中国古代藏书与近代图书馆史料(春秋至五四前后).北京:中华书局,1982:107.

实为育才与兴学之资。"①1904 年清廷颁布《奏定学堂章程》,明确提出图书馆的概念,1906 年又打算在首都及各省会建立京师图书馆及各省公共图书馆。这些来自政府与民间精英分子的舆论通过报刊、书籍广为传布,对于新的知识分享风气的形成起到了重要作用。

第二,新的知识分享方式得以建立。早期的私家藏书及政府藏书均不是以知识分享为主要目的,为解决阅读的障碍,读者只能通过交换的方式进行。明代焦竑与赵绮美、梅鼎祚组成一个抄书会,每三年碰面一次,抄录彼此所藏的珍本。17 世纪初的苏州藏书家冯舒、叶树廉和陆贻典同意相互造访,彼此参考和借阅藏书②。清代的丁雄飞约订了一个有关书籍分享的《古欢社约》,但"不入他友,恐涉应酬,兼妨检阅"。这样的读书圈游离于社会之外,与社会生活没有联系。

随着 19 世纪末 20 世纪初新的知识分享风气的建立,清政府于 1910 年发布《京师及各省图书馆通行章程折》,规定了"图书馆之设,所以保存国粹,造就通才,以供硕学专家研究学艺,学生士人检阅考证之用。以广征博采,供人浏览为宗旨"。又规定了图书馆的收藏范围,图书馆的定名、地址、设置、人员、管理、经费等事项,是为第一个由中央政府颁布的图书馆法规,这些法规从制度上确立了图书馆作为新的知识分享机构的重要地位,使图书馆成为与学校、报纸并立的知识分享源头。虽然清政府很快覆灭,上述章程并未得到实施,但图书馆发展的趋势已然确立,中华民国建立以后,颁布了《通俗图书馆规程》(1915)、《图书馆条例》(1927)、《图书馆规程》(1930)、《修正图书馆规程》(1939)、《图书馆工作实施办法》(1944)、《图书馆规程》(1947)等图书馆法律法规,图书馆制度逐渐完善。从这一阶段开始,图书馆从政府机构、学校、档案馆、出版社、书店中分离出来,成为一个新的独立行业。如果说中国古代的"图书馆"因为服务于特定人群还可以勉强划入专门图书馆的话,那么面向一般大众的公共图书馆、巡回书库的诞生则是古代图书馆概念所无法包括的。

第三,服务对象的扩大化。中国古代的官私藏书均只服务于极少数人群。

① 山西巡抚宝棻奏山西省建设图书馆折[M]//李希泌,张椒华.中国古代藏书与近代图书馆史料(春秋至五四前后).北京:中华书局,1982:144.

② 周绍明(Joseph P. McDermott).书籍的社会史——中华帝国晚期的书籍与士人文化[M].何朝晖,译.北京:北京大学出版社,2009:134,136.

至清末民初时期社会风气日渐开化,印刷技术及商业传播飞速发展,各类出版物数量猛增。此时又有社会精英人士提倡白话文,出版商甚至专门延请美术家绘制漫画以供识字不多的人阅读,这些社会进步都以启发民智,开化风气为目标,书籍报刊的阅读群体自上而下迅速扩展,妇孺儿童、乡野村夫、贩夫走卒这些以前教化不及的人群亦成为重要的读者群体。而新兴的图书馆人亦以阅读推广为己任,致力于通过巡回文库、公众演讲、开设妇女识字班、设立问字处等方式吸引公众关注。由于社会进步与工业化的发展,社会分工日益细密,知识信息的重要性和时效性也远胜从前,社会需要促进了图书馆业的发展。

在近代图书馆事业产生及发展的过程中,图书馆的工作变得日趋复杂,信息处理量迅猛增长,涉及采访、编目、典藏、阅览、推广、参考、研究等许多工作,对于图书馆员提出了专业性的要求,图书馆员不能只是一个"守书人",还要成为文献管理与利用的专家,近代图书馆职业的发展促进了图书馆学的发展,产生了对专业人才的需求,使图书馆学教育的产生与发展成为可能。

第三节　研究方法和几个重要问题

研究思维决定研究成果,这是显而易见的事。由于此前提到现有研究范式及材料运用的一些不足,笔者打算在研究中加以避免并形成新的研究成果。

有学者认为历史书写的范式可归纳为三种:认知性的历史、认同性的历史与承认性的历史。认知性历史强调遵循进步、客观的规律;认同性的历史以服务于民族身份认同为目标;而承认性的历史则强调被忽略的他者的在场[①]。笔者认为,历史书写的过程是历史叙述和历史研究并存的过程,既包括了记述过程也包括了研究过程。当前图书馆史研究较明显地体现出前两种范式的痕迹:进步和客观的观念,图书馆学教育从无到有,从简单到成熟,是一个递进的过程,属于认知性的历史范式;西方图书馆学传入中国以后,图书馆学人虽以西学为体、中学为用,然而极重视图书馆学的本土化,强调对古代文化的尊重,体现了对"国

———————

① 张文涛.区分历史书写的三种范式——认知性的历史、认同性的历史和承认性的历史[J].甘肃社会科学,2014(4):126.

别"——中华文化的认同，属于认同性的历史范式；至于被忽略、被抑制，而很少见于书刊记载的广大图书馆员群体，则很少得到学界的关注。笔者认为研究范式之间并不完全对立，而是可以互为补充，充实丰满研究成果，可以从学界较少关注的图书馆职业化的角度，来体现普通图书馆员的共性，以显示其"在场"。本研究拟以西方图书馆学的传入及本土化，图书馆学教育与图书馆职业化的互为作用两条主线来展开研究。

以下讨论与本研究密切相关的西方图书馆学本土化、图书馆学教育的偶然性和必然性及图书馆学人圈等问题，并在下一章讨论图书馆职业化与图书馆学教育的问题。

一、西方图书馆学本土化

同近代输入中国的大多数自然及人文科学一样，图书馆学属于西学的范畴。在图书馆学进入中国以前，中国本土类似的版本目录学、校雠学等大体属于各家各派的经验之学，没有一个划一的标准①。当基于科学体系建立的西方图书馆学进入中国以后，便自然占据了强势的地位②。然而西方图书馆学远非放之四海皆准的法宝，在进入中国以后很快产生水土不服的状况。针对这种情况，图书馆界发出研究"中国的图书馆学"的声音，梁启超认为旧有的四部分类法已经不能适应书籍的分类，而勉强采用杜威分类法也会出现适用的障碍，这就需要通过研究西方图书馆学与中国传统目录学之间存在的问题，以便"神明变化之"。梁启超进一步指出，（由于中籍与西籍存在的差异）中国的图书馆学"是要中国人做的，

---

① "虽然古人长于著录，而谈著录之法者，则不多观。一似编目之事，不必用法，凡博学之士，自有方法，故形成编目者不患无法，而患无学之信仰。因此著录之条规格局，极难追求，即于一书之中，其简繁，恒以作者之喜恶而有出入。甚至于不合己意者，即弃而不录。若以情理而论，著录若无一定之方法，可谓为书论或书评"。参见：邢云林.图书目录著录法与编辑法论[J].图书馆学季刊,1937,11(1):6.

② 当然，西方图书馆学进入中国时仍属于经验图书馆学的范畴，直到20世纪30年代美国图书馆学芝加哥学派的兴起以后，才有徐家麟等开始讨论图书馆学的"科学精神"，而直到20世纪80年代以后，芝加哥学派才为我国图书馆学界所普遍接受。然而，相对于中国古代图书馆学边界不清，定义不明的状态，当时的西方图书馆学仍是相对"科学"的。

外国学者无论学问如何渊博,决不能代庖"①。因此要养成图书馆的专门人才。

梁启超所提出的问题,实际上是"西学东渐"的过程中所必然面对的问题。在民国时期的图书馆学文献中,这个意思多用"中国化"一词来表示,比如《图书馆的中国化问题》(毛坤)、《战后图书馆发展之途径》(沈祖荣)等文中的用词,1916 年沈祖荣在美国留学时,就在美国《图书馆学报》上发表《中国能采用美国图书馆制度吗?》,探讨图书馆学中国化的一些问题。《图书馆学季刊》办刊宗旨也认为:"本新图书馆运动之原则,一方参酌欧美之成规,一方稽考我先民对于斯学之贡献,以期形成一种合于中国国情之图书馆学。"②可见,在西方图书馆学传入的同时,中国学者就在思考对西学进行改良,使之适合中国的国情,具有中国的特色,这些思想自然在图书馆学教育有充分表现。

到了当代,学者渐用"本土化"一词来指代这个过程,认为"'中国化'以东方与西方、中国与外国为二元概念;'本土化'则采用'他者'与'自我'多元概念,以避免符号意义在特定时空中不因过度的解读而产生错置,导致歧见"③。以后学界逐渐使用"本土化"一词,因此笔者在本书中采用"本土化"一词来阐释这一过程。

民国时期图书馆学的本土化活动首先是要解决中西书籍分类与编目中出现的混乱问题,当时的图书馆学家专注于从技术层面对西学进行改良与批判,且主要集中在分类与编目两大领域。沈祖荣在《我对文华图书科季刊的几种希望》中谈道:"图书馆学为实用科学。今兹此刊,更当实事求是,特重图书馆实际困难问题。"要"不避琐细题目"④。当时的图书馆界大都视图书馆学为技术之学、工具之学、理性之学,并产生了一些优秀本土化成果,比如沈祖荣、胡庆生的《仿杜威十进分类法》,刘国钧的《图书分类法》等,解决了当时图书馆活动中存在的一些问题,但这些成果大体是以西方图书馆学为基础的改造活动,鲜有从理论高度进行本土化创造。这一问题到了当代已有学者进行批判,认为"杜威十进分类法本质上是西方近现代自然科学理性的产物,作为理性逻辑的突出反映,却忽略了一

---

① 梁启超.中华图书馆协会成立会演说辞[J].中华图书馆协会会报,1925,1(1):12.
② 本刊宗旨及范围[J].图书馆学季刊,1926(1):3.
③ 张丽萍.中西合冶——华西协合大学[M].成都:巴蜀书社,2013:11.
④ 沈祖荣.我对于文华图书科季刊的几种希望[J].文华图书科季刊,1929,1(1):2.

个根本事实：人类认知的优点。而中国古代的书目分类就是基于'语义化和语用化'的一种知识组织模式，至少在情报语言如何'语义化和语用化'的问题上，中国学者完全能够基于先贤智慧，产生出'中国制造'的原创性学术成果。但是，当时的中国学术界仍处于过分迷恋技术的阶段，认识不到作为理性工具的技术其本身存在理性滥用之嫌。因而，不可能针对西方的不足，提出真正富有民族性和本土化成果的学术洞见"①。虽然以现在的目光来看当时的图书馆学本土化并不完美，然而这一过程成功将西方图书馆学与中国文化传统相结合，使图书馆学的内涵与外延渐归统一，不再是各家各派的自说自话；又从与文献学、考证学、校雠学的相互混杂中分离出来，成为一门独立学科，可以说图书馆学本土化起到了很大作用。

二、图书馆学教育的偶然性与必然性

"全部图书馆的历史实质上是图书馆人本身的历史""充分地肯定图书馆人在 20 世纪中国图书馆事业的发展中的决定作用，尤其是充分地肯定杰出的图书馆人物的重大作用，是继承和弘扬图书馆事业的必然。"②图书馆学教育的历史，不外乎是对人、机构、事件三者的考察，而"人"的活动是这三种对象中都起着关联作用的因素。图书馆学人，既包括图书馆学人个体，也包括有着密切联系的学人群体。

图书馆学人个体的发展历程，图书馆学人之间的交流与合作，决定了图书馆学教育事件的主要内容，也影响图书馆学办学机构的建立与运行。中国图书馆学教育的命运与图书馆学人有着重要联系，常常具有偶然性。韦棣华选择在武汉昙华林开设图书馆学校，与其个人早期经历及愿望有关；沈祖荣的坚毅性格是文华图专在长期动荡艰难的环境中不致中辍的重要因素，国民党政府溃逃台湾之际，也是由于沈祖荣的坚持，文华图专才得以完整地保留在大陆；穆耀枢的突

　　① 李满花，傅荣贤.20 世纪初我国图书馆学研究中国化诉求得失评[J].图书情报工作. 2008，52(1):54.
　　② 程焕文.北刘南杜，世纪大师——论刘国钧先生在 20 世纪中国图书馆学术史上的历史地位[G]//北京大学信息管理系，南京大学信息管理系，甘肃省图书馆.一代宗师——纪念刘国钧先生百年诞辰学术论文集.北京:北京图书馆出版社，1999:145.

然死亡使成都图书馆学校的办学不得不中断;陈伯逵与图书馆界的渐行渐远,最终导致了上海图书馆学函授学校的中止,因此著名图书馆学人的命运,往往决定了图书馆学教育的发展,民国时期图书馆学教育"个人化"色彩浓厚,往往依靠的是个人、群体的力量,图书馆教育体系化、制度化的发展尚未形成。

在诸多偶然性的事件中包含着事物发展的必然性,近代图书馆职业化的发展催生了对图书馆学教育的需求,使图书馆学教育的存在具有必然性,而图书馆学教育的发展又进一步推动了图书馆职业化的发展,两者是相辅相成的,只不过是由谁来开启这段历史罢了。图书馆学教育没有在近代图书馆事业史的早期阶段出现,而是诞生于发展期和成熟期,与图书馆职业化发展的规律相符合。图书馆学教育在中国的生根发芽与基督教在华传播有一定关系,在 20 世纪初期,基督教会认为在中国加强高等教育投资,进而可以影响国民信仰,大批基督徒身份的专家学者来华工作,克乃文是美国北长老会的传教士,"他来华的主要动机应当就是为了支持金陵大学这所教会大学的发展,间接地为传教事业做出自己的贡献"[①]。而先一步来华的韦棣华女士"是一位在 19 世纪美国出生并生活的虔诚的女性基督教徒"。她虽不是由教会派遣而来,但来华后积极参与教会的工作,"她常说:'服务人群,即是谋求世界大同',这与基督教提倡的'非以役人,为役于人'行为原则相符合"[②]。二人都恰好在美国从事过图书馆工作,接受过图书馆学教育,不约而同地都在中国开始图书馆学教育活动,这与教会在华活动存在着必然性。

三、图书馆学人圈

"图书馆学教育"与"图书馆教育"是不同的概念,前者是指传授图书馆学的知识、技术的工作,既有向读者传授图书馆技能的一般活动,也有为适应图书馆职业化发展而产生的专门教育活动,目的是为培养图书馆员,这是图书馆学教育的主要目的。而后者则是指依托图书馆这个机构从事教育活动,如同学校实施基础教育一样,而与学校不同的是,图书馆的重点在于社会教育和终生教育,民

---

① 郑锦怀. 中国图书馆学教育的肇始者——克乃文生平略考[J]. 图书馆,2013(1):94.
② 周洪宇. 不朽的文华——从文华公书林到文华图书馆学专科学校[M]. 武汉:华中师范大学出版社,2013:78-79.

国时期文献中二者多见混用,实则是有区别的。

这一时期的图书馆学教育存在着一个规模不大,然而往来密切的学术圈子,如果进一步地细分,这个学术圈子又存在着几个以校友关系为纽带的学人圈。一个是以韦棣华、沈祖荣、胡庆生、汪长炳、严文郁、皮高品等构成的文华图专学人圈,另一个是以克乃文、刘国钧、李小缘、陈长伟、曹祖彬等构成的金陵大学学人圈等。而学人群体又是当时图书馆事业发展的核心力量。刘国钧长期主持《图书馆学季刊》《中华图书馆协会会报》的编辑工作,洪有丰、李小缘都曾在中华图书馆协会担任要职。文华图专学人圈就更为显赫,其学生遍及全国,大多担任重要图书馆的重要职位,有相当多是中华图书馆协会的成员,每届年会所提议案占很高的比重,对图书馆事业的发展有很重要的影响。

这两个学人圈有着共同的师生关系,学生毕业以后仍与母校保持着密切的联系,同学之间互帮互敬,有深厚的友谊。严文郁描述过他与徐家麟、汪长炳、毛坤三人的交往故事,同学之情,溢于言表。这些联系使他们在图书馆活动中易于形成共同发展的群体,往往同学的一个邀请,就会放下现有的工作前去赴任。文华图专历届毕业生就业,依靠学长关系介绍的情况也有很多。

此外,海外留学群体是另一个重要学人圈,但与前两个学人圈有所重叠。他们是致力于西方图书馆学传播的一群人,也是主张图书馆学本土化的一群人。"(他们)是一个人数甚少但颇有能量的群体……他们的国外经验坚定了他们对中华民族的忠诚……那些选择从事建立高等教育制度的人坚持传统,认为学者并非仅仅是技术专家,他必须像政治家那样代表整个社会——亦官亦民——去思考。这种生活责任感有助于从欧美回来的新的领导者建立起早期共和国的学术机构——一个20世纪的国家所需的学院、大学、图书馆、实验室和研究所"①。代表人物杜定友、袁同礼、戴志骞、马宗荣、刘国钧等既长期在图书馆任职,又参与图书馆学教育,与国外的联系也非常紧密。刘国钧与美国威斯康星图书馆学院院长赫泽尔苔女士(Miss Mary Emogene Hazeltine)及其继任者艾利兹(George C. Allez)保持了数十年的书信交往。在书信中刘国钧经常讲述他的工作进展,

① 费正清,费维恺. 剑桥中华民国史1912—1949(下)[M]. 刘敬坤,等,译. 北京:中国社会科学出版社,1994:413.

"他已当选中华图书馆协会——一个伟大的现代公共图书馆促进会——出版委员会主任,并主编《图书馆学季刊》。他把《图书馆学季刊》第一期寄给了赫泽尔苔"①。这种交往对于把握国外学术动态是有益的,刘国钧在他78岁的高龄时认识到美国国会图书馆MARC格式的重要价值并引入到中国,"翻开了中西图书馆事业关系史的历史新篇章"。而袁同礼与美国图书馆协会的密切往来,对维持战时中国高等教育文献供应也有重要贡献。因此,图书馆学教育既有"个人化"书写历史的色彩,也颇见"学人圈"互相交流,帮扶促进的影子。

注重图书馆学人的个人命运,继而把单个的人放在他的社交网络中去考察,再而从一些具有共同事业认知的图书馆学人所从事的工作,来研究民国时期图书馆学教育活动的另一面,会有助于研究的深入。

第四节　民国时期图书馆学教育的历史分期

近代中国图书馆事业经历了跌宕起伏的不同时期,笔者借鉴图书馆事业发展的历史分期,对图书馆学教育进行历史分期。

吴稌年认为,中国近代图书馆发展史可划分为三个阶段,第一个阶段从1840年至19世纪末的近代图书馆认同阶段,第二阶段从19世纪末至20世纪20年代初的近代图书馆的表层吸纳和表达阶段,第三阶段从20世纪20年代至20世纪40年代末为近代图书馆的整合发展阶段。在20世纪20年代中期至20世纪30年代中期还经历过"新图书馆运动的高潮期"②。

这一划分受到金耀基有关中国现代化发展过程"器物技能""制度"与"思想行为"三层次划分的影响,中国近代图书馆的发展符合这三个层次的演进过程。最初传教士在中国沿海通商口岸建立完全不同于藏书楼的近代图书馆,只是吸引了少数开明知识分子的目光,但这些图书馆并不对中国民众开放,因此尚未引起社会的广泛关注。鸦片战争以后,受西方坚船利炮的威胁及接触到西方先进

---

① 路易斯 S. 罗宾斯. "我们永远忘不了你":刘国钧和威斯康星图书馆学院[G]//北京大学信息管理系,南京大学信息管理系,甘肃省图书馆. 一代宗师——纪念刘国钧先生百年诞辰学术论文集. 北京:北京图书馆出版社,1999:43.

② 吴稌年. 中国近代图书馆史分期的历史语境[J]. 图书情报工作,2008(3):55–56.

文化的震撼,中国的精英人群日益感觉到开启民智的重要性,由此以推广学校、设报馆、建图书馆为重要内容的启蒙运动迅速展开,近代图书馆开放与包容的基本特征得以展示。这一阶段的工作主要是解决图书馆有无,还未涉及图书馆制度的建设,图书馆学教育的开设,图书馆协会与刊物等一些结构上的问题,尚属于"器物技能"的单纯模仿阶段。图书馆的创办由以前西方传教士为主,转变为官办、民办、西方传教士共同办理。社会精英人群的图书馆建设热情被激发起来,图书馆、阅报所、读书会、讲演所等性质的标准图书馆与简易图书馆在各地创设起来,其以康有为、梁启超1895年创办的强学会所设"书藏"为重要标志。

第二个阶段以图书馆制度建设为主,提倡全面效法西方图书馆,要求与旧有藏书楼区分明确,现有近代图书馆不能再保留旧有藏书楼的习气,对于西方图书馆理念的实践不仅要形似而且要神似。程焕文称这一阶段为"新图书馆运动时期"(1912—1925)①,与吴稌年的阶段划分略有出入,以沈祖荣的全国巡回讲演,武汉文华大学图书馆学专业的开设,以及庚子赔款部分用于中国图书馆建设为显著标志。20世纪20年代前后,旅外学习图书馆学专业的人士(主要是留美人士)陆续归国,这些人带来了西方图书馆先进的管理方法与理念,成为影响中国图书馆事业发展的核心人群。这一阶段图书馆学专业教育开设,政府对于图书馆的发展陆续出台细致的指导政策,馆长馆员的任用渐有标准,这些都标志着中国近代图书馆事业的发展进入"制度"建设的层次。

第三个阶段以"思想行为"上渐有发展为特征,中国的图书馆业一方面积极消化吸收西方图书馆的先进理念,大量翻译西方的图书馆学经典著作。从旧有的"四库法"、书本式目录、闭架式管理转变为"杜威法"、卡片式目录、开架式管理。中华图书馆协会的建立,通过定期举办年会,开办专业期刊等形式,根据国情有针对性地提出各项建议,并对西方图书馆制度与文化不适合中国国情之处进行改良与创新。如李小缘所谓"极力采求新方法求适合中国情形,不一味的抄袭模仿"②。程焕文将第三阶段又划分为两个时期,近代图书馆的兴盛时期

---

① 程焕文.百年沧桑　世纪华章——20世纪中国图书馆事业的回顾与展望[J].图书馆建设,2004(6):1.

② 李小缘.藏书楼与公共图书馆[J].图书馆学季刊,1926,1(3):375–396.

(1925—1937)以及近代图书馆的衰落时期(1937—1948)。在程焕文的另一篇文章中,将民国时期图书馆历史划分为四个时期,即民国图书馆事业的形成时期(1912—1927)、发展时期(1927—1937)、衰落时期(1937—1945)、崩溃时期(1945—1949)①。也大致保留着相似的划分。可以看出,在第三个阶段中由于抗战全面爆发,中国图书馆事业开始由盛转衰。

吴稌年划分的近代图书馆事业发展三阶段包括了程焕文对民国时期图书馆事业发展四个阶段的划分。民国时期图书馆事业从进入"制度建设"阶段之后产生了对图书馆学教育的客观需求。

20世纪初叶,西方图书馆学开始传入中国。据《中国近代期刊篇目汇编》②和《图书馆学论文索引》③统计,从1873年至1911年间,共有有关图书馆事业文献30篇,其中20世纪初的10年占24篇。其中,影响较大的是王国维编译的《世界图书馆小史》和孙毓修撰写的《图书馆》④。可见20世纪初西方图书馆学的传入有一个快速增长,其中部分传自欧美,例如孙毓修《图书馆》中介绍的西方目录工作及杜威十进分类法译自美国,王国维的《世界图书馆小史》则翻译自英国百科全书;更多的则来自近邻日本,例如1910年谢荫昌翻译日本人户野周二郎的《图书馆学教育》、1917年北京通俗图书馆译印日本图书馆协会所编的《图书馆小识》、1920年杨昭悊翻译日本田中敬的《图书馆学指南》等。

有关图书馆学教育的内容最早出现于户野周二郎所著《图书馆教育》,"日本现时对于图书馆之智识与领会甚为缺乏,欲救其弊必须师范学校先率其生徒授以图书馆教育法及图书馆管理法方可。一九〇三年德国⑤波士顿市开教育大会,于其一门设图书馆部。当时之演说咸以通俗图书馆教育当与学校教育联络为言,并言公立之图书馆长非属于学者之性质,纯属于教育者之性质。学校教员之一部当以兼任图书馆员之一部为最便利。是说一唱全德风靡,即于夏期讲习会讲习图书馆教育法以实行其说,德之图书教育遂为全球冠。可知谋图书馆之隆

---

① 程焕文.民国时期图书馆事业的发展与评价[J].图书情报知识,1986(3):36-38.
② 上海图书馆.中国近代期刊篇目汇编[G].上海:上海人民出版社,1965.
③ 李钟履.图书馆学论文索引(一)[M].北京:商务印书馆,1959.
④ 来新夏.中国图书馆事业史[M].上海:上海人民出版社,2009:373.
⑤ 原文如此,应为美国。

盛而大其效果者必须教育者对于图书馆先蕴其兴昧与责任之情感,而所以蕴是情感之方法尤必须于师范教育一科授之于中初等学校教员讲习会研究之。务用种种之方法使对于图书馆者先得明晰之智识与领会,方可为图书教育之著手点也"①。20 世纪早期的图书馆学著作概述性强,专业性较低,"仅涉及图书馆设立的重要性,大部分转译自其他文字,特别是日本和欧美,或有少量加以评述,其报道性超过研究性。这些文献对图书馆的作用、性质有所认识,但并没有提出图书和图书馆的本质特征,还算不上独立的研究成果,只能称之为图书馆学的萌芽"②。

本书将民国时期图书馆学教育分三个阶段,一为初创时期(1913—1929),二为繁荣时期(1930—1946),三为逐渐衰落时期(1947—1949)。高等教育一直是图书馆学教育的主流,又引领着中等教育、职业教育及讲习会教育的发展。1913—1929 年期间,图书馆学高等教育陆续开展,讲习会教育处于方兴未艾的阶段,代表了图书馆学教育的初创时期。1930 至 1946 年的发展时期又分为两个小的阶段,即 1930 至 1937 年的全面繁荣期和 1938 至 1946 年的局部繁荣期,前者处于相对稳定的政治经济环境中,文华图专与金陵大学图书馆学系的办学都较成熟,以职业教育为方向的函授教育发展迅速,各类型短期培训也有所发展。1937 年抗战全面爆发以后,大部分国土沦陷,文化事业遭受严重损失,全国重要的教育机构大举内迁,金陵大学在成都开设图书馆学专修科,文华图专在重庆也扩大了办学规模。政府开始认识到社会教育的重要性,对图书馆学教育亦有一定的重视,国立社会教育学院图书博物馆学系就是民国时期政府开设的首个本科制图书馆学专业。中等职业教育也有所发展,1940 年开设的成都女子职业学校高级图书管理科办学一直延续到 1949 年以后,政府也开始参与图书馆在职人员的培训工作,政府的积极介入是这一时期的重要特点。1947 年以后,图书馆学教育因国内战争陷于衰退的境地,金陵大学图书馆学教育已经停顿,文华图专迁回武昌以后课程设置收缩,教育水平也不如以前。国立社会教育学院图书博物馆学系复员后人心浮动。王重民等于 1947 年在北京大学设立图书馆学系为这一阶段的些许亮色。

---

① 户野周二郎. 图书馆教育. 四川教育官报[J]. 学务公所印行,1910(7):63 – 64.
② 来新夏. 中国图书馆事业史[M]. 上海:上海人民出版社,2009:374.

第一章　图书馆职业化与职业学术的兴起

20世纪初期,在西方军事威胁、商品输入及文化冲击的影响下,思考变革求新、寻求民族发展成为当时的主流思潮。清政府与民国时期的中央政府都先后颁布了一系列有关图书馆建设的重要法规,1919年北京政府教育部《全国教育计划书》认为图书馆功用等同于学校,应"择国中交通便利文化兴盛之地,分别建设,以资观览"①。这些法规对于图书馆事业的发展有重要推动。20世纪初,开放平等的观念逐步替代了旧有的保守之风,不少藏书宏富的私人藏书家亦转变观念,或公开藏书或捐赠藏书,各类图书馆迅速增加,图书馆事业蓬勃发展。

图书馆学教育的兴起和图书馆职业化与职业学术的发展密不可分。图书馆职业化之目的就是使图书馆职业与其他职业相区别,特别是与传统教育部门,以及与侍应、招待一类的服务行业相区别,使图书馆职业为社会所认可,获得相应的发展空间及资源。职业化最本质的定义就是在某个领域以特殊的技能服务于社会与公共利益的一个承诺。任何一类能称得上专门职业的,必须能够垄断某一特殊的知识领域②。因此,图书馆职业化的发展,离不开职业学术的发展,职业学术一方面为图书馆职业的发展提供理论支持,逐步建立图书馆业的核心技术领域,另一方面向外部昭示了图书馆职业的特殊性,为社会各界逐步承认,使图书馆职业具有可识别性。

图书馆职业学术的发展又主要由图书馆学教育推动。图书馆职业学术的发展早期来自零星译介国外的图书馆理论,呈现出自发的状态。自20世纪20年代以后,中国图书馆学教育兴起,较系统地引入欧美图书馆学理论,推动图书馆学本土化的改良创新工作,呈现有组织的发展状态,使图书馆业在理论建设上持续

---

① 李桂林,戚名琇,钱曼倩.中国近代教育史料汇编(普通教育)[M].上海:上海教育出版社,1995:961.

② W. F. 倍得沙尔.图书馆员职务,职业特性与社会变革[J].王通,译.江苏图书馆工作,1983(1):78-83.

进步。图书馆学教育的另一重要成果,是培养了一批具有共同学科背景,共同职业认知的图书馆学人,这些图书馆学人占据了图书馆界的话语权,引领了图书馆职业化的科学性。因此,本章联系图书馆职业化与职业学术发展来讨论图书馆学教育的产生及发展。

第一节　初期的图书馆职业特点及学术引入

公共图书馆运动时期,在社会精英人士及政府的积极倡导下,各地公私立图书馆广泛产生。此时图书馆对于国人仍是模糊的概念,对其认识停留在能够"富国强兵"的水平,"泰西诸国颇得此法①,都会之地皆有藏书,其尤富者至千万卷,许人入观,成学之众,亦由于此。"②"西国都邑,皆设大藏书楼,庋书数千万卷,随人纵览,故异才日出,学术日新。"③"伦敦博物院之书楼,藏书之富,甲于环球,一切有用之图书报章,亦均分门藏弆。阅书者通年至十余万人。日本明治维新以来,以旧幕府之红叶山文库,昌平学文库初移为浅草文库,后集诸藩学校书,网罗内外物品,皆移之上野公园,称图书馆,听任众庶观览。其余官私书籍馆亦数十处,藏书皆数十万卷。一时文学蒸蒸日上,国势日强,良有以也。"④这一时期有关图书馆的文献记录多为图书馆设立的意义、过程、规章等内容,认为只要设立了图书馆,广纳藏书,对读书人开放就可以渐收成效,重视的只是一些看得到的东西,很少涉及对图书馆职业的认识。

在少数涉及图书馆员的记述中,其称呼可谓五花八门,"书籍每日由协理轮查一次,如有损坏遗失等情,须由管书人追根赔补。"⑤"藏书楼设提调一员,供事

---

① 指设图书馆。

② 李端棻.请推广学校折(1896)[M]//李希泌,张椒华.中国古代藏书与近代图书馆史料(春秋至五四前后).北京:中华书局,1982:97.

③ 常德明达学会章程(节录)(1898)[M]//李希泌,张椒华.中国古代藏书与近代图书馆史料(春秋至五四前后).北京:中华书局,1982:105.

④ 徐树兰.为捐建绍郡古越藏书楼恳请奏咨立案文(1904)[M]//李希泌,张椒华.中国古代藏书与近代图书馆史料(春秋至五四前后).北京:中华书局,1982:112.

⑤ 苏学会简明章程[M]//李希泌,张椒华.中国古代藏书与近代图书馆史料(春秋至五四前后).北京:中华书局,1982:102.

十员。"①"本楼全恃捐助而成,除所请账房、典书应给津贴以资办公外,其余总理、协理、书记各员,概不支薪,以节经费而昭大公。"②"本楼立总理一人、监督一人、司书二人、司事一人、门丁一人、庖丁一人、杂役一人。"③"馆中宜置写官。凡民间珍异之书,不愿献纳者,可令写官移写后,而返其原本。写官之选用,不考选各省士子之文学较优者充之。其待遇如各部之书记,其有年劳者之奖励亦如之。其员数不能预定,大约二三十人可矣。"④这些记述除定名杂乱外,图书馆各级职位均参照政府官制进行命名。

以笔者目力所及,直到1910年《学部奏拟定京师及各省图书馆通行章程折》第十五条"图书馆管理员均应访求遗书及版本,由馆员随时购买,以广搜罗"⑤才出现"图书馆员"的称谓,然而该文第六条又说"图书馆应设监督一员、提调一员。(京师书籍浩繁,得酌量添设,以资助理。)其余各员,量事之繁简,酌量设置……(各省治暨各府、厅、州、县治图书馆,事务较简,图籍较少,只设管理一人,或由劝学所总董、学堂监督、堂长兼充。)"仍存在用语混杂的情况,从文中来看图书馆员只是一般员工的称谓,监督、提调的地位较高,是为图书馆的管理阶层,这种称谓上的混乱是图书馆职业化的初期表现。

职业化通常是一种过程的表述,包括五个阶段:职业工作的形成——某一工作的人们,对其工作内容享有自主的管辖权力;专业教育的设置——从事该行业的人士,设立学校与训练课程;专业学会的成立——以学会力量共同确立职业服务的目标与职业技能的认定;寻求政治的保护——要求立法保障其职业的专属

---

① 京师大学堂章程(节录)[M]//李希泌,张椒华.中国古代藏书与近代图书馆史料(春秋至五四前后).北京:中华书局,1982:106.

② 何熙年.皖省绅士开办藏书楼上王中丞公呈(附:皖省藏书楼开办大略章程十二条)[M]//李希泌,张椒华.中国古代藏书与近代图书馆史料(春秋至五四前后).北京:中华书局,1982:109.

③ 徐树兰.为捐建绍郡古越藏书楼恳请奏咨立案文(附:古越藏书楼章程)[M]//李希泌,张椒华.中国古代藏书与近代图书馆史料(春秋至五四前后).北京:中华书局,1982:114.

④ 罗振玉.京师创设图书馆私议[M]//李希泌,张椒华.中国古代藏书与近代图书馆史料(春秋至五四前后).北京:中华书局,1982:109.

⑤ 学部奏拟定京师及各省图书馆通行章程折(附:京师图书馆及各省图书馆通行章程折)[M]//李希泌,张椒华.中国古代藏书与近代图书馆史料(春秋至五四前后).北京:中华书局,1982:109.

性,并以获取学会证照保障就业市场的独占性;发展职业伦理——建立职业伦理规范,借此剔除不合格的从业人员,实现专业的理想①。大体遵循实际工作形成—职业理论产生—团体或职业意识—职业伦理形成,国家及社会承认四个阶段,是一个不断发展的过程。职业化使各项工作最终从依附于他种职业,或者从零散的个体行为中分离出来,摆脱混沌状态而渐具社会认同的标志性特征,从而完成职业的塑造。

1930 年徐家璧写了《图书馆专业之研究》,详细论证了图书馆之为一种专业的结论。他引述了《近世英语大辞典》《标准英语大辞典》《韦氏最新万国英语大辞典》等对于"专业"的解释,来论证图书馆专业是较图书馆职业更为科学的一种称谓。因为"(专业)是指或人对某特项的学术,有公认的成绩,和寻常的技能不同;是指和事物可以应用来给与他人以职业,和单只是一人的职业不同……专业是一种大抵含有高等普通教育,或有同等学识的职业,他所用的是智而不是力……现在普遍用来,是指着比手艺或技艺,在社会活动上较优越的职业而言"②。简而言之,徐家璧认为图书馆职业是一种高尚的,需要接受高等教育的专门性、技术性活动,这是图书馆学人尝试纠正社会传统观念,确立图书馆员社会形象,使图书馆职业与其他服务业相区分的思想反映。

早期仿照西方建立的图书馆,可供参考的资料只是一些知识分子通过间接阅读或游历所形成的感性记录。例如郑观应的描述:"(英国国家博物图书馆)就长案上静看,不许朗读。阅毕,签名书后何日何处何人阅过,缴还经手。该值堂年终查核,知何书最行。另有赁书楼,有股份者,每年出书费四元,可常往看。各处新报俱全。只准借书两本,限两礼拜归还。如无股份者,赁阅,每日计银两先付。"③又如康有为在公车上书里的陈述:"其每岁著书,美国乃至万余种,其属郡县,各有书藏,英国乃至百余万册,所以开民智者亦广矣。"④直到公共图书馆运动时期的末段,才零星出现概述性质的西方图书馆理论作品。1909 年孙毓修的《图

①　叶至诚.职业社会学[M].台北:台湾五南图书出版公司,2001:146.

②　徐家璧.图书馆专业之研究[J].文华图书科季刊,1930,2(1):73 - 74.

③　郑观应.盛世危言[M]//李希泌,张椒华.中国古代藏书与近代图书馆史料(春秋至五四前后).北京:中华书局,1982:86.

④　钱维均.西方图书馆学在中国的早期传播[J].复旦学报(社会科学版),1985(6):44.

书馆》是较早介绍西方图书馆制度的文章,不过仍是杂糅的作品。"图书馆之当筹办也,如彼其急,但前此无成典",所以便"仿密士藏书之约,庆增纪要之篇,参以日本文部之成书,美国联邦图书馆之报告,而成此书"①。同期王国维翻译的《世界图书馆小史》也有部分内容涉及图书馆技术问题的介绍。早期中国图书馆事业尽管受西方影响而生,然而其影响还只是模糊的概念,还没有专业理论的系统输入。

由于历史习惯影响等因素,早期图书馆建立以后与普通社会民众缺少联系。"后来欧化东渐,知道西洋各国,日进文明的原因,多半由于图书馆②事业之发达。吾们中国,在省会地方,也开办了几处公有的图书馆,延聘在野的名流,或是退隐的官吏,充当馆长,来馆阅览的人,不是名流,就是官吏,最低限度,也是科举时代的老先生,一般普通民众,是享受不到这种利益的"③。当时充斥图书馆界的仍是传统知识分子,读者与图书馆员属于同一类人,图书馆虽渐具西方的形式,然而图书馆员的思维仍是陈旧的。普通民众没有利用图书馆的愿望,图书馆也没有向普通民众劝诱阅读的动力,虽处于公共图书馆运动时期,然而图书馆服务并不"公共"。

早期图书馆职业化的特点可以概述为,建设了不少用于公众阅览的图书馆,拥有了一批专门从事图书馆工作的人员,职业化发展的第一个阶段——职业工作形成,然而缺乏职业理论,仍沿袭旧有藏书楼思想,全民共享、图书馆职业理念还未成型,图书馆职业认同尚未萌芽,职业化的图书馆学教育还不存在。

第二节　新图书馆运动时期的职业化发展与图书馆学教育

新图书馆运动时期,图书馆业发展进入新的阶段,图书馆职业化表现出三个特点:一是职业学术开始发展,引入了西方技术理论和思想理论,开始了图书馆学本土化的进程,逐渐建立起区别于其他职业的理论藩篱。二是图书馆刊物大

---

① 钱维均.西方图书馆学在中国的早期传播[J].复旦学报(社会科学版),1985(6):44.
② "圕"为杜定友发明专为"图书馆"三字的简写,在20世纪二三十年代颇见运用,考虑到当前阅读习惯和流畅性,本书除专门讨论"圕"字问题的内容外,一律改为"图书馆"三字。
③ 星五.图书馆要现代化[J].天津市市立通俗图书馆月刊(创刊号),1934,1(1):8.

量出现,形成职业交流的"公共空间",图书馆人通过这个公共空间交换思想,传递信息,形成共识。三是职业共同体的出现,职业共同体,是一些具有相同职业,有相近的价值取向和具有特别专业技能的人,为了共同的价值理念所形成的群体。职业共同体往往借助职业刊物,行业协会互通声气。新公共图书馆运动时期,以海外归国人员、国内受图书馆学教育为主的学人群体开始发挥重要影响,图书馆界的凝聚力明显增强,开始发出统一的声音。

新图书馆运动时期,职业化的快速发展始于职业学术的进步。最初译自日本的图书馆学著作如《图书馆学小识》(1917)、《图书馆指南》(1918)等,使图书馆界有了可参照的范本。20年代以后,美国图书馆学理论渐成主流,随之而来的图书馆学中国化,其基础就是西方图书馆学,像刘国钧的《图书馆学要旨》(写成于1921年,出版于1934年)、吕绍虞的《图书馆利用法》(1924)、杜定友的《图书馆》(1926)、《新中华图书管理法》(1932)等,或译或编,不少著作加入了图书馆学中国化的成果,改变了西方理论一些不服水土之处,便于读者运用。西方理论输入从概述类的作品向专门性作品过渡,学科专业性明显加强。《杜威十进分类法》传入后,就先后产生20多种的"仿杜""改杜""补杜"分类法,还吸引了文化界的注意。文华图书科及金陵大学图书馆学系的学人群体引领了这次运动的发展。程焕文甚至认为,文华公书林就是新图书馆运动的中心和策源地[1]。

职业学术的发展带有追求职业独立性的意味,如果图书馆职业的一切工作、职业技术、执业人员资格等都能够从另外职业获取的话,图书馆职业就不会具有独立存在的价值。因此图书馆职业学术的发展目标之一,就是使图书馆职业具有可识别性,取得独立地位。耿靖民认为"图书馆事业,虽然已渐渐的为社会所注意,但大多数的人们,还把它当作教育的附属品;却不知道它是和其他教育机关,立在一个对等的地位的。我们为促进图书馆事业的发展计,应当向社会解释,把图书馆事业的内容,和他的重要,都略略的展献于社会,使社会上的人士,对于他由了解而发生信仰和希望,抛去已往忽视的心理"[2]。

① 程焕文.百年沧桑 世纪华章——20世纪中国图书馆事业回顾与展望[J].图书馆建设,2004(6):4.
② 耿靖民.发刊词[J].文华图书科季刊创刊号,1929(1):2.

图书馆职业形成之初,与翻译、新闻职业一样为社会传统所看不起的职业。"读书人有三大职业:如学校教习,如翻译著述,如新闻记者;中国惟教习一业,认为一种职业,若新闻记者,则以为士林败类,或视为不正当之营业;至翻译著述一项,类皆目之为失业无聊,不过借此渔利,亦不认为职业。兹数者,若在欧美各国,均认为高尚之职业,操此业者,终年在图书馆内,纵横翻阅,随意参考;而图书馆亦供给其笔墨,以赞助其书稿之成。中国则不然,虽有此三种人,因图书馆之不发达,虽有疑窦,无从参稽;进步之难,亦何足怪?"①

这不是中国独有的现象,西方国家社会上不少人也对于图书馆职业化抱有怀疑,"从前的人,都相信图书馆员的训练,是不可能的事,都说图书馆员是天生的,不是养成的。他们所以持这种态度,并不奇怪。从前的图书馆员,若就现代图书馆员应做的事务看起来,实在差得远。从前的图书馆,仅当做学者的一种工具。馆员往往就是著名的学者。这种图书馆,是为那些思想家而设的,并不像现在的图书馆,总设法为一般作事或作工的男子和妇女们服务。并且从前的图书馆,所做的职务,对于现代的图书馆所做的社会服务,如给体力或脑力衰弱的人,游惰的人,技术不精的人,没有受过训练的人,和那些关系本国最紧要的外国人服务,都没有想到。图书馆采用科学的方法,当时还很幼稚。没有图书馆学校,对于图书馆员,和他们的助手,施以有系统的训练。所以图书馆员,从前都不当做一种职业"②。所以,图书馆业受到的歧视,完全是由于旧有的观念。

早期留洋归来的图书馆学者接受了美国图书馆学理论,大力推广公共图书馆,注重民众阅读的推广,日渐形成了一批有共同理论基础、共同职业认识的图书馆人,生发出组织专业期刊及图书馆行业组织的需求。

值得注意的是,图书馆学人反对那种认为速成教育可以取代专门教育的观点,相反,优秀的图书馆员应当是自身素养很高的人,兼具学者和服务者的素质,需要大量时间才能培养出来。沈祖荣等认为,那些速成教育如讲习会里的学员,不少只是抱着挣学分的目的来参加,并不是对图书馆学真正感兴趣③。这种态度不仅对

---

① 沈祖荣.民国十年之图书馆[G]//沈祖荣.沈祖荣文集.武汉:武汉大学出版社,2013:46.
② 佛里特.图书馆员之训练[M].杨昭悊,李燕亭,译.上海:商务印书馆,1929:1-2.
③ 沈祖荣.谈图书馆专业教育[G]//沈祖荣.沈祖荣集.武汉:武汉大学出版社,2016:281.

图书馆学科不尊重,容易导致社会的错误认识,还会对图书馆职业化造成伤害。

　　师范学校,或师范专科、大学教育学系,偶尔设置了一两项图书馆课程,于是有人误解以为学习图书馆学,能如此便足够了;又以为办理学校图书馆,不必聘用图书馆专门人才,只须派定这类曾受几点图书馆课讲授的教员充当,便可以胜任愉快了。要知道这又是不切事理的打算呢。我们只认为师范生受图书馆课,是可以辅导学童们如何使用图书馆和书籍,而却不能认为他们可以代替学校图书馆专门办理人员的职任。关于训练学校图书馆馆员,仍是正式图书馆专门教育里面高深部门之一项……最末,我们只要说一句,任命一个学数学的去担任学校图书馆的事务,和任命一个学图书馆学的图书馆员去教数学,一样是荒谬无理的。①

　　杜定友也认为"以前,我们对于图书馆学速成班、讲习所、函授学校都非常赞成,以为可以普及。有一次,一个图书馆讲习会的先生说'听他讲演一星期,便可以成为图书馆专家,于是大家趋之如蚁赴毡,这叫做图书馆学民众化。'唉,这位先生错了。图书馆是民众化的。而图书馆学是万万不能民众化的,这种自杀政策,我们该明白了"②。

　　肇始之初的图书馆学教育带有显著的工具性特征,图书馆学教育的目的之一就是要解决当时图书馆工作中遇到的各种问题,但是图书馆学人也反对认为图书馆学教育为技术培训的观点。"讲求图书馆专业教育,如果以学术、文化、教育的观点去考究他,与其说他是一种简单职业教育,毋宁说他是一种学术专科教育还得当些。图书馆专业训练,固然也注意技术的教学,但因他本身成为这项专门学术事业,乃是与一切学术文化事业和教育事功,不可须臾分离的,是息息相关,脉脉相承,直截可以说,乃全然是学术文化事业和教育之重要的一部分。所以这项图书馆专业教育,也同时是注意学问、思想等的。现在一般人,每每认定图书馆训练,只是

---

　　① 沈祖荣.谈图书馆专业教育[G]//沈祖荣.沈祖荣集.武汉:武汉大学出版社,2016:282.
　　② 杜定友.我与图书馆学[G]//钱亚新,钱亮,钱唐.杜定友先生遗稿文选.南京:江苏图书馆学会,1987:31.

些机械工作的训练。如书籍出纳、序列卡片、书籍排架,以及分类编目,等等,都被看做只不过是些简单机械式的动作而已。这样的误解,想是对于图书馆学术事业,只知其一不知其二的结果吧"①。可见理想的图书馆员要求很高,其必然是熟悉图书馆技术,深谙读者需求,拥有广博学问和谦逊的态度,又没有一般文人坏习气的人。

然而,由于民国时期政局动荡,经济不佳,导致图书馆学教育所依赖的图书馆市场长期萎靡不振,特别是抗战爆发以后,全国图书馆事业遭到重创,也对图书馆学教育产生了影响。从中华图书馆协会的六届年会来看,前三届年会对于精英教育及职业教育的议案比较平均,略有趋向精英教育的特点,如设立图书馆学专门学校、设置图书馆学留学名额、在各大学设图书馆学系及图书馆学课程等。后三届年会,由于时值抗战时期,图书馆事业遭到重创,物资又极度匮乏,所提议案主要转向职业教育内容,如请各地省级图书馆召集图书馆员讲习会,在文华图专设立函授部等内容,换言之,对图书馆员的要求降低了。沈祖荣既长期担任中华图书馆协会教育委员会主席,又长期担任文华图专校长,对于图书馆教育有深刻认识。他虽然并不太赞成图书馆学教育短期速成的做法,但基于当时的现实考虑,也倡议与各地政府机关开展图书馆学短训班、讲习会,开展图书馆学函授教育等活动,应当说是受限于现实环境的权宜之计。

公共空间是社会学的一个概念,指现实或虚拟供人们交流思想的空间,介乎公、私以外的领域,图书馆刊物及图书馆协会就属于这样的领域。图书馆刊物的目的通常有:联络读者、宣传馆藏,图书馆之间业务交流、学习观摩,研讨图书馆学术,宣传图书馆的价值、推进社会教育等,这些工作都是围绕图书馆展开的。民国时期图书馆刊物基本采取赠阅的发行方式,与图书馆迫切需要扩大宣传,获得社会认同有一定联系。这些刊物对外利于塑造图书馆职业形象;对内则利于互通信息,交流学术,培养职业认同的"公共空间"。

图书馆刊物也是图书馆职业发展到一定阶段的参照。1915 年《浙江公共图书馆年报》是最早创办的图书馆刊物②。早期的图书馆期刊内容较为事务化,以

①　沈祖荣.谈图书馆专业教育[G]//沈祖荣.沈祖荣集.武汉:武汉大学出版社,2016:278.
②　张敏.中国近代第一份图书馆馆刊——《浙江公立图书馆年报》述评[J].科技情报开发与经济,2011(26):35.

馆务报道为主,理论气氛不浓。"将平日同人等所评论者,商榷者,以及一切工作记录,汇而刊之"①。20 年代以后,各类图书馆刊物大量涌现,开始带有明显的理论研究风格,最新的研究成果往往以刊物的形式出版。图书馆人借助图书馆刊物探讨共同职业精神,以形成图书馆人职业价值观。如奋斗精神的提倡,陈长伟认为"吾人(图书馆人)本奋斗有为之精神……则未有不能成者也"②。沈祖荣认为"精神文明与物质文明,皆欲驰骋乎宇宙之内,不限于其本地本国已也。抑有进者,欧美外人于东方文化且若此,我国为东方文化之代表,独不思所以振兴之乎?"③如坚韧精神的培养,杜定友认为"图书馆学术与事业本身,是极富有兴味,不过这种兴味与趣旨,要自身去领悟,去追求,而不可以由外物诱致的。""(图书馆员)职责很重,范围很广,于是刻苦奋斗以求打破恶劣的环境,增进图书馆的效用,孜孜以求,数十年如一日,淡泊宁处。"④再如服务精神的宣传,李小缘认为"(图书馆员)应和蔼可亲,循循善诱,自认为人民公仆"⑤等。

图书馆为公益性质的职业,其收入较教师为低,而社会地位不高,职业晋升空间有限,职业特殊性使职业气质、职业精神的形成尤为重要。图书馆刊物是当时大多数图书馆互通声气的有限方法,图书馆人有关职业精神的讨论对整个职业产生无形的影响,有助于真正适合图书馆工作的人沉淀下来。

图书馆协会是图书馆人为维护和增进图书馆人的权益而自发组成的团体。图书馆协会的出现标志着图书馆行业组织的形成,能够以集体形式与政府及社会各界交涉,争取图书馆人的利益,克服单个图书馆或个人无法达到的目标。

1925 年,中华图书馆协会成立,其形成一方面是职业同人深感联络的必要,另一方面可以说是理论建构的需要,需要一个机构来统筹规划,"近虽取法欧美,颇有设施。顾尚馆自为政,不相闻问,将收远效,实待他山。同人服务典藏,行能无似,深苦观摩乏术,商榷莫由。兹经公同定义,请集全国图书馆及斯学专家为

① 发刊词[J].北京图书馆协会会刊,1924(1):2.
② 陈长伟.小图书馆组织法[J].图书馆学季刊,1928(4):507 - 523.
③ 沈祖荣.参加国际图书馆第一次大会及欧洲图书馆概况调查报告[J].中华图书馆协会会报,1929(3):36.
④ 杜定友.图书馆迷[J].图书馆学季刊,1933(7):401.
⑤ 李小缘.藏书楼与公共图书馆[J].图书馆学季刊,1926,1(3):375 - 396.

中华图书馆协会"①。

　　中华图书馆协会希望规范行业标准,替代各图书馆标准不一、各行其是的状况。1929 年的第一次中华图书馆协会年会提案中就有《规定全国各省立各县立图书馆标准法令案》《请教育部颁布设立图书馆标准案》《省县市立图书馆设立标准案》等,行业规范化是当年年会热点之一。提案人认为"各地方皆有筹设图书馆之议,倘无标准法令,则各自为政,将不免有畸形发展之弊""有标准则管理图书馆者有所根据,办理合法,易有成效。"②

　　图书馆协会还是为图书馆业争取政府支持,争取图书馆员利益的机构。以呈缴制为例,1929 年第一次中华图书馆协会年会相关议案就有:《政府刊物每次出版时宜分赠各图书馆以备参考》《请国民政府分赠政府各机关之公报及一切政府出版品于各大图书馆并指定中央图书馆编造政府出版品目录案》《请国民政府整理前北平政府各机关旧存出版品分赠各图书馆案》等。图书馆职业不仅需要政府管理,尚需政府扶助,相比其他职业,与政府关系更为密切,因此要求各地政府、教育部门予以扶持的议案特别多,如《请建议国民政府减轻图书馆寄书邮费案》《呈请教育部令各书坊凡有图书馆正式函件及图章一律优待出售案》《由本会呈请教育部通令各省大学及教育厅聘请图书馆专家指导各该省图书馆一切进行事宜案》等。

　　关于图书馆员权益,主要集中在待遇、用人等方面,如通过案《图书馆协会得请全国图书馆对于雇佣职员应聘有图书馆学识及宏富经验者至于职员之位置务须有确实保障交须予以优良待遇案》,就是由九条提案合并而来,"目下图书馆服务人员待遇甚为清苦,亟应提高以养成其专业化;图书馆为专门事业,办理者须有学术上相当之智识及专门之技能,非一般人之所能从事者,故其待遇应稍较优异,以鼓励及吸引专门人才"③。通过提高工资待遇来提高职业吸引力,留住高素质人才也是中华图书馆协会历次年会的热点之一,目的就是要用一定的待遇来

　　① 中华图书馆协会缘起[J]. 中华图书馆协会会报,1925,1(1):3.
　　② 中华图书馆协会执行委员会. 中华图书馆协会第一次年会报告[R]. 北京:中华图书馆协会事务所,1929:99-100.
　　③ 上海图书馆协会,等. 图书馆协会得请全国图书馆对于雇佣职员应聘有图书馆学识及宏富经验者至于职员之位置务须有确实保障交须予以优良待遇案[R]//中华图书馆协会执行委员会. 中华图书馆协会第一次年会报告. 北京:中华图书馆协会事务所,1929:117-118.

保障职业化。又有《图书馆应多用女职员案》等,图书馆学人大多认为女性较男性更适宜图书馆工作,在当时男性在职场处于绝对地位的情况下,这一提案反映了图书馆职业化的发展方向。

图书馆人特意强化职业的社会可识别性。第一次中华图书馆协会大会通过杜定友采用"圕"新字议案,议案要求"凡本会之出版品,概用此字。凡本会之通告,及会员来往书札,概用此字。通告各图书馆,尽量采用此字"①。使"圕"字成为图书馆对外识别的标记。又有南开大学图书馆针对书商滥用图书馆三字的做法,提出议案《书店不应号称"图书馆"案》,理由是"坊间书肆,不明'图书馆'三字之意义,因而袭用,以致难于区别,殊不合宜"。因此"由协会议决呈请政府转饬各地社会局,嗣后凡书肆立案时,禁用'图书馆'字样"②。

第三节 图书馆界与文化界的分歧及相互影响

随着图书馆职业化的发展,图书馆界与文化界的分歧增加,图书馆人对文化界非专业性的干涉颇有微词;图书馆业独立意识的增强,反过来又使其文化界提出一定主张,这些矛盾与诉求反映了图书馆职业化的深入发展。

1925 年,梁启超在中华图书馆协会成立大会上的演讲词,是新兴图书馆学人与传统文化界的一次明显分歧。梁启超与中国图书馆事业的发展多有交集,然而他本身也是文化界的重要代表。梁启超的这次演讲,明显针对鲍士伟刚刚结束的在华巡回讲演。

> 以中国现在情形论,是否应从扩充群众图书馆下手,我以为很是一个问题……现时的中国怎么样呢? 头一件,就读者方面论,实以中学以上的在校学生为中坚,而其感觉有图书馆之必要最痛切者,尤在各校之教授及研究某种专门学术之学者,这些人在社会上很是少数。至于其他一般人,上而官吏

① 杜定友.采用"圕"新字案[R]//中华图书馆协会执行委员会.中华图书馆协会第一次年会报告.北京:中华图书馆协会事务所,1929:95.

② 南开大学图书馆.书店不应号称"图书馆"案[R]//中华图书馆协会执行委员会.中华图书馆协会第一次年会报告.北京:中华图书馆协会事务所,1929:93.

及商家,下而贩夫走卒,以至妇女儿童等,他们绝不感有图书馆之必要,纵有极完美的图书馆,也没有法儿请他们踏到馆的门限……美国式的群众图书馆,我们虽不妨悬为将来目的,但在今日若专向这条路发展,我敢说:他的成绩,只是和前清末年各地方所办:"阅书报社"一样,白费钱,白费力,于社会文化无丝毫影响。①

梁启超的观点不仅代表了文化界不少人士的看法,也代表了相当部分以传统知识分子为主的图书馆人的观点。这种观点,简而言之就是"需求决定论"。然而他们并未意识到启发民众需求的重要性,图书馆不仅是提供"高深学术资料"的必要设施,还是公众获取一般信息的媒介、开展民众教育的重要机构,只是这种需求急需图书馆人来唤起,而不能认为这个需求不存在;他们未意识到这一时期出版界不断发行简明读本、插画读本等降低阅读门槛的进步举措,这种进步说明图书馆的需求群体正在扩大;他们也未意识到同期广泛开展的识字运动,如一批社会精英如晏阳初、卢作孚等不断向底层民众推广社会教育所做的努力已经开始取得成效,因此这个观点提出来的同时已经落后于时代。

更重要的地方在于,必须有足够的社会需求才能更好地证明图书馆业存在的必要性。仅仅满足少部分读书人的需要,对于图书馆业的发展是不利的。因此要推进职业化就要促进社会需求,这两者是对应的。正如沈祖荣所言:"识字运动、民众教育、乡村教育等,都是注意到教育以普及民众为前提,因之图书馆的工作,亦往民众方面开发。"②1929 年第一次中华图书馆协会年会上,多个涉及公共图书馆发展的议案通过,例如《呈请教育部通令各省市县广设民众图书馆案》《各省立县立图书馆应设巡回文库案》《请各图书馆设立流通借书部以普及案》《请各公共图书馆充分购置平民常识图书并以相当宣传简便方法俾资普及阅读案》《设立乡村图书馆以为乡村社会之中心案》等,成为年会的重点主题之一。在1933 年第二次中华图书馆协会年会通过案中,又有《请本会通函全国各图书馆注重民众教育事业案》《呈请教育部通令各省市县在乡村区域从速广设民众图书馆

---

① 梁启超. 中华图书馆协会成立会演说辞[N]. 晨报副刊,1925 – 06 – 02(1).

② 沈祖荣. 图书馆所希望于出版界的[J]. 文华图书馆学专科学校季刊,1933(2):134.

案》《建议中央通令各省于各宗祠内附设民众图书馆案》等,延续了上届年会的热点。

以李小缘所提《各省民众图书馆经费当与学校教育同等看待案》为例,"民众图书馆乃全民众自动求教育之机关,非若学校教育,仅为少数人之教育,故最低限度应与学校教育受同等之看待;学校教育有年龄程度时间与兴趣职业及经济上种种之限度,而民众图书馆则无。且其功用效能更较学校教育重大,故最低限度应与学校教育受同等之看待"①。其解释就是对梁启超观点的有力回应。

出版业是图书馆业的上游职业,图书馆业的发展要晚于出版业。在图书馆职业化尚未成熟以前,出版商依照各自惯例出版,很少咨询图书馆的意见。出版界人士也参与正在发展的图书馆技术问题的讨论,通过出版的方式宣传自己的主张。20 年代以后,渐具独立性的图书馆界对于出版界种种不谐之处提出不同的看法。

图书馆人与王云五围绕图书馆技术展开的讨论可视为图书馆职业学术独立性的体现。1929 年开始发行的《万有文库》,因商务印书馆的商业优势地位获得极大成功,主要销售对象就是图书馆。《万有文库》采用了王云五自创的《中外统一图书分类法》及《四角号码检字法》,其出发点是好的,然而存在一些不足,比如把采用《中外图书统一分类法》制定的分类号印于书脊,强行替代其他图书分类法,目录卡左上角也直接印刷分类号,对于采用其他分类法的图书馆造成了诸多不便等。

20 世纪 20 年代,《杜威十进分类法》传入以后,其技术本土化引起了文化界的广泛兴趣,不少人粗通大意就开始"创造",这些自创的分类法往往经不起推敲,甚至会引起图书馆界的混乱,降低社会对图书馆学术的评价。金敏甫就认为王云五自创的《中外统一图书分类法》存在分类编目混为一谈,技术设计粗糙和矛盾,概念混淆等许多问题②。这些评论并非只针对出版界,对于其他一些分类

① 李小缘.各省民众图书馆经费与学校教育同等看待案[R]//中华图书馆协会执行委员会.中华图书馆协会第一次年会报告.北京:中华图书馆协会事务所,1929:124.
② 金敏甫.评王云五的中外图书统一分类法[J].图书馆学季刊,1929(1/2):63–68.

法,比如文华图专学生曾对陈伯逵的《中外一贯图书实用分类法》也提出了强烈质疑。显然,图书馆人在讨论这些技术问题的同时,隐含了对非专业人士插足图书馆核心领域的不满,这里说的非专业人士,既包括图书馆界以外,也包括图书馆界以内。杜定友就曾说:"我要办一个机械化的图书馆。不懂得图书馆学的人,休想摸一摸,否则,轧断手指头。"①只不过王云五统一分类法问题之争直接涉及图书馆技术的核心领域,因此显得较为著名而已。

此外,还有一些出版界的现有惯例给图书馆界带来了困扰,影响了图书馆的工作,也属于规则的干扰。杜定友在《出版界与图书馆》,沈祖荣在《图书馆所希望于出版界的》这两篇文章代表了图书馆界对出版界通行惯例的看法。杜定友认为,出版界、教育界和图书馆界有密切联系,图书馆因为直接面对读者,图书馆人的意见对于出版界很有价值。然而出版界长期忽视图书馆的意见,"现在出版的书,有许多经名流所审定的,但是名流并非学术专家,仍不免'中国人万能的弊病',此后应注重实际,免除虚伪"②。又如图书馆因流通和收藏的需要,往往购书时每书需要两本以上,出版界虽则给予图书馆书价折扣,但往往规定每书一本为限,"因为规则所限,只得分次购办。于是手续上,平添许多麻烦"③。而且出版商给予图书馆的折扣要低于同业折扣,这也是极不合理的。至于出版界发行薄本书籍和软本书籍时,因为不能竖立给图书馆带来麻烦;将版权页印在书籍底封面上,未给图书馆粘贴书袋留下空间;用蓝布书袋,造成图书馆员不能在上面写字等诸多弊病,均为出版界不重视图书馆调查,率性而为的结果。这些惯例并非针对图书馆,但至少没有考虑到图书馆的需要,因此需要调整。

从第一次中华图书馆协会年会议案来看,多有关于技术问题的提案,如《通知书业于新出版图书统一标页数法及附加索引案》,称"旧籍页数向以一卷为起讫,一册有数卷者,前后页数每不相接。新书亦有犯此弊者,杂志中尤为纷乱,或以每栏为起讫,或以每篇为起讫,形势既欠整齐,检阅及编制索引均感不便……欧美对于发刊图书而不附索引者,反对之声时有所闻,甚或创议向国会提案,凡

---

①　杜定友.我与图书馆学[G]//钱亚新,钱亮,钱唐.杜定友先生遗稿文选.南京:江苏图书馆学会,1987:65.

②　杜定友.出版界与图书馆[J].中华书局图书月刊,1932(6/7):8.

③　杜定友.出版界与图书馆[J].中华书局图书月刊,1932(6/7):12.

刊行书籍而不附索引者夺取版权"①。又如于震寰提案《出版物须分洋装平装两种装订发行案》,认为"然图书馆庋藏图书,不但欲垂永久,且须经无数人之翻阅,平装者易于损毁。倘能购得洋装本,不但此弊可免,且于出纳亦甚便利。故出版商每出一书,必须酌备洋装本若干,特供图书馆之采购"②。

而有些议案如《建议书业共同合作编印全国出版图书目录案》,则是从图书馆业与出版业共同利益出发的建议,于彼于己均有利益。"查欧美及日本出版界每于一定之时期内,印行全国出版图书目录一次,如美国之 U. S. Catalog, Booklist,英国之 Reference Catalog,日本之图书分类目录。不仅便于图书馆及购书者翻阅,且于出版界之本身亦有莫大利益"③。沈祖荣还专门撰文《图书馆所希望于出版界的》,陈述图书馆界的主张,对出版界的诸多不足提出意见,比如"在国内出版界最不明了之处,就是不知初版再版为何,国外出版物初版再版,有很大的分别。初版毋庸解释,所谓再版者,不是第一批销尽,再复印发售为再版,乃是再版须经著者另有修改,能增削初版原意之所未及,所以再版之功用,必远胜于初版。在我国因初版与再版之不分,图书馆购为复本者,为此费钱不少"④。

总之,在图书馆职业化的发展过程中,图书馆学人发挥的作用日益显著,中华图书馆协会第一届年会明显反映了这一特点,在以后的历届年会中,科班出身的图书馆学人几乎占据了绝对的话语权。现象的背后就是图书馆学教育对于职业化的巨大影响。而图书馆职业化产生了对图书馆学教育发展的需求,图书馆学教育的发展使图书馆理论发展,并与其他职业相区别,从而形成职业的标志性特征。贯穿民国时期,在图书馆职业化的过程中,图书馆学教育始终产生着重要作用。

---

① 万国鼎,李小缘. 通知书业于新出版图书统一标页数法及附加索引案[R]//中华图书馆协会执行委员会. 中华图书馆协会第一次年会报告. 北京:中华图书馆协会事务所,1929:93.

② 于震寰. 出版物须分洋装平装两种装订发行案[R]//中华图书馆协会第一次年会报告. 北京:中华图书馆协会事务所,1929:96.

③ 陈颂. 建议书业共同合作编印全国出版图书目录案[R]//中华图书馆协会执行委员会. 中华图书馆协会第二次年会报告. 北京:中华图书馆协会事务所,1933:68.

④ 沈祖荣. 图书馆所希望于出版界的[J]. 文华图书馆学专科学校季刊,1933(2):134.

第二章 民国初期及 20 世纪 20 年代的图书馆学教育

在漫长封闭的传统风气影响下,图书馆员一直被认为是守书人,只要不把书放走遗失就可以了,并不需要太多的知识。20 世纪初虽然知识分享的风气已经形成,出现了不少图书馆、阅书报社这样的机构,但一般民众受教育程度较低,还没有表现出阅读的迫切性。传统知识分子——士绅群体,正经历科举制度废除,西方学科体系尚未取代的迷茫时期,图书馆往往四书五经等旧籍与新式西学书报相混杂,使新旧读者都不太满意,图书馆处于一种较为尴尬的境地。

20 世纪 10 年代以后,西式教育取得绝对地位并不断发展,新的知识人群开始形成。图书馆的馆藏学科门类繁多,管理日趋复杂,开始需要拥有专业知识的图书馆员,产生了对图书馆学教育的需求,图书馆学教育进入了初创时期。

中国图书馆学教育从高等教育开始的原因有两点,其一,图书馆学自身的特殊性决定的,这与许多其他西方学科不同。汪应文在《图书馆学教育的过去、现在和未来》一文中认为图书馆学正规教育就应当是高等学校的图书馆学系、图书馆专科学校、图书馆学院,这是由图书馆职业的特点决定的。沈祖荣认为,"现时在我国招收专科学校学生,类皆招收高中毕业生投考入学。但现在我们招收图书馆学专科学生,历来是招收大学二年修满的学生。这并非自高身价这么一回事,实在是因为修习图书馆学,对于基本知识和外国语的造就,是至少非有大学二年级修了的程度不可,高中毕业的学生,还不够尝试这种专门的训练"①。

图书馆工作是看似简单,然而要满足治馆及分类编目工作的需要,为一般读者、学者提供参考咨询服务,图书馆员需要掌握的知识相当广泛,可谓易学而不易精,需要高素质的学生,这是当时图书馆界中坚力量认为图书馆学正规教育应是高等学校教育内容的原因。

---

① 沈祖荣.谈图书馆专业教育[J].湖北教育月刊,1935,2(4):32.

其二,20 世纪 10 年代以后,随着这些海外留学人员陆续归国,图书馆学教育产生了变化,从自修图书馆学文献阶段进入办学教育阶段。这些归国人员人数极少,1925 年杜定友曾做过统计,"全国图书馆界中,曾留学受过专门图书馆训练在一二年以上的,只有下列九人。(中国向有的目录学者,并非专门。其富有经验者,亦因没有受过专门训练,故未列入。)沈祖荣,武昌文华大学;杜定友,上海南洋大学;李小缘,南京金陵大学;李长春,开封中州大学;袁同礼,北京北京大学;洪有丰,南京东南大学;胡庆生,武昌文华大学;刘国钧,南京金陵大学;戴志骞,北京清华大学"①。早期留学海外归国的人员清一色地选择在大学工作,自然中国图书馆学教育也源起于此。

在初创时期,图书馆学教育呈现出多种层次办学活动共同发展的态势,高等教育包括:①从 1913 年金陵大学首设图书馆学课程发展到 1927 年正式设立图书馆学系;②1920 年韦棣华、沈祖荣、胡庆生在湖北武昌开设文华大学图书科;③1925 年杜定友在上海国民大学开办图书馆学系等。中等图书馆学教育包括:1922 年杜定友与穆耀枢等在广州开办图书馆管理员养成所,1925 年穆耀枢在成都开设四川图书馆学校。初等及短期图书馆学教育主要是一些临时性质的讲习会、培训班,学校开设的图书馆学课程,包括 1920 年北平高等师范对图书馆在职人员进行培训,1922 年杜定友在广州市市立师范学校开设图书馆学课,以及1924 年至 1926 年,杜定友在江苏二师高年级班开设的图书馆学课程等。东南大学由洪有丰等主办的图书馆学暑期学校连办数届,亦很有影响,此外还有不少大学开设有图书馆学课程。

这些图书馆学精英学成归国,对于当时图书馆学研究风气也有很大改变。西方图书馆学,特别是来自美国的图书馆学理论在中国逐渐占有绝对地位。来新夏认为,"戴氏所论②大半,皆根据美国之办法,自是以还,美国式之图书馆观念风靡全国,与民国初年步武日本之趋势对立"③。这些新的著作与早期的翻译作品相比较,更为专业化,像沈祖荣所译的《简明图书馆编目法》、金敏甫翻译的《现

---

① 杜定友. 图书馆学的内容和方法[J]. 教育杂志,1926,18(8):6.
② 指戴志骞的《图书馆学术讲稿》。
③ 来新夏. 中国图书馆事业史[M]. 上海:上海人民出版社,2009:403.

代图书馆编目法》、钱亚新翻译的《图书分类法》等,深入讨论图书馆工作中的具体问题,不再是图书馆职业概述性的介绍。

从 20 世纪 20 年代翻译传入的图书馆学著作来看,中国图书馆人不仅在"制度建设"上奋起直追,力图原汁原味地学习西方做到"形似且神似",也认识到由于国情不同、文化迥异,在吸收西方图书馆学理论的同时,必须加以改造,以形成中国的图书馆学。

杜定友认为"一九二一年,我在菲律宾大学提出毕业论文的时候,在第十八章内,讨论图书馆学校问题。开宗明义第一句话,我就说:'没有一所外国图书馆学校能够养成完成图书馆学者,以应中国图书馆用的。'换句话说,我们中国要有中国的图书馆学校,以养成中国图书馆学者。因为中国图书馆有中国的特别情形,特别应用,不是把外国的东西贩运过来,就可以用的"①。由于当时图书馆学人才奇缺,不可能遍地开花地办学,而需要集中力量。"我们对于这种学问②,也非痛下一番研究不可。要研究这种问题,不是一人一力所能办到的,所以要找一班同志,在一处地方,共同研究。这也是非有图书馆学校不可的"③。

民国时期图书馆学高等教育发展相对稳定,管理较规范,保存资料较多,本书以图书馆学高等教育的发展脉络为主要线索,兼及参考其他中等层次及图书馆学短训班、函授教育的发展状况进行分析。

第一节 从图书馆学课程初设到金陵大学图书馆学系

一、克乃文与他的三个学生

克乃文

中国图书馆学教育始于美国人克乃文(William Harry Clemons)在金陵大学文科开设的图书馆学课程。1913 年,克乃文来华接任韦理生担任金陵大学外国文学系系主任,并主持金陵大学图书馆的工作④。"金陵大学成立之时,汇文基督

---

① ③ 杜定友.图书馆学的内容和方法[J].教育杂志,1926,18(9):8.
② 指图书馆学。
④ 金陵大学.金陵大学六十周年纪念册[M].南京:金陵大学,1948:16 - 17,59.

均有图书,故本馆雏形已肇于合并之前。惟时书籍无多,为用盖微。自三校合并后,由恒谟君主其事,功用渐显。民国二年,克乃文君来华长馆务,克君曾任美国普林斯敦大学图书馆参考部主任,盖富有经验之学者也,本馆事业因是益见进步。十年秋,美国农业部派员来华与本馆合作,编制中国古农书索引。十一年本馆进为大学行政单位之一。十二年秋添设农业图书研究部。十六年秋于大学文理科添设图书馆学系。克君于十六年春归国,由刘国钧代理馆长,翌年刘君调任文理科科长,李小缘君继之。十八年春李君转任沈阳东北大学图书馆长。遂由陈长伟君代理,廿年秋季复聘刘君为馆长焉"①。

克乃文执掌金陵大学图书馆期间,金陵大学图书馆从作用不显的一个附属机构变成一个独立的学校单位,"本馆进为大学行政单位之一""本馆事业因是益见进步",充分展示了克乃文的工作能力。但他在中国留存下来的文章很少,1924 年克乃文曾在《金陵光》发表了一篇名为《一两本优秀的书》②(*A Great Book or Two*)的文章,叙述了他根据调查问卷评选出的最值得阅读的 10 本非中、英文书籍的过程,讨论了不同读者推荐书单产生有趣差异的原因,克乃文认为这些书单对于那些毕业后无缘再进图书馆的学生,以及读书盲目的读者有着指导阅读的价值,有利于节约经费建立个人的书藏。

克乃文促成了中美图书馆界早期的交流与合作,在促进人才赴美进修方面做了不少工作。而首设图书馆学课程则无意间成为克乃文在华工作最有标志意义的事情。"1913 初到金陵大学之时,克乃文就在该校文科开设图书馆学课程,直接向学生引介近代美国图书馆学理论与知识,这被中国图书馆学界视为中国最早的图书馆学教学活动,而克乃文也被称为'在华开设图书馆学课程的第一人'"③。

由于语言的障碍,克乃文像韦棣华一样需要找到合适的助手,克乃文采用半工半读的形式吸纳学生到图书馆工作学习。在金陵大学图书馆,洪有丰、李小缘、刘国钧开始接触了美国图书馆学的一些理论,并从工作中取得实践经验,刘

---

①　金陵大学秘书处.图书馆概况[M]//金陵大学秘书处.私立金陵大学一览.南京:金陵大学秘书处,1933:136.

②　Harry Clemons. A Great Book or Two[J]. 金陵光,1924(夏季特号):70–74.

③　郑锦怀.中国图书馆学教育的肇始者——克乃文生平略考[J].图书馆,2013(1):94.

国钧还担任过馆长一职①,克乃文进一步希望他们能赴美学习图书馆学,然后回到金陵大学图书馆继续工作。

1927 年,北伐军队攻占南京后发生暴力排外的"南京事件"。金陵大学副校长文怀恩遇害,外国教职员纷纷离校,克乃文一家慌乱离开中国,随后克乃文在美国弗吉尼亚大学图书馆担任馆长职务,一直到 1950 年②。20 世纪 40 年代,美国图书馆协会致力于中国图书馆计划时,克乃文提供了他在中国图书馆工作的经验作为参考。

克乃文的贡献可以归结为三点,一是大大充实了金陵大学图书馆的馆藏,使之成为当时一所著名的模范图书馆③。克乃文掌馆期间,馆藏从最初的 7376 册,增加到 101 590 册。在西文图书方面,金陵大学图书馆引来了众多学术团体的贵重赠书,包括"卡纳基国际和平基金刊物""华盛顿卡纳基学社刊物""华盛顿斯密司孙学社刊物""国际联盟刊物"等。该馆还建立了多种特藏书库,包括"中山纪念藏""甲骨文""美国国会图书馆所印卡片式目录之目录""钦嘉乐纪念藏""同学会特藏""乡村参考书特藏""本校刊物""本校讲义"等④。二是较早开始中美图书馆界合作。1921 年,金陵大学图书馆与美国农业部合作,完成了一本《中国农书目录汇编》,克乃文为该书作序。张锦郎提到"民国十一年左右,金陵大学与美国国会图书馆合作办理图书馆研究班"⑤。如果属实,应是中美图书馆学教育合作的最早记录,这个图书馆研究班具体成立于什么时间,又开展了哪些活动,取得了怎样的成果,都值得进一步考证。三是培养了洪有丰、李小缘、刘国

---

① 1921 年,龙丹在给威斯康星图书馆学院院长赫泽尔苔的信中说:"刘国钧已在南京大学图书馆工作了三年,起初为学生协理,在克乃文(Harry Clemons)馆长休假时,被委以代理馆长之职。"参见:"我们永远忘不了你":刘国钧和威斯康星图书馆学院[G]//北京大学信息管理系,南京大学信息管理系,甘肃省图书馆.一代宗师——纪念刘国钧先生百年诞辰学术论文集.北京:北京图书馆出版社,1999:41 - 42.

② 郑锦怀.中国图书馆学教育的肇始者——克乃文生平略考[J].图书馆,2013(1):94.

③ 这种说法见刘国钧在 1930 年第 48 次馆务会议上所说:"本馆在二三年前,人皆以为模范图书馆而得良好之批评。"参见:徐雁."石城虎踞山蟠龙,我当其中"——刘国钧先生述职金陵大学时期的业绩[G]//北京大学信息管理系,南京大学信息管理系,甘肃省图书馆.一代宗师——纪念刘国钧先生百年诞辰学术论文集.北京:北京图书馆出版社,1999:56.

④ 金陵大学图书馆.金陵大学图书馆概况[G]//李小缘.金陵大学图书馆丛刊(第四种).南京:金陵大学图书馆,1929:4.

⑤ 张锦郎.中国图书馆事业论集[M].台北:台湾学生书局,1984:140.

钧等在中国图书馆事业产生重要影响的人物,逐渐形成金陵大学图书馆学人圈。

在当时的教会学校,比如中西女塾图书馆、华西协合大学图书馆等,类似的师徒教育并不罕见。但克乃文需要的图书馆员显然不仅是工作娴熟的"技术工人",他还想培养真正的图书馆学者,这就超越了只是满足培训操作程序的需要,显示出克乃文创办中国一流图书馆的决心。从他加强金陵大学图书馆建设,传授图书馆学知识,积极帮助他的学生赴美留学,开展学生入学培训等活动来看,克乃文是有以金陵大学图书馆为依托,建立正规图书馆学教育的意图的,遗憾的是克乃文未能完全实现他的设想。

洪有丰

洪有丰(1892—1963)是金陵大学第一个前往美国学习图书馆学的学生,赴美前已是金陵大学图书馆的副馆长。1919 年,洪有丰前往纽约州立图书馆学校留学,1921 年毕业并获得图书馆学学士学位。但 1921 年洪有丰回国以后并没有回到金陵大学图书馆,而是接受了新成立的东南大学图书馆馆长职位,克乃文在给怀耶(Wyer)的信中说他"非常失望","洪先生严重背弃了我们,他忽略了遵守约定的重要性,在没有预先告知的情况下突然接受了这一职位,这一职位或许收入是比以前要多一些,这个背叛使我们有关图书馆个人发展的计划突然改变,在新的计划里李小缘正前往美国,我们期望不久之后,另一个我们目前的职员,刘国钧有机会在美国接受学习"①。

洪有丰在东南大学兼任"教育科图书馆学术集要课程教授"②,使东南大学成为中国较早开设图书馆学课程的学校。洪有丰在《东南大学图书馆计划书》里谈到了开设图书馆学校的计划③。其思路是依托东南大学图书馆建设图书馆学校,与韦棣华依托文华公书林设立文华图书科的想法一致。

---

① 参见:Clemons to Dr. James I. Wyer,Jr. ,Director,New York State Library School,Albany,NY,dated May 27th,1921;Alumni Files of Graduate School of Library Service,Columbia University at Columbia University,New York,NY.//Kuang-Pei Tu. Transformation and Dissemination of Western Knowledge and Values:the Shaping of Library Services in Early Twentieth Century China[D]. Los Angeles:University of California,1996:119.

② 季维龙,刘重焘,罗友松. 洪范五先生事略[J]. 图书馆杂志,1983(1):67.

③ 洪有丰. 东南大学图书馆计划书[M]//《南大百年实录》编辑组. 南大百年实录. 南京:南京大学出版社,2002:186 – 187.

洪有丰于 1922 年在中华教育改进社第一次年会上担任图书馆学教育组副主任,提出"中学及师范应添设教学用图书方法课程"的建议。1925 年,中华图书馆协会成立以后,洪有丰随即担任图书馆教育委员会主任。他和李小缘参与了刘国钧主编的《图书馆学季刊》的编辑工作。在 20 世纪 20 年代,洪有丰的图书馆学教育活动很活跃。1921 年,安徽开设暑期讲演会,"电请胡适之洪范五两君来皖讲演",讲图书馆组织法及欧美图书馆情形,讲演图书馆之重要,设立图书馆方法,英国图书馆历史等①。他从 1923 到 1926 年在东南大学每年开设暑期图书馆学校,中国早期留学海外的图书馆学者如刘国钧、袁同礼、杜定友、朱家治等均担任过教职。这些暑期讲演会,在当时图书馆学校还是空白,图书馆课程又只针对在校学生的情况下,对于广造声势,推动图书馆职业化的发展起到了积极作用。当时适用的图书馆学教材不多,洪有丰便结合中国国情,系统引进欧美图书馆学理论,撰写了《图书馆组织与管理》一书。该书初版于 1926 年,10 年间三次再版,是当时图书馆学的主要教科书之一②。

洪有丰促进了金陵大学图书馆学人圈的形成,刘国钧是由洪有丰与图书馆结缘的。金陵大学文科班毕业的朱家治,也是经洪有丰介绍,到南京高等师范大学图书馆工作,后又跟随洪有丰到东南大学图书馆工作。

洪有丰是图书馆界的多面手,在行政管理、理论研究及教育活动方面多有建树。他逝世以后,刘国钧认为:"洪先生是 20 世纪 20 年代我国新图书馆运动的重要活动家之一,是我国开始吸收西方资产阶级图书馆学时期的有数的先驱者之一。"③"是图书馆拓荒者,旷代宗师启后学;亦教育界先导人,满园桃李泣春风。"④这条挽联肯定了他在教育领域的作用。

李小缘

李小缘(1898—1959)是第二个赴美留学图书馆学的金陵大学学生,他于 1921

---

① 吴稌年. 中国近代图书馆事业南京重镇的形成与特征[J]. 图书馆,2015(1):31.

② 沈固朝,刘树民. 涓涓成川有师承——1913—1948 年间金陵大学图书馆学教育的发展历程[J]. 图书情报工作,2005(11):139 – 140.

③ 刘国钧. 敬悼洪范五先生[J]. 图书馆,1963(1):52.

④ 顾建新,田芳,石磊. 论洪范五对中国现代图书馆事业的贡献[J]. 中国图书馆学报,2014(4):84.

年赴纽约州立图书馆学校留学,获图书馆学学士学位
后又于 1924 年入哥伦比亚大学教育研究院攻读教育
社会学硕士学位,1922 至 1924 年连续三个暑假在美国
国会图书馆做中文编目工作。国会图书馆希望李小缘
能留下来,然而李小缘毅然回国,他的"与其临渊羡鱼,
不如归而结网"的留言,反映了他愿意为国献身的精
神。这也体现了他的抱负,毕竟图书馆学、图书馆职业
在中国的发展还是一片崭新的领域。

图 2 - 1 李小缘

李小缘是新图书馆运动的倡导人之一,"他本人
曾任图书馆协会、图书馆教育委员会委员、担任金陵
大学图书馆学专修科主任,在东北大学、东南大学、北
京大学函授班及本校讲过图书馆学"①。在中华图书馆协会第二次年会上,李小
缘的个人提案就达 22 件之多,不少涉及图书馆学教育。李小缘于 1927 年发表
《全国图书馆计划书》,提出了关于图书馆学教育的设想。他认为国民政府应设
立国立中山图书馆作为中央图书馆,同时设立图书馆委员会,均隶属于最高行政
教育机关,在北京、武昌、南京、成都、广州五处设立中山图书馆分馆,"此五所国
立中山图书馆,应附设五所图书馆学校,冀养成图书馆专门人才,供全国之用。
并选国内图书馆学校深造者数人,留学欧美,以期造为成材,备充各处馆长。(各
馆选任职员应将国内图书馆学校毕业生尽先录用。)""(公共图书馆)初选职员,
先由委员会聘请专家,俟图书馆学校成立后,应尽先聘请毕业生为职员,未入图
书馆学校者,亦得以考试取材。""(中学)学校应有用图书馆用参考书用目录学
之初级课程。"②李小缘认为图书馆学教育应由政府主导设立专门图书馆学校,图
书馆须用图书馆学校毕业生充当馆员,最低限度也要以"考试取材"。李小缘有
关设立五所国立图书馆,并附设相应图书馆学校的设想,是普及图书馆的社会教
育功能,使全国各地均能受益的观点与 1925 年中华教育改进社图书馆教育委员
会提出利用庚款在全国各地建立八所图书馆,作为各区域模范图书馆的设想,以

① 孙云畴. 纪念我国著名的图书馆学家李小缘先生[J]. 江苏图书馆学报,1987(1):49.
② 李小缘. 全国图书馆计划书[J]. 图书馆学季刊,1928,2(2):209 - 231.

及 1948 年美国图书馆协会与中国教育部部长王世杰关于在中国设立五所图书馆学校的想法都有相似之处。而李小缘提出的图书馆员"考试取材"的思想,也可以看作是设立职业门槛,推动图书馆职业化的一些早期思想。

1925 年,李小缘回国以后任金陵大学图书馆西文编目部主任、教授。中文编目部主任则是赫赫有名的刘国钧,图书馆学研究部主任为著名农学史专家万国鼎,参与过《中国农书目录汇编》一书的整理工作,流通部主任是陈长伟,这几个人有着丰富的图书馆经验,也在多处临时图书馆学讲习处任教。以李小缘为例,1925 年暑期,他在东南大学及中华图书馆协会合办的图书馆暑期学校讲授图书馆学;次年夏,又兼任东南大学暑期学校图书馆学讲师;再次年夏,任第四中大区社会教育讲习所民众图书馆学讲师;同年秋,任中央大学图书馆学教授及图书馆委员会主席,被聘为中大区国学图书馆参议;1932 年春,兼任中大区民众教育院讲师;同年夏,兼任中大区教育局长督学讲师。在这短短的两年多内,他写有:《藏书楼与公共图书馆》《中文类书研究》《中国大学图书馆教员指定参考书之研究》等近 20 篇①。

20 世纪上半叶,李小缘除了曾在 1929 至 1930 年期间短暂任职于东北大学图书馆外,一直在金陵大学任教,并在中国文化研究所做研究员。当时中国文化研究所有目录学的专门研究,李小缘承担了两项工作,一为《欧美东方学杂志论文索引》,二为《丛书子目索引》,刘国钧则承担有《六朝著述目录》的研究工作②。两人也可以说是文献学家。李小缘在美国期间就开始编纂《西人论华书目》,但因卷帙浩繁,一直未能完成,抗战内迁期间因金陵大学迁移太过匆忙,该书稿及历年所积累的材料全部损失。

刘国钧

刘国钧(1899—1989)走上图书馆学道路是由于洪有丰的引导③。刘国钧于 1922 年赴美国威斯康星大学留学,专攻哲学并加修图书馆学课程。克乃文在推

---

① 朱正华.李小缘先生传[G]//马先阵,倪波.李小缘纪念文集.南京:南京大学出版社,1988:292.

② 金陵大学秘书处.图书馆概况[M]//金陵大学秘书处.私立金陵大学一览.南京:金陵大学秘书处,1933:43.

③ 刘国钧.敬悼洪范五先生[J].图书馆,1963(1):51-52.

荐信中说:"刘国钧是南京大学已毕业的学生中最优秀的学生之一,尤其是在中文和哲学方面。"刘国钧的素质,包括"从容的勇气"和"真诚的性格",已使刘国钧成为克乃文的"最好朋友"之一。克乃文希望他的朋友刘国钧能够得到赫泽尔苔"个人富有同情心的考虑"。①

1925 年春,刘国钧获得哲学博士学位,随即回国任金陵大学哲学教授兼图书馆中籍部主任。1925 年,中华图书馆协会成立,刘国钧当选为第一届出版委员会主任,负责主编中华图书馆协会出版物《图书馆学季刊》。1940 年以后,刘国钧又受托主持编辑《中华图书馆协会会报》,这可能与他曾参与编辑金陵大学校刊《金陵光》及《少年世界》有关系。1927 年,刘国钧接替克乃文任图书馆馆长,并在新成立的金陵大学图书馆学系里担任教职。刘国钧曾在 1929 年至 1930 年期间短期任职北京图书馆编纂部主任,稍后重返金陵大学,复任图书馆馆长、文学院院长及中国文化研究所研究员。1937 年底,金陵大学因抗战西迁成都华西坝,开始设立图书馆学专修科,刘国钧又兼该专修科科主任。

刘国钧在图书馆理论与技术领域的贡献颇多。早在 1922 年,刘国钧在《儿童图书馆与儿童文学》一文中提出了要素问题。"一个完善的儿童图书馆必定要有三种要素:合法的设备、适宜的管理员和正当的书籍"②。是为三要素说,不过影响不大。在 1934 年出版了《图书馆学要旨》一书,刘国钧又提出图书馆学研究"四要素"说,即图书馆建立需四要素:图书、人员、设备、方法,1957 年又提出图书馆学研究"五要素"说,即图书、读者、领导和干部、建筑设备和工作方法,这些理论对当时的图书馆学研究都产生了重要影响。刘国钧的要素说比印度阮冈纳赞 1933 年在《图书馆学五法则》中阐述的图书馆是生长的有机体,"在图书馆中生长着的有机体的主要部分,就是书、读者和工作人员"的理论要早好些年。

刘国钧在技术领域的重要成果是 1929 年提出的《中国图书分类法》及《中文

　　① "我们永远忘不了你":刘国钧和威斯康星图书馆学院[G]//北京大学信息管理系,南京大学信息管理系,甘肃省图书馆.一代宗师——纪念刘国钧先生百年诞辰学术论文集.北京:北京图书馆出版社,1999:42 - 43.
　　② 周文骏.图书馆学一代宗师——略论刘国钧的学术成就[G]//北京大学信息管理系,南京大学信息管理系,甘肃省图书馆.一代宗师——纪念刘国钧先生百年诞辰学术论文集[M].北京:北京图书馆出版社,1999:17.

图书编目条例草案》,《中文图书编目条例草案》为中华图书馆协会采纳,并以《中文图书编目条例》的名称出版发行。据文化部文物局1950年"最近全国各大图书馆图书分类调查"统计,在当时流行的1948年以前编制的十多部中外图书分类法和此后编制的多部新法中,使用最多最广者均为刘法[1]。

1928年5月15至28日举行的全国教育会议上,刘国钧作为大学院图书馆教育司司长,提出了一个全国图书馆发展长期计划,包括①一个未来图书馆员的教育计划;②一个覆盖全面的图书馆网络,能满足民众的需要;③一个能协调不同地区图书馆发展的政府机构。刘国钧提出三个层次的图书馆教育:一所国立大学提供研究生水平的图书馆学教育,由省级财政资助的大学授予大学毕业生水平的图书馆学位,这些大学和学院也会尽可能开设短期图书馆讲习班,为图书馆员培训技术人员。而且,国家和省级教育机构将提供特别奖励,鼓励私人资助的大学或学院开设图书馆科学课程[2]。这一计划在通过的《请规定全国图书馆发展步骤大纲案》中被大学院部分采纳,由于大学院存在时间短暂,所通过议案来不及执行,刘国钧的设想未能得到实践。刘国钧还提出了"图书馆指导员"的概念,即在省县级图书馆设立这一职位来指导各地图书馆建设协调发展,这些富有创见的提案对于当今图书馆教育也有参考价值。

1943年,刘国钧因与金陵大学校长不合,离开金陵大学前往兰州筹备国立西北图书馆,担任筹备主任,1944年,正式开馆后任国立西北图书馆馆长,同时兼任兰州大学哲学系教授。1951年,刘国钧调北京大学图书馆学系任教授并兼教研室主任,自1958年起任系主任等职,与汪长炳、徐家麟等类似,是少数几位在不同图书馆学教育机构都任教过的图书馆学家。

刘国钧是少年中国学会的会员,这是中国近代史上一个重要的社团组织,学会宗旨"本科学的精神,为社会的活动。以创造少年中国"。刘国钧很早就确立了为图书馆事业奋斗的愿望,在少年中国学会开展的会员终生志业调查,刘国钧

---

① 中央人民政府文化部文物局. 图书分类法问题研究资料[Z]. 北京:中央人民政府文化部文物局,1949:158 – 161.

② Kuang-Pei Tu. Transformation and Dissemination of Western Knowledge and Values: the Shaping of Library Services in Early Twentieth Century China[D]. Los Angeles: University of California,1996:193.

在"终生欲从事之事业"栏目中,填写的是"教育及图书馆",在"将来终生维持生活之方法"栏目中,填写的是"教育或图书馆事业"①。终其一生,刘国钧一直未曾离开过图书馆事业。

二、金陵大学图书馆学系的设立

金陵大学图书馆学教育经历了师徒教育、课程教育、辅系教育、专科教育四个阶段。在金陵大学设立图书馆学系前,金陵大学的图书馆学教育还有过几次变动。克乃文于 1913 年首设图书馆学课程以后,并没开班授课,还属于非正规的师徒教育性质。"民国十一年左右,金陵大学与美国国会图书馆合作办理图书馆研究班。该校文学院又另设图书馆科,均办理不久即停"②。

从 1925 年春开始,金陵大学图书馆为新生培训之目的,开设图书馆用法演讲。"民国十四年春以来,每学期对新生演讲图书馆之用法,历述本馆中西文目录使用法与书码之意义,中西文藏书之特点,主要参考书之内容与性质,以及借书方法等,讲毕即领导参观。使人人皆知如何使用本图书馆。不啻为大学各课程之入门。举行以来,听讲踊跃,成绩殊佳。"③"又该馆对于新入校学生,向有使用图书馆方法之演讲。本学期系在十月三日晚间举行。首由刘衡如博士讲述大学图书馆与大学生生活之关系,并说明借阅图书规则之大要;复由陈长伟先生解释中西文目录使用之方法。听者均极满意,旋即率领至馆内纵览一切。"④这种专门的图书馆学普及教育,在现在大学新生教育中已是标准流程,而在当时则属首创,颇有引领风气的作用。这种有规律的新生教育,已经有正规教育的雏形。

1927 年,金陵大学正式建立图书馆学系,隶属于教育学系,属于辅系。"教育学系下设(1)教育学组;(2)心理学组;(3)图书馆学组。"⑤当时金陵大学实行主

---

① 吴稌年.中国近代图书馆事业南京重镇的形成与特征[J].图书馆,2015(1):30.
② 张锦郎.中国图书馆事业论集[G].台北:台湾学生书局,1984:141-142.
③ 图书馆用法演讲.金陵大学图书馆概况[G]//李小缘.金陵大学图书馆丛刊(第四种).南京:金陵大学,1929:9.
④ 金陵大学图书馆之农业部与图书馆教育[J].中华图书馆协会会报,1930,6(2):19.
⑤ 金陵大学秘书处.各学院概况[M]//金陵大学秘书处.私立金陵大学一览.南京:金陵大学秘书处,1933:38.

辅修制度,三四年级的学生可以选择一个主修系及一个辅修系。该系应当也允许其他系学生选修,钱存训就属于主修历史,辅修图书馆学的学生。在正规教育以外,也时常有教员在外授课。比如1928年,《金陵大学图书馆馆员会议录》第29次会议记载的当月大事就有"李君小缘于四月三、四、五日在苏州民众学校演讲图书馆学,此乃推广图书馆之良好机会"①。然而1928年的排外运动使金陵大学临时停办,李小缘和刘国钧被迫离开,李小缘去了东北大学图书馆,刘国钧去了北平图书馆,直到1930年才返回金陵大学,金陵大学图书馆学系失去了最重要的两名师资,处于事实停办状态。1931年时金陵大学曾有改图书馆学系为图书馆学专修科的打算②,但直至内迁后才得以实现。

第二节　从文华图书科的诞生到文华图专独立建校

一、从文华公书林到文华图书科

文华图专的办学活动,起源于韦棣华女士(Mary Elizabeth Wood)的传奇经历,今天韦棣华已成为中国图书馆教育史开山式的人物,一种精神的象征。韦棣华在这个动荡的国度里百折不挠,创办文华公书林,接着又和她的学生共同创办了文华图书科,大大推动了中国图书馆学教育的发展和公共图书馆事业的进步,成就了一生中最为辉煌的事业。韦棣华虽不是中国图书馆学教育的创始者,但她手植的文华图专无疑是20世纪上半叶中国图书馆学教育领域的旗帜。

韦棣华于1861年8月22日出生在美国纽约州爱尔巴镇一个新英格兰人家庭。韦棣华出生后不久,全家迁到美国纽约州巴达维亚城(Batavia),其父成为一家捷运公司的代理商。韦棣华在巴达维亚中学毕业后,曾就读于波士顿西蒙斯(女子)学院(Simmons College)图书馆学专科。1889年巴达维亚成立里奇蒙德图书馆(Richmond Library),28岁的韦棣华以广博的学识成为该馆首任馆长,也是

---

① 徐雁."石城虎踞山蟠龙,我当其中"——刘国钧先生述职金陵大学时期的业绩[G]//北京大学信息管理系,南京大学信息管理系,甘肃省图书馆.一代宗师——纪念刘国钧先生百年诞辰学术论文集.北京:北京图书馆出版社,1999:52.
② 图书馆学会消息[J].中华图书馆协会会报,1931,7(3):51.

该馆首位图书馆管理员,韦棣华在该馆工作了 10 年①。

韦棣华来到中国具有偶然性,1899 年庚子拳乱,排外仇教浪潮汹涌,传教士在华被害者甚众,韦棣华因担心在武昌圣公会当牧师的弟弟韦德生(Robert E. Wood)安危只身来华②。当时武昌教会极力扩大办学缺少师资,韦棣华就在文华学校教授英语,同时兼管图书馆的工作。起初韦棣华只是想劝说弟弟回国,并不打算久居。然而居留中国的时日稍长,韦棣华看到一般民众知识浅陋,生活困苦的状况,又了解了中国人民的勤劳与热诚,开始对悠久深厚的中国文化产生了兴趣,不觉起了救济之心,决心留在中国加入弟弟的传教事业,"我觉得我是应主的召唤来做这项工作的,这是主为中国安排的一部分"。需要说明的是,直到 1906 年 11 月 3 日,因工作出色,韦棣华才被正式任命为圣公会传教士③,亦说明她来华初衷并非宗教使命。

图 2 - 2　韦棣华

韦棣华希望用文化唤醒民众,她在美国接受过图书馆学教育,又曾在图书馆工作过,她认为图书馆是教育民众的最好方式,当时中国处于图书馆事业刚刚起步,民智渐渐开化的时期,视西学为洪水猛兽的状况已经消融,这个背景给了她从事图书馆事业的良好机遇。她开始参与许多与教会相联系的事务,

---

① 周洪宇.不朽的文华——从文华公书林到文华图书馆学专科学校[M].武汉:华中师范大学出版社,2013:52 - 53.

② 郑锦怀考证认为,在韦棣华弟弟韦德生的信里,韦棣华只是对他进入教会工作深感失望,根据美国报载,韦棣华首次来华确实是为了探望韦德生,却均未提及韦德生在华的安危问题。因此,不应过度解读韦棣华首次来华的原因,那应当只是一次在后世看来意义重大而在当时极其普通的探亲之旅。该文还对韦棣华不打算久居的常规观点提出了异议。参见:郑锦怀.韦棣华早年生平史实辩析[J].图书馆论坛,2015(2):109.

③ 见:郑锦怀.韦棣华早年生平史实辩析[J].图书馆论坛,2015(2):110.

1900 年,韦棣华在上海圣约翰大学图书馆做编目工作,1902 年韦棣华为了满足少儿读书的需求,在其美国朋友的帮助下,于文华学校旁边的一个八角形小屋里开办了中国第一个循环图书馆①。在 1908 至 1910 年期间韦棣华历经辛苦筹资建设了一所美国式的公共图书馆——文华公书林。为了吸引当时武汉民众到馆阅览以及传播图书馆利用的思想,韦棣华女士采取了一个新的办法,即吸引学生听讲座。每年春秋两季开学后,她在一些国立大学里开办各种各样的讲座。讲座前,制作宣传品进行宣传;讲座时,总是以音乐会的形式开始,并在讲座中利用幻灯、教育电影等多种媒介形式,以吸引有知识的学生。就这样,文华公书林承办了公共健康、政府、自然科学等多主题的讲座。1914 年,中国第一个流动图书馆创立了。流动图书馆把书提供给武汉三镇的学校、工厂、公司等处,还将书送到了开封、北京等遥远的外地。

图书馆与巡回文库对于当时的人们来说非常新潮,但初期了解的人还不多,对图书馆的利用较少,韦棣华迫切需要找到有力的助手。文华公书林建成以前韦棣华见到了沈祖荣,"当时沈祖荣摇摆于去美接受童子军领队或图书馆员两者之间。他的妻子建议他学习图书馆服务,因为她相信它会提供他以一个终生职业。就这样,沈先生作出了他的选择。对韦女士来说,他在将来中国图书馆事业中的重要性并无先知,她只担心中国人掌握公共图书馆运动会削弱它的基督教价值。但到 1930 年文华公书林建馆 20 周年时,则明显地看到他们中任何一方对另一方都是作了最幸运的选择"②。的确,历史证明两人的相遇对于彼此意义重大,韦棣华培养沈祖荣走上了图书馆学教育的道路,后者在半个多世纪里忠实地实践了韦棣华关于图书馆学教育的设想。

韦棣华眼光长远,计划周详,尤其体现在她对图书馆学校创设的规划,武昌公书林建成以后,她认为仅仅在武昌办一所成功的图书馆是远远不够的,还需要更多的人才在中国各地开办图书馆,服务更多的民众。显然,韦棣华较克乃文的雄心要大得多。"女士来华后认定中国需以提倡教育发展文化为先务。于文化

① 吴慰慈,张广钦. 中国现代图书事业开创的先驱[M]//吴慰慈. 图书馆事业与图书馆学教育. 北京:北京图书馆出版社,2006:105.

② Cheryl Boettcher. 沈祖荣与文华图书馆学专科学校[G]. 何建初,译. 毛相骞,整理//陈传夫. 文华情怀——文华图专九十周年纪念文集. 武汉:武汉大学出版社,2010:117.

教育均能致最大之贡献者厥为图书馆。原未有图书馆之前,须有图书馆之人才以开创之;既有图书馆之后,须有图书馆人才以办理之。故自文华公书林创立之后,女士之心虑,即在创办一图书馆学校以应此项需求"①。她的两个学生沈祖荣和胡庆生在 20 世纪 10 年代末至 20 年代期间,秉承这一思想到许多地方开展公开讲演,"制造各种仪器,揭示于人,使人明了今日之图书馆……并携美国赠送之各种关系图书馆之各种展览品,至国内各大城市游行演讲图书馆事业之重要组织并经营大概"②。宣传美国式图书馆的优点,抨击旧有藏书楼的弊病,这些活动对于改变社会对图书馆的认识有重要作用,与当时的知识精英认为一般民众对于公共图书馆并无兴趣,因此无须设立的观点形成鲜明对比。

韦棣华建立图书馆学校的第一步工作是培养未来的师资力量,她于 1914 年、1917 年先后资助沈祖荣、胡庆生前往美国学习图书馆学,她自己也充分利用回国时间,前往各处图书馆学校学习。她于 1907 年到纽约布鲁克林的普拉特学院(Pratt Institute Library School in Brooklyn,New York)学习一学期的图书馆学课程,1917 年她作为特别生到纽约普拉特学院进修,1918 至 1919 年再入波士顿西蒙斯大学学习,1924 年到奥克斯福特大学进修,1926 年到麻省威廉斯大学政治学院进修,还在牛津大学学习过有关图书馆课程③。韦棣华、沈祖荣、胡庆生构成了文华图书科的最初师资。

韦棣华的第二步工作是争取教会的支持,她于 1918 年致函美国圣公会伍德主教(Bishop Wood),获得圣公会对创办图书馆学校的准许,还争取到当时文华大学新任校长孟良佐(Alfred Alonzo Gilman)、圣公会湘鄂教区主教吴德施(Logan Herbert Roots)和中华教育改进社的支持。孟良佐同意在文华大学内附设一个图书科,并解决校舍和部分经费问题④。

韦棣华的第三步工作是争取图书馆学校的办学资金,这项工作长期而琐碎,需

① 毛坤. 悼韦棣华女士[J]. 文华图书馆学专科学校季刊,1931,3(3):337.

② 沈祖荣. 在文华公书林过去十九年之经验[J]. 文华图书科季刊,1929,1(2):159 – 175.

③ 周洪宇. 不朽的文华——从文华公书林到文华图书馆学专科学校[M]. 武汉:华中师范大学出版社,2013:105.

④ 周洪宇. 不朽的文华——从文华公书林到文华图书馆学专科学校[M]. 武汉:华中师范大学出版社,2013:105。周洪宇书中称当时圣公会湘鄂教区主教为韦卓民是不正确的,经考证应为吴德施。

要很好的耐心。募集对象主要是韦棣华的好友、美国图书馆界人士、美国妇女援助会、中国政商要人、美国圣公会等,除资金以外,也会以实物形式捐赠。在文华图书科建立前后的很长时期,个人捐赠、机构捐赠占主要比例,然而这些捐赠绝大多数都不稳定。因此韦棣华成立了一个"筹募文华图书科基金临时委员会"来长期做这件工作,到韦棣华去世时,此项基金已有 23 000 元。韦棣华去世以后,她的好友康宁夫人(Mrs. Frederick Cunningham)又建立了一个韦棣华基金,华德女士(Miss Marian De Ward)、克宁博士(Dr. J. M. Glenn)、鲍士伟博士(Dr. Arthur E. Bostwick)是基金董事会成员,这项基金主要用来供文华图专教师出国进修和购买图书使用,在抗战期间也用于补助学校日常运作①。美国圣公会的支持也很重要,美国圣公会一直视文华图书科及文华图专为其在华建立的学校。在文华图书科开始创办的初期,圣公会资助为学校的主要经费来源,这项支持直到抗战内迁以后才显著降低。

如果说上述数项资助一般人尚能做到外,那么争取庚款支持则完全具有传奇色彩,对于既无显赫头衔,又无官方背景的韦棣华来说,游说于中美两国各届要人并获得成功,实属不可能而最终成功的事件。争取庚款支持的成功,不仅为文华图书科获得了一项重要而稳定的资助,而且为文华图书科做了一次很好的宣传,对于文华图书科及以后的文华图专帮助很大。20 世纪 20 年代,韦棣华有过数次短暂返美的经历,在赴美前韦棣华拜会了中国 150 多位有影响力的人物,取得了他们的签名以及一些办学资助,在美期间极力游说美国各界人士对中国图书馆事业进行捐助,这些努力产生了两项意义重大的成果,一是促成鲍士伟访华,鲍士伟代表美国图书馆协会到访中国,是中美两国图书馆协会交流的象征,中国图书馆事业得益于美国图书馆协会指导,获得捐赠之处很多,这次访华是一个起点。二是明确了庚款退回的一部分用于中国图书馆事业,特别是作为文华图书科办学资金之一部分,"(基金会)同意每年资助文华图专 5000 美元用于教席及奖学金支出。此外,管理中英庚款董事会产生,它对文华图专亦常年给予资金的支持"②。

---

① 彭敏惠.文华图书馆学专科学校的创建与发展[M].武汉:武汉大学出版社,2015:101.

② 吴慰慈,张广钦.中国现代图书馆事业开创的先驱[M]//吴慰慈.图书馆事业与图书馆学教育.北京:北京图书馆出版社,2006:108.

1925 年,韦棣华在上海图书馆协会做过一次演讲,叙述了她在美国游说的前后过程,其精神之昂扬丝毫让人感觉不到韦棣华已行至暮年(见附录Ⅰ)。

在师资及办学资金均有保障的情况下,韦棣华与文华大学校长孟良佐筹商就文华大学开设图书馆学科一事达成一致,名曰文华图书科(Boone Library School)。1920 年 5 月 1 日,文华大学图书科成立,是为大名鼎鼎的文华图专①的前身。文华图书科在建立之初就与大学部(正馆)和中学部(备馆)并列,而非与大学部的文科、商科等并列,相当于为文华大学学生提供的辅修科目,可以让毕业生获得更多就业途径。这种情况一方面是因为文华图书科不和这些科系同时招生,更重要的是,筹建文华图书科的资金大多来自于韦棣华女士向美国友人募集的捐款,文华大学对于文华图书科的管辖范围和力度与其他科系有所不同,这为文华图书科日后的单独坚持办学和独立建校埋下了伏笔②。

韦棣华与其两个学生沈祖荣和胡庆生负责文华图书科的教学工作,韦棣华担任图书科主任,从文华大学本科二年级以上的学生中招收学生兼修图书馆学课程,还没有专门的入学考试。首届学生是裘开明、桂质柏、陈宗登、查修、黄伟楞、许达聪,本科毕业除授予文学学士外另发图书馆学专科证书,文华图书科完全仿照美国纽约州立图书馆学校的办学制度,所设课程亦大体相同。这六名学生毕业后均选择图书馆作为职业发展方向,除黄伟楞、许达聪早逝外,均取得较大的个人成就,是非常成功的一届。

1931 年 5 月 1 日,韦棣华因病逝世。韦棣华是一位令不少中国人和美国人折服的女性,几乎完全凭借个人的意志,完成了多个困难重重的工作。她的对手,华中大学校长韦卓民也由衷地赞扬她:

据个人观察,凡人能在人类社会,造成卓绝不朽之事功,至少必具有下述三条件:(一)有远大之眼光;(二)有深纯之学问;(三)有伟大之魄力。韦

① 有关文华图书馆学专科学校的开办时间、创办人、图书科首任主任、独立建校时间等问题,有过专门的考证。参见:查启森,赵纪元. 所见"文华图专"校史资料中若干异载的辨析[G]//陈传夫. 文华情怀——文华图专九十周年纪念文集. 武汉:武汉大学出版社,2010:944.

② 彭敏惠. 我国图书馆学专门教育的嚆矢——文华图书科的创建[J]. 图书馆,2011(5):141.

女士实具有此三种条件,故能造成不朽之事功,以言眼光,当女士来华时,国内尚无所谓图书馆者,女士高瞻远瞩,认定图书馆事业,于中国社会改造及文化发展之贡献,应占首要之位置,彼既觑破此点,即致一生经历以尽瘁图书馆事业,其炯眼卓识有足多者;以言学问,女士一生,雅嗜书籍,虽在繁剧,不废诵读,盖因其人格之高尚,思想之纯洁,志虑之坚贞,于书籍欣赏,遂具有特殊值兴味与超越之理解,其一生事业之成就,即为其德性与其学问升华而成结晶品;以言魄力,女士于事功,不为则已,为则必要其成,中间无论经若何阻扰,从不稍堕其志,彼创办公书林及图书科,不知经过几许困难,始具有今日之成绩。吾人即谓此等成绩,全由其集合无数困难铸成,亦无不可云云。①

许多学术团体、图书馆界、社会名流、文华学子致辞追悼,给予极高的评价。裘开明在《韦师棣华女士传略》文末写道:"时雨春风,化育长养,桃李成林,慈云已往!流水高山,遗音绝响,哲人其萎,吾将安仰?"②道尽了图书馆学人对韦棣华的敬仰之情。

韦棣华对中国图书馆事业的贡献分为四个方面,一是创办了中国第一个图书馆学教育机构文华图书科,以后又发展为独立的文华图专,是为开山鼻祖。后来的中国档案学教育、博物馆学教育也发源于兹,可以说奠定了近代中国文献整理学科教育的基石。二是积极促成了庚款之相当部分用于图书馆事业,在当时积弱甚久的中国为图书馆事业、图书馆学教育争取到了一项稳定的资助。三是促成了美国鲍士伟博士的访华,为促进中美图书馆协会交流,中国与世界图书馆界联系做出了贡献。1926年,韦棣华曾代表中华图书馆协会,与刘国钧等出席美国图书馆协会50周年纪念大会,1927年,再次代表中华图书馆协会出席英国爱丁堡英国图书馆协会成立50周年大会暨国际图书馆员大会,后又推荐沈祖荣出席罗马召开的国际图书馆协会联合会第一次大会。这些工作既有象征意义,又为当时的中国图书馆界带来了一些实质的好处。四是韦棣华及其弟子沈祖荣、胡庆生等积极倡导新图书馆

① 董铸仁.韦棣华女士追悼大会纪略[J].文华图书馆学专科学校季刊,1931,3(3):365.
② 裘开明.韦师棣华女士传略[J].中华图书馆协会会报,1931,6(6):9.

运动,使图书馆服务定位从读书人走向平民化做出了积极的贡献,提升了图书馆的社会价值,扩大了图书馆的社会影响。

对比韦棣华和克乃文,韦棣华的贡献是全面的、整体性的。韦棣华来华以后,把在中国的工作看作是一份倾注全部心血的事业,一个她心中的梦想王国而奋斗,她希望新图书馆运动和她所从事的图书馆学教育能够影响全国,而克乃文只是专注于金陵大学图书馆的发展。韦棣华的另一个成功之处是选择了沈祖荣来继承她的事业,沈祖荣留学的目的就是学习图书馆学,回国以后也一直从事图书馆学教育工作,即使是在办学最危难的时候也不放弃,也是怀有一份事业心而非单纯的一份工作,这是韦棣华的幸运。除了政局因素导致的金陵大学图书馆学系停办以外,李小缘、刘

图 2 - 3　沈祖荣

国钧等人虽也取得了很大的成就,然而也分神于历史、国学、哲学等领域,这或许可以用来解释为什么在物质条件远优的情况下,金陵大学图书馆学教育反而不时中辍的原因。

二、文华图书科与华中大学的纠葛及独立建校

虽然在社会获得了众多的支持,韦棣华在文华校园里却面临重重困难。她与文华校长翟雅各(James Jackson)在创办公书林时存在意见分歧,翟雅各不赞成文华公书林对外公开并实行开架借阅,韦棣华则认为不能因为少数偷窃损坏事件而蔑视绝大多数读者,将其拒之门外,因而坚持对外公开与开架借阅的办馆方式,两者因此隔阂很深,翟雅各死后宁肯将其藏书捐赠给千里之外同为圣公会系统的上海圣约翰大学,也不愿赠给本地的文华公书林。韦棣华的我行我素也与教会的工作有颇多不一致之处,“Winkelman 申诉她与纯真的教会工作有截然相反的目的:作为教区工作的一部分,过去她常常独立采取行动,她征集赠书、提高公书林的经费,但不求取教会的任何实质性的帮助,更重要的是她个人企求的是扩大发展公共图书馆服务,一项有价值的目标,但不是完全符合新教主教区的

传教目的"①。

1924 年,武昌博文书院、汉口博学书院大学部与文华大学合组为华中大学,因此文华图书科也改称华中大学文华图书科。1927 年夏,因时局动荡,华中大学办学停顿,而接受庚款资助的文华图书科教学并未停止,文华图书科实际上独立。1929 年 1 月,文华图书科董事会向教育部办理专科学校立案手续,8 月获批立案,文华图书科独立为私立武昌文华图书馆专科学校,但由于经济上的原因,文华图专并未马上宣布单独建校②。

1929 年 9 月,华中大学复办,文华图书科因未正式建校名义上仍为华中大学一科。"1929 年,仅有的一个班准备毕业的大四学生,是 1926 至 1927 年沈先生与胡先生曾教过的一班图书科学生,大学强令他们必须完成全部华中规定的课程才能取得学士学位。十个学生中只有三人取得合格,有两名女生因为没有上体育课而遭到学位否定。由于这一意外,使华中与文华图书科之间的相互关系紧张起来濒于破裂"③。1930 年 6 月,华中大学教员委员会和评议会通过决议:文华图书馆专科学校要么成为华中大学校长、评议会和教员委员会管理下的华中大学的一部分,要么脱离华中大学,这实际上是给韦棣华等人下了最后通牒④。作为回应,1930 年 6 月 20 日,文华图书科校董会决议:"本校已于国民政府教育部立案,为办事便利起见,应行独立。惟课程方面仍可与华中大学协作一切。"⑤文华图书科已处于事实上的独立状态。

1930 年 12 月 1 日,文华图专正式独立建校。"文华图书馆学专科学校原系本校学系之一,民国十六年武汉政变本校停顿后,未能复校之先,图书馆学系于

① Cheryl Boettcher. 沈祖荣与文华图书馆学专科学校[G]. 何建初,译. 毛相骞,整理//陈传夫. 文华情怀——文华图专九十周年纪念文集. 武汉:武汉大学出版社,2010:124.

② 瞿成雄,查启森. 文华图专与华中大学的纠葛与分合——韦棣华"遗嘱"解读[G]//陈传夫. 文华情怀——文华图专九十周年纪念文集. 武汉:武汉大学出版社,2010:1022.

③ Cheryl Boettcher. 沈祖荣与文华图书馆学专科学校[G]. 何建初,译. 毛相骞,整理//陈传夫. 文华情怀——文华图专九十周年纪念文集. 武汉:武汉大学出版社,2010:124 - 125.

④ 周洪宇,刘飒. 教会学校与近代中国图书馆事业——关于"文华"的个案研究[G]//章开沅,马敏. 基督教与中国文化丛刊第 6 辑. 武汉:湖北教育出版社,2004:9.

⑤ 黄宗忠. 武汉大学图书馆学系六十年——兼评文华图专和韦棣华在我国图书馆事业史上的作用[J]. 武汉大学学报(哲社版),1980(6):45.

民国十六年继续开办,十八年蒙教育部批准立案。兹教育部颁定大学规程图书馆学不能列为主修学系,故将文华图书馆学专科学校暂与华中大学分开,以符定章。"①文华图专获得独立的办学地位,但是文华图专与华中大学的纠葛还远未结束。

二者冲突的根源来自华中大学急于做大做强的愿望,文华图书科因为日渐卓著的声誉成为华中大学不愿放弃的兼并对象。而韦棣华来中国的目的是希望推动中国公共图书馆运动的发展,传播西方新式图书馆的科学知识。面对风起云涌的中国非宗教运动和反教会宗教教育的斗争,她审时度势,主张将文华公书林和图书科的活动尽量独立于教会之外。1921 年 2 月 16 日,韦棣华在给美国圣公会主教伍德的信中曾坦言,她担心中国政府会努力使一切教会机构的管理人员本地化,整个公共图书馆运动将会发展成这一趋势,因而完全剥夺基督教的影响②。"由于中国政府审查并实行它对私立院校的管理,韦女士与大学当局之间的争论加剧了,中国内地的教会大学原来都是较小的,它们的教育计划相互交搭,为满足政府对这些类型的教育机构提出的要求,也为了维护各自的利益,它们中很多都是通过名称上的统一来求得生存的,这样,1924 年文华大学成立了华中大学③……图书馆教育的持续发展使它成为华中地区最受喜爱的一个热门学科,大学当局不愿和政府一道以公开身份冒险维护与韦棣华和平共处,政府曾二度试图使华中从一所'大学'改成一所专业性的'学院'"④。1925 年后,中国政府加强了对教会学校的管理,要求教会学校必须向政府注册。各教会学校在中国政府的约束下,在与中国自办教育的竞争中,为了拓展生存和发展空间,日趋本土化、世俗化和专业化,竞相发展能使学校获得具有独特声誉的学术领域⑤。中

---

① 查启森,赵纪元.所见"文华图专"校史资料中若干异载的辨析[G]//陈传夫.文华情怀——文华图专九十周年纪念文集.武汉:武汉大学出版社,2010:947.

② 周洪宇.不朽的文华——从文华公书林到文华图书馆学专科学校[G].武汉:华中师范大学出版社,2013:124 - 125.

③ 1924 年私立文华大学、汉口博学院(大学部)、武昌博文书院合并组建私立华中大学。

④ Cheryl Boettcher.沈祖荣与文华图书馆学专科学校[G].何建初,译.毛相骞,整理//陈传夫.文华情怀——文华图专九十周年纪念文集.武汉:武汉大学出版社,2010:124.

⑤ 周洪宇,刘飒.教会学校与近代中国图书馆事业——关于"文华"的个案研究[J].基督教与中国文化丛刊,2004(2):9.

国高等教育的发展变化使华中大学意图兼并文华图专的态度日益强硬。

而所谓"文华共同体"内部存在着严重的利益之争,在文华教学的、在圣公会传教的、在教会医院行医的,个个都是要名要权要地盘,自私自利,彼此之间争权夺利……文华公书林与文华图书科都是韦棣华一手创办起来的,她想按照自己的意图在文华发展自己的图书事业,一旦与华中大学发生利益争执,其产生独立发展的念头也就不足为怪了①。

文华图专正式成立后仅十天,韦棣华已经预感到文华图专与华中大学的纠葛还会延续,因此立下遗嘱,强调四点:①文华公书林不作为华中大学图书馆,必须保持独立,为民众服务;②文华图专必须单独办理而不附属于华中(大学),以免受其限制;③她的住宅(Woodfero Cottage)另作用途,不由华中(大学)处理;④韦棣华基金会的收入应作为她所创办的事业之用,华中(大学)不得分享②。韦棣华想要确保文华图专办学的独立性,尤其对华中大学的觊觎保持警惕。但实际上文华图专仍与华中大学保持着一定的合作关系,直到1937年秋。

在韦棣华的引领下,文华图专历经多年终于建立起来了,这个学校未在国外正式注册过,由于与教会的意见不谐,最终走上了独立发展的道路。

第三节　杜定友与上海国民大学图书馆学系

一、杜定友的教育思想与早期图书馆学教育活动

杜定友(1898—1967)是广东南海人,出生在上海四马路美昌照相店里。祖父曾在香港做过皮鞋匠,父亲杜顺荣从业照相。少时因家境穷困,曾三次辍学,并随父母往返沪汉,做过店伙计。1911年考入交通部上海工业专门学校附属高等小学校,即南洋公学附小读高小。三年后顺利升入南洋大学附属中学。1918

---

① 周洪宇.不朽的文华——从文华公书林到文华图书馆学专科学校[M].武汉:华中师范大学出版社,2013:125 – 126.

② 瞿成雄,查启森.文华图专与华中大学的纠葛与分合——韦棣华"遗嘱"解读[G]//陈传夫.文华情怀——文华图专九十周年纪念文集.武汉:武汉大学出版社,2010:1021 – 1022.

年毕业前夕,校长唐文治为本校图书馆无专才管
理,派遣杜定友到菲律宾大学留学,学习图书馆学。
在菲读书期间,备受图书馆学教授包玛丽女士
(Miss Mary Polk)赏识及循循善诱。1920 年,杜定
友获得菲律宾大学文学学士证书,次年又获得教育
学、图书馆学两个学士证书及一个高师毕业证(即
中学教师资格证),并提前一年获准毕业①。

图 2 - 4　杜定友

　　杜定友是一位博学多才、勤奋高产的图书馆学
家,对中国现代图书馆事业产生巨大影响的人物,
与刘国钧并称为"南刘北杜"。在其早期图书馆生
涯中,图书馆学教育占有重要的位置,他的图书馆
学教育活动主要有 1922 年创办的广东图书馆管理员养成所,以及 1925 年至
1926 年执教于上海国民大学图书馆学系并担任系主任的经历。在 1926 年的一
篇文章《图书馆学的内容和方法》里,杜定友对于图书馆员职业培养有透彻细致
的阐述,他从美国的麦尔维·杜威(Melvil Dewey)创办图书馆学校,一直谈到美
国图书馆协会制定的图书馆学教育体系、美国图书馆学课程设置、菲律宾大学图
书馆学科的课程设置情况,当时中国的图书馆学教育现状,以及中国图书馆学应
教授的内容等问题,是较早讨论中美图书馆学教育的文章,可能是这篇文章标题
与内容并不契合,所以并未引起学界多少注意。在 1928 年撰写的《图书馆通论》
里,杜定友论述了图书馆教育的意义,讨论培养图书馆管理专门人才的重要
目的。

　　杜定友关于图书馆学教育主要有三点认识:①拿来主义与中国传统相结合。
"本来图书馆学没有什么国界和新旧,不过向来中国图书馆学者和外国图书馆学
者没有接触,于是各执一端,便发生不同的趋向。我们现在适当其卫,应设法有
以汇通之,融合之"②。②职业教育与献身精神相结合。图书馆既是专门事业,当
然要专门人才去干,应当"由图书馆学校养成出来"。人才培养要兼有应用型与

研究型的两种培养方向，"我们非但要养成一般通俗图书馆或学校图书馆管理人员，而且要养成一班高深的图书馆学者，以建设中国图书馆学"。因为图书馆为教育事业、社会事业、文化事业、慈善事业，所以图书馆员应有相当的服务精神。否则虽有高深的学问，而无图书馆服务精神为其背景，对社会也是没有用的。"图书馆服务精神"并非只是照搬西方的概念，而有其中国社会环境下的特殊意义，因为中国图书馆员远不像美国图书馆员那样备受尊敬，拥有较高的社会地位。这就需要图书馆员看淡名利，具有献身精神。这一职业精神是应当在图书馆学教育过程中灌输进去的。③体系化建设的发展方向。杜定友列举了美国图书馆协会制定的图书馆学教育机构体系，认为值得中国图书馆学教育未来参考。金敏甫的《上海国民大学图书馆学系概况》反映了杜定友的这种设想。当时李小缘、刘国钧、杜定友、沈祖荣等都提出过系统化的人才教育体系，然而受限于主客观条件，没有一个设想被完整实现过。这些设想反映出中国图书馆人的思想创造性，对于当代图书馆学教育也有相当参考价值。

20世纪20年代，杜定友辗转于上海、广东、河南、南京等地进行短期讲学。1921年，杜定友在广州师范学校开设图书馆学课程，同年任市民大学教授，主讲"图书馆与市民教育""明日之教育"①。1922年，杜定友以广东省教育委员会图书业务委员的资格，创办广东图书馆管理员养成所，自任所长，开创了在中学设图书馆学课程，以及开办图书馆学短期学校教育的先河。杜定友希望普及图书馆学教育，他尝试以广东省作为图书馆学教育试验区，他在《广东图书馆教育计划》里提出："本年下期教育委员会拟行内部改组。分为总务督学编辑三部。每部分设若干科。图书教育科即隶于督学部。其组织为督学主任一人，科员若干人，事务员若干人。""普及图书馆教育，厥道惟二。一则各校教授图书科，以教授学生利用图书馆之方法，及养成读书之习惯。一则各地广设图书馆以应一般人民之需用，及提高各地之文化。其教授图书科一层，今之堪任教授者人数不多。而全省九十余县征聘殊难。故为先急后缓之计，先行通令各师范学校自本年下期起，一律添授图书馆学一科。其教材即将定友所编之图书馆与市民教育、世界图书分类法、汉字排列法、编目法、目录排叠法规则、著者号码编制法、著者姓名

---

① 白国应.杜定友先生的生平活动和杰出贡献[J].晋图学刊,1997(4):35.

检查表等已印行者分发各校。再将未印行之选择法、购订法等十余种继续印发，以供资取。"①同期,杜定友等所举办的广东图书馆管理员养成所就是为了培养各县师资,实现其图书馆学教育计划的组成部分(见下表)。

表 2－1　民国时期杜定友的图书馆学教育活动②

时间	图书馆学校或讲习会名称	授课内容	备注
1921	广州师范学校	图书馆学课程	
1921	广州市民大学	图书馆与市民教育、明日之教育	
1922	广东图书馆管理员养成所		广东各县教育科派员学习,为期两个月,60 余人
1922	上海嘉定南翔图书馆学讲演		
1924	河南小学教员讲习会	小学图书馆管理法	学员 300 余人,为期一月余
1924	江苏第二师范学校	图书馆学课程	
1924	上海广肇公学	小学图书馆管理法	
1925	金陵大学与中华图书馆协会合办图书馆学暑期讲习班	学校图书馆、图书分类等课程	学员 30 余人
1925	上海国民大学图书馆学系	图书馆学概论、图书馆行政、图书采选、图书编目、图书参考法、研究法、国学概论、古书校读法、目录学等	师生合编《时报索引》,为国内报刊索引之创举
1926	兼武昌文华图专顾问	中国目录学的建议、图书馆经验谈	1930 年赴武昌讲学

————————

①　杜定友.广东图书馆教育计划[J].教育丛刊,1923,3(6):2.
②　白国应.杜定友先生的生平活动和杰出贡献[J].晋图学刊,1997(4):35.转引自:王子舟.杜定友和中国图书馆学[D].武汉:武汉大学,1999:6.

续表

时间	图书馆学校或讲习会名称	授课内容	备注
1930	江苏省社会教育学院江苏省教育机关合办暑期学校	民众图书馆	
1931	江苏省社会教育学院江苏省教育机关合办暑期学校	民众图书馆	
1934	上海图书学校图书科		讲课时数最多的学校
1939 后	中山大学	图书馆学(选科),包括怎样写毕业论文(中山大学师范学院图书馆学讲课讲授纪录)	
1943	广东教育厅举办图书馆学训练班	图书馆、图书馆管理程序	由教育厅分令各县选派,凡 30 余人为期 8 周,由于办学成功,受教育部嘉奖
1946	广东省图书馆协会举办图书馆学讲习班		为期 8 周,30 余人
1947	广东省图书馆协会举办图书馆学训练班		为期 12 周,30 余人
1947	广东文理学院	图书馆学课程	每班学员有 12—80 人

杜定友的图书馆学教育实践活动从最简单的讲习会教育到中等职业教育,再到高等大学教育,各种层次的教育活动均有,贯穿了整个民国时期,而最能反映其教育思想的是他在上海国民大学主持图书馆学系工作的时期。

二、上海国民大学图书馆学系的办学活动

杜定友在上海办学有几个有利条件,第一,上海是当时中国最繁荣的都市,社会风气相对开明,公私立图书馆众多,为学生实习就业创造了良好条件。第二,杜定友当时兼任上海图书馆协会主席之职,使上海图书馆协会通过了几项有利于图书馆学教育的决议:①设立图书馆学专科,"特立专科于国民大学内,其主要科目排在礼拜五六,以便已任图书馆事者得抽公余入学"。②设立图书馆学图书馆,"图书馆学图书种数不多,本会尽量搜罗,并请各界捐赠借存,现得五百余种,均陈置于图书馆专科内,以便学员及有志研究图书馆学者阅读参考"。③出版图书馆学丛书,"图书馆分类法、著者号目编制法二种均由本会付印,现已出版销行。其外如图书馆通论、图书选择法、图书馆学教科书由商务印书馆代印"①。第三,上海与南京相距不远,两地汇集了当时中国图书馆学界的大部分人才,便于募集优秀师资。

1925 年,杜定友发起成立上海国民大学图书馆学系,由于该校 1926 年即停办,因此只存在了一年左右。该系成立于 1925 年 8 月,教授有杜定友、胡朴安二人,助教有孙心磐、陈伯逵二人,并请沈祖荣、刘国钧、李小缘、洪有丰等担任临时演讲②。金敏甫写有《上海国民大学图书馆学系概况》③一文,详细介绍了该系办学情况,本书若无特别注释,所参考内容均来自该文。国民大学图书馆学系设有 14 门必修课程,包括图书馆学概论、图书馆学原理、图书馆行政(一)(二)、图书馆实习、图书选择法、图书分类法、图书编目法、图书参考法、研究法、目录学、古书校读法、国学概论、国学书目及若干辅修科目及随意科目。该系最初已开课程仅图书馆学概论、图书馆学原理、图书馆行政三门,1926 年又增开图书目录学、图书分类法、图书馆实习④。

除与上海图书馆协会合作开设图书馆学外,该系准备从事及正在从事的工作还有:①调查国内外馆现状,访问上海、南京、武昌、北京各大图书馆,增进学生见识;②设介绍部,便于学生就业和用人单位选聘人才;③发行图书馆学周刊,宣传图书馆学术,发表学生心得,拟暂附校刊内发行;④介绍中国参考书,拟介绍古籍参考书的内容及用法;⑤编印各科应用书目整理国故,中国书籍各科含混于经史子集之中,该系采用西方图书馆学的分类方法,比如将古书中涉及哲学的内容选择出来,整理目录,以方便后人研究,由胡朴安负责该项工作;⑥编印各种索引,中国图书向来纷繁复杂,欲求关于某一问题的检索很难,金陵大学图书馆已经编制的中国农业书籍分类索引就是一个很好的例子,该系拟由学生分别担任编制工作,由刘国钧、李小缘负责;⑦研究版本,中国的版本学原为专门之学,但无专书,也无科学的研究方法,该项工作由洪有丰负责;⑧设立暑期图书馆,学生

---

①　孙心磐.上海图书馆协会概况[J].图书馆学季刊,1926,1(1):140.

②　金敏甫.中国现代图书馆概况[M].广州:广州图书馆协会,1929:49.

③　金敏甫.上海国民大学图书馆学系概况[J].图书馆学季刊,1926,1(1):144 - 156.

④　校讯:通告三(三月二十六日)杜定友先生所授图书馆学系课程[N].国大周刊,1926 -03 - 26:2.

在暑期内有提倡及设立小图书馆的责任,使学生掌握更多的实践经验。这些工作多具有开拓性,杜定友多有借助金陵大学学人圈的力量。

杜定友重视图书馆现任职员的水平提升,图书馆学系中在职培养的学生也很多,这是当时少有的脱产教育与在职教育相结合的教学方式。"该系为辅助现任图书馆职员起见,特设特别生学额,凡现任图书馆职员均可入学,并为便利特别生起见,故将各种课程,均排于每周之星期六上课。""该系现有学生共计十四人,而其中以特别生为较多,又他系学生之选习该系课程者尚不在内。"杜定友又通过上海图书馆协会,鼓励更多的图书馆职员来校进修。"上海图书馆协会于前日(二十)下午三时假总商会图书馆开第二届第二次执行委员会,到者杜定友等十余人,当将议案逐条讨论兹录其议决案于下:……(三)通过国民大学图书馆学系来函请求介绍各图书馆管理员及有志研究图书学者到校研究案议决照办"①。并广告之"(一)凡现任学校教职员或者图书馆职员,欲入本科图书馆学系肄业者,均免入学试验。(二)为辅助在职人员求学,拟将各门应用课程排在每日下午四时到六时以及星期六上下午。(三)凡曾在他校学习过图书馆学科。经审定如果该科的程度与国民大学课程标准相符者,可以承认相当学分"②。

上海图书馆协会为会员研究便利起见,特联合国民大学图书馆学系两机关共同组织馆址,拟即设国民大学图书馆内,大约一月内可成立云③。当时的周末课程广告如下:

通告三

杜定友先生所授图书馆学系课程,为便利校外有志者研究起见,授课时间均改在日曜日(注:即星期日)上下午。兹特将杜先生所开之时间照录入左,希诸同学注意。此布。

图书馆学系课程

图书目录学 星期日上午九时十五至十时三十及十时四十至十一时五

① 上海图书馆协会执行委员会纪[N].申报,1925-09-22(9).
② 校讯[N].国大周刊,1925-10-15(2):13-14.
③ 图书馆学图书馆之组织[N].申报,1925-09-23(20).

十,以四学分计。

　　图书分类法　星期日下午三时至四时四十,以三学分计。

　　图书馆实习　星期日下午一时至二时四十,以三学分计。

注册处三月二十六日①

　　从必修课程的设置来看,上海国民大学图书馆学系分基础科目与专门科目,课程为西方图书馆学与中国传统目录学、国学、校雠学的结合。由于西学引入过程中颇有水土不服之处,所谓“中国的图书馆学”在当时并未成形,因此该系教学多采用讨论的方式,不断完善和改良,“方法之有所疑惑者,外国所授采取之方法,对于中国可否采用,或改良者,以及实施上之困难问题等,均由全体详加讨论,期得完善之方法,而供中国图书馆界之采用”。

　　该系有编辑出版图书馆学著作的计划,“中国图书馆学书籍,已出版者,大都均系通论图书馆学之大体,专论(如图书馆原理学等)尚属罕闻,该系有鉴于此,拟编译专书,供人研究,由学生分任编辑事宜,而由教授指导方法并介绍相当之参考书籍”。

　　尽管上海国民大学图书馆学系办学时间不长,杜定友仍主持编纂了《时报索引》,署名“上海国民大学图书馆学系编”,概括了 1925 年《时报》的全部内容,《时报索引》最后刊有“附言”,阐明编者意图和索引体例等,对报纸索引的作用论述甚详,是为我国最早的一份报纸索引②。

　　杜定友有一个关于上海国民大学图书馆学系发展的近期、中期、远期计划,分别称为草创时代、建设时代、完成时代,可见杜定友在该系创立之初怀有很大的抱负。

吾校图书馆计划(节选)③

　　吾校图书馆之计划,分三步:一、草创时代　筹设大学图书馆,成立图书

---

　　①　校讯:通告三(三月二十六日)杜定友先生所授图书馆学系课程[N]. 国大周刊,1926 -03 - 26:2.

　　②　我国最早的报纸索引——《时报索引》[J]. 图书馆杂志,1984(2):78.

　　③　杜定友. 吾校图书馆计划[N]. 国大周刊,1925 - 10 - 15:1 - 2.

馆学系。二、建设时代　大学图书馆正式成立,图书馆学系改为图书馆科。三、完成时代　成立图书馆学院。兹更详述如下:

筹设大学图书馆。但图书馆之购备与整理,非一朝一夕之事。故此数年中,应设法购备各种图书,以备本校教职员学生之用。在此时期内,图书馆学系学生,一方面研究图书馆学术,一方面襄助馆务进行。在社会方面,应尽宣传图书馆之责,以提倡图书馆专门学术,促进我国图书馆事业之发达。

二、建设时代　大学图书馆正式成立,自有独立建筑物,除供本校员生之用外;将全馆公开,以备社会各界之用。图书馆内除行政组织外,分为三大部:一藏书部,专藏各科用书备本校员生之阅览。二流通部专藏普通书籍,以供各界人士之用,三参考部专藏各科参考书,以应学术界之参考。(参考书在图书馆学内,有特殊性质,与普通各科书籍不同。现上海各图书馆:言古书,则有涵芬楼;言工程,则有南洋中法;言商业经济,则有上海商大;言神学宗教,则有约翰沪江;言法文,则有徐汇;言东文,则有东亚。但尚无规模宏大之参考图书馆,本校当着力于此。)

图书馆学系改为图书馆学科,分六系:

一、普通图书馆学系;二、学校图书馆学系;三、儿童图书馆学系;四、专门图书馆学系;五、乡村图书馆学系;六、书目学系。

三、完成时代　组织大规模之图书馆学院,研究高深图书馆学理,养成中国图书馆学者;其组织如左:

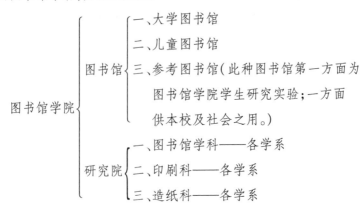

杜定友是按"系""科""研究院"顺序建议的,有意思的是杜定友将印刷科、造纸科也归入图书馆学院的范围,而为何有如此划分并未言明。20 世纪 30 年代上海图书学校也设有图书馆学科、印刷科、造纸科等,与杜定友的设想一致,杜定友也曾在此任教,该校学科的设置是否与杜定友的想法存在着某种联系,值得进一步考证。杜定友这一设想是一个宏大的工程,他自己也说是作为一个理想为之奋斗。

上述吾校图书馆计划,其目的能达到否? 目的何时可达? 吾不敢自知。抑吾人办事,贵有目的。其目的能达到与否? 初非吾人所遑及。但在事一日,则当以全力赴之。今日不成,待之明日。今年不成,待之明年。继之以五年十年,终有达到之一日也。即终吾身不达,后来者尚可继也。若以"做一日和尚,撞一日钟"之态度出之,吾不取焉。吾曰"国民大学乃永此继续的事业也";居其职者,莫不视为永此之业,以力维持之,巩固之,光大之。惟一时或受肘于经济人才之缺乏,社会时势之漠然,前途荆棘,端赖同人之奋斗做去,幸同人共勉之![1]

上海国民大学图书馆学系虽存在短暂,但是产生了一批图书馆学的重要人物如孙心磐、陈伯逵、金敏甫、钱亚新等,这些人在民国时期图书馆实务及教育领域都非常活跃。杜定友与文华图专一直有着良好的关系,他认同文华图专的教学工作。上海国民大学停办以后,杜定友推荐学生钱亚新前往文华图专就读。以后每年在上海或广州,均代该校办理招生手续,周连宽、吕绍虞等均经先生之手考试入学[2]。从 1926 年开始,文华图专聘请杜定友为学校顾问。1930 年杜定友赴武昌讲学,"本校本年第八班学生毕业,特请图书馆学专家杜定友先生来校演讲。其讲题为新目录学之建设论,连讲数日,极为精到。并携其新著之校雠新义十卷来校,学者参看,更觉清晰云"[3]。中华人民共和国成立后,杜定友曾希望

---

① 杜定友.吾校图书馆计划[N].国大周刊,1925 - 10 - 15:1 - 2.

② 张世泰.杜定友先生传略[J].广东图书馆学刊,1981(3):50 - 51.

③ 本科消息:杜定友先生讲演[J].文华图书科季刊,1930,2(2):270.

在北京大学图书馆学专修科执教,并获马寅初校长聘书,为"北大同仁热烈欢迎",但为广东省教育厅厅长杜国庠所阻,未能实现①。

第四节　昙花一现的中等职业教育

当时为数甚少的图书馆学精英对于各种层次的图书馆学教育均有很高热情,除高等教育以外,也积极参与各类图书馆学速成班、讲习所、暑期图书馆学校等短期教育活动。原因有两个方面,一是图书馆学人对于图书馆学教育规律尚处于摸索阶段,短期图书馆学教育的不足尚未显现。另一方面积极开办各类图书馆学教育,有利于获得社会各界的关注,扩大图书馆职业的认知度,加快图书馆职业化的发展。宣传造势可能要大于实际的教学效果。介乎这两个层次之间的是以在职图书馆员,以及招收学历较低学生为对象,以应用教育为目的的时间较长的中等职业教育活动。由于师资有限,中等职业教育的开办很受限制,较有影响的有 1922 年杜定友在广州开办的全省图书馆管理员养成所,以及 1925 年穆耀枢在成都开办的图书馆学校。

一、广东图书馆管理员养成所

中山大学图书馆馆藏 1922 年 5 月印刷的《广东全省教育委员会图书馆管理员养成所报告》第一期,详细刊载了养成所教学工作的情况,提供了难得的史料。

1922 年 2 月,杜定友以广东省教育委员会的名义拟定成立全省图书馆管理员养成所(以下简称"养成所"),面向中学在职教员开展图书馆学教育。3 月 27 日,杜定友主持养成所开学典礼并发表演讲,全省 97 所中等以上学校有 44 所派员参加学习,学员达 52 人,杜定友、穆耀枢、陈德芸、黄希声讲授图书订购法、分类法、编目法、存借书法等图书馆管理的一般方法,梁春华教授洋装修理法,书肆修书匠潘威教授中装修理法。4 月 15 日,养成所成立图书馆研究会,杜定友被推举为会长,穆耀枢任编辑部主任、孤志成任文牍部主任、陈德芸任调查部主任、李

---

① 徐雁. 人去遗文在,丹青育门生——纪念我国图书馆学教育家王重民先生[J]. 图书情报工作,2003(5):11.

华龙任庶务部主任,图书馆研究会以解决图书馆草创时期的问题为主,互通声气,联络感情,使图书馆学得以普及,图书馆事业得以扩充,是我国最早成立的图书馆学研究组织。养成所每日授课 6 小时,以 3 小时授课,3 小时实习,科目凡 20 余种[1]。还出版有《广东全省教育委员会图书馆管理员养成所报告》。4 月 19 日,养成所第一期学员毕业[2]。第一期学员实际学习时间仅 24 天,并不比一般的短期讲习会学习时间更长,但是该图书馆管理员养成所是经当时广东省省长陈炯明批准设立的政府机关,是一个常设性的教育机构,其教育对象为基层图书馆管理员,不同于临时性的讲习会,因此本文将其归入中等职业教育的范畴。

图 2 - 5 广东全省教育委员会图书馆管理员养成所第一期毕业摄影(1922 年)

养成所所授课程有图书馆通论、学校图书馆、书、儿童图书、选择法、购订法、登记法、校对法、盖章法、分类法、编目法、排字法、制标目法、排书法、借书法、修书法、藏书法、存书法、统计法、图书馆历史及各国图书馆状况、参考法、广告术,

---

① 张锦郎,黄渊泉.中国近六十年来图书馆事业大事记[M].北京:商务印书馆,1974:32.

② 程焕文.伟大的图书馆学家杜定友先生[EB/OL].[2016 - 08 - 13].http://blog.sina.com.cn/s/blog_4978019f0102dzlg.html.

共计22门课程,其课时分配情况见下表:

表2-2　广东图书馆管理员养成所课程表①

		第一星期						第二星期						第三星期						第四星期		
		一	二	三	四	五	六	一	二	三	四	五	六	一	二	三	四	五	六	一	二	三
上午	九至九点五十	行开学礼	图书馆通论	图书馆通论	学校图书馆	学校图书馆	购订法	书	校对法	参考法	图书馆历史	分类法	分类法	排书法	排书法	实习制标目	借书法	修书法	儿童图书	编目法	编目法	自由讨论
	十至十点五十	行开学礼	图书馆通论	图书馆通论	学校图书馆	学校图书馆	购订法	书	盖章法	参考法	图书馆历史	分类法	制标目法	排书法	编目法	实习编目	存书法	修书法	儿童图书	编目法	编目法	自由讨论
	十一至十一点五十		选择法	选择法	排字法	目录排列法	购订法	校对法	盖章法	登记法	图书馆历史	分类法	制标目法	编目法	编目法	实习编目	存书法	藏书法	统计法	统计法	广告术	自由讨论
下午	一至四	阅书	实习选择	实习选择	实习选择	实习目录排列	实习购订	实习购订	实习核对	实习盖章	实习登记	实习分类国立纪念放假		实习分类	实习分类	实习分类	实习编目	实习修书	实习借书	统计法	广告术	行散学礼

学员实习地点有三处,广东省图书馆、广东全省教育委员会图书馆及本所实习室。养成所第一期毕业时,不少学员还撰写了论文,如周书升的《论图书馆之价值》、李钧荣的《中国图书馆考》、杨泗荪的《图书馆与教育之关系及其管理法》、曹宗荫的《民国十年广东省教育杂志检目表》等。

养成所第一期的教学内容均围绕图书馆工作流程以及图书馆工作可能涉及的基本理论进行教学,力求通俗、实用,教学与实践紧密结合。

---

① 儿童图书一科以时间不敷且此次专为养成中级以上学校图书馆员故略而未授;借书法之实习以时间不敷第四星期一二两日之夜行之;本课程表以教员及时间之迁就颇与理论上之教授秩序不尽符。

二、穆耀枢与四川图书馆学校

述及早期中等职业教育,穆耀枢和他创办的四川图书馆学校是很重要的一次尝试。穆耀枢是浙江宁波人,毕业于南洋大学土木工程科,早期经历不详。1922 年 2 月,杜定友在广东创办图书馆管理员养成所,又设图书馆研究会,杜定友被推举为会长,穆耀枢任编辑部主任,是早期著名的图书馆学人。不久穆耀枢应吴玉章之聘来到成都筹办和主持成都高等师范学校①明远图书馆。穆耀枢主持明远图书馆不久,因吴玉章的去职被迫离开。1924 年,卢作孚在成都少城公园②创办四川通俗教育馆,又邀请穆耀枢主持四川通俗教育馆图书馆,取得很大成绩。卢作孚去职后,为避免图书馆人才流失,穆耀枢又自办成都草堂图书馆,之后又开办了四川图书馆专科学校以及四川女子图书馆等机构。穆耀枢著有《图书馆运动》《改良中国图书馆管见》《两年来之四川图书馆事业》《图书馆与大学生》等文章。杨家骆在其所著《图书年鉴》中有《草堂图书馆》一文,记载了穆耀枢所创图书馆学校及相关事业,但不太完整。

草堂图书馆

在陕西街,系宁波穆耀枢氏来川后创办,成立后曾分办六种事业,一图书馆专门学校,于去秋开学。二女子图书馆。三读书会,专为各界人士借阅图书馆便利而设,入会者均可无偿借阅。先后加入者约四百余人。四图书馆周刊,每星期在成都四川日报第八版印行。已将至四十期。五图书馆青年社,专为训练图书馆人才而设。并办德文班,将来拟增设日文班,含有补习性质,欲与最短时间内养成办理图书馆人才,六图书馆用具店,专制造各项图书馆用具,供各图书馆使用。他若营山之晋康图书馆,各州县及省城各学校图书馆大都委托该馆馆长穆耀枢及其同志计划筹办其努力可知矣。③

---

① 今四川大学前身之一。
② 今成都市人民公园。
③ 四川大学图书馆[M]//杨家骆.图书年鉴第三编(上).南京:中国图书大辞典编辑馆,1933:177 - 179.

1925 年，成都草堂图书馆附设图书馆专门学校，这是四川地区第一所图书馆学专门学校，在全国属于开办最早的图书馆学校之一。图书馆学校学制半年，第一班学生毕业后，又连招两班。由于穆耀枢在广东图书馆管理员养成所担任教职，四川图书馆学校学制又远长于广东图书馆管理员养成所的教学时间，因此其教学内容应更为丰富，教学质量也更高。成都草堂图书馆开设课程 20 多门，理论与实践并重，每天授课 3 小时，实习 3 小时，学生实习场所为草堂图书馆、四川女子图书馆、华西协合大学图书馆等处。学生还被派往图书馆用具店，在图书馆专家和印刷技师指导下，学习并掌握自制和监制图书馆用具的基本能力，使学生在短时间内即能具备管理图书馆的知识和经验。毕业后有的学生被省内外图书馆聘任要职；有的独当一面，去创办图书馆。省内各地兴办图书馆往往派人前往学习。例如营山县之晋康图书馆、各州县及省城各学校图书馆，大都委托该馆馆长穆耀枢及其学员举办。作为当时新鲜事物的图书馆及其图书馆学校，图书馆专业的学生就业基本可以做到专业对口学以致用，如成都师范大学图书馆第三任馆长伊瑞棠，他还曾任成都草堂图书馆主任及读书会主任，1927 年起任四川大学图书馆主任。

穆耀枢所从事的图书馆事业范围广泛，并不局限于创办一所图书馆，而扩展与图书馆相关的其他领域。以图书馆学教育而论，既有正规的图书馆学校，也有"专为训练图书馆人才"而设的图书馆青年社，该社是一个具有会员性质的兴趣爱好者的短训机构及交流的平台。这些新成立的机构，一时风光无限，备受社会瞩目。20 世纪 20 年代中期，四川地区快速发展的图书馆运动与穆耀枢的活动有密切联系。然而穆耀枢并未像克乃文、韦棣华那样培养能继续自己事业的助手，20 年代末穆耀枢因得罪地方势力而被以所谓风化罪名枪毙于成都市春熙路，他创办的草堂图书馆及图书馆学校也不得不停止经营。穆耀枢的死具有偶然性，中断了四川图书馆业良好的发展势头，假设穆耀枢能够继续经营图书馆及图书馆学校，则成都很有可能成为当时中国图书馆学教育的另一重镇。

第五节　短期教育活动的主要形式——讲习会

图书馆学讲习会是图书馆学教育早期颇为活跃的教育形式。20 世纪 20 年代初，海外留学归国的第一批图书馆学人，基本接受的是美式图书馆学教育，受美国公共图书馆对读者一视同仁,倡导学习之风的影响,积极开展新图书馆运动。回国以后即以宣传美式图书馆的优点,开启民智为己任。同期国内知识分子受美国杜威思想的影响,积极开展平民教育运动,国内图书馆学人也投身其中,经常与其他教育机构联合办学,宣传图书馆理念,从事图书馆学教育。因此这一时期的图书馆学讲习会盛行一时。

然而图书馆界很快发现了这种不区分对象的讲习会教育虽然有良好的社会宣传效果,然而亦很容易自贬身价,损害图书馆职业的社会形象,其弊端也是明显的。图书馆学教育仍集中在高等教育及中等职业教育领域,本节择其重要者分述如下。

一、1920 年北京高等师范学校图书馆学讲习会

1918 年 12 月,李大钊在北京高等师范学校(以下简称“北高师”)图书馆二周年纪念会发表演说《图书馆教育的问题》。后来,他还在北京女子高等师范国文部开设了“图书馆教育的讲座课”①。李大钊希望北高师增设图书馆学专修科,或者简易传习所,使管理图书的人都能接受图书馆学教育,并且希望北高师借着地理优势,在“明年暑假办一个图书馆教育传习所”,认为“这是关系中国图书馆前途的事情,也是关系中国教育前途的事情”。李大钊的演讲引起了北高师图书馆主任程伯庐的重视,北高师同仁遂于 1920 年暑期举办了这次具有开创意义的图书馆学讲习会②。

1920 年暑假,由图书馆学家和平民教育运动倡导者举办了这次讲习会。“吾国图书馆事业至不发展,社会无修养学讲之机会。学校无自助教育之辅助,虽曰倡教育文化与社会改进,终无成绩可言,此图书馆教育之关系重要也。北高师有鉴于此,利用暑期开设图书馆讲习会”③。这次讲习会从时间上开创了图书馆学讲习会教育的先河,会上讨论了图书馆协会应尽速成立的问题。讲习会自 1920 年 8 月 2 日起至 8 月 20 日止,历时三周。开幕式有 100 多人参加,听讲者主要是各省派来研修图书馆学的馆员,多达 78 人。主要授课人员有:戴志骞、沈祖荣、李大钊、李贻燕、程伯庐、邓萃英等。戴志骞主讲图书馆管理法、组织法,图书的分类、编目等;李贻

---

① 李英. 中国现代图书馆之父——李大钊[J]. 津图学刊,1997(4):146.

② 翟桂荣. 1920 年北京高等师范学校图书馆学讲习会的历史意义及影响[J]. 大学图书馆学报,2014(4):122.

③ 北高师. 北高图书馆讲习会志盛[N]. 晨报,1920-08-08(3).

燕主讲图书馆史;邓萃英主讲图书馆在学校教育中的地位;李大钊主讲图书馆在社会教育中的价值。马宗荣做了一个概括,包括图书馆学教育、图书馆管理、图书馆组织、建筑、分类、编目①。程伯庐提出了一个图书馆教育发展计划案,一是在学校教育中,加强图书馆教育,添设图书馆学课程;二是关于教育行政,指出国家设立图书馆学校和各种模范图书馆,督促地方设立公共图书馆、通俗图书馆、儿童图书馆、巡回图书馆及奖励私人设立的图书馆,并规定图书馆员的待遇,派员留学外国、专习图书馆教育;三是关于团体组织,组织全国图书馆协会及设立分会于各地,并创办图书馆杂志,组织图书馆展览会、讲演会、讲习会及读书会②。这是最早呼吁设立中华图书馆协会的提议之一。

二、中华图书馆协会等四机构合组暑期学校

1925 年,中华图书馆协会成立以后,随即开展图书馆学教育活动,因图书馆

图 2-6 1925 年图书馆暑期讲习会学员合影

---

① 马宗荣. 现代图书馆经营论[M]. 上海:中华学艺社,1928:55-56.
② 杨昭悊. 我对于图书馆讲习会的意见[N]. 晨报,1920-08-19(7).

学讲习会举办简易,成为当时中华图书馆协会推行图书馆学教育一个重要的方向,这些讲习会多少带有制造气氛的意思。因经费所限,中华图书馆协会与国立东南大学、中华职业教育社、江苏省教育会等合组暑期学校,分为小学教育组、自然科学组、中学毕业生组、图书馆学组四组,上课日期为 1925 年 7 月 15 日至 8 月 15 日,又通函各省教育厅及图书馆协会,要求派员参加学习①。

该会是继 1920 年北高师图书馆学讲习会的又一次重要的图书馆讲习会。

本会为普及图书馆学识起见,特组织图书馆教育委员会,主持图书馆学校,及短期讲习事宜。当经公推洪范五②先生为主任,惟学校因种种问题,不易举办,故先从讲习入手。执行部公决于今夏在南京试办暑期学校,择便于实习之学校举行之。而南京合于此者,首推东南大学及金陵大学。金陵为教会所立,事有未便,故决商借东南大学,适该校与中华职业教育社,江苏省教育会亦有暑期学校之设,邀合组,窃思如此办理,轻而易举,爰加入之,于学科中设图书馆学科,所有关乎图书馆学科事务,则仍由委员会主持,庶并行而不悖,议既定,于是聘请国内图书馆专家及与版本或校勘研究有素者,担任教授,而所设之学科,凡于图书馆有关者,均列入之,叠经接洽,始确定如左:

学程名	学分	每周上课时数	教员姓名
图书馆学术史	$\frac{1}{2}$	2	袁同礼
图书馆学术集要	1	4	全组教员
图书馆行政	$1\frac{1}{2}$	6	全组教员
儿童图书馆	$\frac{1}{2}$	2	李小缘、刘国钧
学校图书馆	$\frac{1}{2}$	2	杜定友
分类法	$1\frac{1}{2}$	6	袁同礼、杜定友、洪有丰
编目法	1	4	李小缘
目录学	1	4	袁同礼

---

① 中华图书馆协会,国立东南大学,中华职业教育社.江苏省教育会合组暑期学校广告[J].中华图书馆协会会报,1925,1(1):15.

② 指洪有丰。

续表

学程名	学分	每周上课时数	教员姓名
参考部	$\frac{1}{2}$	2	洪有丰
图书选购法	$\frac{1}{2}$	2	洪有丰
图书流通法	$\frac{1}{2}$	3	杜定友
图书馆建筑与设备	$\frac{1}{2}$	2	涂羽卿、杜定友、洪有丰
图书馆典藏法	$\frac{1}{2}$	2	杜定友

以上学程任个人就需要而选习之,每人限以三学分以上,五学分以下,正课之外,并请名人演讲,招生办法,除登报并刊发章程外,另由委员会将办理情形,通函各省教育厅及各图书馆协会,请其保送学员。①

此次讲习会以金陵大学图书馆学人为主要师资,授课课程远较 1920 年北高师图书馆学讲习会丰富和专业。"教学法除于教室演讲外,并分组实习,俾可参证学理,并参观各图书馆,以资观摩。所有考核成绩或在教室实验,或根据笔记与参观报告以定之。及格者给以学业证明书"。但讲习会形式的弱点也进一步暴露,该讲习会实际效果不佳,修习的人数不足,专选图书馆学科者只有 13 人,兼选者 56 人。由于一些科目选习人数过少,与规定人数相差太远,所以不能开课。最后开课的只有四种:图书馆学术辑要、学校图书馆、儿童图书馆、分类法,大大少于预期目标。

三、华东基督教暑期大学图书科

1926 年暑期,华东各教会大学组成华东基督教暑期大学,开设有图书馆学课程,黄星辉等任教,李小缘记述了该讲习会的开办情况。

华东基督教暑期大学系华东各教会大学联合而成。于七月八日起开学至八月七日止(1926)。校址假苏州东吴大学。课程之中,有初级图书馆科

---

① 中华图书馆协会图书馆学暑期学校之经过[J].中华图书馆协会会报,1925,1(4):3.

一门。注重现在流行之图书馆方法,以求实用,务求适合儿童图书馆,学校图书馆,大学图书馆三种之运用。此班共有学生八人,内女生二人。共上课二十二次,每次平均三小时。上午课,下午或参观或实习。计参观东吴大学图书馆,可园之省立第二图书馆(旧学古堂),又去年新立之苏州图书馆。(可参看本期另纸报告)实习如装订(可参看本期另纸报告)如流通等。黄君星辉东吴大学图书馆主任也。黄君曾向本班演讲(一)东吴图书馆流通部(二)东吴图书馆装订法(三)文华阁图书馆学校。本班之特色可足称述者有四。(一)本班学生皆中学卒业生(二)各生来习此科皆有相当图书馆位置。是各人皆真心有欲学图书馆学之志愿及研究图书馆学之需求。(三)各生既登录此课不准学本校之其他功课。所以使学生自首至尾专心研究此课。(四)学生人数仅有八人,故教授时能比较改正一切。周到仔细。此课名曰"初级"因时间太短,不能以窥全豹,恐学生自恃或误用耳。其实结果方面,很可以说得过去。较诸徒上课,混学分,索讲义者,不啻天渊之别。虽然尚有以下之缺点。(一)暑期时间太短不能详为练习;(二)中文图书学书籍,尚无可用为课本者;(三)中文关于图书馆方面之参考书亦太少:此皆一月内经验之大略也。[①]

这次讲习会与 1925 年中华图书馆协会与各教育机构合办的暑期学校相比较,吸取了以前办学的经验,有一些进步,学生人数虽然不多,但均为图书馆在职人员,有进修的愿望,学校又规定学生只能专门修习图书馆学而不能兼学其他,教师既便于指导,学生又不会因为学习太泛而分散精力。黄星辉结合东吴大学图书馆的工作实际进行教导,理论与实践工作相结合,使学生收获不小。

在图书馆学教育的早期阶段,各地图书馆学短期教育以讲习会、大学中学开设的图书馆学课程的形式出现。这些短期教育活动,对于培养一些对图书馆实务感兴趣,又愿意进一步了解的人员来说,具有一定的积极意义。在当时的文献里,很容易找到因接受讲习会教育,并成长为图书馆骨干的例子。比如宜兴县立

---

① 缘. 华东基督教暑期大学图书馆科[J]. 图书馆学季刊,1926,1(3):539.

公共图书馆馆长吴培元,就于国立第四中山大学社会教育讲习会毕业①。四川万县公共图书馆馆长杜士卓,曾赴1927年上海东方图书馆图书馆学讲习会学习。

> 厥后辞去馆务赴宁沪苏杭及日本考察图书馆概要,并于十六年暑期入东方图书馆图书馆学讲习会甲级讲习(因时间甚迫远道多未能如期而至四川惟卓一人),得与全国各图书馆学家互相切劘。时全国趋势以采杜威十进者为多,美国国会法次之,四库分类少,科学化未见精密用之者不过少数而已,王云五讲师创中外图书统一分类法及四角号码检字法,陈立夫先生创五笔检字法,张凤先生创点线面检字法。以余之观测国内发明者当推五笔检字法与中外图书统一分类法为最,近适用更阅数岁或更有新法起而代之者,神而明之存乎其人信不诬也,兹就参考所得略述如下约分十项一得之,愚愧未能当专家之一顾云。②

这些早期图书馆学讲习会举办过程也暴露出一些问题,以1925年中华图书馆协会联合其他教育机构举办的讲习会为例,①课程设置过于专业,学员可能并不明白所设课程的真正价值,让学员来挑选课程就是一个错误。②图书馆学课程设置过多,而时间又只有一个月,尚要包括实习及参观时间,学习过程只能是跑马观花,不能深入。中华图书馆协会本身经费很不稳定,要举办这样的暑期学校实在勉为其难,"经费一节,关于一校公共者,由报名收入项下支付,不足者由合组机关补助。其关于一科之特别开支,则由各机关自行担任。图书馆委员会当筹备暑校之期,在在需款,承清华学校捐助二百元,除为付图书馆学科之办公费及教员膳费计一百零四元六角外,尚余九十五元四角,因合组机关开支不敷,悉数补助(另有支付收据)两比无存,特此报告并谢清华学校赞助盛意"③。因此这种短期教育形式也是不可持续的,以后中华图书馆协会再未单独或与其他机

① 宜兴县立公共图书馆职员一览表,1931[G]//王余光.清末民国图书馆史料汇编(15).北京:国家图书馆出版社,2014:53.

② 杜士卓.关于图书馆的经过及其贡献[G]//王余光.清末民国图书馆史料汇编(16).北京:国家图书馆出版社,2014:1.

③ 中华图书馆协会图书馆学暑期学校之经过[J].中华图书馆协会会报,1925,1(4):3.

构合办讲习会,此为重要原因。③图书馆学讲习会虽举办容易,但来自各地的学员往往不能如期赶到,学生素质不一,学习时间过短,学习内容往往过于粗浅,因此造势效果实际大于教学效果。④由于讲习会教育缺乏政府支持,举办零散,随意性强,不能作为一种稳定有效的教育形式固定下来,因此其成效是很有限的。

小　结

中国图书馆学教育的早期发展是自发生长的过程,与 20 世纪初中央政府大力鼓吹推进各地图书馆建设形成鲜明对比,在图书馆学教育的初创阶段,政府多是袖手旁观,并未发挥什么作用,"中央政府从没在教育上下本钱,它很难诱使各省交付出足够的款项来维持教育部和北京大学"①。而图书馆学,这个在美国刚刚兴起不久的专门学科,也很难使政府官员们对其重要性和必要性有充分认识。

在 20 世纪早期阶段,教会力量的影响虽不是直接的,但是因为对教育的大量投入,间接推动了学校图书馆和公共图书馆的发展,这与基督教会对华教育的认识有关。20 世纪初,美国和欧洲国家教会都认为,在华高等教育最为重要,教会可以通过高等学府培养一批高等华人来领导这个国家,这比分散资金和力量投入到改变社会大众宗教信仰的一般工作要更高效而经济。而同期本土逐渐兴起的西式大学也开始参与高等教育领域的竞争,给予教会学校相当大的压力,使他们不得不增加投入。文华大学校长翟雅各意识到学校图书馆的重要性,同意应立马修建一间房屋来满足这个需要,在韦棣华 1906 年回美度假期间,翟雅各组织成立了图书馆委员会,并由他担任委员长去关照图书馆的利益②。文华公书林开办以后,校方自豪地认为:"总之,我们能说文华大学图书馆的三个公共阅读室直通到了这个城市的三个主要社会阶层。他们是商人、战士和学生。通过阅读室这个通道,文华公书林做到的不仅是教育工作,也包括在主要的社会阶层人士中的福音传道工作。如果教会希望在中国的教育工作取得丰硕成果,那么文

---

① 吉尔伯特·罗兹曼. 中国的现代化[M]. 南京:江苏人民出版社,2003:356.

② Alfred K. M. Chieo. Boone University Library Past, Present and Future—A Review of the History of the Library up to the Tenth Anniversary and Its Outlook for the Future[J]. 文华温故集, 1920,15(4):328.

华大学图书馆一定是把人们引向基督的方法之一。"①沈祖荣与胡庆生和中华基督教青年会全国协会讲演部合作,联合各界青年,到华中、华东、华北 14 个城市巡回宣传讲演。余日章,时任中华基督教青年会全国协会总干事,中华全国基督教协进会会长,给予了大量的帮助。

在当时交通运输还不便利的年代,能够远涉重洋来到文化环境完全陌生的国度,可能只有商业与宗教信仰能够给予这样的动力。也许,从唐代鉴真大师东渡日本,印度达摩祖师飘海中土,可以找到某些近似的类比②。克乃文来华前,已经是普林斯顿大学图书馆参考部主任,过着优渥的生活,因为教会的需要,毅然放弃工作来到中国长达十余年时间,并且在中国娶妻生子,如果不是因为南京发生的骚乱,克乃文还会长期在中国生活下去。韦棣华同样是很好的例子,她在中国的一切行为看不到功利的痕迹。在克乃文和韦棣华的努力下,洪有丰、李小缘、刘国钧、沈祖荣、胡庆生等到海外接受了美国图书馆学教育,并把美国的先进图书馆学理论带到了中国。可以设想,虽然同期也有一些中国人,例如戴志骞、杜定友、马宗荣、杨昭悊等前往国外学习了图书馆学,但他们回国以后力量较为分散,不如文华学人圈和金陵大学学人圈那样凝结有力。如果没有克乃文、韦棣华富有成效的工作,中国图书馆学乃至中国图书馆学教育的开展,或许还要延迟很久。

中国留学海外的图书馆学人,无不以发展教育、振兴国家为己任,他们绝大多数放弃了海外优越生活的诱惑,投身于并无油水并且动荡不定的中国图书馆事业,要做到这一点,必然具有很强的社会责任感和使命感。中国古代的士人阶层是中国传统的领导阶层,科举制度虽然被废除,但士大夫的精神依然留存在现代知识分子的血脉之中。这些留洋归国的知识分子,心中正是存有这样的担当精神,成为这个国家的中坚和栋梁,这是所谓的"少数人的责任",与西方的清教徒对社会使命相类似。这些留学者积极投身各种层次的图书馆学教育实践,提交议案,倡议专业教育,由于资源匮乏,讲习会在最开始的图书馆学教育中占有

---

① Alfred K. M. Chieo. Boone University Library Past,Present and Future-A Review of the History of the Library up to the Tenth Anniversary and Its Outlook for the Future[J]. 文华温故集,1920,15(4):329 - 330.

② 张丽萍. 中西合冶——华西协合大学[M]. 成都:巴蜀书社,2013:133.

重要分量,中等职业教育稍有开展既告停顿,高等教育仅文华图书科和金陵大学图书馆学系能够长期开展教学。此外,1929 年秋,江苏省立民众教育院和省立劳农学院开设过图书馆学选修课,由徐旭任教授"民众图书馆学",使用自编讲义,之后两院合并为江苏省立教育学院,继续讲授图书馆学,专兼任教师还有刘子亚、高岸玉、孔敏中、俞爽迷、沈学植、洪有丰、刘国钧、李小缘等人。1932 年又在民众教育学系设图书馆组,课程有"图书馆通论""图书馆组织与管理""民众图书馆实施法""目录学""图书馆实习""图书流通法""索引法"等①②。然而资料较少,办学时间不详,社会影响相对有限。

　　清末民初中国被动挨打的处境促使社会精英整体反思教育的重要性,图书馆学教育的引入正逢其时,不仅完全接受西方文化的学人们积极倡导之,从旧制度而来的文化知识分子也报以欢迎态度。民国时期的图书馆学人大多具有良好的旧学功底,在研究中也注重文献学、版本学和目录学等领域的研究,因此可以和传统文史领域学者进行有效的对话和沟通③。鲍士伟访华期间,众多学术大家与之交流,推崇图书馆学的重要性就是一个很好的例子。图书馆学与其他领域学术能够很好地交流,甚至一些文史界的人物也在关心图书馆学的技术问题——分类与编目,而图书馆学的一些人物,研究的范围也有跨界的情况。因此,图书馆学引入中国时并非是一门冷门学科,至少文化界对此是普遍认同的,而图书馆学教育的开展也就具有了相当的基础,尽管社会普通民众对此的认同感还不高,但在知识界却认为是一件很重要的事情。

---

　　① 顾烨青.植根民众教育,造就专业人才——苏州大学图书馆学教育前身(1929—1950)[C]//第十届海峡两岸图书资讯学学术研讨会论文集,南京:第十届海峡两岸图书资讯学学术研讨会,2010:153 - 154.

　　② 张衍,卫潇,周毅.苏州大学图书馆学专业发展源流探析[J].新世纪图书馆,2012(8):85.

　　③ 刘宇,谢欢,杜慧平.合法性的争夺:为什么图书馆学人热衷于讨论研究对象——兼与刘君先生商榷[J].大学图书馆学报,2014(4):32 - 33.

第三章 20 世纪 30 至 40 年代的图书馆学高等教育与短期教育

1937 年抗战全面爆发前,虽有日本试图入侵带来的压力,然而国民党控制了国内重要地区,政局相对稳定,开始推进义务教育工作,社会教育也有一定发展。第二届全国教育会议通过推行民众教育馆的计划,也带动了公共图书馆的进步。在多种因素的作用下,中国图书馆事业出现了繁荣的景象。据《国民党教育工作报告》统计,1930 年全国有图书馆 1468 所,1931 年有 1620 所,1935 年达 2935 所。据教育部第二次《教育年鉴》统计,1936 年共有 5196 所①。抗战全面爆发的前两年是 1949 年以前中国图书馆数量最多的年份,各种类型的图书馆都有较快的发展,国家图书馆有国立北平图书馆以及筹备中的国立中央图书馆。抗战内迁后,国立中央图书馆于 1940 年 8 月在重庆正式成立。与 20 世纪 20 年代相比较,公共图书馆的建设由省会发展到县乡,同期开办的许多民众教育馆也附设有图书馆。大学图书馆发展迅速,有不少图书馆藏书丰富,设备精良,馆员素质较高。专门图书馆建设也有进步,以上海、北京、南京等地为最多。

社会对图书馆观念有了明显改变,图书馆工作不再是任何人都可以从事的职业,至少馆长、主任一级有了明确的专业化标准,图书馆职业已为社会所接受。1936 年,中华图书馆协会在青岛召开了第三届年会,李小缘总结了抗战前图书馆学教育的发展情况。

> 社会乐用曾受训练者为职员。其参加工作者人数日见增加。而曾受训练之人,参加工作,尤令吾人感觉其趋势之醇正,其进步之合理;而不越普通常轨。社会之接受此种曾受训练之人,较之平日已臻采用无疑之地位。倘曾受图书馆训练者成绩不良,社会亦不定乐于选用也。而况往往需求甚殷,

---

① 谈金铠.略论解放前我国图书馆专业期刊的发展[J].图书馆论坛,1991(3):98.

每求过于供。社会机关不时邀请专家,从中指导,此为十余年来显明之进步也。

　　图书馆学专门人才增多。此十一年中非特人才之增加也,人才之学识亦有相当之增进,无论专门或普通,皆有所增进。专门方面则在外洋专攻图书馆学者,已由五六人而增多至十余人矣。国内图书馆专校卒业者,亦由十余人增加至百人以上,其他大学附设专科或训练班,亦有相当成绩。①

1937年,抗战全面爆发以后,国民政府将重要的文化机构内迁至西南一带,文华图专、金陵大学迁至四川继续办学。1939年,教育部提出"筹设社会教育学院,培养社会教育高级人才并训练社会教育干部"之拟议。1941年,国立社会教育学院成立,陈礼江任院长,汪长炳任图书博物馆学系主任,成为国内第一个本科四年制的图书馆学专业。从抗战内迁至1946年以前,图书馆学高等教育形成了第二个繁荣期。1926年,杜定友参考美国图书馆协会制定的学制表,从低到高列出了图书馆学教育的层级关系(图书馆函授学校或图书馆推广教育—师范学校或高等师范图书馆科—图书馆练习生班—图书馆训练班—图书馆专门学校—高等图书馆专门学校—图书馆学研究院),某种程度上代表了中国图书馆学人的一种理想。从结果来看,除了图书馆学研究院外其他层次的图书馆学教育都有实践。沈祖荣在抗战胜利以后,曾构想设立一所综合性的文献管理学院,比杜定友的构想还要宏大。

　　抗战胜利以后,国内重要公共图书馆和大学图书馆相继复员,图书馆事业有了一定恢复。但"一些科研、专业图书馆和私人图书馆等,在这一时期由于时间短暂,许多基础工作尚未做,就受到战争和经济萧条的影响,图书馆的抢救和保护工作进展缓慢,难以有所作为"②。由于第三次国内革命战争很快爆发,图书馆事业和图书馆学教育尚未得到喘息即走向衰落,金陵大学图书馆学专修科仅办两届即停。文华图专复员武昌以后,又陷入与华中大学、基督教会的纠葛之中,课程设置情况还不如物资严重匮乏的重庆时期。国立社会教育学院图书博物馆学系迁至苏州也因社会形势不好而造成大量师生流失。1947年,王重民创立北京大学图

---

① 李小缘. 中国图书馆事业十年来之进步[J],图书馆学季刊,1936(4):507 – 550.
② 来新夏. 中国图书馆事业史[M].上海:上海人民出版社,2009:486.

书馆学专修科,由于经费困难,没有专款,该科附于中国语文系内,1949 年后,正式成立独立的图书馆学专修科,成为民国时期最后成立的图书馆学高等教育机构。

第一节 内迁前及内迁时期的金陵大学图书馆学教育

一、内迁前的金陵大学图书馆学教育

在克乃文、李小缘、刘国钧等人的管理下,金陵大学图书馆逐渐成为一所管理规范、研究气氛浓厚的学术型图书馆。杨维庆回忆李小缘曾经说:"推广图书馆是要拿出样板来的,他负责的图书馆①就是一块高标准的样板。大家知道,他是严格推广美国先进的管理,当时在国内是最第一流的管理。当然后来的中国文化研究所,实际上也是一个学术图书馆的样板。"②金陵大学图书馆有一群专业化和学术水平很高的图书馆员,不少人曾在国内重要图书馆担任要职。"先在本馆服务而赴美专攻图书馆学者有洪有丰、李小缘、刘国钧、吴光清四君,他若朱家治、沈学植、金闿、蒋家骧诸君亦以此专其业。除仍在本馆服务者不计外,曾任或现任图书馆界服务之较重要者,有中央大学,中央党务学校,清华大学,东北大学,复旦大学,前东南大学等校图书馆馆长,大学院图书馆组科长等职。克乃文君今亦回美任维基尼亚大学图书馆馆长。此外承各地函询或派员来馆实习者亦不少。近年更于文理科增设图书馆学系,今曾选读该系学程之毕业生,服务于政府机关,学术团体,及学校等之图书馆者,已有十数人"③。

截至 1929 年,金陵大学学人圈发表的成果有:洪有丰的《中国大学图书馆教员指定参考书之研究》(英文)、李小缘的《中国图书馆计划书》《民众图书馆学》、顾炳松笔记《中央大学民众教育院教育学术演讲汇编》、吴光清的《中国近世图书馆事业之发展》(英文)、刘国钧的《儿童图书馆讲义》等④。这些成果不少是教学

---

① 即金陵大学图书馆。

② 杨维庆.纪念李小缘先生[G]//马先阵,倪波.李小缘纪念文集.南京:南京大学出版社,1988:351.

③ 金陵大学秘书处.私立金陵大学一览[M].南京:金陵大学秘书处,1933:150.

④ 金陵大学图书馆概况[G]//李小缘.金陵大学图书馆丛刊(第四种).南京:金陵大学,1929:18.

经验的累积,因此到金陵大学图书馆学系成立时已经拥有了一批很有实力的师资,教学经验也很丰富。

据蒋一前的回忆录,"记得在全国图书馆协会第一届年会上散发的金大图书馆介绍的小册子中是这样写的:系主任李小缘,刘国钧、万国鼎任教授,吴光清、曹祖彬任讲师,我任助教"①。教员中刘国钧长于分类,李小缘长于编目,万国鼎长于检字法,到1933年,图书馆学正式成为文学院教育系的一个专业②。

图书馆学系是辅系,属于教育学系下的图书馆学组,另两个是教育学组和心理学组,"图书馆学组,本组暂不列为主系,凡以图书馆学为辅系者必修左列各学程"③。在1933年金陵大学文学院课程规则中规定:"本院一年级以上学生,应于本院各学系内,选一系为其主系,及与主系性质相同连之另一系为辅系。主系辅系既已选定之后,无正当理由,不得随意更改,且更之时,必先得系主任及选课指导员之同意。主系学程,须选修三十二至四十八学分,辅系学程,须选修二十至二十八学分。"④

1929年时设有下列各学程:①图书馆学大纲,五学分;②参考书使用法,三学分;③中国重要书籍研究,三学分;④目录学,三学分;⑤分类法,三学分;⑥编目法,三学分;⑦杂志报纸,政府公文,二学分;⑧特种图书馆,二学分;⑨民众图书馆,二学分;⑩索引与序列,二学分;⑪书史学,二学分;⑫印刷术,二学分;⑬图书馆问题之研究,二学分;⑭图书馆选择之原理,二学分;⑮图书馆史,二学分⑤。

1928年秋,金陵大学图书馆学系首开索引教学⑥。中华图书馆协会成立时

---

① 蒋一前.回忆李小缘先生[G]//马先阵,倪波.李小缘纪念文集.南京:南京大学出版社:349.

② 李刚,等.制度与范式:前言[M]//中国图书馆学的历史考察(1909—2009).北京:科学出版社,2013:7 - 8.

③ 金陵大学秘书处.各学院课程规则[M]//金陵大学秘书处.私立金陵大学一览.南京:金陵大学秘书处,1933:220.

④ 金陵大学秘书处.各学院课程规则[M]//金陵大学秘书处.私立金陵大学一览.南京:金陵大学秘书处,1933:152.

⑤ 金陵大学图书馆概况[G]//李小缘.金陵大学图书馆丛刊(第四种).南京:金陵大学,1929:15.

⑥ 王雅戈,侯汉清.近代索引研究的先驱万国鼎——纪念万国鼎先生诞辰110周年[J].大学图书馆学报,2008(4):109.

设有分类、编目、索引、出版、教育五个组,万国鼎是索引检字组的书记。万国鼎在《索引与序列》文末记述道:"今秋校中约余授索引与序列一课,右即第一讲导言也。兹以此事在中国系新事业,学校中讲授此课,国内尚属初次,诸待研究讨论之问题甚多,爰于讲后追记。并刊布之。借以征求同志。并教大雅焉。"①这种说法值得怀疑,因为在 1925 年杜定友在主持上海国民大学图书馆学系的时候,就组织学生编写过《时报索引》,署名"上海国民大学图书馆学系编",那么自然杜定友也教授过编制索引的课程,因此索引教学最早应始于上海国民大学图书馆学系。不过金敏甫所记述的课程里并无索引课教学。因此,笔者认为杜定友虽未正式设立索引课程,但应当教授过学生索引方法,只是未见正式记录。

金陵大学图书馆学系设有实习环节,屡见有关实习的记载,"该校图书馆班本学期共十六人,于十月十三日,曾由陈长伟率君往金陵女子大学及国学图书馆,两处参观一次云。"②"成立于 1908 年的南京龙蟠里国学图书馆,藏书量丰富,当时仅善本书就达 18 000 余册,续提善本达 3 万多,陈长伟教授遂率领学生前往实地考察版本,了解中国图书分类方法及其沿革。"③

刘国钧还打算将图书馆工作程序拍成电影用于教学,这是国内电化教育用于图书馆学教育的一次尝试,"本协会执行委员会主席刘衡如博士,掌教金陵大学,近鉴于该校图书馆学课程选读者众多,为便利教学及宣传学术计,拟将图书馆各部工作步骤,摄成影片,若注册编号,索引等,自一书购入,借出及收回之详情,莫不包罗在内,现已向沪影片公司接洽摄制,明年或有出版可能云"④。但未见有进一步的消息。当时电化教育已经运用于教学,文华图专就收到过来自美国图书馆协会的教学电影。

然而金陵大学图书馆学系的相关资料很少,这是当时中国图书馆学教育的又一重镇,除了 1928 年排外运动造成的停办外,还有一些未知的原因使金陵大学图书馆学系办学在 20 世纪 30 年代也曾经中断过。1937 年,刘国钧在文华图专讲演时说,"兄弟今天能在这儿和各位谈话,心中实感觉到无限的快慰和悲伤,因为贵校是

① 万国鼎. 索引与序列[J]. 图书馆学季刊,1928(3):373 - 383.
② 金陵大学图书馆之农业部与图书馆教育[J]. 中华图书馆协会会报,1930,6(2):19.
③ 私立金陵大学文学院概况. 第 4 号(1936—1937)[J]. 金大周刊,1929(12):98 - 100.
④ 图书馆学电影[J]. 中华图书馆协会会报,1934,10(2):17.

全国唯一的图书馆人才制造之所"①。说明在抗战内迁前,金陵大学图书馆学系已经停办一段时间了,到底是什么原因导致的办学中断,还需要进一步考证。

二、申请设立图书馆学专修科

1937 年 11 月 25 日,金陵大学奉教育部令西迁,刘国钧、李小缘等随校员工学生 500 余人分批溯江而上,迁往成都华西坝临时校址。1940 年初,金陵大学向国民政府教育部提出开办图书馆学专修科的申请,"本校原设有图书馆学辅系,历年以来凡受此种训练者均为图书馆所罗致,对于学生就业颇多裨益。入川以来更有供不应求之势,且本校图书馆历年受人委托代为训练人员足征本校对此尚能胜任,亟宜设置专修科以宏造就。""本校原有辅系学程本供学生选修之用,因施行部颁大学各院系科目新章之结果,选科减少原有之人员及设备等弃置可惜,故宜改办专修科以资利用。"②金陵大学的请求得到教育部批准,遂重开图书馆学教育。

令准该校增设图书馆学专修科计政专修科不予增设由(中华民国二十九年三月十一日收文蓉字 2242 号)

教育部指令

令私立金陵大学

二十九年一月二十四日蓉字第四五六号呈一件为拟于文学院加设计政专修科及图书馆学专修科,附呈计划祈鉴核由。

呈件均悉。准予该校文学院增设图书馆学专修科。至计政专修科,在该校并无法商学系,应不予增设。该校应将现有各科系之教学设备加以充实,不宜多增科系,仰即知然。件存。此令。

部长陈立夫③

---

① 刘国钧.图书馆与民族复兴[J].熊飞,笔记.文华图书馆学专科学校季刊,1937,9(3 – 4):311.

②③ 金陵大学附设图书馆学专修科计划[A].1940.中国第二历史档案馆.全宗号:649,案卷号:1644.

1940 年秋,图书馆学专修科成立,刘国钧以院长身份兼任科主任[1],金陵大学图书馆学教育进入了专科教育的阶段,后该科由曹祖彬主持事务。图书馆学专修科共设有 20 多种课程,较在南京图书馆学系时课程更多。受 20 世纪 30 年代国民政府行政效率运动的影响,社会对于档案管理人才需求旺盛。40 年代初,多个学校均出现了档案学课程,金陵大学图书馆学专修科也开设了"档案管理法"课程。与文华图专开设档案学专业的时间相近。该科采用学分学年制,学生修业时间规定为两年,修完 68 个学分方可毕业。萧林来认为:"该专修科仅办二期即停,共毕业学生十六人。"[2]然而《私立金陵大学六十周年校庆纪念册》文学院毕业生统计(1929—1948)表明,图书馆学专修科毕业生先后有 1943 年 6 人、1944 年 2 人、1945 年 2 人、1946 年 1 人,总计 11 人[3]。因此金陵大学图书馆学专修科在成都可能不止办理了两届,或是有延期毕业情况,均需做进一步研究。金陵大学复员回南京以后再无学生毕业,说明该科已经停办。

三、开办图书馆学会及图书馆学座谈会

金陵大学图书馆学系学生在 1931 年时曾经设立图书馆学会,倡导学术,该图书馆学会的成立晚于天津图书馆学会的成立,是我国第二个以"图书馆学会"命名的研究组织[4]。"该系同学有鉴于此[5],特于上学期,组织图书馆学会。本学期开始,改选彭耀南、钱存训、周德洪、毕慕康、高小夫五君为执行委员。敦请刘国钧、李小缘、万国鼎、陈长伟、曹祖彬诸先生为顾问。并议决本学期工作大纲如左:(一)征求会员;(二)出版刊物;(三)学术演讲;(四)参观各大图书馆;(五)建议学校当局扩充图书馆学系;(六)工作及实习;(七)会务进行等项"[6]。1934年 11 月 16 日,金陵大学图书馆学会在北大楼会客室召开正式的成立大会,选举

---

① 北京大学信息管理系,南京大学信息管理系,甘肃省图书馆.一代宗师——纪念刘国钧先生百年诞辰学论文集[G].北京:北京图书馆出版社,1999:56

② 萧林来.解放前我国的图书馆学教育史料[J].图书馆学研究,1985(5):64.

③ 文学院毕业生统计(1929—1948)[M]//金陵大学:金陵大学六十周年纪念册,南京:金陵大学,1948:24.

④ 顾烨青.民国时期图书馆学会考略[J].山东图书馆学刊,2009(6):20.

⑤ 指 1931 年金陵大学有改图书馆学系为图书馆学专修科的计划。

⑥ 图书馆学会消息[J].中华图书馆协会会报,1931,7(3):51.

出总务胡绍声,研究余文豪,事务贾逢源。刘衡如馆长从我国图书馆人才需要迫切,图书馆学的内涵及意义,本学会今后的注意点等三方面做了发言①。此后学会开展的活动甚为积极,1935 年,《金陵大学校刊》对该研究会有这样的评价,"图书馆学会乃本校各学会中最重实际主义之研究团体,成立时间虽不过久,但工作极为实际。如上学期曾举行多次学术演讲,并主编图书馆学季刊之时论摄要一栏,研究空气,极为浓厚"②。

至少在 1939 年春图书馆学会仍然存在,也就是说金陵大学内迁至成都华西坝之后,该图书馆学会仍有活动。内迁成都以后,金陵大学文学院延续了开办图书馆学座谈会的传统,该"图书馆学座谈会"与之前的"图书馆学会"是否为同一组织,或者为新成立的图书馆学研究组织,顾烨青在《民国时期图书馆学会考略》一文里有详细的讨论。笔者认为,该"图书馆学座谈会"是金陵大学内迁后新成立的图书馆学研究组织没有疑问,1941 年《金陵大学校刊》第 385 期记载"图书馆第五次座谈会与新年同乐会同时举行,本校图书馆座谈会自去岁十月举办以来,已届五次,到会人数一次较一次踊跃,而情形亦越来越紧张。此次会期适在新年除夕,该会负责人特将本学期最后一次座谈会与新年同乐会一并举行,并请四川省立图书馆曹祖彬先生主领,讲题为《开架式与闭架式之利弊》"③。明确了图书馆座谈会是 1941 年 10 月成立的。而以前成立的图书馆学会在之后的文献记录中再未出现,因此二者很可能是继承关系。

1943 年 4 月的《五年来之金陵大学文学院》记载"图书馆学,本系训练专门技术人员之学科,除讲课外,并着重学生课外活动与实地习练,30 年秋即成立图书馆学会,除本科学生为当然会员外,图书馆职员及对图书馆学有兴趣者,均得参加"④。因此,图书馆学座谈会是一个全校性的图书馆学组织,以后该组织又扩大至校外,成为一个图书馆学爱好者的共同组织。"图书馆座谈会一周岁本校图

① 图书馆学会成立[J].金陵大学校刊,1934,11(2):3.

② 图书馆学会大会纪要新干事产生双十节远足清凉山[J].金陵大学校刊,1935,10(3):6.

③ 图书馆第五次座谈会与新年同乐会同时举行[J].金陵大学校刊,1941(385):6.

④ 南京大学高教研究所校史编写组.金陵大学史料集[M].南京:南京大学出版社,1999:165.

书馆座谈会,成立已届周年。此次特于十月二十五日下午六时半,假华大图书馆开扩大纪念会。出席人数为历次之冠,除馆中全体同仁外,并邀华大图书馆,金女大图书馆馆员,及中华图书馆协会会员,与本校图书馆学会会员,图书馆学专修科全体学生,以及爱好图书馆学之来宾参加,济济一堂,凡五十余人"①。

从现有资料来看,该图书馆学座谈会共开过九届,历届议题为:

表 3 – 1　金陵大学图书馆学座谈会历届讲题

届数	主讲人	演讲题目
第一届	刘国钧	营业目录之参考价值②
第二届	陈长伟	如何使读者还书迅速③
第三届	曹祖彬	□□工作之方法与功用④
第四届	陈长伟	小册的管理及利用⑤
第五届	曹祖彬	开架式与闭架式之利弊⑥
第六届	李小缘	图书馆之将来
第七届	刘国钧	图书馆员补充问题⑦
第八届	曹祖彬	现代图书馆之新设施⑧
第九届	邓光禄	图书馆界对于我国抗战之任务及其推进;华西坝四大学图书馆之合作及其改进⑨

从 1913 年克乃文首开图书馆学课程,一直到图书馆学专修科,中间间有停顿,绵延有 30 余年,金陵大学为我国一所老牌图书馆学高等教育机构。然而金陵大学自 1927 年图书馆学系建立以后,就一直以刘国钧、李小缘、万国鼎、曹祖彬、吴光清等人员为教师骨干,这个教学队伍到后来也没有太多的变化,很少有毕业生接任教职的情况,与文华图专毕业生人才辈出,不断有知名学者在校工作的情况大不一样。

---

① 图书馆座谈会一周岁[J]. 金陵大学校刊,1941(259):3.
②③④⑥ 金陵大学图书馆学座谈会成立[J]. 中华图书馆协会会报,1941,15(3/4):16 – 17.
⑤ 图书馆消息[J]. 金陵大学校刊,1940(283):3 – 4.
⑦ 图书馆座谈会[J]. 金陵大学校刊,1941(292):3.
⑧ 图书馆消息四则[J]. 金陵大学校刊,1941(293):6.
⑨ 图书馆座谈会一周岁[J]. 金陵大学校刊,1941(259):3.

第二节 文华图专图书馆学教育的发展与衰落

一、20世纪30年代初至内迁前的办学情况

1929年独立建校以后,文华图专仍与华中大学保持着密切的合作,并未完全"脱钩"。华中大学的男生住在"思殷堂",图书馆学校的男生住在"博育室",图书馆学校的女生和华中大学的女生住在"颜母室"。教职人员(来自中华文华基金会的三个图书馆专业方面的老师,也在华中大学工作了一年。图书馆学校所有的教职员也全部归于华中大学,并有参加华中大学所有会议的资格)、学生生源(重新开学后的第一年,华中大学高年级学生全部来自图书馆学校)均有混同①。沈祖荣还兼任华中大学注册部主任、华中大学图书馆馆长,且是华中大学评议委员会的成员,两校还共同举办毕业典礼。1932年6月18日,"本校第九届毕业同学,于六月十八日举行毕业典礼。华中大学亦于是日举行毕业典礼。此次所用礼节,颇为隆重。上午九时,在文华圣诞堂,共同有一毕业礼拜,由鄂湘辖境吴孟两主教引领。凡有学位之教授,与新毕业生,均穿礼服戴方帽,依次入堂"②。这种教学场所、教学人员相互掺杂的情况,虽属节约目的下的抱团取暖,也为华中大学觊觎文华图专提供了口实。

胡庆生的离开是文华图专的重大损失,胡庆生是韦棣华着力培养的人才,于1917年赴美国纽约公共图书馆学校学习,于1919年学成后回国,成为文华公书林和文华图专的骨干。胡庆生英语很好,讲课风趣幽默,深受学生欢迎。他与沈祖荣一道研究西法改良,参与接待鲍士伟,在文华图书科初建和发展时期起了很大作用,是当时图书馆界的重要人物。胡庆生选择离开文华图专的动因可能来自陪同鲍士伟访问期间,一个在开封卷烟公司担任要职的朋友对他产生了影响。"这样一个碰巧的话头,引起了胡先生在商业王国的巨大兴趣,或者也由于此,因为希望有更高的薪金,以及不愿加入在图书科与大学之间可见的纠纷的心愿,胡

---

① 周洪宇. 不朽的文华——从文华公书林到文华图书馆学专科学校[M]. 武汉:华中师范大学出版社,2013:207.

② 第九届毕业典礼[J]. 文华图书馆学专科学校季刊,1932,4(2):221.

先生在 1930 年春天离开图书科,接受了上海商业储蓄银行武昌分行的聘请"①。虽然胡庆生仍承诺在校授课,并担任中华图书馆协会的重要职务,然而胡庆生与图书馆界的联系渐行渐远。图书馆学人投身商界的情况并不少见,同为留洋归国学人戴志骞,在当时图书馆界有着很高威望,曾经担任过圣约翰大学图书馆馆长、清华学校图书馆馆长、中华图书馆协会执行部部长、中华图书馆协会副主席、中央大学副校长兼图书馆馆长、文华图专董事等职,仍旧于 1930 年弃学从商,担任哈尔滨工业有限公司经理,后又担任中国银行主任、中国银行总秘书等职。在抗战期间,严文郁甚至也动了去银行工作的想法。可见行业不同造成收入差异巨大,对优秀人才择业会产生重要影响。

从韦棣华到沈祖荣,文华图专"个人经营"的典型特点,使其一直无法扩大办学规模,办学资金长期不足是重要因素。沈祖荣渐渐接替韦棣华做着劝募工作,到韦棣华去世时,已有几项相对稳定的资金来源:①基金 23 000 元;②息金每年 1380 元;③美国圣公会补助每年 8000 元;④美国妇女问题研究会补助费每年 2000 元;⑤美国庚款补助费每年 13 500 元②。从早期到中期,文华图专的资金主要源自民间渠道。除资金外,还有许多实物捐赠,例如美国图书馆协会捐赠的图书馆展览画片,各国图书馆实况图;美国纽约市图书馆捐赠的美国各大图书馆影片;各国各大制造公司捐赠的图书馆用具模范品;美国国立博物馆捐赠的博物标本等③。

这些资助的稳定使文华图专在内迁前有过一段资金相对充裕、师生待遇较好的阶段。毛坤之子毛相骞回忆,20 世纪 30 年代初,文华图专学生能毕业留校是一件非常光荣的事,意味着工作稳定,待遇优厚。毛坤任教文华图专以后,不仅可以养活一大家人,而且慢慢在老家宜宾置办了一些田产,教职工家庭每生育一子文华图专还要加薪以示庆祝④。

---

① Cheryl Boettcher. 沈祖荣与文华图书馆学专科学校[G]. 何建初,译. 毛相骞,整理//陈传夫. 文华情怀——文华图专九十周年纪念文集. 武汉:武汉大学出版社,2010:123.

② 吴鸿志. 文华图书科之过去现在及其将来(上)[J]. 文华图书科季刊,1929(1):105 - 112.

③ 私立文华中学校董立案[A]. 1929. 湖北省档案馆. 档案号:LS10 - 2 - 833.

④ 毛坤之子毛相骞先生口述,访问时间:2016 年 10 月 5 日。

通过与鲍士伟的良好关系,文华图专毕业生在美国进修获得了一些特别利益。"校中为学生便于深造起见,得鲍士伟博士之赞助,进行向美国关系方面取得一种认许,将来本校毕业生即可直接入美国图书馆学研究院校,美国图书馆协会教育股秘书曾来函询索本校课程与组织等规章,校长已据实作覆云"①。沈祖荣也一直注意加强与地方政要的良好关系,学校董事会由地方政要、知名学者和图书馆界著名人士组成。"校董冯汉骥先生因赴美深造,所遗校董一席待补一节,经全体一致推举汉口市市长吴国桢博士充任,随并已征得其同意云"②。对于一个私立学校的发展来说,这些人脉关系资源是必不可少的。

文华图专重视师资专业化,注重聘用国外的图书馆学专家,"学校以欧美各国图书馆事业,日新月异,不可企及,如欲本校课程有所改进,本校同学得受适当之造就,非聘有西国图书馆学之硕彦,来此施教,不克有济"③。文华图专先后聘有多位国外专家任教,中西教学并举是文华图专教学的重要特点,这种教学风格一直延续至内迁前才结束,这是文华图专有别于其他学校之处。

对于一般的辅助类课程,文华图专也注意聘请各方面的专业人才来校任教。比如聘请湖北金石学专家易均室担任金石学及版本学程,"易先生搜藏古物,极为丰富,对于鉴审考据,尤为精邃"④。教学环境相对宽松,促进了文华图专的科研之风,1929年《文华图书科季刊》⑤创办,所刊作品多为师生对图书馆学前沿问题的研究成果,也有不少翻译作品。该刊学术价值高,办刊严谨,与《中华图书馆协会会报》《图书馆学季刊》并列,是民国时期学术水平最有代表性的三个图书馆学刊物之一。该刊一直办至1937年,因抗日战争的爆发而中断。抗战期间,沈祖荣曾试图再办,但因物质条件匮乏未能实现。

二、迁渝办学时期

1937年,卢沟桥事变以后,中国大半国土沦陷,1938年6月11日,武汉会

---

① 校务简述[J]. 文华图书馆学专科学校季刊,1932,4(3/4):401.

② 校董会年会[J]. 文华图书馆学专科学校季刊,1933,5(2):249.

③ 校闻:新聘教授[J]. 文华图书馆学专科学校季刊,1933,5(1):129.

④ 校闻:新聘教授[J]. 文华图书馆学专科学校季刊,1932,4(3/4):401.

⑤ 后改为《文华图书馆学专科学校季刊》。

战开始,国民政府饬令武汉各机关学校限期迁移。1938 年 6 月,文华图专西迁至重庆,教师范礼煌留守昙华林,后范礼煌去世,所余藏书在战乱时期全部散失。

1938 年 8、9 月间,文华图专在重庆石马岗川东师范大礼堂内国立中央图书馆筹备处借得的房屋一间设立办事处,随后在重庆曾家岩借求精中学①部分校舍办学。因该校汇集有金陵大学、汇文女中、教育部电化人员训练班等校,人多房少,沈祖荣又于求精中学院内空地,自建西式单层新屋一座,作为教室、办公室及图书阅览室之用。又修建一楼一底的康宁楼作为礼堂、教职员宿舍、女生宿舍、饭厅、厨房等②。

战争形势严峻,外籍教师在学校撤离武昌时全部离开,沈祖荣和毛坤、徐家麟、汪长炳等在重庆坚持办学。文华图专在 1941 年 5 至 7 月间又遭受了四次轰炸,虽无人员伤亡,但财产损失严重。求精中学提出不愿续借校舍,而新的校址还在寻找之中,文华图专原教务长汪长炳又应聘到新成立的国立社会教育学院担任图书博物馆学系主任,办学一时难以维系。

图 3 - 1　毛坤
(照片由党跃武先生提供)

此时毛坤站出来担任文华图专教务长,毛坤的工作大大缓解了沈祖荣的压力,在各方扶持下,沈祖荣在重庆江北相国寺购买廖家花园地皮重建了学校,办学总算走上正轨。"全体师生搬迁过江,续行授课。初因房屋一时未及竣工,尝进餐于露天之下,讲授于卧房之间,面对此种情景,但全体师生绝不因此馁气,而精神之振奋,反有加无已"③。沈祖荣一直对毛坤很倚

①　现为重庆市六中。

②　沈祖荣向教育部《呈本校办公处康宁楼被炸损失清单恳请鉴核准予拨款重建》文[A].1941.中国第二历史档案馆.档案号:五一 5284.

③　沈祖荣.私立武昌文华图书馆学专科学校近况[J].中华图书馆协会会报,1942,16(3 - 4):8.

重,曾向毛坤表示学校复员回到武汉后,他打算退下来,由毛坤继承校长的职位①②。但毛坤对于沈祖荣的支持出于真诚的友情,毫无个人名誉的追求,抗战胜利后毛坤很可能为了避嫌,主动接受了四川大学图书馆主任的职位,没有和文华图专一道返回武汉。沈宝环回忆:"由于这两家(沈、毛)的联手、合作、在对日抗战最艰难的时期,为使我国图书馆专业教育不致中断,在我国现代图书馆史上写下了光荣的记录。"③

　　除缺少教员外,文华图专面临严重的资金短缺。这一时期,文华图专除前述若干项资金来源以外,国民政府资助与庚款补助占据了主要部分。

表 3 – 2　教育部对文华图专教席与设备的拨款④

年份	金额(元)	备注
1934	5000	1 名教席
1935	6000	
1936	7000	2 名教席
1937	8000	
1938	8000	7 折发放
1939	7000	
1940	7000	
1941	12 300	
1942	14 000	

---

①　毛相麟. 文华图专旧事——从公书林到廖家花园[J]. 图书情报知识,2007(5):108.

②　毛坤受到沈祖荣的倚重情况可见几点,"1933 年沈校长冒险北上研讨时,将学校托付给毛先生;1935 年先生作为代理教务主任,曾与海外归来的校友裴开明商讨学校进行和发展的规划;在 1938 年,日寇入侵迫使学校西迁重庆的当口,先生受沈校长所托,先行前往重庆筹划,对学校的生存和发展起到了至关重要的作用"。参见:陈传夫. 纪念毛坤先生,弘扬文华精神——纪念著名图书馆学家和档案学家毛坤先生诞辰110 周年暨图书馆学和档案学史学术研讨会上的书面发言[G]//陈传夫. 文华情怀——文华图专九十周年纪念文集. 武汉:武汉大学出版社,2010:838.

③　沈宝环. 序一[G]//梁建洲,廖洛纲,梁鳣如. 毛坤图书馆学档案学文选. 成都:四川大学出版社,2000:1.

④　彭敏惠. 文华图书馆学专科学校的创建与发展[M]. 武汉:武汉大学出版社,2015:103.

续表

年份	金额(元)	备注
1943	30 000	
1944	50 000	
1948	100 000 000	前三年待考

除经常补助项目外,国民政府还有一些临时性补助,如1938年文华图专申请的迁校建筑费、1941年赈济委员会拨发的迁川员生救济费、教育部拨发的训育费、教育部对于文华图专办理档案管理短期训练班的相关费用等,有力地帮助文华图专渡过难关。当然从物质条件来说,远远比不上武昌办学时期,沈祖荣必须对学校开支精打细算,抗战胜利以后甚至将重庆校舍的木料也装船运回了武昌。

重庆办学期间,文华图专增加了档案管理科,这是文华图专办学的一个重要变化。早在1934年秋,文华图专的外籍专家费锡恩女士(Grace D. Phillips)与毛坤一道开设了档案管理法课程,但附属于图书馆学并未成科,因受国民政府资助,又被称为"特种教席"。30年代以后国民政府提倡"行政效率运动",文华图专因拥有档案学教学基础,受到教育部的重视,于1939年9月受命开办档案管理讲习班一班,修业期限一年,由徐家麟和毛坤担任任教。1940年3月和9月,又以"档案管理训练班"的名义,招收了两届学生。同年10月17日,经教育部批准(教育部高34635号文),文华图专设立档案管理科,并将前招"档案管理训练班"在学之两班学生,分别编入档案管理科第一届,第二届继续学习,学制二年,入学资格定义为高中毕业[1]。文华图专成为中国最早开设档案管理专业的学校。

在重庆期间,随同学校西迁的图书馆学本科15、16两届学生先后毕业,1940年秋,图书馆学本科第17届进校,这是文华图专招收的最后一届大学肄业二年以上入学的本科生学生。1941年春起,因适应当时招生来源与教育部关于大专学制的统一规定,改招高中毕业学生入学,称图书馆学专科,学制仍为二年,至1946年夏共招收了九届[2]。由于入学门槛降低,文华图专的学生素质下降了,

---

① 瞿成雄,查启森.文华图专重庆办学实录[J].图书情报知识,2010(5):18.

② 何建初.八年抗战中的文华图专[G]//陈传夫.文华情怀——文华图专九十周年纪念文集.武汉:武汉大学出版社,2010:913.

1940年以后毕业的学生人数虽多,但在图书馆界的声望远不及之前那些人数少而精的前辈。

在重庆期间,文华图专办学条件、办学质量虽不能与武汉时相比,但增设了档案管理专业,由迁渝前的两类办班方式(本科班、讲习班)扩大到四类办班方式(本科班、专科班、讲习班、短训班),颇有锐益进取之势。到1946年末返回武昌时,共毕业、结业达336人,已是武昌办学时期157人的两倍以上。

三、沈祖荣的战后复兴梦想

重庆办学期间,沈祖荣从文献整理的思维设想进行教育改革,改革后的文华图专教学将涵盖档案学、文秘学、博物馆学等学科,使这些学科亦能成为文华图专图书馆学一样的著名品牌,逐渐将文华图专发展为一个以图书馆学为基础,兼有档案学、博物馆学、文秘学等以文献整理为特征的独立学院,提升文华图专的办学水平,这是沈祖荣抗战胜利后的复兴计划。1943年,身为重庆美国大使馆大使特别助理,并同时担任美国政府外国出版物收集部际委员会中国主任和美国国会图书馆远东代表的费正清(John K. Fairbank)和袁同礼向国际关系董事会及其东方和南太平洋委员会提交了一份联合备忘录。在这份备忘录中,他们提出了进一步发展中美文化关系的建议,包括由美国图书馆协会为更多的中国图书馆购置资料,通过美国国会图书馆为美国图书馆购置中文出版物,和两国之间图书馆学学生与教师的交换计划等内容①。这份备忘录后来获得美国政府的认可,成为一项可实施的计划。

1944年,美国图书馆协会东方和南太平洋委员会主席布朗(Charles H. Brown)在与沈祖荣的来往信件里谈到了三个问题,文华图专是否能满足中国图书馆培训需要,其中包括了在中国不同地区城市设立五所图书馆学校的设想②;

---

① 程焕文. 中国图书馆学教育之父——沈祖荣评传[M]. 台北:台湾学生书局,1997:117.

② 这应当是之后产生于1947年末的一份文件《拟援美国佛尔伯莱法案请求资助在中国组织图书馆研究会或讲习会建议书》的雏形。沈祖荣对多建图书馆学校的想法原则上支持,但认为并不现实,国内图书馆学校师资有限,学生素质不高人数亦少,增加图书馆学校并不利于教学。

是否需要美国图书馆学教员来华执教,以及为文华图专提供奖学金的问题,沈祖荣均做出了肯定的答复。然而中美双方的合作远未如想象的顺利,美国图书馆专家、哥伦比亚大学图书馆学院院长兼大学图书馆馆长怀特博士原定来华访问未能成行或许预示了中美合作前景暗淡。不过随着抗战胜利指日可待,中美图书馆界因战争阻隔失去的联系日渐恢复,沈祖荣对未来充满了信心。

沈祖荣于 1945 年 8 月 10 日向布朗提出长达三页的《文华图书馆学专科学校战后工作计划》,该计划包含建立韦棣华纪念图书馆和把文华图专发展为一所能授予学位的图书馆学、档案学和博物馆学学院等,其中重点在后者,该计划共需 627 000 美元。沈祖荣在论证这一观点时说:

> 早在 1936 年,文华图书馆学专科学校因预见到政府档案管理人才的巨大需求而率先开始开设了档案培训课程以提前满足档案管理人才的需要。这个新的专业教育领域的创设已完全证明是正确的。1940 年教育部在我校原有的图书馆科的基础上又批准设立了档案管理科……遵照中国的有关条例,建立授予学位的学院必须要有三个科系。文华图书馆学专科学校已经在组建第三个科,即博物馆学科……文华图书馆学专科学校多年自身努力的真正结果就在于在事实上承认文华图书馆学专科学校是一所高等学校……我们还渴望将来邀请美国和英国的档案学、博物馆学和图书馆学专家在培训中国学生和管理韦棣华纪念图书馆的各部门方面与我们合作。这份计划和韦棣华纪念图书馆以及文华图书馆学专科学校将因此而成为中国的一所真正的国际文化学院。①

1946 年沈祖荣在《私立武昌文华图书馆学专科学校募集基金启事》的观点,是上述工作计划的缩减版。

> 本校开办迄今历廿五载,毕业学生对于国内图书馆事业之推进与国际

---

① 程焕文.中国图书馆学教育之父——沈祖荣评传[M].台北:台湾学生书局,1997:142-143.

文化之沟通尚能胜任愉快,粗有成绩。民国三十年度起复蒙教育部核准添设档案专科,造就以科学方法管理档卷之人才,服务各机关社团以为提高行政效率之助,虽事属创举亦深得各界好评。因此本校同人在各方人士鞭策与鼓励之下不敢不力图上进,以期对国家社会多有贡献,为加深学术研究,广为储备人材以应今后之建国需要计,拟乘此抗战胜利举国复员之会筹建独立学院。此事经征求有关当局与各地校友意见无不欢为赞许早观厥成,进行办法拟一面将学校由渝迁回武昌并添设博物馆科,一面勘定新校址建筑新校舍添置图书仪器约聘国内外专家。一俟人才设备大体就绪,再呈请升格为独立学院,图书档案博物三系鼎立,以为东亚唯一研究文献管理之最高学府。①

这份文件上落款的校董包括当时图书馆界几乎所有的重要人物,如袁同礼、戴志骞、蒋复璁、沈祖荣等,拟筹集经费国币1000万元。从上述两份文件可以看出,沈祖荣采取两条路并行的方式,一方面向美国图书馆协会及美国政府寻找援助,这是主要方向。另一方面,也寄希望于国民政府及众多校友的大力支持。

沈祖荣的这一设想与1941年国立社会教育学院图书博物馆学系的建立有关,这所学校成立后立即吸引了一些文华图专的优秀教师如汪长炳、徐家麟等加入,汪长炳、徐家麟都曾担任过文华图专的教务长,既富有教学经验,也富有管理经验,而该校图书博物馆学系又是我国第一个开设四年制本科专业的机构,对学生颇有吸引力。"原文华图专档案科首届毕业生(1940年3月—1942年1月)王世芳在毕业后的暑期中得知图博系招收二年级插班生,当即辞去才在国民党中央图书杂志审查委员会图书、档案室干了几个月的工作,以文华图专学历考入图博系,又学习了三年,于1945年8月毕业,取得教育学士学位"②。1946年国立社会教育学院迁至南京以后也吸引了不少文华图专优秀学生前往任教,该系办学风格与文华图专相类似,学校完全由政府出资,在办学规模上超越了文华图专,

---

①　私立武昌文华图书馆学专科学校募集基金启事[A].1946.武汉大学档案馆.档案号:876,全宗号:8,案卷号:1946-8.

②　王世芳.我的工作总结[G]//穆家珩.国立社会教育学院武汉校友会:峥嵘岁月(第四辑).[出版地不详]:[出版者不详],2005:402.

让沈祖荣深感压力。

　　然而,沈祖荣寄予厚望的美国捐款却极不顺利,1946 年 5 月 10 日,布朗在给沈祖荣的复信中说道:"文华图书馆学校的未来如何? 它是否与中国某个正规大学联合? 如果是,那是什么大学? 文华图书馆学专科学校将设在何处? 它获得永久财政资助的可能性有哪些? 能够从中国政府得到哪些帮助? 在这些问题没有答复之前,别指望我们寄给你们任何图书。如果文华图书馆学专科学校与某个私立大学联合的话,那么就可能得到资助的资金,因为中国的私立大学正在制订财政争取计划,这将使私立大学的各系得到充足的经费支持。我认为:在中国任何一个完全独立于大学之外的学校筹措基金将是非常不可能的。"①布朗在1947 年 7 月 31 日给美国图书馆协会国际关系董事会的基普夫人(Mrs. Raecilia Kipp)的信里又说:"沈先生拒绝将其学校并入大学,热衷于保持其独立学校的地位。他不接受联合董事会、他的校友们,或一个小基金会的董事们关于将其学校并入某些大学的忠告。他已要我帮忙从洛克菲勒基金会争取一小笔拨款。如果我乐意做的话,我也不会争取到一笔拨款,况且如果他不将其学校与某个大学合并的话,要争取得到对其学校的财政帮助简直难于上青天。"②布朗的想法显然受到意欲合并文华图专的华中大学一些人思维的影响。笔者认为,布朗的消极态度还可能与美国图书馆协会倚重袁同礼的意见有关,由于袁同礼与蒋复璁存有芥蒂,而沈祖荣又与蒋复璁关系密切,加上 20 世纪 40 年代以后袁同礼有在北京开设图书馆学校的想法,这些因素可能影响了布朗判断。

　　在这种压力下,沈祖荣态度有所松动,沈祖荣派儿子沈宝环赴美留学,希望他与布朗交流,沈宝环秉承父意前往美国,积极与布朗沟通。1948 年 8、9 月,沈宝环组织了两次讨论会,形成了《关于文华图书馆专科学校与一大学合并计划的建议》,并让布朗最终签了字。然而合并之议只是布朗的一个借口而已。国民党在大陆节节溃败,美国对于看不到利益的援助并不感兴趣。此时美国不再有一位像韦棣华那样拥有巨大影响而又全力支持中国图书馆事业发展的友人③。周

---

①　程焕文. 中国图书馆学教育之父——沈祖荣评传[M]. 台北:台湾学生书局,1997:149.

②　程焕文. 中国图书馆学教育之父——沈祖荣评传[M]. 台北:台湾学生书局,1997:151.

③　程焕文. 中国图书馆学教育之父——沈祖荣评传[M]. 台北:台湾学生书局,1997:134 – 136.

旋数年,尽管沈祖荣的计划从不缺乏口头支持,然而希望的援助却始终未至,而中国国内经济不振,也不能有所指望。沈祖荣的梦想遂在反复推诿中化为泡影。

四、与教会及华中大学的再度纠葛

在回迁武昌办学的过程中,文华图专与华中大学再起纷争,先于文华图专回迁的华中大学占据了文华公书林,使文华图专失去了教学场所,不得不分散于崇福山街二号和昙华林两处。华中大学继续延续兼并文华图专的意图,"全国理事会①将不准文华图专校使用文华校院内的任何地产,除非文华图专校成为华中的一部分!"②

沈祖荣对此十分愤怒,"我和文华公书林长达 36 年的历史使我感到自己就是它的一部分了!当我被告诉说,曾由韦棣华女士创办并托付给我掌管的文华公书林,文华图专校竟然是无权的了,我岂不是应该感到愤慨吗?"③文华公书林的地皮,乃是韦棣华从募款中拨款自购后的地皮,不是用的文华书院的教会地皮。前华中大学校长孟良佐(A. A. Gilman)则暗示如果文华图专不遵从华中大学的意见,文华图专将不会再得到美国圣公会的经费支持。教会的意见也传递到了美国图书馆协会,使布朗的态度也转而反对。孟良佐还威胁沈祖荣,金陵大学一直说要办一所图书馆学校,并且已经取得了联合托事部的默契,如果沈祖荣还是坚持己见的话,那么以往从美国各方面得到的补助都会失去,除非沈祖荣同意合并的意见。韦棣华基金会主席格朗(J. M. Glenn)甚至建议给沈祖荣一笔退休金,让他退休④。

当沈祖荣深感收回文华公书林无望的情况下,沈祖荣飞赴上海、南京争取湖北籍的国民政府要员支持。沈祖荣带着居正、何键、吴国桢等人的信,找到湖北省主席王东原,为文华图专迁复武汉请求协助。校董吴国桢又先后致信王东原

---

① 指设立在纽约的中国教会大学联合托事部。

②④ 瞿成雄,查启森.文华图专与华中大学的纠葛与分合——韦棣华"遗嘱"解读[G]//陈传夫.文华情怀——文华图专九十周年纪念文集.武汉:武汉大学出版社,2010:1023.

③ 沈祖荣于 1946 年 3 月 3 日从重庆文华图专校写给孟良佐的信(译文藏武汉大学档案馆).参见:瞿成雄,查启森.文华图专与华中大学的纠葛与分合——韦棣华"遗嘱"解读[G]//陈传夫.文华情怀——文华图专九十周年纪念文集.武汉:武汉大学出版社,2010:1023 - 1024.

和时代湖北省教育厅厅长钱云阶请求支持,得到二者的回信赞同,"拨定武昌抱冰堂侧之十桂堂东北两面空地为该校建修校舍之用"。算是解决了文华图专的校址问题。

在华中大学、圣公会差会以及布朗的压力下,沈祖荣的态度有所退让,但这个时候美国联合托事部的麦克默伦又认为,(文华图专与华中大学)重新合并不是那么必要,在中国的基督教大学的安排中,或者是应当办一所图书馆学校,而做这样的安排,可能同另一所大学结合在一起,是能够得到更有效的结果①。美国方面的意见使华中大学紧张起来,他们反复向麦克默伦陈述合并的重要性,然而随着中华人民共和国成立,文华图专与华中大学多年以来的纠葛终告结束。

在文华图专数十年的办学过程中,沈祖荣还接到过几次内容不同的迁移或重组计划。20 世纪 30 年代,当时国立北平图书馆馆长袁同礼曾多次劝说文华图专迁往北京,"他将提供两倍的薪金和更好的教学设备"。沈祖荣认为文华图专从武昌迁离是对韦棣华的不忠,也担心在政府的领导下削弱文华图专的办学效果。1949 年初,国民党败局已定,开始策动文华图专迁往台湾,沈祖荣拒绝了一切去台建议,人民政府于 1951 年 8 月 16 日接管了文华图专,改私立为公立,1953 年 8 月正式并入武汉大学。

文华图专是民国时期图书馆学教育办学时间最长,且没有中断的图书馆学校,在教学水平、研究能力上长期居于领先地位,其毕业学生在中国图书馆界亦颇有声名,沈宝环认为"文华图专名实并不相符,这所袖珍型学府在课程设计、教学目标等各方面都是大学后研究所程度,在学术界地位崇高"②。文华图专学生何建初也认为:"文华图专虽是个规模较小的学校,在校学生不过数十人,但教师阵容十分完整、坚实,远远超过一般大学系科,抗战中亦不减色。"③

① 瞿成雄,查启森. 文华图专与华中大学的纠葛与分合——韦棣华"遗嘱"解读[G]//陈传夫. 文华情怀——文华图专九十周年纪念文集. 武汉:武汉大学出版社,2010:1030.

② 沈宝环.序一[G]//梁建洲,廖洛纲,梁鱣如. 毛坤图书馆学档案学文选. 成都:四川大学出版社,2000:1.

③ 何建初.八年抗战中的文华图专[G]//陈传夫. 文华情怀——文华图专九十周年纪念文集.武汉:武汉大学出版社,2010:913.

第三节　国立社会教育学院图书博物馆学系办学活动

一、汪长炳与国立社会教育学院图书博物馆学系

国立社会教育学院是国民政府迁渝期间开办的以培养高级社会教育人才为目的的专门学校,1938 年 7 月,国民参政会第一期集会时,教育部有《设立培植社会教育人员专科学校》的提案,经大会通过后建议政府采择施行。1939 年 9 月,国民政府行政院在订定第二期战时行政计划关于教育部分丙项第三条又有"筹设国立社会教育学院,培养社会教育人才,训练社会教育干部人员"一项。同年国防最高委员会审核第二期战时行政计划教育部分实施方案时,正式确定"于二十九年度内筹设国立社会教育学院筹备处",教育部根据以上决定,在 1941 年 1 月筹设国立社会教育学院并成立筹备委员会,借璧山县立中学,璧山县立女子中学及璧山县立职业学校三校校址为临时院址。国立社会教育学院于 1941 年 7 月正式成立,办有社会教育行政、社会事业行政及图书博物馆学三系及社会艺术教育与电化教育等两个专修科①。招有一年级新生 200 名,又合并江苏省立教育学院及大夏大学教育学院社会教育学系二、三、四年级学生,遂在开设之初各年级均已齐备。社会教育学院学生一律公费,除学膳各费免缴外,并按月发给零用金及每期发给制服费补助金,此外设有各种奖学金,以鼓励学生学习与研究。毕业后除学院介绍及各社教机关征聘外,由教育部酌予分配至各社教机关服务。

国立社会教育学院不是一个综合性的大学,而是专以社会教育人才培养为办学目的的本科制专门学院,这是该校有别于其他学校的地方,在当时也是一个创举。正如校长陈礼江所说,"虽然在国内有几个大学设有社会教育系及几个教育学院注重培养社教人才。在美国哥伦比亚大学曾设有成人教育系,日本也曾有训练社教高级人员之机构,但从设施的内容方面说,由国家特设一个学院,照大学的标准来作有系统有计划的训练,是从来没有过的"②。即到当代也没有一所类似的高校,可谓后无来者,因此该校是一个办学很鲜明的学校。该校规模较

---

① 陈礼江. 本院设立之旨趣及办理方针[J]. 社会与教育,1941(创刊号):7.

② 陈礼江. 本院设立之旨趣及办理方针[J]. 社会与教育,1941(创刊号):3.

大,办学起点较高,"为研究高深的社会教育学术,为培养高级的社会教育人才"①。其图书博物馆学系的办学目标是"以培养图书博物馆之高级行政及实施人员并研究高深图书博物馆学系为宗旨"②。

图书博物馆学系的系主任是著名图书馆学家汪长炳,汪长炳(1904—1988)是文华图专的早期毕业生,1926年毕业以后在北京图书馆工作,先后任外文编目部、参考部主任。1932年,赴美国哥伦比亚大学图书馆学研究院学习图书馆学,获图书馆学硕士学位。1934年在美国国会图书馆东方部工作,1935年5月,代表中国图书馆协会出席在西班牙马德里举行的国际图联第二届大会。1936年,在文华图专担任教授,任教务主任。1941年,任社会教育学院图书博物馆学系系主任直至1949年。汪长炳就任社会教育学院以后,很快就吸引了不少优秀人才,教授有汪长炳、徐家麟、严文郁、黄元福等,迁往南京以后师资更为丰富。"本院图书博物馆学系,本年度教授阵容,较前益为整齐,新聘教授李馨吾、钱亚新、蒋镜寰、韩寿萱、顾颉刚、沈维均、周连宽诸先生均为国内知名之士。岳良木先生,前曾任教该系,本年又应聘返院。人类学家冯汉骥先生,儿童图书馆专家陆秀先生,自明年起,亦将至该系任教"③。该系师资大多来源于文华图专和金陵大学图书馆学系,特别是文华图专,因此社会教育学院图书博物馆学系的办学风格也与文华图专非常相似。

抗战胜利后,社会教育学院奉令迁移至南京。陈礼江于1945年9月选定南京栖霞山为社会教育学院永久院址,并借用苏州拙政园为临时院舍。1946年4月,社会教育学院全体师生抵达南京,物资于10月到达。"当即决定在栖霞山院舍落成前,暂借栖霞禅寺一部分房屋及前栖霞乡师校舍为本院各系一年级学生上课之用,称新生部,而各系二三四年级及各科一二年级学生,则均在苏州上课"④。陈礼江对于社会教育学院的未来充满信心,"栖霞山,居南京近郊,距城不足四十里。京沪铁路有站,交通甚便,而环境幽静,风景宜人,允为读书胜地。本院已于此购地数百亩,兴建院舍,务使足供本院逐年发展,以至最后完成本院应

---

① 陈礼江.创建六年之国立社会教育学院[J].读书通讯,1947(137):23.
② 国立社会教育学院概况[M].[出版地不详]:[出版者不详],1948:24.
③ 锟.图博系近讯[J].国立社会教育学院院刊,1946,1(1):6.
④ 陈礼江.创建六年之国立社会教育学院[J].读书通讯,1947(137):24.

设备系科教学实验,推广等各方面及体育之所需。刻已开始购地。希望于五年内得全部落成,而与清华、燕京,南北媲美"①。陈礼江还打算待条件成熟将图书博物馆学系扩充为图书馆及博物馆两学系。当然,随着在第三次国内革命战争中国民政府在战场上的节节败退,这一计划未能实现。由于学生素质很高,虽然该系创办时间不长,但"每届毕业学生,以人数无多,而各机关纷纷洽聘,类多供不应求"②。

社会教育学院图书博物馆学系办学的结局有三种不同说法。①停办说。彭飞在《国立社会教育学院图书博物馆学系简史》里提到:"1949年4月苏州解放不久,因院系调整社会教育学院于1950年1月迁往无锡,与原江苏省立教育学院及中国文学院(即无锡国专)合并,改建为苏南文化教育学院,院址在无锡社桥。图书博物馆学系奉命停办,结束了十年办学历史使命。"③②并入武汉大学说。严文郁在《文华图专的三位教务主任——悼念汪长炳、徐家麟、毛坤三位同学》一文提道:"新中国成立后,社教学院图博系归并到武汉大学,文焕兄(汪长炳)则被调他处,最初为苏南文教学院图书馆主任,后为苏州图书馆副馆长,最后任南京图书馆副馆长、馆长,直到退休为止。""抗战胜利后,(徐家麟)随社院到苏州,直到该社图博系并入武汉大学后,才回武汉,1951年文华图博并到武汉大学为一系,徐行即为系主任"④。③并入北京大学说。张衍、卫潇、周毅在《苏州大学图书馆学专业发展源流探析》一文里又说:"江苏省立教育学院和国立社会教育学院在短暂的图书馆学开办过程中(1952年全国院系大调整,国立社会教育学院图书博物馆学系并入北大),秉着明礼务实的教育理念,务求使得教育面向大众化而非精英化的方向发展,力求教育贴近社会、服务社会,对社会做出直接而有效率的贡献。"⑤严文郁在《悼念汪长炳、徐家麟二位同窗同年好友》一文里也说"一九五〇年后,社教学院图博系归并到北京大学,长炳兄则被调他处,最初为苏南文教

---

① 陈礼江.创建六年之国立社会教育学院[J].读书通讯,1947(137):23.

② 国立社会教育学院概况[M].[出版地不详]:[出版者不详].1948:7.

③ 彭飞.国立社会教育学院图书博物馆学系简史[J].大学图书馆学报,2007(3):99.

④ 严文郁.文华图专的三位教务主任——悼念汪长炳、徐家麟和毛坤三位同学[J].高校图书情报学刊,1989(2).44

⑤ 张衍,卫潇,周毅.苏州大学图书馆学专业发展源流探析[J].新世纪图书馆,2012(8):87.

学院图书馆主任,后为苏州图书馆副馆长,最后任南京图书馆副馆长、馆长,直到退休为止。"①可见严文郁对此也不甚清楚。顾烨青举出了几项证据支持并入北京大学的说法②。然而张树华在《1947—1997年北京大学图书馆学系发展史》③一文里并未提到社会教育学院并入北大一事。笔者认为停止说更为合理,图书博物馆学系在1950年实际已停办,师资为其他机构接收,并不存在整体转移的问题,在国立社会教育学院学生所编《峥嵘岁月》里,亦未见提及该系并入其他学校之说。

二、图书博物馆学系的教学与科研

社会教育学院图书博物馆学系成立前,国内图书馆学高等教育已有文华图专和金陵大学两所教育机构,但均为专科。文华图专在内迁前虽办有本科班,但招收的学生为大学毕业或大学二年级肄业,因这些学生在以前的学校里已接受过二至四年不等的高等教育,再到文华图专学习两年,具有了本科程度,因此被称为本科班。而文华图专内迁重庆以后就停止了本科班的招生,因此国立社会教育学院图书博物馆学系是当时图书馆学教育的第一个正规的本科专业。汪长炳在就任图书博物馆学系主任之前,在文华图专任教务主任,因此借鉴了文华图专的做法,设立了27门必修课程及23门选修课程④。图书博物馆系必修27门课程(分图书馆、博物馆两组)中,偏重理论的有12门,即图书馆学通论、博物馆学通论、目录学、图书馆史、图书馆学专著研究、中国书史、考古学、金石学、博物馆史、博物馆学专著研究、中国古代器物学;偏重实践的有15门,即图书编目法、检字法、各科名著介绍、档案管理法、图书经营法、参考书及参考工作、图书选择、图书馆行政与设计、图书馆问题讨论、博物馆经营法、各种标本模型讲述、标

① 严文郁.悼念汪长炳、徐家麟二位同窗同年好友[G]//苏州大学社会教育学院四川校友会.峥嵘岁月(第二集).[出版地不详]:[出版者不详],1989:37–38.

② 顾烨青.植根民众教育,造就专业人才——苏州大学图书馆学教育前身(1929—1950)[C]//第十届海峡两岸图书资讯学学术研讨会论文集.南京:第十届海峡两岸图书资讯学学术研讨会,2010:157.

③ 张树华.中国图书馆事业和中国图书馆学发展史论丛[M].北京:国家图书馆出版社,2013:257–264.

④ 吉鸿.忆汪长炳师[J].新世纪图书馆,2004(3):16.

本制作术、博物馆行政、博物馆问题讨论等。另外还有 23 门选修课,其中偏重理论介绍的,如方志学、版本学、文化人类学、特种图书馆、特种博物馆、图书馆教育、博物馆教育等;偏重实践知识的,如图书馆推广与辅导、阅览调查与研究、资料整理法、物品鉴别法、国学专著选读、英文、日文、法文、德文等①。

系里还设有资料室、实习室及打字室,资料室除搜集国内外图书馆学、博物馆学之重要资料外,还得到美国图书馆协会、哥伦比亚大学图书馆学院及美国国会图书馆等团体捐赠的图书讲义,这在当时是不容易得到的参考资料。实习室供学生实习分类编目之用,打字室供二至四年级学生轮流练习,提供了很好的条件②。

国立社会教育学院在璧山时,离重庆一百多里,战时交通不便,生活条件较差,聘请教师也是一大难题,汪师凭着他的声望与努力,聘来名家顾颉刚、杨家骆、严文郁、徐家麟、熊毓文、黄元福等来校任课,顾颉刚和杨家骆两位专家的课,都是分次集中上的,时间上的安排、生活上的照顾,使授课老师十分满意③。

图书博物馆学系科研气氛活跃,学院规定学生在毕业前必须完成毕业论文一篇,学生应于第四学年第一学期开学后两个月内,向系主任申请确定论文范围,由系主任商请该系教员一名为指导员,指导写作。学生在确定论文选题以后,将写作计划誊写三份交指导老师、系主任各一份,另交教务处一份备查。对于论文格式也有严格的规定。毕业论文最后通过,须交一份到学院图书馆庋藏,供师生阅览。

为了推动图书馆学研究,系里鼓励学生组织各种学术组织。如 1942 至 1945年,图书博物馆学系的博文壁报定期出版的壁报《博文》,迁苏州后出的壁报《书林》,发表同学们研究图博方面的文章和书评文字,颇得师生的好评。

图书博物馆学系的师生在学院主编的《教育与社会》季刊上发表的文章就有18 篇。1944 年 12 月 5 日,《教育与社会》还出版一期图书馆博物馆学专号,发表

① 苏州大学社会教育学院四川校友会.峥嵘岁月(第二集)[G].[出版地不详].[出版者不详],1989:8 – 9.

②③ 吉鸿.忆汪长炳师[J].新世纪图书馆,2004(3):16.

了蒋复璁、沈祖荣、汪长炳、熊毓文、徐家麟、岳良木等当时图书馆界专家的论文，如蒋复璁先生的《国立中央图书馆之使命》、沈祖荣先生的《我国图书馆之新趋势》、岳良木先生的《美国公立图书馆推广事业》、徐家麟的《显微摄影制书术的器材与影片图书》等。1945 年 3 月 30 日,社会教育学院图书博物馆学系又成立"中国图书馆学社",目的为研究学术,"中国图书馆学术之建立,中国图书馆事业之推动,实至刻不容缓,中华图书馆协会经二十余年努力,虽功绩昭著,然此项事业艰巨,究非独力所能竣工,兹有中国图书馆学社乃应运而生,共襄伟业,实堪称幸事"①。社员包括该系的师生,国内图书馆学者等,以研究图书馆学术,发展图书馆事业为宗旨,内设理事会监事会,理事会下设编辑出版委员会,编印各种丛书并出版《图书馆学报》,汪长炳、严文郁、徐家麟等为理事,并于 1945 年 6 月 30 日出版了《图书馆学报》创刊号②。抗战胜利后,社会教育学院迁至苏州,汪长炳为图书博物馆学系请来外籍教师上课③。除此以外,民国时期请过外籍专家的图书馆学教育机构只有文华图专。图书博物馆学系从创办到中华人民共和国成立后院系调整的十多年间,为国家培养了一批图博专门人才,先后毕业生有218 名④。

社会教育学院图书博物馆学系是民国时期国民政府设立的唯一一所专门从事社会教育人才培养的本科学校,体现了国民政府对于图书馆学教育的重视,然而因时局动荡,该校的办学未能持续下去。

第四节　北京大学图书馆学教育活动

一、图书馆学课程的开办情况

20 世纪上半叶北京大学的图书馆学办学活动分为两个阶段:第一个阶段是

---

① 毛世锟. 领导国内图书馆事业的两个会社[J]. 图书馆学报(创刊号),1945(1):70.

② 严文郁. 文华图专的三位教务主任——悼念汪长炳、徐家麟和毛坤三位同学[J]. 高校图书情报学刊,1989(2):43.

③ 何人俊. 师生情深　思念绵绵——悼念著名图书馆学专家汪长炳老师[J]. 江苏图书馆学报,1988(2):62.

④ 苏州大学社会教育学院四川校友会. 峥嵘岁月(第二集)[G]. [出版地不详]:[出版者不详],1989:128.

20 世纪 20 年代中期,北京大学教育系开设有图书馆学课程(30 年代严文郁也曾开设过图书馆学选科,不过时间很短)。第二个阶段为 1947 年到 1949 年期间所开设的图书馆学系,1949 年后历经整合,一直稳定办学至今。

从 1924 年开始,北京大学教育学系就开设"图书学科目",包含图书利用法、图书馆学、目录学、图书馆史等课程,是最早开设图书馆学课程的大学之一,教育活动持续至 1930 年,任课教师有袁同礼、杨荫庆、樊际昌、严毅、傅铜等。1924 年 11 月 18 日,北京大学教务会议通告如下:

教务会议前,经决定于教育学系内设立图书学科目,兹将本学年之图书学科目及选习办法,宣布于下:

一、教育学系图书学科目(十三年至十四年度)

科目	每周时数	教授
Ⅰ图书利用法	二	袁同礼

讲授现代图书馆之组织,中西参考书之利用,借以知治学方法之初步。

Ⅱ图书馆学	二	袁同礼

讲授现代图书馆之建筑,各种图书馆之管理,中西文图书之分类编目。

Ⅲ目录学	二	袁同礼

此科为研究文学、史学之补助学科,讲授本国史家、官家、藏家目录之沿革,目录分类之变迁,欧美各国目录学之派别,现代之方法及趋势。

Ⅳ图书馆史	二	袁同礼

叙述中西藏书之沿革,并说明其与学术盛衰之关系。(本学年暂不讲授)

二、注意

1. 教育学系学生习此种功课者,是否计算单位,如计算单位时,何者为必修,何者为选修,另由教育学系教授会规定后宣布。

2. Ⅰ,Ⅱ,Ⅲ,三科目,各系学生均可选修,但不算单位,惟既选修者,必须考试,考试及格者与以证明。

3. 以上各科目,各班人数限二十人。愿习者于本月二十二日以前到注册部报名。

三、袁同礼先生讲授图书学及目录学,拟用下列之书为课本。凡选习是项功课者,应在各科内所列之书,至少选读一种:

1. 图书利用法:

(1)I. G. Mudge:New Guide to Reference Books. Chicago,1923.

(2)Fay and Eaton:Instruction in the Use of Books and Libraries. Boston,1915.

2. 图书馆学:

(1)J. D. Brown:Manual of Library Economy,3rd. edition. London,1920.

(2)A. Maire:Manuel Pratique du Bibliothecaire. Paris,1896.

(3)A. Graesel:Handbuch der Bibliothekslehre. Leipzig,1902.

3. 目录学:

(1)J. D. Brown:Manual of Practical Bibliography. London,1906.

(2)John Ferguson:Some Aspects of Bibliography. Edinburgh,1900.

(3)C. V. Langlois:Manuel de Bibliographie Historique. Premier Fascicule. Paris,1901.

(4)Georg Schneider:Handbuch der Bibliographie. Leipzig,1923.

(5)Guiscppe Fumagalli:La Bibliographie. Roma,1923.

4. 图书馆史:

此科无适当课本,参考书随时指定。十三年十一月十八日。①

表 3-3　北京大学 20 世纪 20 年代中期所设图书馆学课程②

年度	主任	教员	课程
1924	蒋梦麟	袁同礼	社会学、普通心理学
		杨荫庆	图书馆学、图书利用法
		陶孟和	目录学、国语及注音字母

---

① 教务处. 教务处布告[N]. 北京大学日刊,第 1572 号,1924-11-18(1).

② 李辛之. 北京大学之教育系[G]//国立北京大学卅一周年纪念宣传股. 北京大学卅一周年纪念刊. 北平:国立北京大学,1929,52-55.

续表

年度	主任	教员	课程
1925	蒋梦麟	樊际昌	养成师资问题、图书利用法
1926	高仁山	严毅	图书利用法、英文教育选读
1927	杨荫庆		
1928	陈大齐	傅铜	图书馆学,逻辑
1929	陈大齐		

1937 年,严文郁任职北京大学图书馆期间,曾开设有图书馆学选修课程,但时间也很短。"北京大学文学院本季选修课程,有图书馆学一门,由该校图书馆主任严文郁担任讲师。认选此课者已达二十余人。为实地观察起见,拟分周赴市内各图书馆参观,当由馆长李文裿亲自招待,说明馆内设施,及推广事业,异常详尽;旋复至各室参观,均表称赞,并由该馆分赠各项印刷品多种云"①。此后再未见有记录,一直到 1947 年图书馆学系的成立,图书馆学教学活动才恢复。

二、王重民与图书馆学专修科

王重民(1903—1975),原名鉴,后改为重民,字有三,著名图书馆学家。1924 年,袁同礼在北京高等师范学校讲授目录学时,王重民开始师从袁同礼先生。袁同礼介绍他进入图书馆工作,以补生活之不足,王重民遂从事目录学方面的研究。1925 年王重民编写《国学论文索引》,几经修补后于 1928 年出版,成为当时国学研究的重要参考书,王重民又编著有《老子考》《日本访书志考》《四库抽毁书提要》等大量著作。在学生时代王重民就开始协助梁启超纂修《图书大辞典》。毕业以后,王重民在北海图书馆②和故宫博物

图 3 - 2　王重民

---

① 北大添图书馆学选科[J].中华图书馆协会会报,1937,12(4):22.

② 北平图书馆的前身。

院图书馆工作,还曾担任过保定河北大学国文系主任和北京辅仁大学讲师,他主要工作则是在北平图书馆整理古籍和主持编辑大型书目、索引。

1934 年,因北平图书馆和欧美各国大图书馆订有学术交流协议,袁同礼派王重民、向达前往欧美学习。王重民因对法国巴黎国家图书馆所藏敦煌文献感兴趣,遂前往该馆编出了《伯希和劫经录》①。在巴黎国家图书馆期间,王重民还前往德国普鲁士图书馆、梵蒂冈图书馆、伦敦博物院图书馆等处阅读、学习。二战爆发后,王重民与妻子刘修业赴美,王重民参与了袁同礼、胡适等人组织的北平善本书秘密赴美行动,随后在美国国会图书馆整理这批善本书直到 1947 年回国,回国前的一段时间在美国普林思顿大学葛思德东方图书馆整理中文善本书。王重民是一位非常勤奋的学者,在目录学、索引编纂、敦煌学等领域都有很高的造诣,而创立图书馆学专修科,从事教学工作则是王重民归国后的主要贡献。

北京大学图书馆学专修科成立于 1947 年,由王重民先生创设,开始的时候并非正式的专修科,因为没有在教育部立案,只是培训班的性质。据丁瑜回忆,1948 年开办的班级叫"图书馆研究班",次年改为专科②。正式成立的时间是 1949 年 7 月,图书馆学专修科从中文系独立出来,王重民担任系主任。

北京大学图书馆学专修科的计划来自袁同礼的设想,20 世纪 30 年代初,袁同礼曾劝说沈祖荣将文华图专迁至北京,提供更好的办学条件,但未获成功。1945 年 10 月 17 日,袁同礼致信王重民:"本馆将与北大合作,在北平办一训练机构,凡目录、版本之课程,由北大担任,凡分类、编目及技术课程,由本馆担任。亦盼台端返国协助训练高级人才"③。但当时北京大学代校长傅斯年给袁同礼的回复并不赞成。袁同礼再计划由北京大学、故宫及北平图书馆组建研究部,其中高级班以自由讲学为主,初级班则为北京大学、故宫,及北平图书馆在职人员的进修而设,研究部拟设在离北平图书馆不远的团城。

———————————

① 刘修业.王重民教授生平及学术活动年表(附《著述目录》)[J].图书馆学研究,1985 (5):32.

② 周佳贵.王重民设立图书馆学专修科的始末[J].国家图书馆学刊,2013,22(4):83-89.

③ 北京大学信息管理系,台北胡适纪念馆.胡适王重民先生往来书信集[M].北京:国家图书馆出版社,2009:438.

这一设想与袁同礼与蒋复璁的矛盾有关,后者主持的国立中央图书馆与袁同礼主持的国立北平图书馆在资源等方面存在竞争关系,而蒋复璁与沈祖荣的联合,使袁同礼认为有必要再办一所图书馆学教育机构。"可能迫于北平图书馆馆员培养渠道受阻,袁同礼决定在北方开办图书馆学教育机构"。王重民认为,设立研究部明显与文华图专"南北相对",一定会引起图书馆界的纷争,而在北大设图书系是"真要造就高深人才,并非文华所能企望,谈不到对立"。所以他希望现任校长胡适能实现袁同礼在北大设立图书系的计划,并认为此计划若实现,"袁先生也就自然不去努力第二个计划了"。

王重民与胡适私交甚好,因此胡适支持王重民的方案。1947年上半年,"据胡校长适之向新闻记者发表,北大考虑下学期增辟两项职业专科;(1)图书馆学方面,将请国立北平图书馆长袁同礼设计,并聘在美任图书馆工作多年之专家王重民任课。(2)博物馆学方面,请韩寿萱任教。上述两科,俟有发展后,将扩充为系"①。1947年6月30日,北京大学召开第44次校务会议,产生决议:"图书馆学及博物馆学,暂缓设系,请王重民、韩寿萱两先生拟订设立关系学程及选修方法"。北大对外公布了关于招生对象的消息:

> 北大奉教部核准,于三十六年起,创办图书馆及博物馆两专科,附设于文学院内。他院学生选修专科课程满三十二学分,成绩总平均七十分以上者,即给予任何一科毕业证书。但不特别招生,据郑教务处长五月二十二日称,此专科仅有两年学程,凡本校及其他大学毕业生,均可申请入学,经审查合格,即予收录试读。②

招生对象是北京大学文学院的毕业生或肄业生。他们到图书馆学系继续学习图书馆学、目录学课程,修满32学分者,即可授予两个学士学位(即原所在学位和图专的学位),这种办学方式与早期的文华图书科以及内迁前的金陵大学图书馆学系类似。至中华人民共和国成立前夕,图书馆学专修科的专职教员只有

① 北大考虑增辟图博职业专科[J].中华图书馆协会会报,1948,21(1-2):20-21.
② 北大文学院增设两专科[J].中华图书馆协会会报,1948,21(3-4):14.

三名,即王重民、王利器和陈绍业三位先生,其余任课教师大部分为兼职教员。第一届毕业生只有 3 人,第二届毕业生稍多,有 12 人。

1949 年初,根据前两年试办专修科的经验,北京大学感到只从北大文科各系毕业生或肄业生中招收学生有两个缺点:第一,学生不经入学考试,往往开学时修业的人数很多,一旦他们获得了就业的机会,便离校而去。还有一些人学习期间同时在校外兼职,不能专心学习。第二,由于不公开招生,只允许北大文科的毕业生或肄业生报考,把许多非北大的学生而又志愿学习图书馆学专业的人拒之于门外,影响了招生质量。鉴于上述两点,因此向上级提出正式成立独立的图书馆学专修科的申请,与其他各系一样公开招生。

1949 年 7 月 22 日,上述申请得到以董必武同志为首的华北高等教育委员会的批准,以京教秘字第 612 号文件通知北京大学:

> 六月二十一日京呈字三十三及二十四日呈字四十四号呈均悉。关于设立阿拉伯语、印度现代语两专科,并正式成立图书馆及博物馆两独立专科,均予照准,仰即知照,此令。
>
> 主任委员:董必武 副主任委员:张奚若、钱俊瑞
>
> 1949 年 7 月 2 日

根据华北高等教育委员会的指令,1949 年,图书馆学专修科从中文系独立出来,并对外公开招生。公开招生后,图书馆学专修科课程有一定充实。除政治课(辩证逻辑、社会发展史、历史唯物论)外,业务课增加了"工具书解题""中国图书馆分类法""图书选择与参考""图书馆行政"和"索引法"等。公开招生后,学生来自四面八方,与前两届相比,新生比较年轻,富有朝气[1]。

独立后系里有了一定的经费和人员编制,师资队伍得到一定发展。1950 年万希芬毕业后留校任教,同年孙云畴先生自美回国任教,1951 年刘国钧先生从兰州调来北大,1951 年赵凤仪到系担任办公室工作,1952 年陈鸿舜、舒翼两先生先

---

① 张树华.中国图书馆事业和中国图书馆学发展史论丛——张树华教授论文选集[M].
北京:国家图书馆出版社,2013:257－258.

后调来系里,同时又从北京图书馆调来张荣起、王风翥二人任教,至1952年院系调整时,已有专职教员11人。

第五节　图书馆学短期教育与素质教育

为弥补图书馆学正规教育的不足,图书馆学短期培训作为一种临时性质的教育活动,在民国时期有一定的开展,其主要形式为一周至数月时间不等的各种图书馆学短训班、讲习会。图书馆学短期培训以图书馆从业人员为培养目标,通常有一定的学历要求,比如学员需"从事于图书馆教育者,中等学校以上毕业生而有志研究图书馆教育者。"①"讲习人员固以现任该职者为原则,但必须具有高中程度或管理图书多年而有经验者,如年龄过老而又无普通学识者,可不必令其来班讲习,另由该校校长选派适当人员或仪器管理员,具有高中程度者来班讲习。"②但讲习会多没有学历要求,图书馆学短期教育发端于1920年夏北平高师图书馆学讲习会,从1920年至抗战全面爆发前,活动较为频繁,20年代至30年代初图书馆学短期教育的办学活动主要以民间力量为主,而后官方力量有所参与。

一、图书馆学短期教育的一些新变化

20世纪30年代以后,图书馆界越来越看重政府参与图书馆学教育的重要性,"要使本省图书馆事业发展,训练适当人才,实为当务之急,训练的方法,应由省政府举办图书馆人员训练班,就现任图书馆工作人员调班训练,务使受训人员能具图书馆学识技能;具有服务的热忱和毅力等为原则"③。遂经常采用与政府部门联合办学或者由政府主办的形式。官方办学有几个好处,一是可解决经费问题,学员来源更为广泛;二是可通过政府的统一安排,使学员系统地学习图书馆学知识。三是可通过政府的行政性规定,比如用人标准、职业保障等规定,建

---

① 北京高师设立图书馆讲习会简章[M]//李希泌,张椒华. 中国古代藏书与近代图书馆史料(春秋至五四前后). 北京:中华书局,1982:355-356

② 四川政府教育厅训令《致省立华阳中学》厅三字第14190号[A].1940.成都市档案馆.全宗号:74,案卷号:164.

③ 李仲甲.广西图书馆现状及改进意见[J].中华图书馆协会会报,1937,12(6):12.

立职业准入门槛,起到引导社会认同的宣传作用,这是民办教学所缺失的。

在上一章里本书已经探讨了20世纪20年代图书馆学短期教育的情况,因此在这里主要讨论30至40年代图书馆学短期教育的办学活动。

30年代,河北、山东、安徽、浙江等省教育厅、民众教育馆相继组织图书馆学短期教育活动,学生来源广泛,较之以前图书馆界自发组织的图书馆学短期教育规模更大,以下援引数例报道。

> 又河北省教育厅,原拟在本年暑假举办图书馆讲习会,经讨论结果,改为社会教育暑期讲习会,以图书馆学为主科。此项讲习会实甚重要,因各县市之社教机关现任人员乘赴会讲习之便,得与其他各县之同志互相咨询研讨,于各县社会教育之改进裨益殊多。[①]

> 省教育厅为增进省县社教机关及院校图书馆服务人员应用之技能,在本年暑假,开办社会教育讲习会;以图书馆事业为中心,副以教学讲演,及通俗艺术等科;期间为一个月;——自二十一年七月十一日至八月十日止——会址在工学院;讲师均系社会事业专家;由李文裿、于震寰两先生担任图书馆学课程,并请教育界名宿作学术讲演。每日上午授课四时,下午练习;每届星期日上午赴各社教机关参观。各省立图书馆,及社会教育馆图书部应选送职员二人至三人为会员。已设或将设图书馆之各省立学院,及中等学校应送图书馆员或筹备员一人为会员,各县教育馆图书部或图书馆或讲演所应选送职员一人为会员共到会员一百六十人,分甲乙丙三组;会员除省立两图书馆三教育馆保送外,省立学院及中等学校保送会员者,凡二十三院校;各县保送会员者凡一百零三人;教育厅职员加入者又五人;外省机关特请来会受学者,有山西省教育厅保送之省党部牛总干事,及南京女子中学图书馆柳女士;外籍人员服务河北图书馆教育界者,有江苏,及山东各一人;女会员凡五人云。[②]

> 山东省立民众图书馆为普及民众图书馆之组织,设备,管理的知识及技

---

① 李蒸视察冀鲁社教所见之图书馆事业[J].中华图书馆协会会报,1932,8(1/2):45.
② 冀省教育厅创办暑期社会教育讲习会[J].中华图书馆协会会报,1932,8(1/2):46.

术起见,特举办一民众图书馆讲习会。讲习时间,定为星期日上午九时至十一时,四星期毕业,并不收费。讲习期满,经测验及格者,发与证明书。各方面闻讯后,报名者甚为踊跃,计有百九十八人之多,其中女性居半,可见女子对于图书馆职业之兴味。三月十九日始业,授课地点在民教馆大礼堂,教师赵波隐,所用讲义为自编之《民众图书馆之设施法》,学生座次依四角号码分类法编排,盖即用为图书分类之一种实习云。①

鲁省地方行政人员训练所教育行政戊班学员,业经毕业出所,教育厅兹以各县民众图书馆管理员,负管理广播收音及图书巡回等事宜,为使其明了节省电料,及利用图书起见,拟就原有班次,抽调各县民众图书馆管理人员入所受训,定名,图书馆管理员甲班,爰特拟定调训办法及姓名单,即将提交省府政会公决再为施行云。兹将调训办法及调训各员姓名录次:调训办法:一、抽调各县民众图书馆管理员四十人,训练期为一个半月,定名为民众图书馆管理员班。一、调训民众图书馆管理员准带支原薪,并由县教育预备费项下支给往返舟车费一、调训管理员所遗职务由县政府派员兼理,得由县教育预备项下约给津贴,但每月不得过八元。一、调训人员训练期满,成绩及格,仍回原任。调训人员:德县刘景云,乐陵田龙浙,滨县杜鼎文,恩县王毓泽,高唐吴乃惠,安邱张开化,淄川陈思远,观城张安景,招远张学喆,博兴董鸿钧,掖县宋振家,禹城陆象恒,沾化张英奇,夏津徐长模,长山李乃祚,莱蕉李克贵,武城宋锡珠,无棣李徵典,德平刘安治,胶县赵王榴,博平梁建视,泰安李任辰,聊城苗范臣,济阳王炳阳,莘县秦凤箫,广饶王镜吾,牟平于圣言,阳谷高德昂,平阴王轸,清平相恺基,惠民王京,临淄卢晓亭,博山郭守仁,寿光刘肇麒,朝城周泽田,利津徐子英,商河刘承惠,馆陶李葆贞,桓台王晋安,阳信王侃章。②

由于图书馆学正规教育时间很长,要求学生素质较高,学生期望值也较高,学生毕业以后,往往不愿到基层图书馆、中学图书馆工作,因此短期图书馆学教

---

① 山东省民教馆图书馆讲习会[J].中华图书馆协会会报,1932,8(1/2):47.
② 鲁省分期调训各县图书馆管理员[J].中华图书馆协会会报,1937,12(5):25.

育活动对于短时间培养一批基层图书馆急需的应用型人才,建立社会对于图书馆员的职业认识仍有价值。

表3-4　民国时期图书馆学短训班概况①

时间	短训班名称	教员	教学内容	参与人数
1920年夏	北京高等师范学校	沈祖荣、戴超、李大钊、李贻燕、程时煃、邓萃英	图书馆教育、图书馆组织及管理法、图书馆编目及分类法、课外算术、临时讲演、幻灯讲演、参观及调查	省立、学校图书馆职员,男生69人,女生9人
1922年3月	广州图书馆管理员养成所	杜定友、穆耀枢、陈德芸	科目20余种,实习	全省中等以上学校教职员60余人
1923年夏	南京东南大学暑期图书馆讲习科	洪有丰	自编讲义,实习	80余人
1924年夏	南京东南大学暑期图书馆讲习科	洪有丰		
1924年夏	图书馆学夏季讲座	穆耀枢		
1925年夏	南京东南大学与中华图书馆协会合组图书馆学暑期学校	洪有丰		
1925年夏	中华图书馆协会暑期学校图书馆学组	李小缘、袁同礼、杜定友、洪有丰	图书馆学术辑要、图书馆行政、儿童图书馆、学校图书馆、分类法、编目法、实习	专选图书馆学科者13人,兼选者56人

----

　　①　参见:范凡.民国时期图书馆学著作出版与学术传承[M].北京:国家图书馆出版社,2011:24－26;中华图书馆协会会报[J],1929,5(1/2):62;安徽省立图书馆创办图书馆专班[J].武昌文华图书科季刊,1930,2(3/4):195.

时间	短训班名称	教员	教学内容	参与人数
1926 年夏	东南大学暑期学校图书科	洪有丰、刘国钧、朱家治、王云五	学校图书馆、分类、检字法	20 余人
1926 年夏	苏州华东暑校之图书馆学科	李小缘、黄星辉	图书馆学、实习	8 人
1926 年	华东基督教之暑期大学图书科			
1927、1931、1935 年	湖北教育厅暑期图书馆学讲习所	沈祖荣		
1928 年 7 月，1930 年夏	商务印书馆暑期图书馆学讲习班	王云五、孙心磐、沈丹泥、陈伯逵、宋景祁、陈友松	检字法、编卷法、中外图书统一分类法、图书馆学及其他应用学术、实习	146 人,200 余人
1929 年	广州中山大学暑期图书馆学短训班			15 人
1930、1931 年	江苏省社会教育学院暑期民众图书馆课程	杜定友、马宗荣、徐旭	民众图书馆课程	100 余人
1930 年	安徽省立图书馆图书馆学专班	刘华锦、董明道、鲍哲等	图书馆概论、图书馆经营法、图书选择法、参考书使用法、中国目录学、分类法、编目法、中国重要书籍研究、外国文重要书籍研究等	33 人
1931 年	浙江省教育厅之教育服务人员暑期进修演讲会			

续表

时间	短训班名称	教员	教学内容	参与人数
1931 年	武昌文华大学附设之讲习班			
1932 年	山东民众教育馆图书馆讲习会	赵波隐	民众图书馆之设施法	196 人,女生居多
1932 年	河北省教育厅图书馆讲习会			
1939 年	上海国际劳工局发起之图书管理讲演会			
1940 年	重庆基督教青年会蟾秋图书馆夜间训练班			
1941 年	成都图书管理员讲习班	刘国钧、李小缘、陈长伟、戴安邦、曹祖彬、陶述先、吕洪年、陶吉庭	图书分类法,图书馆行政,图书编目法,图书选购法,仪器管理法,社会教育法令	25 人
1942 年	国立中央图书馆图书馆学补习学校		图书馆学概论、图书分类、图书编目、目录学、版本学、参考咨询	
1948 年	台湾教育厅图书馆学演讲会	洪有丰		

到了 20 世纪 40 年代,进入图书馆工作,已经要求具备一定的图书馆学专业能力,需要经过一定的培训,类似于今天的岗前培训。有图书馆员描述了入职前接受培训的情形。

某文化机关招训服务生,性别资格不分,年龄十八岁至二十二岁,受训一年,分三期,每期依成绩淘汰,每月津贴一万元……先是受训,第一期全部学习,如学校样的上课,有国文,中文,英文,数学,等类的功课。到也有系统,有条理,学来也比较有劲。因为,那时只有十六人。馆长及主任先生们分担着我们所有的功课。课余时间也尽量的自己选读,那段时间,我们过的很好。第一期完,采用了考核后的淘汰制,那三月后,我们只留下十二位了(女同学七位,男同学五位)。第二期后加上实习,与图书馆内有关课程:分类大意,图书馆通论,登记法之类的功课,然后再钻进每种工作内去实地工作,如像读完了登记法,每人给你几本书,自己照方法去对付你手里的书,其余实习的时间,便是作基础之类的工作。训练期中,差不多是这样过去的。①

从叙述来看,培训时间长达一年,从文化课到图书馆学专业课,再到实习工作,还设有考核淘汰制度,说明社会也越来越认可图书馆职业专门化教育的必要性。

二、职业资格准入的实践——安徽省图书馆学短训班与四川省教育厅图书管理员班

20 世纪 30 年代以后,在图书馆界的屡屡呼吁下,一些省教育厅尝试将图书馆员教育与入职要求相挂钩,从而使图书馆学教育成为一种必经的程序,较为典型的有安徽省和四川省。

安徽省立图书馆曾举办图书馆专门训练班,对社会招生,该班于 1930 年 11 月 12 日举行开学典礼,11 月 13 日开课。教师有文华图专毕业生刘华锦、安徽省立图书馆编藏股主任董明道、安徽大学文学院讲师鲍哲,学生 33 人,均为高中毕业学生,不少曾在教育界工作多年。每周课程有:党义一小时、图书馆概论二小时、图书馆经营法三小时、图书选择法一小时、参考书使用法二小时、中国目录学二小时、分类法三小时、编目法三小时、中国重要书籍研究二小时、外国文重要书籍研究二小时、英文三小时、实习十二小时。文华图专教员毛坤、金陵大学刘国

---

① 逄挣. 我做了图书馆女职员[J]. 妇女(上海 1948),3(7):25 - 27.

钩对于课程有详细指导。学时为六个月,毕业后拟到中等学校图书馆工作①。学生胡延杲所撰《整理图书馆几个简要的步骤》还发表在《学风》期刊上②。

同年安徽省第二届中学校长会议通过设立图书馆学训练班的决议,建议由政府提供经费保障,该决议在1935年为安徽省政府变通接受。

应设立图书馆员训练班以推广图书馆事业案(省立图书馆提议)

[理由]图书馆教育向被视为学校教育之辅助,实则因其不受时间数量之限制,效率远在课堂教育以上。国内学者,近倾以怀疑学校教育之故,图书馆教育已日益形其重要,本省省立学校,类皆该设有学校图书馆,各县之设有县立图书馆者,亦已超过全省六十县四分之一,足徵本省教育界,对于图书馆事业之扩张,并不后人。但据闻见所及,图书馆管理人材,极为缺乏,各校及各县图书馆,不特效率无所表现,即本有之设备,布置,编目,分类,典藏各端,亦多茫无头绪者。此种困难,似有速为设法解除之必要,方足以应新教育之需求耳。

[办法]一、全省暂设图书馆员训练班一所;指定省立职业学校或图书馆代办之。二、图书馆员训练班,肄业期一年,其经费由教育厅按照高中标准支给。三、每班以三十人为足额,一律照师范生待遇。四、图书馆员训练之学员,得由省立各中学及社会教育机关保送余额以考试定之。五、学员须在师范毕业,或旧制中学毕业,服务二年以上者。③

1935年安徽省政府制定《安徽省各行政专员区设立图书馆办法大纲》,规定每行政专员区内各设立图书馆一所,又规定"图书馆设立计划经省政府核定,由馆址所在县之县长保送师范学校毕业或高中以上学校毕业学生两人来省,由教育厅派往省立图书馆予以至少三个月之训练,经认为合格后,再由教育厅分别委充主任或馆员"④。安徽省教育厅又配套制定《区立图书馆保送学员实习规程》

---

① 省立图书馆专班情形[J].学风(安庆),1930(2):26.
② 胡延杲.整理图书馆几个简要的步骤[J].学风(安庆),1931(9):17-20.
③ 皖二届中学校长会议成立案[J].中华图书馆协会会报,1930,6(3):24.
④ 皖省各专员区设立图书馆办法大纲[J].中华图书馆协会会报,1935,10(6):30.

十一条,指定安徽省立图书馆为短期培训的机构。

一、本馆秉承省政府之调令,办理区立图书馆保送学员实习事宜。

二、本馆实习学员以区图书馆所在地之县长保送者为限。

三、凡保送学员实习期间,以三个月为限。

四、凡学员保送来馆,自报到之日起,即须按日到馆办公。其办公时间,悉同所在实习之股。

五、学员实习之范围,包括下列各项:

1.选购;2.登记;3.分类;4.编目;5.出纳;6.阅读指导;7.典藏;8.装修;9.事务。

六、学员实习成绩之考查,就下列各项评定之:

1.工作报告;2.勤惰记录;3.试验成绩。

七、学员请假须经本馆之许可,请假时间,不得超过实习时间十分之一。逾限者须补足其预定之学程。

八、学员须遵守本馆一切规章,凡不遵守本馆规章或无故渎职者,本馆得呈请省政府取消其实习资格。

九、学员实习期满,考查成绩及格者,由本馆呈报省政府备案,再由教育厅分委服务。

十、学员膳宿等费,概须自理。其指定参考书籍,除由本馆酌量借与外,必要时亦须自行购置。

十一、本规程自呈送省政府核准施行。①

民国时期有关图书馆法规仅规定馆长及主任的任职资格,未规定馆员的任职条件。对此图书馆界呼吁对此修改,增加馆员的任职条件规定。比如喻友信就认为应修改条文为"图书馆得设馆长一人,馆员若干人。馆长或主任必须聘用国内外图书馆学专科学校毕业者担任之,馆员以任用受有图书馆相当训练者为

---

①　皖省馆办理区图书馆学员实习事宜[J].中华图书馆协会会报,1935,11(2):50.

原则"①。安徽省《区立图书馆保送学员实习规程》第九条要求学员实习考核与工作分配相挂钩,这是馆员职业化建设的一个重要尝试。与其他短训班不同的是,安徽省图书馆学短训班没有设置理论教学环节,学员直接分派到各股中参与实践,以应用操作为基本训练目标。

1941年,四川省教育厅为改进中等学校图书管理,训练专门技术人员,委托省立图书馆办理第一期中等学校图书管理员讲习班,其学员由教育厅调派,计有省立教育学院、民政厅、建设厅、财政厅以及中等学校图书管理员共25人,训练时间为两个月,之后又办理了第二期讲习班。关于教务部分由四川省立图书馆馆长曹祖彬全权办理;训导部分,即由教育学院派员主持,讲师有刘国钧、李小缘、陈长伟、戴安邦、曹祖彬、陶述先、吕洪年、陶吉庭等。每日上午授课下午为实习时间,以金陵女子大学图书馆为主要实习场所。

该短训班设党义、图书馆行政、图书分类法、图书馆编目法、参考工作、图书选购法、图书馆经营法、索引与序列、社会教育法令、仪器管理法等课程。《图书馆员讲习办法》第六条规定"本班讲习期间以二个月为期,学员讲习期满,经考试及格者由本班添具名册送请教育厅发给证明。图书管理员仍回原校供职。凡经讲习及格人员原学校日后不得藉故辞退"②。该条是馆员职业保障的重要条款,肯定了职业培训对于图书馆员的重要意义。

到民国末期,图书馆员的职业教育已经为社会认同的普遍的现象,不再作为一种新奇事物在刊物上报道。因此,尽管民国晚期有关图书馆学教育短期培训的报道已很少看到,可能反而说明了这种方式的学习活动已经普遍化,常态化,因而不值得报道了。

三、素质教育实践

素质教育是以培养学生或者读者对图书馆工作的基本认识,以及引导读者如何利用图书馆为目标,并不是专门以图书馆职业化为方向,这是素质教育与学

① 喻友信.我国图书馆应有之法规[J].中华图书馆协会会报,1938,13(3):12.
② 四川政府教育厅训令致《省立华阳中学》厅三字第14190号[A].1940.成都市档案馆.全宗号:74,案卷号:164.

校教育及短期教育的不同。

　　素质教育分为在各级学校中设立图书馆学课程及专门讲演两种方式。在学校中设立图书馆学课程,其目的是培养学生利用图书馆的基本技能,兼有担任图书馆员的能力。以桂质柏在四川大学开设图书馆学课程为例,"本学程其目的在使学者1.能运用图书及图书馆工具如目录期刊索引等。2.能兼任或专任图书馆事务。3.能指导他人使用图书馆"①。其重要目的是培养学生检索能力以及对图书馆作用的认识,包含培养初级馆员及读者兴趣的作用。李燕亭在河南大学曾开设图书馆学课程,有42人选修②。正如陈颂所说"在中等或大学校,添设图书一科,以培养学生之好书习惯,且教以运用图书馆之方法"③。

　　民国时期厦门大学、河南大学、大夏大学、四川大学、云南大学、清华大学等均开设有图书馆学课程。这些课程多系选修科目,课时有限,教学偏于实务。少数中学也有开设图书馆学课程的例子。比如上海清心中学"海大南门清心中学,自开办迄今已六十九载,鉴于图书馆学在新教育上之重要,业经全体教职员会议议决,于本学期起在高中一及初中三两级课程内,添设图书馆学一科。即聘该校图书馆主任宋景祁担任。宋君对于图书馆夙有研究,尤精装订学,一般学生对此科极有兴趣。课本采用杜定友之图书馆学概论,及陈逸译之儿童图书馆之研究,于课本外宋君另编讲义,并领导学生在图书馆实习,并预定在各图书馆参观,以资借镜云"④。但这些活动都存续时间不长,上海清心中学"民国17年该校课程中一度增设图书馆学科,后以与教育部门章程不合停授"⑤。

　　图书馆学教育演讲是素质教育的另一重要形式,可以引起社会重视,培养阅读人群,"是故普及图书馆学,诚当今之急务也。然所谓普及者,非仅设立专门学校,以研究其高深学理之谓也。必也经长期之宣传与运动,使图书馆学之普通观念,灌输于民众脑际;民众既有其学,复知其事之急需,必将群起争先以赴之,夫

---

　　①　国立四川大学一览[G]//王强.民国大学校史资料汇编.南京:凤凰出版社,2014:59.

　　②　翟桂荣.李燕亭图书馆学著译整理与研究[M].北京:中国社会科学出版社,2016:279.

　　③　陈颂.图书馆之任务与其在中国之地位[J].武昌文华图书科季刊,1929,1(1):16-17.

　　④　清心中学添设图书馆学课程[J].中华图书馆协会会报,1929,4(5):30.

　　⑤　上海图书馆事业大事记[EB/OL].[2015-06-11].http://www.shtong.gov.cn/node2/node2245/node4457/node55857/index.html.

如是,然后可以匡政府力量之不逮也"①。因此,图书馆人也开展一些论坛讲演活动,1939 年,上海国际劳工分局举办过多次图书馆学讲演活动,"上海国际劳工局中国分局长,因欲发展其图书馆计划起见,特发起图书管理演讲会,聘请沪市图书馆专家数人,担任轮流讲授图书馆学,如交大查修,国际图书馆陈鸿飞,商学院林斯德,鸿英吕绍虞,中国经济研究处吴尔中,海关图书馆吴克昌,及东吴法学院喻友信等人各人担任一种讲题。其第一次演讲由喻君担任,议题为图书之流通云"②。此类形式的图书馆学讲演多以热点问题为论点,借以唤起民众利用图书馆的兴趣,并传授图书馆一般利用方法。1933 年,陈伯逵应上海中西大药房之约,在该药房用无线电演讲"怎样利用上海公私立图书馆的图书"③,是笔者所见图书馆学广播教育的最早应用。

小 结

20 世纪 20 年代末至 1937 年抗战全面爆发这一阶段,南京国民政府控制了全国重要地区,政治相对稳定,社会经济有一定发展。图书馆事业逐渐发达,图书馆学高等教育也处于稳步发展的状态,是中国图书馆事业兴盛期的"黄金十年"。除前文提到的办学机构以外,戴志骞在清华大学时亦试图开设图书馆学专门教育,但因种种原因未获成功④。当时各地遍设的图书馆及民众教育馆增进了读书的气氛,活跃的出版业、报业也起到了推波助澜的作用,中华图书馆协会有组织的活动促进了各地图书馆正规化建设。这一时期,作为纸本时代的知识分享机构,社会对于图书馆已经不再陌生,对于图书馆员应接受职业教育也开始视为应有之义。由于政府积极推动建设覆盖基层的民众教育馆、图书馆和巡回文库,自然推动了图书馆员职业群体的扩大。国民政府颁布的图书馆法规对于馆

① 周连宽. 中国图书馆事业与地方图书馆事业指导团[J]. 文华图书科季刊,1929,1(1):24.
② 上海国际劳工分局举办图书馆学讲演[J]. 中华图书馆协会会报,1939,14(2/3):16.
③ 杂闻:图书馆学播音演讲[N]. 申报,1933-04-05.
④ 林佳. 探索改革奋进:纪念清华大学图书馆百年华诞论文集[C]. 北京:清华大学出版社,2013:613.

长、部门主任已将接受过图书馆学教育列入任职的必备条件,而一些省份的教育厅亦开始将图书馆员接受过图书馆学教育列入任职的选择条件。由于国民政府只是名义上统一了中国,所以这些政策是否得到确实的执行值得怀疑,然而这些来自职场的有利因素确实促进了图书馆学教育的发展。

1937 年抗战全面爆发以后,图书馆事业受战争冲击迅速衰退,1937 年是一个明显的拐点。然而图书馆学教育的供给要大大落后于图书馆业的发展,因此尽管 1937 年以后图书馆业明显萎缩,然而对于图书馆学教育的影响却并不大,相反不论高等教育还是中等职业教育在战时均有一定的发展,图书馆学教育走出了一条缓慢爬升缓慢下降的发展曲线。国内重要的文化教育机构随国民政府内迁以后,文华图专在重庆放宽了入学标准,扩大了招生规模,金陵大学在成都设立了图书馆学科,1941 年,国立社会教育学院成立并开设图书博物馆学系,1947 年,北京大学也开设了图书馆学专修科,相较 30 年代,抗战内迁时期图书馆学教育更加繁荣。虽然从图书馆学研究方面,从论文发表数量方面看抗战内迁时期不能与 30 年代相比,不过图书馆学教育所培养的学生却超过了以前时期的总和。这一情况反映了图书馆职业化水平不高,每年毕业学生太少,远不能满足社会的需要,以至抗战时期各地图书馆虽遭严重破坏,然而对于专业人才的需求仍然充沛。文华图专在重庆办学时的就业情况也与之类似。金陵大学内迁至成都华西坝后,因感于外界屡屡征求图书馆人才而设立图书馆学专修科。

图书馆人才缺乏

多方征聘　供不应求

本校图书馆在专家刘国钧博士领导之下,声誉卓著,成绩斐然!近来屡接外界函电,征聘馆长主任及流通编目人员,待遇均在百元以上,征求机关有大学中学及各专门研究所与政府机关等,不下十数处之多,惟本校最近无此项毕业生,其已毕业者又均有相当位置,无人应征,本校本学期新设立之图书馆专修科,训练此项专门人才,此后当能供应社会上之需要云。[①]

---

① 图书馆人才缺乏,多方征聘,供不应求[J].金陵大学校刊,1940(178):2.

　　基于对抗战必胜的信心,20 世纪 40 年代国民政府开始重视社会教育事业,从批准设立金陵大学图书馆学科,筹建国立社会教育学院,资助文华图专,筹设国立中央、西安、兰州、罗斯福图书馆等,相比较民国初期及 20 年代图书馆学教育机构自荣自灭的情况,国民政府的参与程度明显加强。然而 1946 年以后,中国又陷入战争之中,图书馆学教育与图书馆事业一道陷入衰退。

第四章　图书馆学中等职业教育

20世纪20年代的图书馆学教育呈现出两极化的状态,一方面是以文华图书科为代表的高等教育,要求大学肄业或大学毕业以上程度的学生,授课实习很精细。另一方面则是没有门槛要求,学生素质参差不齐,教学时期很短,也没有严格考评方法的讲习会教育,前者专业但不适合造就大量人才。后者时间太短,学生只是粗通皮毛,也称不上是职业化的图书馆员。因此在二者中间,需要一个以"技术"教育,应用教育为目的的中等教育层次,早期有杜定友开办的广东图书馆管理员养成所、穆耀枢创办的四川图书馆学校等,但都因各种原因维持很短没有形成气候。到了30年代,图书馆界认为仅靠高等教育远远不够,必须培养一大批拥有专业技能的图书馆员,普遍提高职业化水平。叶昇认为"我们欲想推广图书馆,必先从各省设图书馆专门学校各县设图书馆讲习会,凡高中以上学校,都要添授图书馆学一科,以宏造就。至若专校与讲习会课程,可分两科:一为图书科,一为图书馆科,图书科授以目录法、古代典籍学、印刷装订史,及目录上的练习。图书馆科课以图书馆的组织及管理等科目"[①]。文华图专降低了入学要求,开展一年制的图书馆学讲习班教育,一些图书馆自发的开展这方面的尝试,"成立练习生教育委员会,训练本馆练习生以科学上的基本知识,图书馆的专门技能,以及待人处世上应有的常识。俾各个练习生于练习期满后,均能单独去管理一个小规模的图书馆。或在大规模的图书馆指导之下,能担任任何部分的工作"[②]。1929年,中华图书馆协会第一次年会,图书馆界对人才培养层次化教育的认识,包含了发展中等职业教育的思路。利用工余时间进修的图书馆学函授教育和专事职业技术培养的中等职业教育开始兴起,前者如上海图书馆学函授学校、商务印书馆函授

---

① 叶昇.训政时期的图书馆问题[G]//王余光.清末民国图书馆史料汇编.北京:国家图书馆出版社,2014:415.

② 申报流通图书馆.本馆两年来的进展过程和今后一年的计划[G]//王余光.清末民国图书馆史料汇编.北京:国家图书馆出版社,2014:406.

学校图书馆学科、中华图书馆学函授学校、上海文化函授学校图书馆学函授班等教育机构等;后者则有30年代初开办上海图书学校和1940年开办的成都女子职业学校高级图书管理科,均为弥补高等教育及短期教育之不足而设。

第一节 图书馆学函授教育

20世纪30年代以后,一种新的图书馆学教学方式——函授教育,曾一度活跃,这种灵活的教学方式在1949年以后的图书馆学教育活动中也曾发挥重要作用。学界有关这一问题的论述仅有萧林来的《解放前我国的图书馆学教育史料》,以及吴稌年、顾烨青《中国近代图书馆专业人才培养之途径》,分别有数百字的简略介绍,笔者为此写了一篇《民国时期图书馆学函授教育研究》专门讨论这一问题,本节内容大多来源于此。

20世纪30年代,中国图书馆事业处于最繁荣的阶段,仅上海淞沪会战前就有各类图书馆265所[1],而同时期全国各地图书馆开办的也很多,对图书馆员需求很大。"远至川滇黔桂,近如浙闽湘鄂,每函询本会可有专才介绍"[2]。当时各类临时开设的图书馆学短训班举办无规律,学生素质参差不齐,师资无保障,培训时间很短,仅能进行一些基础知识的普及工作,还谈不上系统性、专业性。

学界对函授教育的优势早有肯定,1929年,朱金青在中华图书馆协会第一次年会报告提案《请规定本会倡导图书馆事业进行大纲案》办法第七条"设图书馆教育部(D)设馆员训练班或图书馆学函授科"[3]。1936年,中华图书馆协会第三次年会,又有文华图专提案"武昌文华图书馆学专科学校增设图书馆学函授部案"[4]。不过这些提案均未得到实施。

陈伯逵最初打算在上海开设图书馆学校,仿效文华图专培养图书馆人才。

① 吕绍虞.最近之上海图书馆:上海图书馆协会丛书[M].上海:中国图书服务社,1938:53.
② 陈伯逵.本会图书馆学函授社告全国图书馆界同志及留心永久专门职业者[J].上海图书馆协会会报,1930(6):41-43.
③ 朱金青.请规定本会倡导图书馆事业进行大纲案[R]//中华图书馆协会第一次年会报告.中华图书馆协会事务所发行,1929:35.
④ 任家乐,姚乐野.民国时期图书馆学函授教育研究[J].大学图书馆学报,2016(1):113.

由于地价昂贵,人力成本很高,要想开设专门的图书馆学教育机构困难重重。因此陈伯逵于 1930 年改设图书馆学函授社,开图书馆学函授教育的先河。

函授教学有几大优势,一是受地理限制小。教材由图书馆学专家统一编撰,学生与学校之间通过邮件往来完成评阅及交流,使分散在各处的学生能得到同等质量的专业教育。由于当时邮件远距离寄运缓慢,学生反馈不易,从上海图书馆学函授学校学生籍贯来看,尽管报名时学生籍贯有十数省之多,但至毕业时学员主要集中在江浙、安徽、上海等东部地区,20 世纪 30 年代中期以后该校学生更为集中,第六届毕业者"计王惠亭(黄县)孙蕴璞(黄县—罗三水)过苏民(无锡)吴衢生(浦城)达仲格(南通)郑建安(芜湖)朱培凤(上海)许人济(松江)等九名"①。均为上海周边地区学生。可以看出函授教育在当时仍存在着地理的局限性②。二是节约经费,便于学员兼职进修,非常适于半工半读的普通馆员。对于学生以及学校而言都可以节约很大的费用,上海图书馆学函授学校学生学费一年仅 18 元③,商务印书馆函授学校图书馆学科一年仅 5 元,后降至 2 元。而同期文华图专一年的学膳食费及杂费一年就须 250 元④⑤。因此函授教育费用适宜在职图书馆馆员,以及经济条件较差的学生,学生可以根据自身的进度,合理安排时间进行学习。三是学习系统性强,函授学校设置有系统的课程体系,教学内容较一般图书馆学短期培训要完善的多。函授教育也不等同于完全自修,学校对学生有相应进度要求及考核标准,如果学生中途放弃,学费不予退还,因此对学生学习有一定约束力。四是授予文凭。函授学校与讲习会教育相比较,学生可以获得文凭,对于找工作及职业晋升都有帮助,在当时图书馆学专业人才稀缺的时代,这一优势非常重要。

---

① 图书馆函授校[N].申报,1935 – 09 – 07(16).

② 《上海市私立上海图书馆学函授学校学生名册》(1931 年 8 月至 1932 年 6 月)中显示入学学生共 75 人,来自全国 13 个省,东方省份主要集中于浙江、广东、安徽、山东、江苏,西部省份主要集中于四川、广西,见:上海市教育局关于图书馆函授学校、电影迷成传习所立案[A].1931—1932.上海档案馆.档案号:Q235 – 1 – 1830.

③ 上海图书馆学函授学校续招男女学员[J].中国图书馆声,1932(5);37.

④ 招考图书馆学免费生[J].中华图书馆协会会报,1928,3(6);16 – 17.

⑤ 任家乐,姚乐野.一位被遗忘的著名图书馆学家陈伯逵研究[J].图书馆杂志,2017(7);40.

一、陈伯逵的教学经历

陈伯逵,又名陈天鸿,早年在图书馆学教育活动中非常活跃,有从事图书馆学教育工作的经历。1925 年 8 月,杜定友在上海国民大学文科创办图书馆学系的时候,陈伯逵就作为图书馆学教师身份开始教学工作。"现任教授有杜定友、胡朴安二人。助教有孙心磐、陈伯逵二人。临时讲师多人"①。1926 年,陈伯逵又在上海民立中学高中部讲授实用图书分类法②。在 1928 年上海东方图书馆开办的图书馆学暑期讲习班上担任教习,"民国十七年七月上海东方图书馆馆长王云五,为提倡图书馆事业,在该馆开办图书馆学暑期讲习班,并在上海图书馆协会内推请孙心磐、沈丹泥③、陈伯逵、宋景祁、陈友松等五君,分别演讲图书馆学及其他应用学术。自七月九日至八月十八日止,定额四十名,须现在图书馆服务人员,及大学二年级肄业生。课程为四角号码检字法及实用图书馆。第一星期上午听讲,下午实习,第二星期起接连五星期全日实习,晚间听讲"④。1930 年夏,又曾第二次开班⑤。1929 年,又有"中央大学区立上海中学校长郑西谷先生,以图书馆事业日见重要,特在师范科设图书馆学学程……是项学程闻已聘定陈伯逵先生担任教授云"⑥。这些正规或临时的教育培训活动基本连续,1925 年以后,陈伯逵趋于专门从事图书馆学教育,在当时上海图书馆界已有较高的知名度⑦。1930 年,陈伯逵创建上海图书馆学函授学校,之后主要精力集中于此。

二、上海图书馆学函授学校及其他图书馆学函授学校办学概况

上海图书馆学函授学校最初命名为"上海图书馆协会附设函授学社图书馆

---

① 金敏甫.上海国民大学图书馆学系概况[J].图书馆学季刊,1926,1(1):144 - 156.

② 宋景祁.促进中国图书馆的方法及其经过[J].上海图书馆协会会报,1929(3):17.

③ 沈丹泥即沈学植。

④ 孙心磐及其图书馆活动[EB/OL].[2015 - 08 - 03]. http://www. 21cnlunwen. com/gggl/1112/1324434582_1. html.

⑤ 上海图书馆大事记[EB/OL].[2015 - 08 - 03]. http://www. shtong. gov. cn/newsite/node2/node2245/node44 57/node55857/userobject1ai41635. html.

⑥ 本市图书馆界新讯[J].上海图书馆协会会报,1929(1):8.

⑦ 任家乐,姚乐野.一位被遗忘的著名图书馆学家陈伯逵研究[J].图书馆杂志,2017(7):40 - 41.

行政学系"（The Correspondence School of the Shanghai Library Association：School of Library Administration）①陈伯逵认为"以各处急需者，无非主管人员或分类员编目员等，概而言之，即图书馆行政人员，所以先办图书馆行政学系"②。校址设在上海大南门中华路民立中学图书馆，1935 年后，"迁至小西门薛家桥白漾一街七十六号"③，1938 年，又迁移至"上海戈登路三六三弄七四号"④，1941 年，又见地址设于"新闸路甄庆里三十六号"⑤。

　　上海图书馆协会附设函授学社图书馆行政学系于 1931 年初改名为"上海图书馆学函授社"⑥，随后又于 1932 年初再改名"上海图书馆学函授学校"⑦。为行文方便，本书统称为"上海图书馆学函授学校"。该校招收中学毕业或具有同等程度者，"预定一年为毕业期限，并发给中西文对照毕业证书一纸，备学员应聘时证明学力之用"⑧。上海图书馆学函授学校曾因战事中断过一年时间，于 1938 年10 月复课。"去秋因战事暂停，现假戈登路三六三弄七四号继续招男女新生"⑨。1937 年，上海图书馆学函授学校规定"一年发给证书，学习迅速者缩短为半年"⑩。1938 年，复课以后该校毕业期限则一律改为半年，"学费十八元半年毕业"⑪。该校毕业同学会编有《图书馆服务门径》一书。

　　1939 年，陈伯逵在《上海图书馆事业检讨》一文中提道"（在 1937 年淞沪会战后）犹在挣扎者，为大同大学图书馆、新中国大学图书馆，及上海图书馆学函授学校。新起奋斗者，为中国流通图书馆、中华业余图书馆、新亚图书馆、进修图书

<hr>

① 　本会函授学社图书馆行政学系章程[J]. 上海图书馆协会会报,1930(2):43.

②⑧ 　陈伯逵. 本会图书馆学函授社告全国图书馆界同志及留心永久专门职业者[J]. 上海图书馆协会会报,1930(6):42.

③ 　图书馆学函授学校近讯[J]. 中华图书馆协会会报,1935,11(1):24.

④⑨ 　各校简讯[N]. 申报,1938 – 10 – 22(13).

⑤ 　上海图书馆学函授学校设奖学金[N]. 申报,1941 – 11 – 18(7).

⑥ 　上海图书馆学函授社招男女学员[J]. 中国图书馆声,1931(1):6.

⑦ 　上海图书馆学函授学校[J]. 中国图书馆声,1932(5):37.

⑩ 　市府备案教局登记上海图书馆学函授学校续招第十二届男女学生[N]. 申报,1937 – 03 – 11(4).

⑪ 　市府备案教局登记上海图书馆学函授学校招十四届男女生[N]. 申报,1938 – 10 – 24(8).

馆、自学图书馆及中华图书馆学函授学校"①。说明办学仍在继续,1941 年 11 月 18 日,《申报》又有《上海图书馆学函授学校设奖学金》的消息,此后再未见任何报道。

1942 年以后该校是否停办,抑或继续经营? 笔者认为继续经营的可能性仍旧存在。1943 年陈伯逵所著《实用图书馆学讲义》一书末页有"中华民国三十二年岁次昭阳协洽春日陈天鸿伯逵识",说明 1943 年春他还在对该教材进行整理,文中又有"凡阅本讲义时,遇有未能明了之处,可来函讨论,但须附回件信封与邮票"②字样,说明他仍对图书馆学教学抱有极大兴趣,因此即令该校当时已经停办,可能停办时间亦很接近。当然这只是猜测,未能得到史料的证实,由于抗战爆发以后上海成为沦陷区,图书馆学期刊有关上海等沦陷区的报道极少,与 1937 年以前信息丰富的状态形成鲜明反差,使我们缺失了对沦陷区图书馆事业进行观察的很多资料。

除上海图书馆学函授学校开办期限稍为确定以外,其余三所图书馆学函授学校均只有开始时间而未查知明确的终止时间,商务印书馆函授学校图书馆学科至少开办至 1938 年,"1938 年 6 月商馆当局扩充函授学校,并修订函授学校章程,在原来各科办学的基础上,改设中学部和大学部……中学部设国文、日文、英文、算学、自然、史地、图书馆学等七科"③。张锦郎文中曾介绍该校"抗战后,随商务印书馆管理处迁往长沙,继续办理"④。但之后消息如何,尚未找到相关资料。

其余两所学校存续可能均很短暂,在当事人的回忆录中也极少提及函授办学之事。在吕绍虞的《图书馆生活的十年》一文里附有一个编者前言,称其"吕先生前任大夏大学图书馆主任兼图书学教授,现任鸿英图书馆主任仍兼大夏大学教授,中华图书馆函授学校校长,为我国图书馆专家"⑤。但吕绍虞在文中仅有半

① 陈伯逵.上海图书馆事业检讨[J].上海评论,1939(4):153.

② 陈伯逵.实用图书馆学讲义[M].上海:素行图书编译社,1943:95.

③ 肖永寿.中国早期函授教育的产生和发展[J].四川师范学院学报(哲学社会科学版),1996(3):93.

④ 张锦郎.中国图书馆事业论集[M].台北:台湾学生书局,1984:142.

⑤ 吕绍虞.图书馆生活的十年[J].职业与修养,1940,3(2):5-6.

句提及函授办学情况，"二十八年秋再兼大夏图书馆学教授，中华图书馆学函授学校也于此时创办，登报招生，入学者颇为踊跃"。然后再无下文，其学生查启森在《缅怀恩师吕绍虞先生》一文里甚至未提到此事。在另一位当事人钱亚新的《我的回忆录(9)》①中亦未提及上海文化函授学校图书馆学系函授班办学一事。笔者只是在档案《教职员履历表》中找到有关他的介绍：

　　姓名：钱亚新　性别：男　年龄：四四　籍贯：宜兴　学历：武昌文华大学图书科毕业　经历：国立社会教育学院教授　职务：图书馆学科主任　所授学科：图书馆学讲话　专任或兼任：专任②

　　可见要么当事人从事函授教学的经历相当短暂，认为不值一书，或者该函授学校开办时间极短，很快草草收场。

表4-1　民国时期图书馆学函授学校概况③

时间	地点	名称	负责人	入学标准	教学内容	学期	备注
1930—约1941	上海	上海图书馆学函授学校	陈伯逵	高级中学或师范毕业	理论、设备、选择、订购、登记、分类、编目、出纳、参考、装订、法规、广告等	一年，后改半年	15届

①　钱亚新.我的回忆录(9)[J].图书馆杂志,1990(5):43-44.

②　上海教育局关于私立第二届木刻函授班,上海文化函授学校,中华新闻学社呈请立案[A].1946—1948.上海档案馆.档案号:Q235-2-3622.

③　参见:上海图书馆学函授学校第九届毕业[J].中华图书馆协会会报,12(5):30;中华图书馆服务社附设中华图书馆学函授学校[J].中华图书馆协会会报,14(2/3):16;范凡.民国时期图书馆学著作出版与学术传承[M].北京:国家图书馆出版社,2011:24-26;陈伯逵.上海图书馆事业检讨[J].上海评论,1939(4):153;图书馆学科章程摘要[J].商务印书馆通信录,1938(436):35;上海市图书馆函授学校设奖学金[N].申报,1941-11-18;张锦郎.中国图书馆事业论集[M].台北:台湾学生书局,1984:141-142;中华图书馆服务社主办中华图书馆学函授学校招男女生[N].申报,1939-09-22(5).

续表

时间	地点	名称	负责人	入学标准	教学内容	学期	备注
1937—约1938	上海	商务印书馆函授学校图书馆学科	王云五徐亮	初中毕业或同等学力	图书馆行政、目录学、图书分类法、图书编目法、图书选择法、图书运用法	半年	后迁往长沙
1939—?	上海	中华图书馆学函授学校	吕绍虞		各种图书馆学主要课程及实习	一年	
1947—?	上海	上海文化函授学校图书馆学系函授班	钱亚新		图书馆学讲话,图书馆利用法,图书馆学专题研究		

民国时期四所图书馆学函授学校均设在上海,与上海经济发达能为毕业学生创造良好就业机会有密切关系,也与上海是我国函授教育开展最早的地区,函授教育活跃有关。1937年以前,图书馆学函授教育取得了很大成功,学生与校方均感满意,"私立上海图书馆学函授学校成立以来,学员甚为踊跃,学业优良者,均以介绍至各处图书馆服务,莫不胜任愉快,成绩斐然"①。陈伯逵任上海图书馆协会主席时常以协会的名义推动学生就业,对函授教育的开展也有帮助,比如1933年决议"函请全国各图书馆主管机关尽先聘用上海图书馆学函授学校毕业学员"②。1934年,又请上海教育局代为推荐学生就业。

但也要看到函授教育存在着一些弱点,首先,由于函授教学完全依靠学生自律学习,学校监督力度不够,因此要求学生有较强的自我约束能力。不少学生最初自信满满,学习中途由于缺少规律性学习及监督,因各种原因中途辍学或不能完成学业者占有相当大的比例,这是传统教学较少出现的状况。以上海图书馆

---

① 上海图书馆事业战后复兴现象[J].中国图书馆声,1932(8):7.
② 上海图书馆协会执监会议[N].申报,1933-10-23(12).

学函授学校 1931 年 8 月入学学生为例,当届学生共入学 75 人,一年后按时毕业加上延迟毕业的学生仅 14 人,毕业率仅 18.67%。

其次,上海作为函授教育发达的地区,当时各种名目的函授教育机构纷纷建立,其中少数人利用函授教育缺少监督的状况骗取学生钱财,以致学生疑虑重重不敢贸然求学。有读者吴衢生①居然致函上海市政府要求查证该校真伪:

> 衢生毕业于浙江省立第八中学将及两载,身充小学校长以□成才陋谬膺重,对于图书管理尚乏专门知识,且欲环境之活动,爰是有意于此校,惟未审查以为防范未来,本着前车以谋两全计,务恳代为查明邮寄回示,勿登报。②

上海市政府将此函转交教育局处理。

> 上海市政府秘书处公函　字第一七〇七号
>
> 案奉
>
> 市长发下吴衢生函呈一件,为报载上海民立中学图书馆内设有"上海市私立上海图书馆学函授学校"是否真实,请予查示等由,奉验交教育局查明谨复等因;奉此,相应抄同原函一件,函请查照理为荷!
>
> 此致
>
> 　　　　　　　　　　　　　　教育局
>
> 　　　　　　　　　　　　　附抄原函一件③

1937 年淞沪会战爆发以后,图书馆事业受到极大破坏,进而引起图书馆学教育事业的严重萎缩。"泰半图书,散失无存;其有幸免者,或间道西运,或装箱保管。得友邦之维护而无恙者,仅余徐汇图书馆、明复图书馆、鸿英图书馆、海关图

① 吴衢生之后成为该校第六届学生。

②③ 上海市教育局关于私立第二届木刻函授班,上海文化函授学校,中华新闻学社呈请立案[A].1932—1936.上海市档案馆.档案号:Q235 - 1 - 1853.

书馆、工部局图书馆及震旦大学图书馆"①。也直接导致了上海图书馆学函授学校及商务印书馆函授学校图书馆学科的衰落,后续开办的另外两所图书馆学函授学校亦很短暂。在钱亚新的回忆录里,像他这样有名望的图书馆学专家,在战时要找到工作主要依靠的是文华图专师长及同门的人脉引荐,一般图书馆学函授学校学生要想谋到一份图书馆工作的难度就可想而知了。

与文华图专相比较,上海四所图书馆学函授学校学生入学学历程度较低,学期一般以半年至一年为限,所学课程较集中于图书学实务课程或应用课程,而较少涉及图书馆学相关学科,比如语言学、历史学、考古学、簿记学等课程,虽也有部分函授学校有实习环节及理论研究的要求,但无论从实习要求及研究深度来看,都不能与前者相比较。

在一些内陆省份,一些图书馆也尝试着图书馆学函授教育,并对教育方式进行了一些改进②。广西省立民众教育馆通过把讲义公布于报章之上,学员通过阅报来完成学习,然后再通过信件与图书馆进行交流③。

图书馆学函授教育是当时介于高等图书馆学教育与临时性图书馆学讲习会之间的一种教育方式。函授教育方式虽然存在一些不足之处,但对于图书馆职业化的发展起到了一定作用。

第二节 "半工半读"教育与女性职业教育

民国时期在中学教育中开设图书馆学课程的情况并不少见,但是专门开设图书馆学专业的中等学校极少。1929 年,广州市立职业学校,"鉴于图书馆事业之适合于女子,有特设专科施之必要,已经请准教育局增办图书馆管理科,惟经费预算尚待市政会议审查通过云"④。但未见下文。1934 年成立的上海图书学校图书科和 1940 年成立的成都女子职业学校高级图书管理科是有代表性的

---

①　陈伯逵.上海图书馆事业检讨[J].上海评论,1939(4):153.

②　广西省立民众教育馆函授民众图书馆学(四)[J].民教通讯,1934(8):4.

③　任家乐,姚乐野.民国时期图书馆学函授教育研究[J].大学图书馆学报,2016(1):119.

④　广州之图书馆教育[J].中华图书馆协会会报,1929,5(1/2):62.

两所图书馆学职业教育机构,二者开设时间较长,培养学生较多,是图书馆学职业教育的重要尝试。

一、上海图书学校图书科

上海图书学校成立于1934年夏,由中国国际图书馆的李石曾、吴稚晖、崔竹溪等与世界书局合作创办,校长为崔竹溪,教务主任为徐作钰,校址在杨树浦龙江路。当时西式教育已经兴办多年,然而“学而优则仕”的观念仍旧深深影响社会,以致时人批判“在科举时代人们读的是八股,现在学生所读的是洋八股,方式虽然变了一下,其实念 ABC 的目的,不外作官发财。”“现行教育制度的畸形,使一般无力升学的学生,学无所得,拥挤于都市之间,徘徊于失业之途。可是全国生产界间,一方面呈露出百业凋弊,需材孔急的危象,而另方面眼看看这一大堆坐候职业的群众,竟推选不出需要的人才,不禁兴才难之叹……现行教育制度,以大学点翰林为事业发轫的封建思想,换言之,在这制度下,教育唯一的使命是造成一般坐拥名利只知分利不能生产的士大夫阶层而已。”[①]吴稚晖很形象地指出现有教育的弊端,“处在现在的世界中,一方面固然要有高深的学问,但同时也要有低级的手艺,这才能向上跳的极高,落下来还不至于跌死,所谓肩不能挑担,手不能提篮的大学生,总是悬在半天空,上既不能下又不可,难受极了”[②]。

因此当时教育界要求变革,立足培养务求实际,而不是“眼睛向上”的技术人才的呼声很高。上海图书学校就是这种认识的践行者,“以工作与学术互参并进之方法,造就经验智识平均发展之文化实用人才”,即“即工即学生产自给”。上海图书学校经费由教育部补助,分为图书、出版、印制、组织四科。“图书学校内设有图书科,籍资造就图书馆专门人才,以应此类工作之需要。”[③]“图书及出版修业即六年;印制及组织三年。采半工半读制,上午上课四小时,下午实习工作。图书馆以中国国际图书馆为工作场所,出版印制两科以世界书局为工作场,组织科则随时支配。

---

① 郭宗晞.图书学校诞生的背景和它的使命[J].工读周刊,1935(1):2-3.
② 吴稚晖.吴稚晖先生来校演讲记录[J].工读周刊,1935(1):25-26.
③ 中国国际图书馆图册[M].上海:上海世界书局,1934:6.

学生程度分初中毕业高中毕业两种,概不收费,一切宿膳、制服、书籍用品均由校供给,每月并依各生学课工作操行总成绩之等,给以膏火三元至六元。校舍借世界书局之龙江大楼,一切设备简朴整洁,除课室、膳堂、办公室外,图书阅览室、消费合作社、学生洗衣室等,所有各处工作均由学生自己分任,故该校雇用职员甚少。工役全校仅二人云。"①

该校招生简章明确,所谓工读生,既不同于过去的工徒,也不同于今日的学生,而是合二者之所长,就是要培养既懂知识,又有动手能力的新型学生。从课程设置来说偏于实践,其实践又分为普通工作,如洒扫、洗涤、整理杂物等。专门工作为文书、会计、庶务、登记、编目、分类、索引、编译、出版、营业等等,覆盖了文字工作的所有环节。除了图书科以外,其他各科也都设有图书馆学课程。杜定友曾在该校任教并开办讲座。"八月廿四日,杜先生亲赴敝校讲述该编目卡使用法,解释颇详"②。

上海图书学校以上海国际图书馆及日内瓦中国国际图书馆为实习场所,学生不乏出国实习的机会。1935 年,上海图书馆就有刘崇仁、齐济济、孙永龄、萧暄宗、游保良、陈树义等前往日内瓦中国国际图书馆实习③。《工读周刊》刊登的通信记录显示实习时间至少在一年以上。上海图书学校送学生出国进修,并承担所有费用,办学实力很强,在当时是绝无仅有的。

该校学生办有《工读周刊》,后又更名为《工读半月刊》,发行时间为 1935 年至 1937 年,涉及学校生活的不同方面,内容庞杂。该刊有几个特点,该刊不同于《文华图书馆学专科学校季刊》研究性强的特点,一是注重实践性、技术性文章,比如程伯群所译的《借书机使用法》,通篇文字与图片相结合,浅显易懂;杜定友的《编目卡片使用法》基本等同于操作指南,而不刊登前沿性、纯理论性方面的文章。二是注重西方图书馆学理论及图书馆学本土化成果的介绍。该刊曾数期连载《明见式编目法》《诗家谷大学图书馆学课程介绍》《德国莱比锡图书馆之文化中心运动》《图书馆科学论引论》《图书馆著者号码编制规则》等,不少是转载的

① 上海图书学校[J].中华图书馆学会会报,1934,10(3):27.

② 杨学游.介绍图书馆学专家杜定友氏新发明编目卡片使用法[J].工读周刊,1935,1(1):19.

③ 陈树义.自从到日内瓦中国国际图书馆之后[J].工读周刊,1935,1(1):29.

杜定友、沈祖荣、吕绍虞、林斯德等人的文章,对于西方图书馆学动态以及中国本土化成果较为关注。

图 4-1　上海图书学校外景①

关于该校图书科课程的设置,并未找到直接的材料。图书科工读生刘廷元在《工读周刊》上介绍过程伯群《比较图书馆学》一书,而程伯群又为该校教师,因此该书应当部分反映了该校图书科的课程及教学。"本校教授程伯群先生因感于图书馆学方法派别繁多,新著比较图书馆学以作综合的研究,搜集各家学说方法,对于图书馆学界贡献实大,书内分为四部,即图书馆行政,图书馆技术,分类编目学及书志目录学,如下:第一编　图书馆行政内分:行政组织、图书馆建筑、图书馆立法、儿童图书馆、学校图书馆、推广事业、图书馆学教育七章。第二编　图书馆技术内分:选购书籍、登记、出纳方法、打字、索引、校对、保管方法、装订方法八章。第三编　分类编目学内分:分类方法、编目方法、标题三章。第四编　书志目录学内分书史、印刷史、目录学概论、校勘方法、金石拓本、版本、图书馆史七章"②。

该校也经常举办讲演活动,邀请名家讲学,"本市龙江路上海图书学校昨午十时请留德工学博士主达生演讲新发明华文自动排检铸字机之原理及其构造、

---

①　刘龙光.记上海图书学校印制科[J].艺文印刷月刊,1937,1(6):48.

②　刘廷元.图书馆新书介绍[J].工读周刊,1935,1(1):18.

又请上海图书馆协会常委黄警顽讲国难时期的普及教育工具四种,为(一)图书汽车、(二)巡回书车、(三)流动教育汽车、(四)普及教育车"①。还经常组织外出参观,如参观康元制罐厂、民生公司轮船等。

该校参加过在青岛举行的第三届中华图书馆协会会议,康鉴英代表中国国际图书馆出席,李石曾到会演讲,题目是"东西文化与中国国际图书馆"。1935年,冯陈祖怡代表中国国际图书馆"于五月十七日赴马德里参加国际图书馆会议,约有十多日之勾留"②。说明该校的对外交流活动较为活跃,抗战爆发后该校可能停办。陈云曾利用下班时间在该校学习三年③。中国共产党的第一位档案管理员裴佩也毕业于该校,曾在延安马列学院图书馆工作④。有关该校特别是图书科办学活动的资料极少,有关教学情况等还有待进一步的探索。

图4-2 海外同学与日内瓦中国国际图书馆职员⑤

① 教育简报[N].申报,1936-04-13.
② 陈树义.自从到日内瓦中国国际图书馆之后[J].工读周刊,1935,1(1):29.
③ 刘淑介.中国工运历史人物传略 陈云[M].北京:中国工人出版社,2012:15.
④ 刘国能.档案观 档案人生,档案业务,世界档案[M].北京:中国档案出版社,2000:56.
⑤ 陈树义.自从到日内瓦中国国际图书馆之后[J].工读周刊,1935,1(1):27.

二、成都女子职业学校高级图书管理科

成都女子职业学校高级图书管理科是 20 世纪 40 年代开办的一所图书馆学职业学校,以培养应用型人才为目的。笔者查阅四川省档案馆、成都市档案馆档案,寻找到相当完整的四川省立成都女子职业学校(以下简称"成都女职")以及该校高级图书管理科(以下简称"成职图书科")档案,共 1000 余页,发现该校该专业不仅存续时间长,在课程设置、招生情况等方面颇有研究价值,为此笔者写有《民国时期四川省立成都女子职业学校高级图书管理科办学研究》一文,本书关于该科办学内容多来自该文。

1. 成都女职办学概况

成都女职是民国时期以培训女子就业技能为办学目的的学校。校址设在成都市区包家巷,抗战时期为避轰炸曾一度迁至崇宁县城内西街①,1945 年又回迁至包家巷,历任校长包缄三、罗家蕙、陈毓奇、王体仁。初时所设科目仅染织科、簿记科、家事科等。20 世纪 30 年代末 40 年代初设高级会计科、高级统计科、高级图书管理科、高级簿记科、高级家事科、高级染织科以及初级缝刺科等,1940 年以后删减为高级会计科、高级统计科、高级图书管理科、高级家事科,这四类科目一直保持到 1949 年以后。

成都女职成立于 1935 年②。据《成都市志·教育志》记载,"民国时期成都的职业学校不仅规模小、设备简陋,而且多数存在的时间不长。到 1949 年底,成都解放前夕,全成都地区只剩下高、初级职业学校 17 所,在校学生仅 2025 人。这 17 所学校包括省立的 5 所,即省立成都高级工业职业学校、省立成都高级染织职业学校、省立成都高级农业职业学校、省立成都高级医事职业学校和省立成都女子职业学校……"③

2. 成职图书科办学概况

成都女职是民国时期开设图书馆学专业并附带讲授档案学的中专学校,这是它较为特别之处,所设成职图书科以培养应用型人才为目标,学生基本来源于

---

① 　现成都郫县唐昌镇。
②③　成都市地方志编纂委员会. 成都市志·教育志(下册)[M]. 成都:四川人民出版社,2000:786.

四川本地,毕业学生大多寂寂无闻,一直以来未引起学术界的关注。

1940年7月,校长罗家蕙发布《四川省立成都女子职业学校三十年度秋季招生简章》,其中高级图书管理科一班招生名额40名①。1940年11月,成都女职呈教育厅的文件中又有"再本班②系属初办,社会未明了情形,招生略感困难,故同等学历生超出规定比额二名,合并陈明"③。说明成职图书科教学开始于1940年。又据四川省档案馆的相关档案,证明在民国时期成职图书科办学延续至1949年④。《成都市志·文化艺术志》记载,"(成都女职)图书管理科从开办至民国三十八年,毕业5班学生计77人。建国后,该校先后易名为四川成都财经学校、四川成都商业学校,继续开办此科,截止1954年又毕业3班学生62人,同年停办"⑤。根据现有文献,成职图书科成立于1940年,停办于1954年,总计教学共14年,毕业8班,毕业学生共计139人。

3.入学标准与办班情况

成都女职招生曾分为初级及高级两种,初级招收小学毕业生,高级招收初中毕业生及相当于初中毕业水平者或初中肄业者。后因初级专业所收学生年龄太小教学不易因此取消⑥。当时国民政府对于职业教学较为重视,学生学费全由政

---

① 四川省立成都女子职业学校招生简章[A].1940.成都市档案馆档案.档案号:[不详].

② 高级图书管理科第一班。

③ 省立成都女子职业学校图管科一二班学生学籍、成绩册呈四川省教育厅关于高级图书管理科第一班新生一览表及证件请予鉴核备查令遵由[A].1940.四川省档案馆.档案号:民107-02-2412.

④ 省立成都女子职业学校图管科三至六班学生学籍成绩册[A].1948.四川省档案馆.档案号:民107-02-2413.
成职图书科的最后记录是1948年10月填报的"四川省立成都女子职业学校三十七年度第一学期高级图书管理科第六班学生前学期成绩一览表",以及"四川省立成都女子职业学校三十七年度第一学期高级图书管理科第六班退学生一览表"两份文件,表明成职图书科教学应延续至1949年。

⑤ 成都市地方志编纂委员会.成都市志·文化艺术志[M].成都:四川辞书出版社,1999:256-257.

⑥ "小学毕业生年龄在十二岁以下,普通常识尚未具备,如施以职业科目,每觉困难太多,推进不易,可否停办初级附设补习速成班?"参见:大会情形:(19)四川省立女子职业学校提议案[J].教育与职业,1936(178):655.

府拨款,职业学校以不收学费为原则,吸引了许多来自贫寒家庭的学生①。

成职图书科投考资格为年龄在 22 岁以下,尚未结婚并符合以下二者条件之一:①初级中学或初级职业学校毕业领有厅颁②证书者;②具有初级中学或初级职业学校毕业相当程度同等学力者。投考生尚需参加公民、国文、数学(算学、代数、几何、三角)、史地、英语考试,通过后经体检、口试合格方准入学。成职图书科不收学费、住宿费,但需缴卫生费两元,并代收代管学生餐费 412元(灯油茶水费在内)、讲义费 5 元。每年学校对所有学生提供公费名额 10名,奖金 40 元,范围在 6% 以内,要求家庭清贫学业优秀者于入校时将证明材料缴学校验证③。

成职图书科第一届第一班学生实招 31 名,已交毕业证书者、考试合格尚未拿到毕业证书者、参加会考成绩尚未公布者、会考暂停入学者、会考尚应补试者、因病未参加会考者共 17 人,此外还有同等学力者即初中各期肄业者 14 人,可见入学条件相当宽松,学生学历普遍较低。从历届学生籍贯档案来看,除少数内迁学生以外,学生基本来自四川省各县及西康省,成都本地及周边各县较多。成职图书科采用学年制,学期三年。

表 4-2　1940 年第一学年成职图书科第一班新生一览表④

姓名	年龄	性别	籍贯	入学年月	入学资格	证件号码	备注
林如彬	18	女	四川华阳	1940 年 8 月	私立南薰中学毕业		因空袭关系成都区会考停止
陈芸生	18	女	湖南常德	1940 年 8 月	四川省第十二区联立女子初级中学毕业		参加十三届会考成绩尚未公布

① 大会情形:(19)四川省立女子职业学校提议案[J].教育与职业,1936(178):655.
② 四川省教育厅。
③ 四川省立成都女子职业学校招生简章[A].1940.成都市档案馆档案.档案号:[不详].
④ 任家乐,姚乐野.民国时期四川省立成都女子职业学校高级图书管理科办学研究[J].大学图书馆学报,2015(5):119.

续表

姓名	年龄	性别	籍贯	入学年月	入学资格	证件号码	备注
陈容庄	17	女	南京市	1940 年 8 月	四川省第十二区联立女子初级中学毕业		参加十三届会考成绩尚未公布
刘志芳	17	女	四川资中	1940 年 8 月	资中县立女子中学毕业		参加十一届会考应补试算学
郑肇玖	16	女	四川仁寿	1940 年 8 月	仁寿县立中学毕业		十二届会考因病未参加考试
朱国良	18	女	四川大足	1940 年 8 月	大足县立初级中学附设简易师范科毕业	246	呈验证书一张
胡文钦	17	女	四川井研	1940 年 8 月	井研县立初级中学毕业		参加十一届会考补试数学
裴政淑	17	女	四川宜宾	1940 年 8 月	宜宾县立初级中学毕业		参加十一届会考补试理化算学
田容珍	17	女	四川成都	1940 年 8 月	私立成公中学毕业		因空袭关系成都区会考停止
唐德贞	18	女	四川犍为	1940 年 8 月	犍为私立通材初级中学毕业		因空袭关系成都区会考停止
杨传芬	17	女	四川安岳	1940 年 8 月	乐至县立初级中学毕业		参加十三届会考成绩尚未公布
郑鸣亮	19	女	四川富顺	1940 年 8 月	泸县县立中学毕业		参加十一届会考因得原校通知应呈缴转学证书办理
张孟然	19	女	四川安岳	1940 年 8 月	安岳县立女子初级中学毕业	1771	呈验证书一张
舒丽华	18	女	四川富顺	1940 年 8 月	富顺县立中学毕业		参加十三届会考成绩尚未公布

续表

姓名	年龄	性别	籍贯	入学年月	入学资格	证件号码	备注
廖运堃	17	女	四川宜宾	1940年8月	宜宾县立初级中学毕业		参加十三届会考成绩尚未公布
罗文华	19	女	四川宜宾	1940年8月	宜宾私立明德女子中学毕业		参加十三届会考成绩尚未公布
王碧凤	18	女	四川彭县	1940年8月	彭县县立初级中学毕业		参加十二届会考应补考数学
邓集裳	18	女	四川崇宁	1940年8月	灌县县立初级中学肄业四期		同等学力
陈国华	17	女	四川富顺	1940年8月	富顺县立中学肄业五期		同等学力
邓崇玉	17	女	四川中江	1940年8月	中江县立女子中学肄业五期		同等学力
杨畹芝	18	女	四川阆中	1940年8月	私立大府中学肄业四期		同等学力
徐荫全	17	女	四川华阳	1940年8月	私立益州女中肄业五期		同等学力
杨忠秀	17	女	四川成都	1940年8月	成都县立女子中学肄业五期		同等学力
赵淑良	16	女	四川郫县	1940年8月	私立南薰中学肄业四期		同等学力
屈德君	17	女	四川仁寿	1940年8月	私立南薰中学肄业四期		同等学力
高碧云	16	女	四川华阳	1940年8月	私立建国中学肄业四期		同等学力
李学莲	16	女	四川崇宁	1940年8月	郫县县立中学肄业四期		同等学力
李叔英	18	女	四川成都	1940年8月	私立敬业中学肄业五期		同等学力

续表

姓名	年龄	性别	籍贯	入学年月	入学资格	证件号码	备注
尹尧芬	16	女	四川崇宁	1940 年 8 月	私立济川中学肄业四期		同等学力
熊素冰	16	女	四川资阳	1940 年 8 月	私立济川中学肄业四期		同等学力
杨相如	16	女	四川崇宁	1940 年 8 月	金堂县立中学肄业四期		同等学力

当时社会开办图书馆学专业的学校极少,社会对图书馆学缺乏认识,预定名额招录不满、学生录取后不到校、中途因故辍学、休学者甚多,招生标准不得不一再放宽。1941 年 11 月,罗家蕙在呈报教育厅公文中谈及此问题。"此次本班①新生,原经遵照名额收录,但开学以后,已经录取之学生,复多不到校者,以故同等学历生,比率不免较多,兹因该科开班仅及一年,社会人士,多未明了宗旨所在,幸逾额之同等学历生,成绩尚无大差,拟请钧厅从宽核定学籍,以示倡导"②。除某些年份以外,成职图书科大致每年招收一班,分别称图书管理科一、二、三……班。

表 4-3 成职图书科历届入学人数、毕业人数及最后人数③

	第一班(1940)	第二班(1941)	第三班(1943)	第四班(1944)	第五班(1946)	第六班(1947)	合计
开学时人数	31	18	23	25	36	43	176
毕业/现有人数	14	12	14	15	24(1948)	39(1948)	118

---

① 图管科第二班。

② 省立成都女子职业学校图书科一二班学生学籍、成绩册:为赍呈高级图书管理科第二班新生一览表及证件,请予从宽核定学籍由[A].1941.四川省档案馆.档案号:民 107 - 02 - 2412.

③ 根据省立成都女子职业学校图书科三至六班学生学籍成绩册,省立成都女子职业学校图书科一二班学生学籍、成绩册整理,其中第五班、第六班当时尚未毕业,因此最终人数不详,表中数据为 1948 年时现有人数。另各届学生偶有中途休学后又复学的情况,因资料不齐暂未列入统计。参见:四川省档案馆.档案号:民 107 - 02 - 2413,民 107 - 02 - 2412.

成职图书科 1942、1945、1948 年三年停招，其余年份招生是连续的，上文《成都市志·文化艺术志》中提及 1949 年前成职图书科共毕业五班学生，共计 77 人。而我们根据档案统计所制表 4－3，第一班至第五班当时实有学生共 79 人，与《成都市志·文化艺术志》相较多出 2 人，可见第 5 班学生在 1949 年又流失 2 名，最后毕业人数为 22 人。以前五班人数计算，共招生学生 133 人，毕业人数 77 人，流失学生 56 人，学生流失率达 42.1%，流失现象相当严重。

4. 师资与教学

成职图书科历任主任有伍宗华、张祯琳、邓光禄、马琪亭，教员廖洛纲①等。成职图书科教师多为华西协合大学、四川大学教师以及成职图书科毕业学生。比如伍宗华是四川大学教师，金陵大学图书馆学专修科毕业②。廖洛纲是四川大学图书馆馆员，邓光禄是华西协合大学图书馆馆长，马琪亭是成职图书科毕业生③。

而《成都市志·文化艺术志》中又记载"四川大学图书馆馆长毛坤、华西协合大学图书馆馆长邓光禄、李永增和图书馆专家伍宗华等均曾在此④任教"⑤。除伍宗华毕业于金陵大学图书馆学专修科以外，其他人都是文华图专毕业生，邓光禄是文华图专特别生，1948 年曾赴美留学。因此成职图书科教学深受文华图专的影响，包括教材的选用、课程的设置以及实习安排。比如教材多选择杜定友、

---

① 廖洛纲 1945、1946 年期间在四川省立成都女子职业学校高职图书科任教。参见：四川省立成都女子职业学校卅四年度八月、九月、十月现有教职员工生活补助费名册；四川省立成都女子职业学校卅五年度三月份现有教职员工生活补助费名册[A]．1945—1946．四川省档案馆．档案号：民 107－02．

② 伍宗华(1921—1979)，四川宜宾人。1945 年毕业于成都金陵大学图书馆学专修科。1946 至 1955 年先后任职于四川省教育馆、重庆城乡建设学院图书馆，成都女职校图书馆专修科（任教兼科主任），四川省图书馆（任采编部主任）。1955 至 1979 年，在四川省宜宾市图书馆任馆长。四川省图书馆学会第一届理事。曾为《图书馆学知识丛书》撰写《中文图书编目法》。发表《中国文学改革的研究》等文章多篇。参见：麦群忠，朱育培．中国图书馆界名人辞典[M]．沈阳：沈阳出版社，1991：246－247．

③ 任家乐，姚乐野．民国时期四川省立成都女子职业学校高级图书管理科办学研究[J]．大学图书馆学报，2015(5)：120．

④ 指成职图书科。

⑤ 成都市地方志编纂委员会．成都市志·文化艺术志[M]．成都：四川辞书出版社，1999：256－257．

邢云林、陈长伟、裘开明等国内著名专家所编写的教材和美国出版的相关教材，少数教材由本校教师编写。

表 4－4　成都女子职业学校三十一年度第一学期高级图书管理科

第一班学生前学年成绩一览①

四川省立成都女子职业学校三十一年度第一学期高级图书管理科第一班学生前学年成绩一览表　民国三十一年度　月填表

姓名		刘志芳	郑肇玖	朱国良	裴政淑	田容珍	杨传芬	郑鸣亮	张孟然	邓崇玉	杨畹芝	徐荫全	屈德君	李学莲	熊素冰	注
年龄		19	18	20	19	19	19	21	21	19	20	19	19	18	18	总均成绩：凡每学期因事因病缺席满二十小时或旷课满十小时者扣总分平均一分　全期无缺度者加总平均一分
性别		女	女	女	女	女	女	女	女	女	女	女	女	女	女	
籍贯		四川资中	四川仁寿	四川大足	四川宜宾	四川成都	四川安岳	四川富顺	四川安岳	四川中江	四川阆中	四川华阳	四川仁寿	四川崇宁	四川资阳	
入学年月		廿九年八月	廿九年八月	廿九年八月	廿九年八月	廿九年八月	廿九年八月	廿九年八月	廿九年八月	廿九年八月	廿九年八月	廿九年八月	廿九年八月	廿九年八月	廿九年八月	
科别		高级管理科	高级管理科	高级管理科	高级管理科	高级管理科	高级管理科	高级管理科	高级管理科	高级管理科	高级管理科	高级管理科	高级管理科	高级管理科	高级管理科	
第一学期成绩平均		85.9	88.8	81.6	80.5	78.5	81.6	79.2	75.1	79.9	74.1	85.8	74.9	79.2	78.1	
第二学期各科成绩	公民	94	95	91	90	85	88	75	82	95	66	75	70	78	87	
	国文	90	79	83	84	68	81	83	65	82	65	66	84	71	61	
	英文	86	88	87	91	84	76	70	67	82	60	93	82	70	73	
	历史	95	85	82	80	83	90	78	83	85	75	80	90	78	88	
	书法	80	90	84	88	81	89	89	82	93	78	83	85	79	88	
	音乐	78	93	84	96	81	87	90	87	84	81	87	78	75	75	
	图书管理法	80	92	88	81	83	81	77	72	85	76	78	80	74	68	
	编目法	84	88	90	77	85	79	84	67	85	84	77	80	77	68	
	珠算	93	93	90	93	87	93	92	93	93	92	93	87	87	97	
	图书分类法	86	91	88	86	87	87	84	71	89	84	85	82	78	73	
	国学概论	88	82	72	81	74	78	89	80	78	66	81	71	81	76	
	总平均	88.3	84.9	81.5	82.5	79.2	82.3	78.6	75.5	83.5	78	81.7	80.8	77.1	67	
实习成绩		83.8	87.3	82	73.3	78.5	82	80	73	80.3	75.3	76	77	75	74.5	
第二学年成绩平均		87.1	85.9	81.6	81.5	78.9	82	78.9	75.3	81.7	71.1	83.8	76.9	78.2	72.6	
德行成绩		甲上	甲	甲上	乙上	乙上	甲下	甲下	乙	甲下	乙	乙上	甲下	乙上	乙	
体育成绩		87	80	74	84	74	89	75	83	88	74	75	78	77	75	

① 学生成绩表，见四川省档案馆档案成都女子职业学校高级图书管理科 1942 年学生成绩[A]. 1942. 四川省档案馆. 档案号：民 107－02.

小 结

20 世纪 30 年代以后,图书馆学正规教育从精英化向大众化方向发展的趋势日益明显,由于高等教育远不能满足图书馆职业化发展的需要,而讲习会这类短期临时性教育弊端较多,图书馆界深感需要一个以技术教育、实践操作培养为目的的中间教育,正规教育层次。职业化教育包括了 30 年代的函授教育,以及 30 年代的上海图书学校,40 年代的成都女子职业学校高级图书管理科等机构,均以培养图书馆、印刷社、出版社等需要的"技术工人"为目的。这些学校一般要求初中及同等学力学生、高中学历学生,还有一些以在职人员为对象。

30 年代初,文华图专所办的讲习班、民众班就是为培养乡村、城镇图书馆所需人员所开展的实践,出于扩大培养人才的需要,讲习班、民众班的招生降低了入学学历要求。到了内迁时期,应教育部的要求,文华图专改为招收高中毕业生入学,金陵大学图书馆学专修科、社会教育学院图书博物馆学系的招生标准也以高中毕业生为准,因此图书馆学正规教育的门槛显著降低,呈由自上而下扩散的趋势。由于图书馆学科的特殊性,入学标准的下降必然导致学生素质的下降,由此带来的好处则是大大增加了接受正规图书馆学教育的人数,促进了图书馆职业化发展。

由于缺少政府统筹及投入,这些中等职业教育起步很晚,办学规模小,授课、考核标准均不统一,办学质量参差不齐,培养人员有限,还不能改变图书馆业职业水平整体低下的状况。

第五章 课程与教学:西方图书馆学
教育的移植与改造

近代中国图书馆学教育是西学东渐的产物,不仅图书馆学理论来自于西方,图书馆学教学方式、教学内容等也临摹西方,主要师资力量也是西方化的,美国对中国的影响尤深。20 世纪 20 年代以后,美国图书馆学教育理论开始大量输入,马宗荣所著的《现代图书馆经营论》有《图书馆员的养成》专章,介绍了美国图书馆学教育的两种形式,一为专门的图书馆学校,如纽约州立图书馆学校,以及依附于大学的图书馆学校,如伊利诺伊大学图书馆学校、威斯康星州大学附属图书馆学校,专事培养未来图书馆员。二为素质教育,"美国又于师范学校中加授图书馆科目"①。使一般学生能获相当图书馆学素养。杨昭悊、李燕亭译著的《图书馆员之训练》就更加详细,叙述了美国图书馆学教育的整体与局部,甚至介绍了美国图书馆学校部分入学考试的内容。

美国图书馆学教育的发生发展是建立在全民阅读习惯及图书馆业高度发达基础之上的,由于美国资本主义工商业高度发展,社会对知识消费有强大需求,因此美国图书馆业的发展有坚实的社会基础,产生了对专门图书馆学教育的需要。"美国图书馆学校的课程,与图书馆事业的理论及实际上互成因果:例如现代图书馆事业的倾向,主张州立图书馆监督该区内其他图书馆之制度撤废;而实行图书馆监督同盟,则图书馆中的课程因以增加;又图书馆中对于儿童、盲人、农村等之特殊作业出现后,图书馆学校中遂增加儿童图书馆管理法、盲人图书馆管理法等,因此之故,图书馆之实际愈为进步"②。

民国初期,中国的图书馆事业刚刚起步,主要阅读群体仍是传统知识分子,社会并未形成全民阅读的习惯。一些理论、技术的传播,不完全是图书馆业自下

---

① 马宗荣. 现代图书馆经营论[M]. 上海:中华学艺社,1928:40.
② 马宗荣. 现代图书馆经营论[M]. 上海:中华学艺社,1928:43.

而上的推动与需要,而是图书馆学人在西方理论与技术自上而下的传播过程中对于种种不适的调整。因此,中国图书馆学教育的课程设置,并不完全来自于社会的实际需要,而表现出一定的超前性。中国的图书馆学教育往往具有引领图书馆业发展的作用,除培养图书馆员以外,还肩负着推广图书馆事业,鼓励民众阅读等更多的社会责任。

第一节　课程设置与变化

一、辅系地位、学制与初始课程

1913 年,克乃文在金陵大学图书馆首开中国图书馆学教育的先河,然而并未公开招生,也未开设专门的教学机构,只是一种师徒教育和课程教育。直到 1920 年,韦棣华与弟子沈祖荣、胡庆生在武昌开设文华图书科,正式开班授课,方为中国图书馆学正规教育的肇始。

文华图书科第一批学生全部来自文华大学二年级以上的文科生,学生必须修完原专业课程,并兼修图书科的课程,毕业时获得文华大学的文凭和学位,并获得文华图书科的毕业证书,相当于双学位的性质。图书馆学课程仅为辅修性质,学生的主要精力还不是学习图书馆学。基于这种情况,文华图书科最初课程只有"分类(Classification)、编目(Cataloging)、主题词(Subject headings)、图书选读(Book selection)、图书评论(Book reviews)和参考工作(Reference work)"①少数几门课程。

与文华图书科类似,初设时的金陵大学图书馆学系也处于依附的地位,1927年,金陵大学正式建立图书馆学系,隶属于教育学系,"教育学系下设(1)教育学组;(2)心理学组;(3)图书馆学组"②"图书馆学组,本组暂不列为主系,凡以图书馆学为辅系者必修左列各学程:图书馆学大纲,四学分;参考书使用法,三学分;目录学,三学分;分类法,三学分;编目法,三学分;图书流通法,二学分"③。学生毕

---

① William Hwang. The First Library School in China[J]. 文华温故集,1920,15(4):364.
② 金陵大学秘书处.私立金陵大学一览[M].南京:金陵大学秘书处,1933:38.
③ 金陵大学秘书处.私立金陵大学一览[M].南京:金陵大学秘书处,1933:210.

业需修完6门课程,取得至少18个学分。

后来的北京大学图书馆学专修科也选择从辅系教学开始,辅系教育特点与中国国情相联系,是图书馆学教育本土化的一个表现。图书馆学对学生的综合素质要求较高,这就决定了对学生的初始学历要求较高。早期美国的图书馆学校一般要求入学学生具备某种专业知识,或者入学前有相应的工作经历。"伊里诺威"大学图书馆学校要求入学的本科生要是四年以上的专门学校毕业生。专科生,不要前项资格,年满21岁以上的都可以,但是额数有限,每级不过二三名[①]。匹兹堡卡耐基图书馆学校的入学资格规定如下,专门大学毕业的学生可以无试验入学;如果不是就需要考试历史、文学等科;其他图书馆学校卒业生,有本校校长证明书,可以入别科一年毕业[②]。

从学制来说,20世纪20年代初,美国各类图书馆学校以一年制为最多,有9所;二年制其次,有4所,四年制只有一所。见下表。

表5-1 20世纪20年代初美国图书馆学教育机构学制情况[③]

校名	学制	校名	学制
纽约州立图书馆学校	二学年	西口士大学图书馆学校	二学年
布那得学院图书馆学校	一学年	纽约公共图书馆学校	二学年
伊利诺威大学图书馆学校	二学年	里阿散得图书馆学校	长期、短期
威斯康新大学图书馆学校	一学年	加利弗里亚图书馆学校	一学年
丕咨伯格卡勒几图书馆学校	二学年	罗省几尔图书馆学校	一学年
西蒙斯大学图书馆学校	四学年	圣得尔伊士图书馆学校	一学年
威士登瑞色夫图书馆学校	一学年	华盛顿大学图书馆学校	一学年
阿弟难他卡勒几图书馆学校	一学年	波斯顿大学商科附属图书科	一学年

最有名气的几所图书馆学校,纽约州立图书馆学校、纽约公共图书馆学校、"伊里诺威"大学图书馆学校等均为二年制。早期在中国从事图书馆学教育的人员,大多数来自上述学校,因此文华图专与金陵大学图书馆学系也不约而同地选择二学年制作为标准。

---

① 杨昭悊.图书馆学(下)[M].上海:商务印书馆,1923:434.
② 杨昭悊.图书馆学(下)[M].上海:商务印书馆,1923:442.
③ 杨昭悊.图书馆学(下)[M].上海:商务印书馆,1923:425-426.

在美国图书馆学教育逐渐成熟以后,不论是专门的图书馆学校,还是在大学里开设的图书馆学课程,对于学生入学的初始标准都在提高。美国图书馆学教育从低到高分为初级图书馆学校、高级图书馆学校、图书馆学研究院、图书馆学高等研究院四种形式。其初级图书馆学校入学程度要求为大学二年级程度并有图书馆经验;高级图书馆学校入学程度须在大学三年级以上,与有一年之实习经验者;图书馆学研究院入学程度要求为大学毕业生,并具有图书馆实习经验者;图书馆学高等研究院除大学毕业者外,须于图书馆学有特别研究与经验者①。文华图专的入学要求仅相当于美国初级图书馆学校,但在国内已属苛刻。由于深受美式图书馆学教育影响,不论文华图书科还是金陵大学图书馆学系,都选择大学本科二年级以上的学生学业程度作为学习的起点,而以两年教育为限。可以说如果不借助辅系教育,初创时期的图书馆学教育机构很难找到合适的生源。1926 年以后,文华图书科以及后来的文华图专在利用庚款全国招生时,立刻感觉到招生的困难,尽管有每年 20 至 25 个全额奖学金名额,实际到校的人数通常仅为个位数。

选择以辅系教育作为起点还有一个原因,就是当时中国的图书馆职业还处于萌芽阶段,远不能与同时期的美国相提并论,许多学生在选择这一专业时心存顾虑,把图书馆学列为辅系教育有助于稳定学生的信心。实际到 20 世纪 10 年代,美国图书馆专业人才的培训只是刚刚从师徒式培训过渡到三种培训形式并存的时期,即图书馆附设培训班、图书馆附设图书馆学校和独立的图书馆学校②。1920 年成立的文华图书科,在当时算得上紧跟时代潮流的图书馆学教育机构,属于相当新颖的学科,未来就业存在一定的风险。另一个值得考虑的原因是来自财务需要,对于初涉图书馆学教育的文华图书科来说,依托文华大学有助于减轻财务压力。

杨昭悊认为,美国图书馆学校虽各有侧重,"但是无论在那一校,重要的科目,是目录编纂法、分类法、参考图书馆研究和图书馆经济,此外又有图书馆管理

---

① 严文郁. 美国图书馆概况[J]. 图书馆学季刊,1932,5(3/4):338-339.
② 程焕文. 中国图书馆学教育之父——沈祖荣评传[M]. 台北:台湾学生书局,1997:26.

法、图书馆建筑法、图书馆选择法、书史对于儿童的作业①,和公文书等科"②。除去实习以外可以归纳为管理、技术、历史与文书三大类。下表为纽约州立图书馆学校的课程。

表 5 – 2　美国纽约州立图书馆学校课程③

学制	大类	科目	课时(小时)	统计(小时)
一年级 必修	图书馆管理法	美国图书馆	15	175
		小图书馆管理法	20	
		图书馆建筑	15	
		图书馆视察	80	
		儿童图书馆	15	
		演习	30	
	图书馆实务	装订法	30	510
		目录法	160	
		分类法	75	
		贷出	30	
		解题和标本	50	
		购买和收受	35	
		印刷	30	
		书架排列	20	
		件名标本	75	
	书史学	国民书史学	90	590
		参考图书使用法	120	
		图书的选择	380	
二年级 必修	图书馆管理法	大图书馆管理法	25	140
		图书馆视察	80	
		演习	35	

---

① 原文如此,可能为"书史对于儿童的作用"。
② 杨昭悊.图书馆学(下)[M].上海:商务印书馆,1923:427.
③ 杨昭悊.图书馆学(下)[M].上海:商务印书馆,1923:429 – 432.

续表

学制	大类	科目	课时(小时)	统计(小时)
二年级必修	图书馆实务	目录法	60	210
		分类法	100	150
		解题和标本	50	
	书史学	图书的选择	330	680
		科别书史学	200	
		分文书	50	
		书史和外国图书馆史	25	
		件名书史	75	
二年级选修		图书实习	选习各科百小时以上	
		实业图书馆		
		目录法和实习		
		高等学校图书馆		
		索引和图书馆发展策		
		法制图书馆和同馆参考书		
		图书馆建筑		
		参考图书		
		参考图书馆实习		

　　中国早期图书馆学教育的课程设置还较为粗疏。北京大学图书馆学课程只有3门,每年都有所不同,并且不是每年都设,比如1924年开设了图书馆学、图书馆利用法、目录学,1925至1926年则为图书利用法,1927年停开图书馆学课程,1928年又恢复讲授图书馆学,没有一定规律。图书馆学课程只是一种素质教育,并非专业教育。

　　而专门图书馆学教育机构的课程设置各有侧重,文华图专的课程偏重技术,金陵大学图书馆学系的课程设置偏重技术与历史、文书两方面,上海国民大学图书馆学系则偏向图书馆管理,总体上三校课程均以图书馆学技术教学为重。

表 5 – 3 20 世纪 20 年代中国图书馆学教育机构课程设置比较

图书馆学教育机构	课程数量	初始课程设置		教员
文华图书科（1920 年）①②	5 或 4	1. 分类 2. 编目 3. 主题词 4. 图书选读 5. 参考工作	或 1. 分类 2. 编目 3. 图书选读 4. 参考工作	韦棣华 沈祖荣 胡庆生
金陵大学图书馆学系（1927 年）③	15	1. 图书馆学大纲 2. 参考书使用法 3. 中国重要书籍研究 4. 目录学 5. 分类法 6. 编目法 7. 杂志、报纸、政府公文 8. 特种图书馆	9. 民众图书馆 10. 索引与序例 11. 书史学 12. 印刷术 13. 图书馆问题之研究 14. 图书选择之原理 15. 图书馆史与图书馆行政	李小缘 刘国钧 万国鼎 蒋一前
上海国民大学图书馆学系（1925 年）④	13	1. 图书馆学概论 2. 图书馆学原理 3. 图书馆行政 4. 图书馆实习 5. 图书选择法 6. 图书分类法 7. 图书编目法	8. 图书参考法 9. 研究法 10. 目录学 11. 古书校读法 12. 国学概论 13. 国学书目	杜定友 胡朴安 孙心磐 陈伯逵

---

① William Hwang. The First Library School in China[J]. 文华温故集,1920,15(4):364.

② 彭斐章,彭敏惠.文华图专目录学教育与目录学思想现代化[J].图书馆论坛,2009(6):9 - 10.

③ 金陵大学图书馆概况[G]//李小缘.金陵大学图书馆丛刊第四种.南京:金陵大学,1929:15.

④ 金敏甫.上海国民大学图书馆学系概况[J].图书馆学季刊,1926,1(1):144 - 156.

续表

图书馆学教育机构	课程数量	初始课程设置	教员
北京大学图书馆学课程（1924—1928 年）①	3	1. 图书馆学 2. 图书利用法 3. 目录学	袁同礼 杨荫庆 陶孟和 樊际昌 严毅 傅铜

文华图书科初始课程也很少,学分只占该生所有学分的 13.7% (16/117)②,对第一届学生来说,图书馆学更像是他们的"副业"。随着文华图书科越来越向独立学校发展,其课程建设也不断发展完备,"文华图书科恰当地提供了一个稳定的教育计划。它的课程是丰富的,包括当时在美国所授的全部图书馆经营的各个内容"③。"在 1924 年至 1925 年特别添加了打字训练。"④1930 年时又增加了图书馆行政学、中文书选读、中国版本学、特别图书馆、索引法等五科⑤,在 20 年代末及 30 年代初的文华图专庚午级时,课程体系已相当完备,与同期美国图书馆学校亦无大的差别。

二、建设有中国特色的图书馆学教育

中国图书馆学教育注重西方图书馆学与中国传统目录学、校雠学的结合,由于传统分类编目方法与中国古代文化紧密联系,而新学科、交叉学科不断增加,

① 李辛之.北京大学之教育系:国立北京大学卅一周年纪念刊[G]//吴相湘,刘绍唐.民国史料丛刊第五种:国立北京大学纪念刊(第三册).台北:传记文学出版社,1971,52 – 55.

② 彭斐章,彭敏惠.文华图专目录学教育与目录学思想现代化[J].图书馆论坛,2009(6):9 – 10.

③ Cheryl Boettcher.沈祖荣与文华图书馆学专科学校[G].何建初,译.毛相骞,整理//陈传夫.文华情怀——文华图专九十周年纪念文集.武汉大学出版社,2010:119.

④ Cheryl Boettcher.沈祖荣与文华图书馆学专科学校[G].何建初,译.毛相骞,整理//陈传夫.文华情怀——文华图专九十周年纪念文集.武汉大学出版社,2010:120.

⑤ 本科消息[J].文华图书科季刊,1930,2(1):133.

必须了解这些日新月异的变化,因此,中国图书馆学教育也注重中国传统文化以及西方文化背景的学习。虽有不少学者认为,梁启超在中华图书馆协会成立大会上提出建立中国图书馆学的口号,是第一次明确提出"中国图书馆学"的记载。不过,1916 年沈祖荣写的《中国能采用美国图书馆制度吗?》(Can the American Library System be Adapted to China?)可能才是讨论图书馆学本土化的最早文章,沈祖荣在该文中列举了中国人惯用笔名所造成的检索困难的现象,他认为"中国目前的图书馆制度并不能满足现实需要,但这并不意味着要完全放弃旧有的一套(系统)而采用全新的一套。如果这样做会产生大量的反对声音。那些介绍新思想、新理论、新系统的改革失败者,忽视了一个事实就是大部分的旧有制度应当保留,这些旧有制度中的优点应当被运用,与美国理论相协调融合。这个世界并不存在一个完美的制度,一个制度在一处是有效的,但并不一定适合另一处。最接近一个理想制度的情况是最适合所在环境以及服务人群更有效率"①。

杜定友曾说:"图书馆学成为专门科学,也非一朝一夕偶然间事。在我国历史上看来,自从周室之守藏史老聃起,已有藏书之官。汉刘向、刘歆起,就有目录之学。班固因七略而作艺文志,其后各代正史每附经籍志。其他郑樵的校雠略,章学诚的校雠通义,也都是研究图书馆学的成绩。历来中国学者,凡是饱学之士,没有不研究目录、版本之学。可见图书馆学在中国本来是发达很早,而且很普遍。不过我们所学的都不出目录、版本之门。这两门科学虽然是图书馆学中的重要部份,却万不能称为图书馆学的全部。"②杜定友承认有中国古代图书馆学,然而中国古代图书学又是很不健全的,以现代图书馆学技术、管理、运用三分来说,中国古代图书馆学只能说是具有一些技术的成分。

由于"中国国情不同,文字各异",以分类法为例,传统四库分类法已越来越不适用于现有书籍的分类。"迨书目答问出,而四库分类之弱点,乃完全暴露。何以言之? 盖四库不收丛书,故四部之名,尤可勉强成立,而丛书在明已有,澹生

① 沈祖荣. Can the American Library System be Adapted to China? [G]//沈祖荣. 沈祖荣文集. 武汉:武汉大学出版社,2013:7 - 8.

② 杜定友. 图书馆学的内容和方法[J]. 教育杂志,1926,18(9):1.

堂不从四部,本无问题;千顷堂将丛书列入类书,体例不合;四库之不收,或即此故,且明代丛书不多,不收亦尚属可行。然清代乾嘉以后丛书刊行最多,更有重大之价值,至张之洞编书目答问时,已有不能不收之势,无已乃于四部之外,另立丛书一部,成立五部,而四库制不能包含一切书籍之弱点,乃完全暴露无遗矣"①。因此面对打开的国门,就算不受西风东渐的影响,中国分类法的改革也是势在必行。

当然西方分类法的问题也有很多,杜定友就说:"中国图书分类法,若以补充杜威法为原则,则难免削足适履之讥。"然而客观来说,西方分类法的完善程度要好得多,因此《杜威十进分类法》传入以后的仿杜、补杜、改杜,都是以西方分类法为基础的。这方面有王云五的《中外图书统一分类法》、刘国钧的《中国图书分类法》、皮高品的《中国图书十进分类法》、查修的《杜威书目十进法补编》、裘开明的《汉和图书分类法》等。

中国图书馆学教育一开始就具有中西文化、中西图书馆学技术并重的特点,学生必须对中西图书馆学技术及文化都有相当的了解,实际的课业负担比美国图书馆学教育要重。如金陵大学图书馆学系课程及教学内容如下:

表5-4　金陵大学图书馆学系课程及教学内容②

代码、课名、学分	课程内容	课时	备注
一四〇 图书馆学大纲 四学分	注重普通图书馆之内部组织及行政类别,各种图书馆之性质及其管理方法,并分论选择、编目、分类、典藏、装订、特藏、宣传、流通、目录用法等,及其一切附属问题有习题与实地参观	每周 四小时	必修
一四一 参考书使用法 三学分	研究中西文重要参考书籍之性质及其特色问题,使学生能对各类普通参考书籍运用自如,逐课皆有习题	每周 三小时	必修

---

① 蒋复璁.中国图书分类问题之商榷[J].图书馆学季刊,1929,3(1/2):29.
② 金陵大学秘书处.学程纲要[M]//金陵大学秘书处.私立金陵大学一览.南京:金陵大学秘书处,1933:210-212.

续表

代码、课名、学分	课程内容	课时	备注
一四四 目录学 三学分	研究中西目录学原理及其范围,说明目录种类及实用目录之意义,与编制法辨别目录学与编目法之同异,目的在能运用原理而自行编制实用,目录参考讨论及课外阅读	每周三小时	必修
一五一 分类法 三学分	研究图书分类之性质与原理,对于中西各家图书分类法为比较的研究。中文偏重《四部分类法》及《中国图书分类法》,英文偏重《杜威十进分类法》与《美国国会图书馆分类法》,逐课皆有习题练习	每周三小时	必修。预修学程图书馆学一四〇
一五二 编目法 三学分	讲授中西图书编目原理及其方法,对于各种条例做比较的研究,尤注重现代中国图书编目法之实际问题,逐课皆有习题	每周三小时	必修。预修学程图书馆学一四〇
一五三 图书流通法 二学分	讨论指导阅览者利用图书馆之方法并研究馆内外借出与索还书籍各种手续	每周二小时	必修。预修学程图书馆学一四〇
一五四 杂志报纸政府公文 二学分	通论中西杂志报纸及政府公文之保管整理使用并讨论其历史性质及价值,除教科书外有参考讨论及课外阅读	每周二小时	选修。预修学程图书馆学一四〇
一五五 特种图书馆	讨论各种特殊图书馆之组织与管理之特别问题,并研究各种实际设施,尤注重于儿童图书馆、民众图书馆、学校图书馆及专门图书馆等有参考讨论及课外阅读	每周三小时	选修。预修学程图书馆学一四〇
一六〇 书史学 二学分	研究中西书籍演化之程序及书籍对于文化与图书馆之关系,凡与书籍有关系之材料如纸墨笔等皆在研究之中	每周二小时	三四年级学生选修

续表

代码、课名、学分	课程内容	课时	备注
一六三 图书选择之原理 二学分	讨论图书选择之原理及各种图书馆实际选书之问题,如版本、鉴别书估舞弊价目高下,营业目录之研究等,并讨论购置之方法	每周 二小时	选修

1936 年汪长炳的《一种研究图书馆学之方法》一文谈及研究图书馆学应有的基础,虽是以文华图专的教学经验而论,也可以看作民国时期图书馆学高等教育课程设置的背景。

研究图书馆学应有之基础

图书馆学所讨论者,略如上述,然此尚未尽图书馆学所研究之对象;凡与图书馆事业有关者,亦当在图书馆学研究之列,研究图书馆学者,必先修习其有关系之各科学,图书馆学学校招收新生,有定高中毕业者,有定大学二年肄业者,有定大学卒业者,为研究图书馆学应有之准备。然其准备之标准应以何种原则断之? 例如办理公共图书馆阅览事业者,学校图书馆之分类书籍者,应受何种基础科学课目? 如以学生所受之学年为标准,则图书馆学所研究之范围亦随之而增减。图书馆学所研究之科目与研究图书馆学应有之相关基础科学之互相联系,不但为实行图书馆工作之重要训练,且对于工作者地位与声望有亦相当之关系。在昔以图书馆工作为藏书保管之责,司其责者之学识训练才能,其所占之地位待遇报酬等,不但未得到社会人士之注意,而图书馆工作人员亦不之顾;其影响于图书馆事业之发展甚巨。且图书馆事业之基本工作,图书馆学之性质与范围,图书馆馆员之地位为今日研究图书馆学者之主要问题。然则图书馆学研究之界限若何? 据以上所论,则图书馆学训练(Training)与图书馆教育(Education)不无分别。训练之意义在于事务之执行,工作之练习,方法之学习,步骤之指导,而对于一己之学识与所受之相关科学无多大关系。反之,图书馆学教育则计工作问题之研究与解决,环境之适合,方法之修改,人事之对付,且图书馆教育须先有相当学识,有责任判断创造能力之养成,及其他有关于应用图书馆学之一切。图书馆学训练与图书

馆学教育,有如医药学之护士之训练与医学士之教育,其分别之点甚明。今就研究图书馆学应有之基础分别言之:

A. 须有基本的国学智识之准备

国学之范围甚难加以界限,而基本国学之限定尤难。但研究图书馆学者,应对于目录,类书,丛书,历史,传记,金石,艺术,文学等等须有相当知识,关于国学各科研究之书籍可供参考者不胜枚举,而对于每科之书目,考证,辞典,概论,历史等类书籍之编纂及用应法亦应知其大略。

B. 须有社会科学上之基本知识

社会乃集个人而成,个人为社会成立之基础,而图书馆事业乃社会事业之一部份;故研究图书馆学者须有社会学之知识。关于社会中之生产,分配,消费,组织,人口,资劳问题,政治制度,政治组织,法律范围,国际关系等均与图书馆学之局部学问有密切之关系。社会学之书籍可供参考者有孙本文之社会学原理,陶孟和之社会与教育,陈石孚译之经济史观(The economic interpretation of history,by E. R. Seligman),李季译之社会主义之思潮及运动(Socialism in thought and action by Harry W. Laidler),杨濂译之主要社会问题(Major social problems,by R. M. Binder)等等。而孙本文之社会学原理中附有详细书目便于参考。关于政治学者有李剑农之政治学概论,杨玉清之现代政治概论,孙寒冰译之政治科学与政府,张慰慈之政治学大纲,高一涵之欧洲政治思想史,梁启超之先秦政治思想史,陈仁安之中国政治思想史大纲;王世杰之比较宪法;臧启芳译之经济思想史,傅子东译之近代资本主义化进论,赵尔坪之近代欧洲经济学说,马寅初之中国经济改造,李权时之财政学原理等等。

C. 须有统计学之应用知识

统计学为工具知识之科学。图书馆事业之需要统计数字代表者甚多,如书籍庋藏之多寡,阅览成绩之概况,工作效率之考核等均借数字与由数字而成之公式以表现图书馆工作之大要。统计学之参考书籍有关于图书馆学适用者,如王仲武之统计学原理及应用,艾伟之高级统计学,熊庆来之高等算学分析,吴在渊之数学初步,而 D. C. Jones 及 G. W. Danials 合著之 Elements of Mathematics for students of economics and statistics 一书为一般对于数学无根底者之最好参考书。

D. 须有与图书馆学相关各科学之学识

凡研究图书馆学者,须有相当的基本科学之知识如自然科学,应用科学,哲学,宗教学,物理学,人类学,历史学,地理学,教育学等等。上述各种均与图书馆学发生直接或间接关系。欲求对于图书馆学作彻底之研究者,对于此等科学非加以相当之研究不可。研究图书馆学之先而应阅读者有任鸿隽之科学概论,王星拱之科学概论,刘文艺译之最近自然科学概观(大町文卫原著),尤佳章译之西洋科学史;于应用科学方面,对于尤佳章译之科学与人生(F. S. Harris 原著),徐守桢之现代科学发明史,应加以研究。心理学之书籍可供参考者有陆志韦之心理学,陈德荣之行为主义。崔载阳之近世六大家心理学,庄泽宣译之应用心理学,赵演译之社会心理学等。冯友兰之人生理想之比较研究,石沱译生命之科学,汪奠基之哲学与科学,瞿世英之现代哲学,梁漱溟之东西文化及其哲学,及健东苏之哲学尤为增加思想之书。其他对于历史地理教育之工具书甚多,阅者应择要读之以备基本学识之获得。①

汪长炳提到"训练"与"教育"的区别,也是图书馆学短期讲习班与正规教育的区别。那么正规教育涉及领域如此之多,必然需要对应的开设课程。钱亚新就读上海国民大学图书馆学系的时候,课程有"杜先生的'图书馆学概论'和胡朴安先生的'校雠学',选修课有周予同先生的'国学'、何炳松先生的'史学'以及一门'心理学'和一门'英国文学选读'"②。都是这种思路的体现。对接受图书馆学正规教育的学生来说,如此大的阅读量要求,以及涉足如此广泛的学科,也决定了图书馆学教育的学历要求不可能过低。

文华图专在教育中贯彻了"教—学—研—用"相结合的人才培养方式③。沈祖荣在《仿杜威书目十类法》新序里写道:"幸胡君庆生,对于分类之法,素有心得,彼此磋商,各抒所见,又与敝校图书科第一班诸学生互相研究。取从前之旧

① 汪长炳. 一种研究图书馆学之方法[J]. 文华图书馆学专科学校季刊,1936,8(4):457-460.
② 钱亚新. 钱亚新别集[G]. 谢欢,整理. 南京:南京大学出版社,2013:205.
③ 沈祖荣. 前言[G]//沈祖荣. 沈祖荣集. 武汉:武汉大学出版社,2016:1-2.

章,再行修改。虑其歧出也,则归并之;嫌其支离也,则浑括之。"①沈祖荣回忆一些技术问题的研究过程。

> 留美数年,返国,满意既经专门研究,学得一切方法,又带回了一些工具……则昔日所遇种种分类、编目之困难,不难迎刃而解。乃事竟大谬不然……于是与胡庆生先生,于民国六年,根抵新法,混合中西,创为仿杜威十类法,以类分书籍。又用 Willams 永字八笔母笔法,为排列次序之根据,行数月觉不可行,只得仍改用笔画多少法,凡此一切,皆是为解决自身难题而造的,乃至今尚为一困难,现在又改用王云五四角检字法,亦尚在试验时期。

> 日本与我同种同文,又是图书馆事业先进的国家。在许多图书管理上的难题,没法解决,穷极无聊时候,曾想看一看。于是到日本在东京住一月之久,其他内地游历参观月余,想寻求一解决方法,岂图结果,乃如求仙丹一样,毫无所得。盖彼于和书,各地有各地之分类,如帝国大学图书馆分类法,杜威分类法,至于中书,还是奉行我国之四库法,仅少数图书馆,是用新法。然目录卡均很简单;关于中书目录,有的不编,有的仍用书本式,并且排列是用和文,我们一点都不能采用。返国只得仍遵旧轨进行。②

图书馆学本土化涉及理论图书馆学和应用图书馆学的创新,理论图书馆学的创新最重要的成果是"要素说",此学说一经提出,即不断有图书馆学人附和,并提出新的要素说。1921 年,刘国钧首先提出三要素说,同年戴志骞提出了六要素说,杨昭悊也提出了"经费、建筑、设备"三要素说。吕绍虞又于 1925 年提出了"建筑、藏书、管理"三要素说,同年,梁启超又提出"读者、读物"二要素说。随后,杜定友也提出了图书馆的要素,并在 30 年代总结为"三位一体"。1929 年,陶述先提出"书籍、馆员、读者"三要素说,陈颂提出"馆舍、馆员和书籍"三要素说。1934 年,刘国钧又提出四要素说。1935 年,徐旭提出"图书、阅者、馆"三要素。1936 年,俞爽迷

---

① 沈祖荣.《仿杜威书目十类法》新序[G]//沈祖荣.沈祖荣集.武汉:武汉大学出版社,2016:22.

② 沈祖荣.在文华公书林过去十九年之经验[J].文华图书科季刊,1929,1(2):162-164.

提出"图书、方法、活用"三要素说,桂质柏提出"图书、人员、设备、方法"四要素说等①。蒋复璁到台湾以后又提出图书、人员、经费、建筑四要素说②。直到 20 世纪 80、90 年代,仍有吴慰慈、黄宗忠等提出新的要素说。可见要素说是符合中国图书馆学人思维习惯的一种集体创造,具有整体性思维的优势,可与美国巴特勒的"社会说"相提并论。

徐家麟在中国图书馆学哲学理论的建立及教学方面的变革也值得一提,由于在中国图书馆学教育中起引领作用的大多数图书馆学人均留学于 20 世纪 10—20 年代,这个时期还是杜威经验图书馆学占主导地位的时期,因此中国现代图书馆学的阶段也可以称为经验图书馆学的阶段,20 世纪 30 年代,芝加哥学派兴起以后,对中国图书馆学教育影响甚小,而真正全面接受"芝加哥学派"理论则已经到了 20 世纪 80 年代。然而徐家麟在 1945 年国立社会教育学院创办的《图书馆学报》上即发表了《关于图书馆学的认识几点观察》一文,介绍了芝加哥学派重要人物巴特勒的观点,首次提到了图书馆学科学化的观点。并于 1944 年在《图书馆学通论》授课纲要中,明确列出"图书馆之哲学"课程,提出建立新的图书馆学体系,应包括图书馆哲理研究的内容③。这可以说是中国图书馆学教育本土化的一个成果。

在应用图书馆学领域,当时图书馆学本土化主要围绕中文图书分类、索引、中文书籍编目三类问题展开。在分类法方面取得突破的最重要的成果是沈祖荣、胡庆生的《仿杜威十进分类法》和刘国钧的《中国图书分类法》,尤其是后者,符合现代分类理论与原则,符合中国图书馆文献分类的特征,彻底打破了"经"类的束缚④。而在图书馆学本土化的另外几个重要方面,编目问题、新式检字法、索引等,均在 20 世纪 20 年代末取得突破。

以索引理论的发展为例,索引理论受到了文化界的广泛关注,林语堂、胡适、梁启超等人注意到西方索引学说对于科学研究的重要价值,提倡积极展开对索引理论的研究与运用,如此"节省学者的功力,使学者不疲于功力之细碎,而省出

① ④ 顾烨青,吴稌年,刘宇. 从学科认同的构建看"中国的图书馆学"的建立[J]. 图书馆杂志,2012(3):5.

② 蒋序. 参见:王振鹄. 图书馆论丛[M]. 台北:台湾学生书局,1984:1.

③ 柯愈春. 追求中国图书现代化的思想家徐家麟[G]//陈传夫. 文华情怀——文华图专九十周年纪念文集. 武汉:武汉大学出版社,2010:348.

精力来做更有用的事业"①。梁启超认为:"我还有一个重大提案,曰编纂新式类书……须有这样一部大而适用的类书,方能令图书馆的应用效率增高。"②而所谓新式类书就是指的索引。当时"整理国故"运动的发展使学术界愈发感觉此工作的重要性,"其核心思想就是以西方'科学方法'来整理中国固有的学问,通过西方社会科学研究方法的条理,使中国的传统学问能够被顺利地纳入近代学科体系中去,最终达到让中国学术和中国国家都能自立于世界民族之林的目的"③。索引理论的一部分检字法的讨论相当热烈,新发明的检字法保守估计有 121 种之多④。可见索引理论和技术研究与发展是当时文化界普遍关注的问题。

学者们对此多有本土化的改进,例如哈佛燕京学社在引得中加入罗马字,提高了检索的便利性,在原书目注后再标明校勘的卷叶,对各类版本的真伪进行了考证,这些都是西方索引所不具备的特点。

三、课程设置的进步与发展

从 20 世纪 20 年代开始,经过约十年的摸索,图书馆学教育日渐专业化,以文华图专为例,到 1929 年独立建校时,已开设有十余种课程。到 1937 年,文华图专课程(见表 5 – 5 和表 5 – 6)发展得更为精细,"沈祖荣制定了一套我国最完善的图书馆学课程体系"⑤。从 30 年代文华图专学生的成绩册来看,共分为五大类科目,即目录科目(Bibliographic)、学术科目(Technical)、行政科目(Administrative)、其他科目(Miscellaneous)、语言科目(Modern Languages)。大致是根据课程的内容和性质进行的简易分类,某些课程在归类上有过调整,比如新增加的簿记大意(Book-keeping for Libraries)⑥和当代史料(Current History)课程,最开始归入其他科目,而后又调

---

① 胡适.国学季刊发刊宣言[J].国学季刊,1923,1(1).
② 梁启超.中华图书馆协会成立演说辞[J].中国图书馆协会会报,1925,1(1):11 – 15.
③ 熊静.索引运动与索引学说的建立[J].图书情报知识,2006(4):29.
④ 平保兴.民国时期汉字检字法史论[J].辞书研究,2014(5):61.
⑤ 程焕文.中国图书馆学教育之父——沈祖荣评传[M].台北:台湾学生书局,1997:57.
⑥ 沈祖荣认为,"簿记之学,似应成为图书馆学训练必修科目之一种,以养成图书馆员管理经济记账账簿之技能。即在大学图书馆中,虽常有专司之机关,此项训练亦属必要。各公立省立图书馆中司账人员,即可不必延请。设此种知识果已成为我图书馆员具备之技能者"。参见:沈祖荣.中国图书馆及图书馆教育调查报告[J].中华图书馆协会会报,1933,9(2):8.

整至行政科目,说明科目划分只是根据课程内容与性质所做的大致分类。

表5-5 文华图专课程一览表(1937年前)①

科目	课程	学分
目录科目 (Bibliographic)	中国目录学(Chinese Bibliography)(必)	2或1
	西洋目录学(附印刷史)English Bibliography(including History of Printing)(必)	2或1
	中文参考 Chinese Reference(必)	1
	英文参考 English Reference(必)	1
	中文书籍选评 Chinese Book Review & Selection(必)	2或1
	英文书籍选评 English Book Review & Selection(必)	2或1
	版本学Chinese Editions (必)	1
学术科目 (Technical)	中西分类法 Chinese & English Classification(必)	2
	中西编目法 Chinese & English Cataguing(必)	2
	图书馆经营法(附装订)Library Records & Methods (including Binding)(选)	2
	排检法 Alphabeting & Filing 档案管理 Archive Administration(选)	2或1
	索引 Indexing (and filing)(English)(必)	2或1
	打字与图书馆习字 Typewriting & Lettering(选)	2
	实习 Supervised Practical Work;including Typewriting & Lettering; French Library Terms(必)	2或1
	毕业论文Graduation Thesis (必)	1
行政科目 (Administrative)	图书馆行政(附图书馆建筑)Library Administration (including Library Building)(必)	2或1
	各种图书馆研究 Types of Libraries(选)	2
	儿童图书馆 Children's Libraries(选)	1
	当代史料Current History (选)	1
	簿记大意Book-Keeping for libraries (从其他科目中调入)	1

① 根据私立武昌文华图专档案相关资料汇总制成。详见:图书馆学科本科学生成绩案(1928—1935)[A].1936.武汉大学档案馆.全宗号:7,案卷号:1928-1。本表对陆续增加与变更的课程予以斜体标出。各届学生都必须修习的课程注明为必修课(必),而每届学生修习时有不同的课程注明为选修课(选),有时某些课程在很长阶段都是必修课,而在最后一两届成为选修课时,标注为(必)(选)。

续表

科目	课程	学分
其他科目 (Miscellaneous)	中西图书馆史（附书史）History of Chinese & Western Libraries (including History of Books)（必）	2 或 1
	图书馆学讨论 Library Science Seminar（选）	
	现代史料Current History（选）后更换为（民众教育）Intro. To Adult Educ.（必）	1
	党义 Party Principles（必）	1
	体育 Physical Education（必）	$\frac{1}{2}$
	军事训练 Military Training（选）	1
	金石学 Metal & Stone Inscriptions（选）	2
	簿记大意Book-Keeping for Libraries（后调出）	1
	急救First Aid（必）	1
语言科目 (Modern Languages)	国文 Chinese（必）（选）	2 或 1
	日文 Japanese（必）（选）	2 或 1
	法文 Technical French（必）（选）	2 或 1 或 $1\frac{1}{2}$
	德文 Technical German（必）（选）	2 或 1 或 $\frac{1}{2}$
	英文 *English*（选）	2
	英语及英文文献选读 *English & English Literature Selected Readings*（选）	2

表 5 - 6 1937 年文华图专的课程及课时①

	课程名称	课时（学时）
第一学年 第一学期	图书馆经营法 A（书籍之购求保管与应用）	2
	图书馆分类法 A（分类法通论）	2
	图书馆编目法（西文编目法）	2
	图书馆史 A（西洋图书馆史）	2
	目录学 C（中国目录学）	2
	参考书 A（西文参考书）	2
	打字与习字	2
	索引与检字 AB（索引法、检字法）	2

---

① 文华图书馆学专科学校.私立武昌文华图书馆学专科学校一览（二十六年度）[M].
武昌:私立武昌文华图书馆学专科学校,1937:104.

续表

	课程名称	课时 (学时)
第一学年 第一学期	博物馆学 B(古器物学)	2
	簿记与会计	1
	外国语	3
	军事训练	2
	国术	1
	实习	4
第一学年 第二学期	图书馆经营法 B(图书馆组织行政与建筑)	2
	图书分类法 B(分类法专论甲　西方分类法)	2
	图书编目法 A(西文编目法)	2
	图书馆史 B(中国图书馆史)	1
	目录学 C(中国目录学)	2
	参考书 A(西文参考书)	2
	书籍选择 A(书选通论)	1
	索引与检字 C(序列法)	2
	博物馆学 B(古器物学)	2
	簿记与会计	1
	外国语	3
	军事训练	2
	国术	1
	实习	4
第二学年 第一学期	图书馆经营法 C(图书馆宣传及推广事业)	2
	图书馆分类法 B(分类法专论甲　西方分类法)	2
	图书馆编目法 A(西书编目法)	2
	儿童图书馆学	2
	目录学 A(西洋目录学)	2
	参考书 B(中文参考书)	2
	书籍选择 B(西洋各科名著选要)	2
	档案管理法	2
	外国语	3
	国术	1
	实习	4
第二学年 第二学期	图书馆经营法 D(特种图书馆研究)	2
	图书分类法 C(分类法专论乙　中国分类法)	2
	图书编目法 B(中文编目法)	2
	毕业论文	1
	目录学 B(西洋书籍史)	2
	博物馆学 A(博物馆学通论)	2
	书籍选择 C(中国各部名著选要)	2
	档案管理法	2
	外国语	3
	国术	1
	实习	4

由于出处不同,两表有一些差异,因此从不同方面反映了这一时期的课程变化,一是由早期偏向技术类课程,增加了管理、历史与文书课程的比重,增加了理论教学的内容,重视素质教育,从"训练"转为更注重"教育"。图书馆学课程进一步拆分,并增设新课程。由于图书馆学讲习班的开设,办学规模扩大,原有的图书馆学课程拆分为更加专门性的课目,比如中西编目法(Chinese & English Cataguing)拆分为中文编目法、西文编目法、编目专题研究、特种目录编制法四门课程。各种图书馆研究(Types of Libraries)拆分为大学图书馆学、中学图书馆学、公共图书馆学,图书馆学建筑从图书馆行政(Library Administration)中拆分出来,成为单独的一门课程,增设图书馆学概论、图书馆讲演等新课程,这些变化都反映了专业教育的深入。

其余的课程包括党义(Party Principles)、体育(Physical Education)、军事训练(Military Training)、急救(First Aid)等,反映了时局对于教育的影响,急救增设于本科第十二届(1934 年 9 月—1936 年 6 月),当时正处于中日战争全面爆发前夕,文华图专不得不为即将发生的战争进行准备。在 1938 至 1940 年期间,文华图专曾将党义、国文两门必修课删除,1940 年 9 月,教育部在收到呈请后要求恢复。党义课程遂在内迁后不久改为三民主义课程。

> 教育部指令　中华民国二十九年九月
> 廿九年八月廿七日呈一件—呈复未设国文、党义二科理由呈悉。该校廿八年度第二学期毕业生孙雁征等七名毕业资格,姑准一体备案,惟嗣后仍应收国文党义课程列为必修科目,并仰遵照。此令。
>> 部长陈立夫①

素质教育有特点的如中西文书籍选读课程,"选读中国历代之文学家、思想家、史学家、艺术家、考证学家之代表作""选读意法德俄诸国大著作家之代表著作""选读英美两国著名的文学家、历史家、艺术家、科学家等的著作",各种字体书写法,"上半年习西文各种字体,下半年习中国宋体字",均非应用型课程,而是着力开拓学生的视野,扩大学生的知识面,使学生不仅在图书馆学上有专攻,也对其他学科,

---

① 教育部指令[A].1936.武汉大学档案馆.全宗号:7.

特别是文史学科有一定的了解,在潜移默化中使学生的综合素质得到提高。

对于语言教育的高度重视是从文华大学图书科就有的传统,20世纪初,教会学校渐为社会所承认,英语学习就具有很强的吸引力。文华大学的设立旨趣就说:

> 教授各种学科,何以必用英语也? 诚以今日生活程度之高,学者当以谋生为急务。其在本校卒业者,出而应世,生活程度自无问题之可言。即属半途辍学,于社会上亦可谋相当之位置,决不致感受生活之困难。且就吾人方面观之,中国学生果能通达英文,无论研究何种学问,进步较速。此本校之所以毅然决然采用英语教授各学科之一种方法也。[1]

由于现代图书馆学的基本理论、方法均来自西方,韦棣华、沈祖荣、胡庆生及不少教师都接受过美国图书馆学教育,文华图专本身亦为教会学校,文华图专非常注重学生外语能力的培养。文华图专于1938年西迁前的很长时间内,中、日、德、法语言课一直为必修科目,只是在本科第十二、十三届才改成选修课,在重庆办学期间,又增设俄语课程。此外文华图专在实习课程中还增设法语图书馆词汇(French Library Terms)教学。

> 该校又鉴于德日两国文字在吾国图书馆中亦颇占重要,故专科自一九三〇年起增设德文一门,讲师为一德人。此门除专科必修课程外,讲习班学生英文颇有根底者亦可选读,如邢云林翁衍相等,均在选读之例。至于日文一门,去年本拟与德文同时增添,且已聘妥讲师,嗣以课程过多,碍难插入,不果,逐定专科第二学年增添。[2]

文华图专所在华中大学的校园环境,处处流行着英语交流的氛围。"班主任是胡庆生先生,其他老师有沈祖荣先生,还有一位外国老师叫Miss Wood,专门教英国文学。胡先生教外文工具书,沈先生教图书分类法和编目法。另外我还选读了两

① 本校设立之旨趣[J].文华月刊,1921,1(5/6):1-4.
② 文华图书馆学专校校闻[J].中华图书馆协会会报,1931,6(5):39.

门图书馆学以外的功课：一门是社会学，一门是打字，都是由外国老师教的。总共五位老师中有三位是外国人，他们上课都直接用英语讲授"①。沈祖荣组织学生翻译了《世界各国民众图书馆》和《世界各国国立图书馆》两本书，均是由学生完成的，以后陆续登载在《文华图书馆学专科学校季刊》上，体现了学生的英语水平。

图书馆学作为治学门径，对于从事其他研究也是颇有益处的。戴镏龄，一个毕业后转入英国语言文学研究的学者，从文华图专的目录学课程里获益匪浅。戴镏龄在校时发表了很有深度的英文文章《佛教目录在中国目录学上之影响》(*The Characteristics of Buddhistic Cataloging Methods and Their Influence on Chinese Bibliographical Circles*)，可以看作是用西方图书馆学结合中国传统目录学理论的一个典范习作。受中文参考工具书和西文参考工具书的影响，戴镏龄发表了《字典简论》和《我们需要一部中文百科全书》(*Wanted：A Chinese Encyclopedia*)两篇论文，无疑对他后来的《评英文新字典》《坏字典和一些错误的根源》《英国常用的几本英语辞典》等都有深远影响的②。可以说文华图专的学生之所以脱颖而出，与其语言优势有一定联系。

四、内迁时期至 1949 年前的课程变化

抗战爆发后，文华图专迁至重庆，金陵大学迁至成都，国民政府又设立社会教育学院图书博物馆学系，西南一隅同时并立三所图书馆学高等教育机构。在课程设置上内迁前后变化较大，档案学课程越来越占据重要比例，内迁前文华图专仅在排检法(Alphabeting & Filing)课程中附设有档案管理(Archive Administration)③，在当时仅是选修课程。1940 年，文华图专正式设立档案学专业，由此增加了档案经营法、档案编目、档案分类、档案行政学、档案实习、中国档案论、西洋档案论、档案专题研究 8 门课程，档案学成为与图书馆学并重的教育类别。

---

① 钱亚新. 钱亚新别集[G]. 谢欢，整理. 南京：南京大学出版社，2013：206.

② 程焕文. 英国语言文学大师戴镏龄先生鲜为人知的故事[EB/OL]. [2017 - 02 - 03]. http://blog. sina. com. cn/s/blog_4978019f0100f2eb. html.

③ "本校自前年秋季起增设'中西文档案管理'二课以来，对于是项研究，积极进行，不遗余力". 参见：校闻：试验新的档案管理[J]. 文华图书馆学专科学校季刊，1936，8(1)：139. 据此档案课程应初设于 1934 年秋. 为排课方便，文华图专对每门课程编写了特定的代码，课表中对应填写授课教师的姓氏，比如(31—32 沈)学生即知英语课是由沈祖荣校长授课，(205 徐)学生即知公务管理课是由徐家麟老师讲授，这种代码课表的形式在 1941 年春季课表中曾短暂使用过.

表 5 - 7　内迁时期文华图专学程一览表（1940 或 1941 年）①

代码	课目	学分	学时	代码	课目	学分	学时	代码	课目	学分	学时
11 - 12	国文 A	4	一年	111	大学图书馆学	2	一学期	139	资料整理法	2	一学期
15 - 16	国文 B	4	一年	112	中学图书馆学	2	一学期	141	分类原理	2	一学期
21 - 22	三民主义	4	一年	113	公共图书馆学	2	一学期	143 - 4	分类法	4	一年
31 - 32	英文	4	一年	115	儿童图书馆学	2	一学期	145 - 6	各种分类法研究	4	一年
35	英文选	2	一学期	118	图书馆建筑	2	一学期	147	分类实习	2	一学期
36	西洋文学史	2	一学期	119	图书馆学专题研究	2	一学期	151	图书选择	2	一学期
41 - 42	法文	6	一年	121 - 2	目录学	4	一年	153	书评	2	一学期
51 - 52	德文	6	一年	125 - 6	西洋目录学	4	一年	155	出版调查与研究	2	一学期
61 - 62	日文	6	一年	127	书籍史	2	一学期	157	儿童读物研究	2	一学期
71 - 72	俄文	6	一年	128	目录学专题研究	2	一学期	158	成人读物研究	2	一学期
101 - 2	图书馆经营法	4	一年	131	编目原理	3	一学期	161 - 2	中西文参考书	4	一年
103	图书馆行政	2	一学期	133 - 4	中文编目法	4	一年	165	参考实习	2	一学期
104	图书馆人事行政	2	一学期	133 - 11	中文编目法	4	一年	201	公文研究	2	一学期
105	图书馆设计	2	一学期	135 - 6	西文编目法	6	一年	205	公务管理	2	一学期
107 - 8	图书馆学概论	4	一年	137	编目专题研究	2	一学期	211 - 2	档案经营法	4	一年
109	图书馆史	2	一学期	138	特种目录编制法	2	一学期	213	档案编目	2	一学期

① 历年各科授课时间表［A］. 1940—1941. 武汉大学档案馆. 全宗号:7,档码:240 - 1.

续表

代码	课目	学分	学时	代码	课目	学分	学时	代码	课目	学分	学时
215	档案分类	2	一学期	245	序列法	2	一学期	345	考古学	2	一学期
216	档案行政学	2	一学期	311	史地概论	2	一学期	351	簿记与会计	2	一学期
217	档案实习	2	一学期	315	史料整理法	2	一学期	353-4	军训		一年
221	中国档案论	2	一学期	321	社会科学概论	2	一学期	355-6	看护		一年
222	西洋档案论	2	一学期	325	自然科学概论	2	一学期	357	音乐		一年
225	档案专题研究	2	一学期	329	文哲概论	2	一学期	361-2	打字	1	一年
231	政府组织概要	2	一学期	331	研究方法	2	一学期	363-4	实习		
241	检字法	2	一学期	342	特种博物馆学	2	一学期	365-6	小组训练		
243	索引法	2	一学期	343	金石学	2	一学期				

　　这张成于 1940 年或 1941 年的文华图专学程一览表(见表 5 - 7)(代码表)基本反映了内迁时期文华图专课程设置情况。而金陵大学图书馆学专修科也开设了档案管理法课程,只不过是作为选修课而已。

表 5-8　金陵大学图书馆学专修科课程①

年级	课程	学分	备注
一年级上 18 学分	国文	3	
	英文	4	
	图书馆通论	2	
	图书馆组织与管理	3	
	参考书使用法	3	
	社会科学概论	3	
	党义		必修
	军训		必修
一年级下 18 学分	中国文学史或中国通史	3	
	图书编目法(中文)	3	上课二次,实习二次
	图书分类法(中文)	3	上课二次,实习二次
	图书选购法(附商业目录学)	3	
	图书流通法	2	
	目录学	3	
	社会教育法令	1	
	军训		必修
	党义		必修
	暑期实习四至六星期(交报告一篇)		
二年级上 17 学分	中国文学史或中国通史	3	
	图书编目法(西文)	3	上课二次,实习二次
	图书分类法(西文)	3	上课二次,实习二次
	民众图书馆	2	
	参考实习(上)	2	
	图书馆推广	2	
	大学图书馆	2	

---

　　① 金陵大学文学院附设图书馆学专修科计划[A].1940.中国第二历史档案馆.全宗号:5,案卷号:5227.斜体字为选修科目及学分。

续表

年级	课程	学分	备注
二年级下 17 学分 选修科	中小学图书馆	2	
	专门图书馆	2	
	参考实习(下)	2	
	期刊及官书处理法	3	
	装订术	1	
	档案管理法	3	
	博物院管理法	3	
	儿童用书研究	2	
	书史学	2	
	索引与序列	2	
	教育学	3	
	国文	3	
	英文	4	
	德文	3—6	
	法文	3—6	
	哲学概论	3	
	伦理学	4	
	科学概论	3	

　　对比同期文华图专的课程表可以发现,金陵大学图书馆学专修科的课程密度要低于文华图专,专业性也要低于文华图专,一些重要课程如索引与序列,仅为选修课,而文华图专则分为索引法与序列法两门课程。

　　除增加了档案学课程外,文华图专尝试涉足的其他领域还包括文秘学、出版学、博物馆学、考古学等文科项目,诸如书评、公文研究、公务管理、公文程式、政府组织概要、特种博物馆学、考古学、簿记与会计、社会科学概论、自然科学概论、出版调查与研究、儿童读物研究、成人读物研究、文哲概论、史地概论、学术讲演、社教工作、伦理学等 20 余种新课程。如果说内迁前文华图专还是一所纯粹的图书馆学教育机构,那么内迁初期文华图专教育则尝试向各类文献整理学科迈进。

　　文华图专呈送给教育部备案的文件反映了这种变化。1942 年的一份文件写道:"教务之部,二、增设新课程,本学期拟添设史地概论、史料整理法、博物馆学通论等课目。史地概论一课全体学生必修。史料整理法、博物馆学通论二课档案科学生必修,图书科学生选修。"①因此,不论是图书馆学专业还是档案学专业的学生,所习课程都存在一定程度的重叠,以扩大学生的知识面,学生选课的余地较内迁前大得多。这些课程设置说明文华图专有向档案、政府公务、出版、考古等领域扩展的趋势。由于文华图专在图书馆学教育领域已卓有声誉,因此在上述领域拓展不仅具有一定的前瞻性,也具有获得成功的可能性。

金陵大学文学院迁至成都华西坝后,于1940年初向教育部申请设立图书馆学专修科,在金陵大学文学院呈送教育部的文件里,说明了开设图书馆学专修科的原因,"本校原有辅系学程本供学生选修之用,因施行部颁大学各院系科目新章之结果,必修课目加多,选修机会减少,致选读者锐减,原有之人员及设备等弃置可惜,故宜改设专修科以资利用"②。"专修科学生如欲入文学院正科,须经转科试验,比项试验经学生之申请于每年入学试验时举行之,正科学生如欲入专修科须经院长及专修科主任之许可。凡由其也同性质学校转入本科者除呈缴转学证书及成绩单外,须呈验高中毕业文凭,受专修科之入学试验并须至少在本校修读一年课程"③。经教育部同意设立,该专修科学程除党义及军训外须修毕68学分方能毕业。该专修科的成立,使金陵大学图书馆学教育从依附状态向独立教学转变。

1941年成立的国立社会教育学院图书博物馆学系以培养图书馆、博物馆领域的高级人才而设,是国民政府注重社会教育工作的一种体现。该系是民国时期唯一四年制本科图书馆学教育机构,是当时图书馆学教育的最高学府,该校的目标为"所有学程侧重高深专精之研究与实习"。势头大有后来居上的意味,学院规定各系学生必须修满132至148学分,"并须实习一年,各系科学生所有应修学程与毕业论文及毕业实习工作,必须完竣,成绩合格,始能毕业。"④"本学院

① 关于呈送本校民国二十九学年度校务行政计划与工作进度对照报告表及民国三十学年度校务行政计划及进度表的报告[A].1942.武汉大学档案馆.档案号:7-1942-10.

②③ 金陵大学文学院附设图书馆学专修科计划[A].1940.中国第二历史档案馆.全宗号:5,案卷号:5227.

④ 国立社会教育学院.课程一览[M]//国立社会教育学院概况.[出版地不详]:[出版者不详],1948:24-25.

各系学程,分学系共同必修课程,本系必修课程(图书博物馆学系电化教育学系与社会艺术教育学系内又分本系共同必修与分组必修二部门)及本系选修课程三种。本系必修学程,为各该系主要及专门之课程,连同实习及毕业论文暂共定为六十学分。各该系学生应分别修习。选修学程,暂定为八至二十四学分,由各该系学生自由选修,以期适应需要并发展个性。"①

国立社会教育学院开设了20门全校共同必修课,161门各系科专业必修课,151门各系科专业选修课,课程设置上重视理论与实践相结合。全校共同必修20门课程中,理论课有7门、重在实践的课程有8门、一般文化修养的有5门②。据吉鸿老师③回忆,图书博物馆学系的主要课程是图书馆类,实际上就是图书馆学系,而博物馆课程只是作为选修学习的④,可见博物馆学教育尚不成熟。图书博物馆学系的课程由四部分组成,社会教育学院必修课程、图书博物馆学系共同必修课程、图书馆组必修课程和图书博物馆学系选修课程。除社会教育学院必修课程外,其余三种课程见下表。

表5-9　图书博物馆学系共同必修课程⑤

学程名称	学分	每周时数	一年级		二年级		三年级		四年级		备注
			上	下	上	下	上	下	上	下	
图书馆学通论	3	3				3					他系可选
图书编目法	6	4			3	3					
分类学	6	4			3	3					
博物馆学通论	3		3				3				
检字法	2	3					2				他系可选
名科名著介绍	2	3						2			

① 国立社会教育学院.课程一览[M]//国立社会教育学院概况.[出版地不详]:[出版者不详],1948:14.
② 吴晓琳.民国时期国立社会教育学院考论[J].教育史研究,2012(4):43.
③ 吉鸿于1942年考入国立社会教育学院图书博物馆学系,毕业后担任助教。
④ 彭飞.国立社会教育学院图书博物馆学系简史[J].大学图书馆学报,2007(3):99.
⑤ 国立社会教育学院.课程一览[M]//国立社会教育学院概况.[出版地不详]:[出版者不详],1948:24-25.

续表

学程名称	学分	每周时数	一年级上	一年级下	二年级上	二年级下	三年级上	三年级下	四年级上	四年级下	备注
图书馆学问题研究方法	2	2							2		
档案管理法	2	2						2			
毕业实习	4										第五学年毕业实习
毕业论文	2									2	
合计	32				6	9	5	4	2	2	另加毕业实习四学分

表 5 – 10　图书博物馆学系图书馆组必修课程①

学程名称	学分	每周时数	一年级上	一年级下	二年级上	二年级下	三年级上	三年级下	四年级上	四年级下	备注
图书馆经营法	2	2					2				
目录学	6	3					3	3			
参考书及参考工作	6	3					3	3			
图书馆史	2	2					2				
图书选择	2	2							2		
图书馆学专著研究	3	3								3	
图书馆行政与设计	3	3							3		
图书馆问题讨论	2	2								2	
中国书史	2	2							2		
合计	28						8	8	7	5	

　　① 国立社会教育学院.课程一览[M]//国立社会教育学院概况.[出版地不详]:[出版者不详],1948:25 – 26.

表 5 – 11　图书博物馆学系选修课程①

学程名称	学分	每周时数	一年级		二年级		三年级		四年级		备注
			上	下	上	下	上	下	上	下	
图书馆推广与辅导	3	3									
资料整理法	2	2									
博物馆教育	3	3									
特种图书馆学	2	2									
阅览调查与研究	3	3									
史料研究	3	3									
公共图书馆学	2	2									
方志学	3	3									
图书馆学研究法	2	2									
特种博物馆学	2	2									
英文	12	12									
日文	6	6									
版本学	2	2									
物品鉴别法	3	3									
教育博物馆学	2	2									
文史博物馆学	2	2									
科学博物馆学	2	2									
美术博物馆学	2	2									
法文	8	8									
图学专著选读	6	6									
英文国学专著译述	6	6									
德文	8	8									
文化人类学	2	2									

---

① 国立社会教育学院. 课程一览［M］//国立社会教育学院概况.［出版地不详］:［出版者不详］,1948:27 – 28.

由于汪长炳及绝大多数师资均来自文华图专,因此国立社会教育学院图书博物馆学系与文华图专课程设置相似,但授课时数更多。并且还专门开设了毕业论文写作课程,较同期的文华图专更重视学生创作思维培养。

1946 年复员到 1949 年期间文华图专办学逐渐衰落,虽基本延续内迁时期的课程设置,但有一定程度的收缩,课程设置鲜有改革,不少课程或合并或取消,有些被取消的课程甚至还是文华图专建校以来就有的老牌课程,诸如大学图书馆学、中学图书馆学、公共图书馆学、儿童图书馆学、图书馆人事行政、图书馆设计、英文选读、西洋文学史、金石学、考古学、簿记与会计等。新增专业课程仅有图书馆推广事业、资料管理法两门,出现在专科第十二届(1949 年 9 月—1951 年 7 月)时期。政治课程变化较大,1949 年以后三民主义被辩证唯物论、政治经济学等新课程所取代。

表 5 - 12　复员时期及合并前文华图专的课程设置①

科目			
中国目录学	法文	西洋目录学	博物馆学
图书分类	德文	各种分类法	公文研究
西文编目法	检字法	中西文参考书	中国目录学
图书馆经营法	立排序列	图书馆行政	档案经营法
打字	索引法	索引法	政府组织
实习	社会科学概论	毕业论文	文哲概论
三民主义	中国档案通论	中文编目法	图书馆学通论
档案经营法	公文研究	图书选购	政府组织
文哲概论	人事登记	伦理学	*资料管理法*
国文	俄文	史地概论	*辩证唯物论*
英文	*图书馆推广事业*	自然科学概论	*政治经济学*
日文	*政治课*	教育学	体育

---

① 　根据文华图专专科图书馆学第十届(1947 年 9 月—1949 年 6 月)以及图书馆学专科第十二届(1949 年 9 月—1951 年 7 月)学生毕业成绩表制成。参见:文华图书馆学专科学校图十、图十一、图十二、档六级学生毕业证存根案[A].1949.武汉大学档案馆.全宗号:7,案卷号:3 - 6.斜体字部分为图书馆学专科第十二届不同于图书馆学专科第十届的课程。

究其原因可能来自两个方面,一是 1941 年在重庆璧山成立的国立社会教育学院设置了图书博物馆学系,分流了文华图专的教学力量,造成师资力量的缺口。随后第三次国内革命战争时期政治的剧烈动荡又令部分师资离开国立社会教育学院。其二是此时文华图专正面临是继续坚持独立办学还是并入其他大学的困扰之中,其中牵扯了沈祖荣极大精力,这可能也是文华图专教学趋于保守的重要原因①。

北京大学图书馆学专修科设立于 1947 年,至 1949 年前夕,图专的专任教员只有一名(陈绍业先生),任课教师大部分为兼职教员。第一届毕业生只有 3 人;第二届稍多,有 12 人②。"北大奉教部核准,于三十六年起,创办图书馆及博物馆两专科,附设于文学院内。他院学生选修专科课程满三十二学分,成绩总平均七十分以上者,即给予任何一科毕业证书"③。

表 5 - 13　北京大学图书馆学专修科课程(1947)④

课程名称	上课时间	选修或必修	学分	任课教员
中国目录学	全年	选修	2	王重民
西洋目录学	全年	选修	1	毛准(毛子水)
校勘学	全年	选修	1	王利器
版本学	全年	选修	2	王重民、赵万里
四库总目研究	半年	选修	2	王重民
图书馆学概论	半年	选修	2	袁同礼
图书参考	全年	选修	3	王重民
中文编目法	全年	选修	2	陈鸿舜
西文编目法	全年	选修	2	耿济安
中国史料目录学	全年	必修	2	赵万里
金石学	半年	必修	2	张政烺
中国近代考古学丛见史	全年	必修	2	向达

①　关于文华图专并入武昌华中大学以及燕京大学的相关讨论可见涂光需(Kuang-Pei Tu). Transformation and Dissemination of Western Knowledge and Values:the Shaping of Library Services in Early Twentieth Century China[D]. Los Angeles:University of California,1996:324 – 326.

②　张树华.早期的北大图书馆学系[J].黑龙江图书馆,1987(5):64.

③　北大文学院增设两专科[J].中华图书馆协会会报,1948(3/4):20 – 21.

④　周佳贵.王重民设立北京图书馆学专修科的始末[J].国家图书馆学刊,2013,22(4):88.

由于北京大学图书馆学专修科成立较晚,师资有限,课程密度、专业水平均不能与前三个机构相比,选修课远多于必修课,三门必修课里只有中国史料目录学属于图书馆学范畴。20 世纪 20 年代末到 1937 年抗战全面爆发前,是中国图书馆学教育课程设置从幼稚到不断成熟的过程,以后图书馆学课程设置变化不大,而抗战时期图书馆学教育逐渐增加了档案学、博物馆学、出版学等学科的内容,形成了以图书馆学为主引领其他文献整理学科发展的趋势。

第二节　师资构成与流动

早期图书馆学教师群体由外籍教师、海归学者、本土学者、传统儒士四类人员构成,外籍教师人数很少,20 世纪 30 年代以后渐以海归学者、本土学者为主要。

一、外籍教师

美国人克乃文、韦棣华是中国图书馆学教育的启蒙者,不过外籍教师参与中国图书馆学教育的情况并不普遍。20 世纪 30 年代,文华图专外籍教师稍多,然而工作时间均不长。抗战全面爆发以后外籍教师全部离开,直到 1947 年文华图专复员武昌以后稍有恢复,"有外籍教师达丽安女士来校任教"[1]。

寻求师资国际化一直是沈祖荣办学的重要目标。这样做有几方面的好处,一是现代图书馆学源于欧美,外籍图书馆学专家在华任教,有利于了解国外同行的最新动态,便于树立学校的信誉。"学校以欧美各国图书馆事业,日新月异,不可企及,如欲本校课程有所改进,本校同学得受适当之造就,非聘有西国图书馆学之硕彦,来此施教,不克有济"[2]。二是聘用外籍教师有利于加强与国际图书馆界的联系,文华图专获得美国图书馆协会关于中国学生的深造

---

① 周洪宇. 不朽的文华——从文华公书林到文华图书馆学专科学校[M]. 武汉:华中师范大学出版社,2013:338.

② 新聘教授[J]. 文华图书馆学专科学校季刊,1932,5(1):129.

认可,即为双方保持紧密合作的一种表现。"校中为学生便于深造起见,得鲍士伟博士之赞助,进行向美国关系方面取得一种许可,将来本校毕业生即可直接入美国图书馆学研究院校,美国图书馆协会教育股秘书曾来函询索本校课程与组织等规章,校长已据实作覆云。"①"在抗战前,日本图书馆界即有人建议派遣学生来本校留学。哥伦比亚大学图书馆学研究会并特许本校专科毕业生免试入学,以示优异。"②文华图专学生占 20 世纪上半叶中国海外图书馆学留学人员的大半以上,与良好的国际合作是分不开的。此外,就语言训练来说外籍教师也有优势。

除韦棣华外,至少从 1925 年起文华图专已有外籍教员的引进。韦棣华去世以后,沈祖荣利用韦棣华基金,在圣公会帮助下积极联系外籍教员,"本校早有利用韦棣华女士薪金预算添聘美籍教授之意,惟前约二人,一因体弱医生禁远行,一则年龄过大,圣公会差会碍难委派。现又聘定柯小姐(Miss Croswell)及殷小姐(Miss Ingram)二人。殷小姐现在北平,下学期开学时可到;柯小姐远在美国,来校或较迟"③。而《中华图书馆协会会报》的报道则是"该校原拟添聘美籍教授二人,薪金上本无问题,因韦棣华女士逝世,其应得薪金之数仍在预算之内也,惟所邀请两人,一则因有小恙医生禁远行,一则因自称对宗教无热诚,而美国圣公会差会碍难致聘"④。所以愿意来文华图专任教的外籍教师,多半都抱有对基督教的信仰。嗣后颇经周转,总算得尝所愿"爰已向本圣公会鄂湘教区吴孟两主教请得美国差会之允准,选派图书馆学专家克若维女士于本年九月来校肩此重任。克女士经差会延聘,认为最适当胜任之一位教师,得人如此,诚堪庆幸。学校又以本届同学,行将毕业,不能领此教益,殊为可惜;乃在克女士未到校前,复求差会商请殷格荣女士来此暂代,殷女士品端学粹,和蔼可钦,兹在校助理一切,大慰所望云"⑤。文华图专历任外籍教员统计如下:

---

①③ 校务简述[J].文华图书馆学专科学校季刊,1932,4(3/4):401.

② 四川省立体育、云南省立英语、广东省立工业、私立武昌文华图书馆学专科学校等概况一览[A].1943.中国第二历史档案馆.档案号:5-2150(2).

④ 文华专校近讯[J].中华图书馆协会会报,1932,8(1/2):44.

⑤ 新聘教授[J].文华图书馆学专科学校季刊,1932,5(1):129.

表 5-14 文华图专任教外籍教员概况①

姓名	性别	年龄	国籍	任课内容	年份	备注
韦棣华	女	68	美国	西文书籍选读;现代史料;英国文学	1920—1931	曾任美国里奇蒙图书馆馆员。1899 年来到中国后,在教会创办的文华学院担任英语教师,同时兼管图书馆工作,1920 年与沈祖荣、胡庆生创办文华图专
李登伯夫人	女	28	美国	各种图书馆之研究	1925	爱荷华省立图书馆儿童部管理员
李德生女士	女	28	美国	打字法	1926	
彭悦义	男	42	美国	西洋图书馆史;外国文	1927	
殷格荣 Ingram	女	72	美国	英文	1932—1933	任教一年半,1933 年离校
华玛丽 Miss M. H. Watts	女		加拿大		1934—1935	加拿大温哥华英属哥伦比亚大学教育学学士,纽约城哥伦比亚大学图书馆学校学士,温哥华公立图书馆馆员,高级中学英文及历史教员。在文华图专任教一年
裴锡恩 Grace D. Phillips	女		美国	档案管理	1934—1936	伊利诺伊大学图书馆学学士,芝加哥大学神学学士硕士(1917—1923),麦梭芮大学职员(1906—1912),堪城公共图书馆阅览室及儿童图书馆管理员(1913—1916),威尔墨公立图书馆儿童部主任(1924),芝加哥大学神学图书馆主任(1925—1934)

---

① 参见:彭敏惠.文华图书馆学专科学校的创建与发展[M].武汉:武汉大学出版社,2015:125-126;文华图书馆学季刊各期《校闻》;钱亮.文华生活回忆——据钱亚新先生生前录音整理[J].图书情报知识,2008(1):111-113;私立武昌文华图书馆学专科学校各项经费书表及有关文书[A].1943.中国第二历史档案馆.全宗号:5,案卷号:5227;私立武昌文华图书馆学专科学校补助费设置特种教席计划表[A].1937.中国第二历史档案馆.全宗号:5,案卷号:5227;文华图书馆学专科学校消息一束[J].中华图书馆协会会报,1937,12(6):31,等。

续表

姓名	性别	年龄	国籍	任课内容	年份	备注
毕爱莲 E. E. Booth	女		美国		1935—1938	由美国差会派遣来华继华玛丽教职,美国西北大学学士,伊利诺伊大学图书馆学校毕业,旅居烟台多年,熟悉中文
韩德霖	男		瑞典	法文	?—1935	1935年暑假辞职回国
蒋美德	女		美国	看护	1936	女生看护教员
赫乐德(又译赫露斯) Ruth A. Hill	女	34	美国	档案管理、图书馆经营法、各种图书馆儿童图书馆、选书	1936	华盛顿大学图书馆学学士,在纽约公立图书馆、西班牙山洛利塔图书馆、巴黎美国图书馆等处工作
韦德生	男		美国	群育讨论会及学生服务团巡回文库	?—1937	韦棣华之弟
谢富德	男		美国	博物馆学	1937	
周爱德 Iris Johnston	女	33	美国	档案管理、图书馆经营法、选书、儿童图书馆	1937	美国惠特曼大学文学专业肄业(1922—1923),美国华盛顿大学图书馆学学士(1925—1928),美国华盛顿大学文学士毕业(1928—1932)(工读),美国利兹福公共图书馆主任(1923—1924),美国华盛顿大学图书馆参考部馆员(1928—1937)
格拉塞			德国		1937	
达丽安					1947	

赫乐德(Ruth A. Hill)和周爱德(Iris Johnston)是文华图专内迁前最后两位外籍教师。赫乐德在文华图专内迁前即已离校。文华图专利用国民政府特别教席补助,曾拟延聘周爱德前往重庆任教,但周爱德最后放弃。

表5-15　文华图专补助费设置特种教席状况报告表(民国二十五年度)①

院科别		教席项目	核定款额　国币 2560.00 元正	
教席姓名　赫乐德 原名　Ruth A. Hill 性别:女　年龄:34　籍贯:美国		学历　美国华盛顿大学图书馆学学士	经历　在美国西班牙法国任图书馆重要工作多年	
教席状况	上学期		下学期	
	担任学程	学分	担任学程	学分
	档案管理	1	档案管理	1
	图书馆经营法	4	图书馆经营法	4
	儿童图书馆,各种图书馆,选书(各 1 小时)	3	儿童图书馆为(2 小时)余同上学期	4
薪给	月份	7 月起薪,至第二年 6 月		
		每月 220 元		

表5-16　周爱德简历及教学计划②

姓名	周爱德 Iris Johnston	学历	经历	担任学程
性别	女	美国惠特曼大学肄业文学专业 1922—1923	美国利兹福公共图书馆　主任 1923—1924	上学期: 档案管理 2 学分 每周时数 2 小时
年龄	33	美国华盛顿大学毕业图书馆学 1925—1928 图书馆学学士	美国华盛顿大学图书馆　参考部馆员 1928—1937	图书馆经营法 5 学分每周时数 5 小时 书籍选择 2 学分 每周时数 2 小时
籍贯	美国	美国华盛顿大学毕业文学 1928—1932 文学士(工读)	美国利兹福公共图书馆　主任 1923—1924	下学期: 档案管理 2 学分 每周时数 2 小时 图书馆经营法 5 学分 每周时数 5 小时
月薪	220 元		美国华盛顿大学图书馆　参考部馆员 1928—1937	儿童图书馆 2 学分 每周时数 2 小时

①②　私立武昌文华图书馆学专科学校补助费设置特种教席计划表[A].1937.中国第二历史档案馆.全宗号:5,案卷号:5227.

沈祖荣在写给教育部《呈送本校二十八年度补助费设施计划暨二十七年案实施概况祈核夺示遵由》的文件中谈道:"钧部二十八年六月(未填日期)第一三九七二号训令以本校二十八年度补助旨经核定为七千元,补助项目为图书馆学教席二人,暨学科设备着遵照规定,造具设施计划,连同上年度补助费案实施概况,并送审核,以凭备转发费……再二十七年度补助费项下原设有教席二人(继续上年度),其中有周爱德(美国人原名 Iris Johnston)一名,因时局变化,路程阻隔,未能来川继续任教。除二十七年七月份薪金照例由该员于暑假离校时领去外,其余八月至十二月五个月薪金(月薪二百二十元,五个月,计国币一千一百元正)当然停止发给。"①外籍教师收入很高,1931 至 1933 年期间,沈祖荣利用中华教育文化基金会特别教席的经费聘请外籍教师,其月收入大致是当时省级图书馆馆长的四倍②。

这些外籍教师除了授课外还发表过一些论文。《文华图书馆学专科学校季刊》曾开设过数期"外文之部",由本校师生用英文撰写,裴锡恩是外籍教师里发表文章最多的,这些文章多以中国图书馆、图书馆教育界的特别之处着眼,分析中外图书馆界的不同之处。

表 5-17 文华图专外籍教师发表的论文概况

姓名	论文名称	《文华图书馆学专科学校季刊》刊期及页码
裴锡恩 Grace D. Philips	*The Boone Library School through the Eyes of a Newcomer* 《外国人眼中之文华图书馆学校》	第七卷第二期,"校闻" 315—318 页
	Behind the Scenes in the Peiping National Library 《国立北平图书馆之内部情形》	第七卷第三、四期,561—571 页

① 私立武昌文华图书馆学专科学校补助费设置特种教席计划表[A].1937.中国第二历史档案馆.全宗号:5,案卷号:5227.

② Kuang-Pei Tu. Transformation and Dissemination of Western Knowledge and Values: the Shaping of Library Services in Early Twentieth Century China[D]. Los Angeles:University of California,1996:209-210.

续表

姓名	论文名称	《文华图书馆学专科学校季刊》刊期及页码
裴锡恩 Grace D. Philips	*Libraries in China Review of the Papers Prepared on the Occasion of the Tenth Anniversary of the Library Association of China* 《中华图书馆协会成立十周年论文综述》《"中国的图书馆"书后》	第八卷第一期,155—159 页
	Bibliographies Recent Library Books (书目两篇《最近图书馆学书及讨论中国之英文书》)	第八卷第二期,293—302 页
	Library Architecture in China 《中国图书馆建筑》	第八卷第三期,435—452 页
毕爱莲 E. Eleanor Booth	*Makeshift, and Progress* 《权宜与进步》	第七卷第三、四期,559—560 页
	In Delight Do We Instruct 《指导他人的乐趣》	第八卷第一期,141—143 页
	Introducing Reference Service to China 《中国图书馆中之参考工作》	第八卷第二期,279—281 页
赫乐德 Ruth A. Hill	*Library Service for Children in China* 《中国图书馆里的儿童服务》	第九卷第一期,155—163 页
	Librarianship:A Profession 《图书馆的职业问题》	第九卷第二期,"校闻"307—312 页

除文华图专以外,其他图书馆学教育机构很少见外籍教师执教的记录,而文华图专外籍教师多集中于 20 世纪 20 年代中期至 1937 年以前,与文华图专的教会背景,以及韦棣华、沈祖荣与美国图书馆界密切的联系有关。

二、海归学者

沈祖荣、胡庆生、洪有丰、李小缘、刘国钧留学前已有未来投身图书馆学教育的设想,他们出国留学类似"委托培养"的性质。戴志骞、杜定友、马宗荣、袁同礼等回国后不同程度地参与了专业或临时性质的教育活动。杨昭悊没有直接参与图书馆学教育,但作为中华图书馆协会教育组的成员,翻译了教科书性质的《图书馆学》《图书馆员之训练》等著作。1930 年,李燕亭在河南大学开设了"图书馆学"和"史部目录学"两门课程,之后又在张嘉谋开设的河南国学专修馆①讲授图书馆学,并编有《图书馆学讲义》②。因此第一批留学者均直接或间接地投身于早期图书馆学教育事业。

20 世纪 20 年代中期以后的海外留学人数大大增加,自费留学出国者,及"委托培养"出国者均明显增多。1929 年,沈祖荣应邀出席罗马国际图书馆大会,沈祖荣倡议各国应加强馆员交换,"一面各国常以此科富有经验之专家来华演讲,以及实地助理或提倡等事,一面中国则多派研究图书馆学尤富有国学之根基者特来各国为其服务,以负整理东方文化之责且得以受西方大图书馆之训练,尤须优待给其津贴是所至盼"③。得到数国代表赞成,德国代表立即提出了邀请。

在 20 世纪 30 年代,国立北平图书馆、国立中央图书馆、文华图专有计划地派人出国进修,"本校教务主任徐家麟先生,已由本校资送赴美入哈佛大学深造。徐先生由武汉动身系在八月廿七日。在起程前二日由武汉同学发起共同在武昌青年会设宴饯行。是日适为校长沈祖荣先生由牯岭返校之次日,故沈先生亦参加斯会,席间并谆谆赐教"④。留学者对于职业的选择多样,有些人不再从事图书馆工作,如冯汉骥、陆秀夫妇回国后改为从事历史学、儿童教育工作。然而更多的人,如汪长炳、徐家麟、王重民、岳良木、桂质柏、田洪都等人,回国后继续从事图书馆学教育工作。这些人出国前大多就有图书馆工作或者从事教育的经历,归国以后,学贯中西,又了解中国国情,因此很受学生欢迎。一些非图书馆学专业的海外留学者,也被聘为师资,不过多系语言类教学。"本校为求适应实际之需要,特添设日文及法文学程。除法文学程,由本校学生到华中大学合班上课外,特聘在日本东京帝国商科大学毕业之高伯勋先生为日文讲师。"⑤"本校法文

① 1933 年改为尚志高级文书科职业学校。
② 参见:翟桂荣.李燕亭图书馆学著译整理与研究[M].北京:中国社会科学出版社,2016:279.
③ 沈祖荣.国际图书馆大会[J].武昌文华图书科季刊,1929,1(3):342.
④ 校闻[J].文华图书馆学专科学校季刊,1935,7(3/4):565.
⑤ 本校消息[J].文华图书科季刊,1931,3(4):576.

教员原系瑞典韩德霖先生。本年暑假韩先生返国。现本校已聘请张春蕙先生担任该课矣。张先生系法国黎耳大学硕士,留法有年,学识经验两俱丰富,学校诚庆得人。"①

三、本土学者

大部分毕业于国内图书馆学教育机构,尤以文华图专毕业生返校任者最多,如毛坤、皮高品、汪应文等。少数由个人自修而成,如徐旭于1923年在东南大学暑期图书馆讲习科短暂学习,以后自修图书馆学理论。还有相当部分来自图书馆实务界,如陈伯逵创办的上海图书馆学函授学校,其师资有好些来自图书馆实务界。蒋镜寰也未接受过系统的图书馆学教育,而由长期经验自修而成,其所著《小学图书馆实施法纲要》就来自1929年苏州中学暑期讲习会的讲义。校雠学、金石学、版本学等多由本土学者担任,如文华图专的中国版本学课程由武汉著名藏书家徐行可担任②。

相似情况如上海图书馆学函授学校师资构成主要以本土学者为基础。见表5-18:

表5-18　上海图书馆学函授学校职教员一览表③

姓名	性别	职务	概略
陈伯逵	男	社长	上海图书馆协会常务委员会主席,中国国民党上海特别市第一区党部图书馆指导
宋景祁	男	副社长	中国图书馆名人录编辑主干,上海清心中学图书馆学教授
沈文华	男	干事长	之江大学文学士
黄警顽	男	副干事长	上海广智流动图书馆主任
程学桢	女	干事	南京女中图书馆主任
鲍益清	女	干事	暨南大学洪年图书馆编目主任

① 校闻[J].文华图书馆学专科学校季刊,1935,7(3/4):565.
② 本科消息[J].文华图书科季刊,1930,2(1):133.
③ 陈伯逵办的图书馆学函授学校最初的名称是"上海图书馆协会附设函授学社图书馆行政学系",因此称"本社"。参见:本社职教员一览表[J].上海图书馆协会会报,1933(2):44.

续表

姓名	性别	职务	概略
孙心磐	男	教授	复旦大学图书馆主任
金敏甫	男	教授	铁道部图书馆主任
黄维廉	男	教授	圣约翰大学罗氏图书馆主任
陈祖怡	女	教授	中华图书馆协会执行委员北平女子师范大学图书馆主任
胡　卓	女	教授	大同大学图书馆主任

这些人虽没有海外留学的经历,然而大多毕生从事图书馆工作,具有丰富的图书馆实践经验,是中国图书馆学教育人员的基本构成。本土学者占到文华图专历来专职教师人总人数的 2/3 左右,是文华图专教师的主要来源①。

民国时期图书馆学教育机构之间师资流动较少,文华图专、上海国民大学图书馆学系、金陵大学图书馆学系、北京大学图书馆学专修科之间师资交流很少。仅见傅振伦先生在 1942 年时曾执教文华图专,1948 年又在北京大学图书馆学专科任教,讲授《档案与资料》②。1945 年,李永增曾执教于文华图专,后又任教过成都女子职业学校高级图书管理科③这样少数的例子。刘国钧从金陵大学图书馆学专修科到北京大学图书馆学专修科任教,已经是他离开金陵大学很多年以后,1951 年才于从兰州调至北京。文华图专与国立社会教育学院图书博物馆学系之间的人员流动是个特例。当时图书馆博物馆学系主任为汪长炳,教师杨家骆、顾颉刚、严文郁、鲁润久、黄元福、岳良木、钱亚新、徐家麟、荆三林、纪聚贤、沈维均、祝嘉④。图书馆学系的大部分师资是来自于文华图专。时逢抗战物资极度匮乏,文华图专经营困难。徐家麟、钱亚新、熊毓文

① 彭敏惠.文华图专师资力量的探析和启示[J].图书情报知识,2015(5):44.

② 群忠,傅振伦.关心图书馆事业的博物馆学家[J].图书馆界,1998(1):57.

③ 私立武昌文华图书馆学专科学校教职员人名资格审查等有关人事的文件[A].1938—1946.中国第二历史档案馆.全宗号:5,案卷号:2904;成都市地方志编纂委员会.成都市志·文化艺术志[M].成都:四川辞书出版社,1999:256 – 257.

④ 谢在田.国立社会教育学院简史[M]//苏州大学社会教育学院武汉校友会.峥嵘岁月(第 1 集).1987:3 – 5;傅道文.我们的母校国立社会教育学院——一所具有创新特色的高等学府[G]//苏州大学社会教育学院四川校友会.峥嵘岁月(第二集).[出版地不详]:[出版者不详],1989:13.

等均被吸引前往任教,这固然是生存需要的考虑。从长远来说,国立社会教育学院图书博物馆学系又是国民政府批准的唯一四年制图书馆学教育机构,极有发展前途,经费、生源都非文华图专可比。国立社会教育学院复员南京以后,进一步吸引了不少文华图专的学子。

可见民国时期图书馆学教育机构彼此的吸引力并不强。虽然杜定友是文华图专的特约讲师,然而只是一个名誉职位,在上海国民大学停办以后,除任教上海图书学校外,以后再未在其他图书馆学教育机构长期任教。可能的原因是由于文华图专和金陵大学图书馆学系这样的老牌机构师资雄厚,但办学规模很小,待遇也不具有吸引力,现有师资足以胜任。

第三节　教学、实践与科研

一、教材

民国时期图书馆学教材各异,这是由于各教学机构彼此孤立发展,从未形成过对图书馆学教学一致的认识,当然也未形成统一的教材,教学内容也有所不同。教育机关仅起监督作用,并不对各教学机构的教学加以干预。当时西方图书馆学理论进入中国以后,正不断进行本土化改造,也造成教学内容多变。

武汉大学信息管理学院保存有不少文华图专教学时使用过的图书,有教材、参考书。不少图书打有标记,反映了当时教学教材的一些情况。这些教材有些来自海外的图书馆学著作或原版教材,如杜定友所著的《图书馆与成人教育》,其序言就说本书根据美国图书馆协会出版的 *Libraries and Adult Education* 编译而成。有些为国内图书馆学专家所著书籍,这类教材最多,多是国内图书馆名家结合中国国情对西方理论的改良教材,如杜定友所著的《图书馆学概论》《学校图书馆学》、俞素昧所著的《图书流通法》、俞爽迷所著的《图书馆学通论》、傅振伦所著的《公文档案管理法》、金敏甫编著的《图书编目法》、刘国钧所著的《图书馆学要旨》、马宗荣所著的《现代图书馆经营论》、洪焕椿所著的《怎样利用图书馆》等,从文华图专的教材选用来看,对校外图书馆学家的著作选择要多过本校师生所撰写的著作,说明文华图专很注重国内图书馆名家的著作,有兼容并包的精神。

有些教材考虑到教师备课方便,学生学习方便,在绪言里往往交代课时数,每课附有参考,可以使学生做更进一步的研究;问题,使学生回顾全课要点,以便研究讨论;实习,使学生能获实际的智识和经验。总之,在 20 世纪 30 年代,图书馆学教材的编写正逐步走向成熟。

一本汪辟彊所著的《目录学研究》,封二印着"文华图专学生课本"字样,借书登记上有"廖洛纲于 1934 年 1 月 16 日,汪应文于 1934 年 7 月 19 日借阅过该书"的字样,说明文华图专的课本很可能不是每届学生人手一册,而是不断的循环利用。又有杜定友编《图书管理法》,在第二十六课"图书编目法"有"星形"记号,上用红笔注明"考""名录解释"字样,这很可能是当时教师考试的一个内容。还有教师自编教材及未出版著作,如,1951 年,文华图专张毓村编著的《图书馆学实习教程(未定稿)》第一、二册、毛坤所著的《机关公文书处理规程》等。《机关公文书处理规程》开篇就说"此规程余于卅一年秋参考各机关办法拟供本校档案科学生参考者"①。

图 5-1 《机关文书处理规程》(未刊稿)封面及封底②

---

① 毛坤.机关文书处理规程序[Z].未刊本,1945.
② 此照片由毛坤之子毛相骞先生提供。

由于当时图书馆学教育一直未能充分发展,教材销路很少,因此很多图书馆学讲义未能出版,对于不太知名的图书馆学人来说尤其如此。《中华图书馆协会会报》就登载了这样一则消息,"会员陈重寅君编有中学暨师范学校适用之图书馆学教本一书,脱稿已数年,向各书局接洽出版,均以销路无把握为辞,因请本会代为出版,本会收到此项稿件后,已送请执行委员会李小缘君审定,如无不妥之处即为付印,否则由本委员会将稿径还陈君云"①。

二、围绕教学方向开展教学活动

图书馆学教育机构的教学方向,是由当时图书界及社会所需要解决的问题或者说社会教育的大方向所决定的。1935 年,毛坤写了《图书馆当前的问题》,分析了当前中国图书馆的现状问题,也反映了同时期文华图专教学的教学方向。

图书馆当前的问题

凡是一种事业,他总不免有他的独特的问题。有的问题是永久的,有的是一时的。事业的进展,固然全在于实际的工作,并不系乎问题的絮絮的讨论。不过一个问题初临到一种事业上的时候,若果能够加以讨论,则对于这问题应该采取的态度解决的途径,比较总要有理路些。目下对于图书馆的问题,我提出几点我所想到的加以申说。

(一)关于图书馆学术者 我国从前并不是没有图书储藏的地方和图书管理的方法,但如像近代的图书馆和图书馆学实在是没有。近代图书馆的形式与经营的方法,是近二十年从外国,尤其是美国模仿而来。我们从前有所谓目录板本之学,从某一方面看,可以说已经发展到很深邃的地方了。可惜这还只是图书馆学的一部份而不是全体……至于他们从纸张,从印刷,从装订,从字体等各方面来确定目录上的特点,觉得比我们的黄丕烈、叶德辉辈更来的细密。因此我主张,我们对于图书馆学术,在著作一方面,最近五年或十年之内,应该特别努力于外国图书馆学书籍之翻译。

同时在我们所有的图书馆的刊物上尽量表布图书馆的实在情况和具体

---

① 图书馆学教本稿本之审查[J].中华图书馆协会会报,1931,6(6):13.

的问题,以便对症择药。我们图书馆的刊物及有关图书馆的工作也还不少。论工作,像引得编纂处的引得,中山文化教育馆的索引,北平图书馆的图书季刊,中国图书馆服务社的表格用具,都有不朽的价值。协会的季刊和会报是供我们智识和消息的大本营,可惜都不能按时出版,大概是材料不凑手了。

(二)关于乡村教育者 有的叫民众教育,有的叫平民教育,现在顶急要的是乡村教育,所以用了这个名称。十八年我们的协会在北平开会,所讨论的问题其中重要的一项就是民众教育。当时讨论了很久,结果还有人发出为什么图书馆协会要讨论民众教育本身的问题。最近乡村教育或是说新教育的运动甚盛,关心我们的人,都问你们图书馆界将要如何参加这项运动呢?我以为图书馆事业是辅助教育事业的,换言之,只能作教育事业的一部份,而不能将整个的教育事业都抓到我们的范围里来。譬如说我们办图书馆对于读者,至少是要他们能够认识字的。说我们该教读者识字,固然我不反对,但那又是在办学校不是办图书馆。图书馆可以附设识字补习班,但那是附设,不附设仍然可以叫做图书馆。图书馆之于教育,好像军队中炮队之与步兵一样。炮队可以掩护和帮助士兵的前进,要他单独作战,负起一切作战的责任,那是很难,而且连自己的工作都要受损害的。对于新兴的教育运动,无论是民众教育或平民教育或乡村教育,我们图书馆能够尽力的是:(1)凡是这新运动的组织能达到的地方,我们都愿随着来帮忙。(2)我们可以选求帮助这项运动的图书以备采用。(3)我们可以尽量训练管理这类图书馆的人才及研求管理这类图书馆的方法。这并不是推诿,要分工清楚,然后合作才会严密。

(三)关于本位文化者 我们图书馆的职责,除开辅助教育而外,自然就是发扬文化了。我们从前所要发扬的文化,大概是整个的,并没有本位与非本位的分别。我们既然要以发扬文化为事,那么现在对于本位文化,我们能作一点甚么呢?这要看本位文化的解释究竟是怎样而定。从两极端言,是说:凡是非中国固有的文化都不是本位文化,我们都不应该去发扬他,那么易经都在打倒之列,因为照夏曾佑先生的说法,八卦的思想不是我们所固有的,我们所固有的是五行。或是说:无论是那里来的文化,只要适用于我国的文化就是本位文化,我们都可以去发扬他。就如陈序经先生所主张的全盘西化,也算是本位文化,因为是以中国为本位去全盘西化他。

反转来说,我们图书馆对于这本位文化的说法,简直可以不必理他。并不是看不起本位文化,我们图书馆实在是超过了所谓本位文化,而本位文化也全部即在其中。我们不但搜罗十三经乃至算命占卦的书,并且也搜罗马克斯典籍乃至相对论。不过我们没有发宣言呼号全盘西化或本位文化罢了。

(四)关于读书运动者　我们图书馆的工作,最重的是收藏与活用。为要把图书活用,曾经许多人的努力,想出有种种的法子。譬如宣传,广告,设巡回文库,设支馆,代办所,用邮递,电讯,利用幻灯影片等等,如果说是读书运动的话,那真可说是无微不至的读书运动的了。我们是有书在这里叫他们来读,送给他们读,他们所得到的是愉快和知识,与现在的读书运动稍微有点不同。现在的读书运动,意义虽然不能不说是很深远,但我们容易看见的是书店的读书运动叫大家去买书,是学生的读书运动,读了书作出文章来可以得奖。这并不是很可称赞的事。我们要这读书运动与图书馆发生密切的关系。使民众的读书运动掀起了之后,有东西可以很方便的供给他们阅读。我们图书馆也要利用这一种运动来扩大我们主顾的范围——阅者,或者在很困难的时候,也要保持着我们读者的数目,兴趣和精神。

(五)关于识字运动者　识字是我们图书馆事业的前提。现在全国一致的在参加这识字运动,我们应该怎么样呢? 我们也要加入呐喊罢,该是应该的,有多大的用处呢? 我们不可操之过急,一点一滴的有进步都是好的。见到报上载南京市人民在某时期后要总检查,还不识字的要罚钱。这虽是当局者的苦心,同时也是笑话。我们一提到识字的问题就会想到儿童的识字和成人的识字。儿童识字可以归到强迫。教育或义务教育或国民教育问题里去,成人的识字乃是现在真正的识字问题。中国向来最看重读书人,所以很多人不读书不识字,非不为也,是不能也。其不能的原因很多,大约第一是不需要。我晓得一个学排字的人,他先并不识字,但不久字全认识了,因为他需要。乡里的农夫,小时本也有认识字的,大来都忘了,因为没有用。

第二是没有机会。没有地方去学习的机会,没有时间去学习的机会。在那工人和农人极端疲乏之后,再要他们吃大力去加上他们并没有多大的用处东西,也并不十分人道。第三是字认得多就有用处,少就没有什么用处。所谓多少够用的标准很难定。像平民千字课一千课,识得之后于自身于社会,能发生多大的关系也还是问题。我对于成人识字并不一定完全悲观,但我认为效果很微。再成人就要过去的,今日的儿童转瞬就要变作成人。我们图书馆界现在对于识字运动应该参加努力的是:赶快办理和扩充好的儿童图书馆,对城市于乡村,以求对于这个问题有一点一滴的帮助。①

文中谈到五个主要问题,关于图书馆学术者,中国目录版本之学属于现代图书馆学的一部分,然而并不完整,对于图书馆学的其他方面,在中国是找不到传统的,因此需要大力译介国外名著,学习吸收,然而图书馆是兼容并包的,无所谓本位主义,因此不论是洋的还是土的,只要有用就是好的。对于读书运动、识字运动、乡村教育,是要寻找到真正的需要,脱离了需要去强迫没有用处,办理好儿童图书馆,培养办理乡村图书馆的人才才是切实的步骤。因此中西结合,注重实践,与民众教育运动、读书运动相结合,满足时代与社会的需求构成了文华图专的教学方向,这是图书馆学教学与中国国情相结合的体现。20世纪30年代,文华图专开办民众讲习班,专门针对中西部地区招生,就有这方面的考虑。当然也是其他图书馆学教育机构的共同目标,只是文华图专是个显著的代表。

1. 中西结合,以西为体

从一份1936年文华图专第二学期的授课表来看,可以分为语言类、理论类、实践类、国学类四类课程,"文华图专坚持中西并重古今兼顾,曾比照美国纽约公共图书馆学校课程设置而对称地设有'中西文参考书举要'、'中西文书籍编目学'、'中西文书籍分类法'、'中西文书籍选读'和'中西图书馆史'等课程。既开设中国目录学、中国版本学等研究传统文献的课程,又开设图书馆经济学、图书馆行政学、特别图书馆和各种图书馆之研究等西方色彩浓厚的课程,针对以中文

① 毛坤.图书馆当前的问题[J].文华图书馆学专科学校季刊,1935,7(2):165-168.

为母语的学生,向着'学贯中西'的方向培养。"①"外国的图书馆学,虽然有一部分我们可以采取;但有许多重要的部分,都不能运用到中国书籍上来的。比如书籍分类法,无论是杜威分类法 Dewey's classification 或是布郎恩分类法 Brown's Subject classification 或克特尔分类法 Cutter's classification 用来分中国的书,不是不能包括中国书的全部,就是有许多类没有用处。又如序列法 Filing 外国是依字母排列,我国根本没有字母,怎么可以用呢? 此外还有许多问题都不能用外国的方法来解决。那么,要满足图书馆界的要求,我们只好另辟途径了。"②当然,"学贯中西"乃为不得已的做法,其目标是围绕着西方图书馆学理论,结合中国国情做改进。

例如一些课程的教学内容,中国目录学"讲述目录学的源流、派别、和历代图书分类的异同与得失"。中文书籍编目学"讲述编目之历史、批评及中文书籍之编目法",西文书籍编目学(实习在内)"讲述编目的原则、种类、形式及各种目录的编制方法"。西文书籍分类法"叙述分类法的原理、种类、批评及杜威十进分类法的应用"③。说明在主干课程的设置上,东西方课程是较为平均的,既体现了面向中国国情的需要,又体现了兼容并包的精神。

2. 注重实践

图书馆学为应用学科,从实践中学习理论,消化理论,探讨问题解决办法是图书馆学教育的特点。图书馆学教育可以分为知识学习与技能学习两类,二者是不同的,知识可以通过传授获得,而技能的掌握则更多地需要实践获得,虽然这些技能可以用语言描述,但多数情况下还是意会的知识。如果某位学生处理具体事务比其他学生更为出色,这可能不是因为他对知识的掌握更为娴熟,而是因为实践经验更为丰富。

就业市场需要的不仅是掌握理论的人才,更需要实际工作的熟手,实习因此占有课程教学相当大的比重,实习内容分为图书馆学实习,打字、习字训练,社会活动等。文华图专 1933 年图书馆学讲习班的课程大纲分为目录参考组、图书馆学组和辅科组。图书馆学实习属于图书馆学组,规定"每周二次,实习一年,内容

---

① 彭敏惠. 文华图书馆学专科学校的创建与发展[M]. 武汉:武汉大学出版社,2015:259.
② 耿靖民. 发刊词[J]. 武昌文华图书科季刊,1929,1(1):1.
③ 吴鸿志. 武昌文华图书科之过去现在及其将来[J]. 武昌文华图书科季刊,1929,1(2):231 - 232.

为练习图书馆计划方案、建筑设备、图样规则、报告预算决算、统计、选书、购书、收书、登记、排架、清查、流通、装订、排片等"①。从图书馆建筑设计、管理、采访等各环节对学生进行操作训练。打字、习字训练属于辅科组,"打字每周一小时,教授半年,内容习打英文。习字每周一小时,教授半年,内容为练习书写中西各种图书馆应用字体"②。

文华图专的理论教学和外语教学安排在上午,实习、打字与习字、军事训练这些实践课程安排在下午,晚间是自由活动时间。实习课程要求严格,钱亚新回忆"其中打字这门课主要不是上课听讲,而是不断地练习打字。老师除教一些指法外,就让你大量练习,教练习的时候有一个条件:不许打错,不许用橡皮擦,如果擦了改正,他是不接受的,要你重打。这是一种严格的训练,因为当时编西文目录都是靠手打。我对这种学习方法比较欣赏,也能认真去练习,达到要求,并在以后学习外文编目课时派上用场"③。

文华图专学生在沈祖荣的提议下组织一个编目股,仿照一般图书馆的工作流程,由学生轮流担任不同工作,分类整理公书林40余箱中国书籍,"股中一切计划,预算,采办材料用具,分配工作事宜,均由本级学生自动办理。地点确定在公书林三楼南端西室,每星期工作四小时,每人轮流作股长一次"④。武昌办学时期条件较好,1935年,文华图专与武汉大学图书馆和湖北省立图书馆达成协议,将西文书籍的实习课安排在武汉大学图书馆,中文书籍的实习安排在湖北省立图书馆,让学生尽快熟悉各类大型图书馆的工作内容⑤。受其他图书馆邀请,1929年,文华学生周连宽、徐家璧、陶述先、曾宪文、吴鸿志前往北平大学图书馆整理西文书籍,1934年,文华学生又前往希理达女中图书馆整理中西书籍。重庆办学期间,文华学生也经常前往国立中央图书馆等机关实习,还帮助英美大使馆编目英文书籍,这样的学习方式十分有趣并且扩大了文华学生的社会交际范围。

---

①② 私立文华专科学校督学报告及校务概况表[A].1933.湖北省档案馆.档案号:LS10-6-272.

③ 钱亚新.钱亚新别集[G].谢欢,整理.南京:南京大学出版社,2013:206.

④ 本科消息[J].武昌文华图书科季刊,1929,1(4):474.

⑤ 周洪宇.不朽的文华——从文华公书林到文华图书馆学专科学校[M].武汉:华中师范大学出版社,2013:320.

表 5－19　文华图专二十五学年度第二学期授课时间表①

上午	星期一 专一	星期一 讲习	星期二 专二	星期二 讲习	星期三 专二	星期三 专一	星期三 讲习	星期四 专二	星期四 专一	星期四 讲习	星期五 专二	星期五 专一	星期五 讲习	星期六 专二	星期六 专一	星期六 讲习
8:25—9:15	纪念周	纪念周	德文(格)		西文编目法(汪)	西文目录学(毕)	西文编目法(沈)	德文	西文编目法(汪)	打字与练习(范)	档案管理(赫)	分类学(汪)		西文编目法(汪)	西文目录学(毕)	西文编目法(沈)
9:20—10:10	西文编目法(沈)	中文编目法(毛)	西文参考书(毕)	中文参考书(毛)	书籍选择(赫)	古器物学(易)	中文目录学(毛)		中文参考书(毛)		西文参考书(毕)	古器物学(易)	中文参考书(毛)	中文目录学(毛)	图书馆经营法(赫)	
10:15—11:05	分类学(汪)		分类学(汪)	图书馆经营法(汪)	档案管理(毛)	书籍选择(汪)		分类学(汪)		分类学(汪)		各种图书馆(赫)	图书馆经营法(汪)			公务管理(汪)
11:10—12:00	图书馆经营法(赫)	日文(熊)	中文编目法(毛)				日文(熊)	图书馆经营法(赫)	法文(毕)	中文编目法(毛)	图书馆史(毛)		日文(熊)	中文目录学(毛)	法文(毕)	档案管理(汪)

① 本科二十六至廿九各年级学生毕业案[A].1936.武汉大学档案馆.档案号:6039,全宗号:7,案卷号:1－2.

续表

时间	星期一 专二	星期一 专一	星期一 讲习	星期二 专二	星期二 专一	星期二 讲习	星期三 专二	星期三 专一	星期三 讲习	星期四 专二	星期四 专一	星期四 讲习	星期五 专二	星期五 专一	星期五 讲习	星期六 专二	星期六 专一	星期六 讲习
下午 1:30—2:20	实习	图书馆史（毕）	实习		儿童图书馆（赫）	实习	毕业论文	簿记与会计（熊）	打字与字（范）		图书馆史（毕）	实习		儿童图书馆（赫）	实习			讲习
下午 2:25—3:15	实习	打字与字（范）	实习		实习	实习	国术（赵）	国术（赵）	国术（赵）	实习	打字与字（范）	实习		实习	实习			
下午 3:20—4:10	实习	军事训练看护训练（蒋、谢）	军事训练看护训练（蒋、谢）		实习	实习	国术（赵）	国术（赵）	国术（赵）	实习	实习	实习		实习	实习			
下午 4:15—5:05	军事训练（蒋、谢）	军事训练（蒋、谢）																

文华图专教师张毓村专门编了《图书馆学实习教程》,在小引里写着:"本教程暂订十四编六十八单元,作为二年制图书馆学专修科实习教材之用,盖其编制目的,除适合教学进度之要求,尤在启发同学确能充分掌握一系列之图书馆工作技能。"①内分七编,分别为图书馆学预备教育、登记、出纳、著者编码、工具书使用法、资料整理、手艺训练。以第一编图书馆学预备教育为例,内分书籍之结构、开揭新书及开切书页、图书排架法、检查新书、图书馆书法、盖章、书片书袋书标及限期表之写法与粘法七个单元。从书刊的结构,新书到馆后的处理流程,以及区分不同文献,如剪报、日报、杂志、小册、档案均有实践。其手艺训练包含打字测验、检字测验及图书装订三种,着重训练学生熟练程度。

与民众接触,宣传图书馆的作用,服务于社会是实习教学的又一重要内容,中国图书馆的发展由于是自上而下的过程,民众了解利用不够,需要进行宣传,这其中包含了一定的社会责任。1932 年,文华图专组织学生于每星期日下午在昙华林附近及武昌城内各商店及团体机关办理巡回文库,教儿童千字课、唱歌、游戏、卫生、故事等②。内迁重庆后,沈祖荣在重庆歌乐山第一儿童保育院内设阅览室,供当地难童阅览之用。并积极筹备在市内继续办理巡回文库及服务伤兵等工作,以裨益抗战,嘉惠市民③。这样的实习活动贯穿了文华图专教学史的整个过程,沈祖荣曾不无自豪的认为:"个人从事图书馆事业逾卅年,自愧无多大成绩,但注意到有三点:(1)理论须与实际配合,因此领导学生办理实验图书馆,学用兼顾,真正做到为人民服务地步。(2)对于图书馆的管理,要同学中西兼顾,不偏重某一方面,俾能融合贯通。(3)图书馆是静止的,必须加强推广而积极活动,特设巡回车,经常流通和普遍供应图书。"④

实习的好处还可以通过相反的例子来证明。中华人民共和国成立初期,文

① 张毓村. 图书馆学实习教程(未定稿)[M]. 武汉:武昌文华图书馆学专科学校印行,1950.

② 赵福来. 文华图书馆学专科学校学生服务组工作报告[J]. 文华图书馆学专科学校季刊,1932,4(3-4):404-406.

③ 文华图书馆学专科学校由鄂迁渝工作概况[J]. 中华图书馆协会会报,1938,13(5):22-23.

④ 湖北私立文华图书馆学专科学校概况、访问材料、教职员工学生名册、调查表、毕业生历年成绩表[A]. 湖北省档案馆. 档案号:GM7-1-96.

华图专的实习活动明显减少,学生意见较大,提出以下建议。

其一,实验及实习机会太少,因为学校太小,希望有机会去各处参观,以提高兴趣,并有学习之机会。

其二,对于实习的时间似乎不太充足,课外的作业有时候太多,有些课程必须自己找材料去抄,抄的太多,实在有些累手。

其三,本校之实习及课外作业多于图书馆,但本校因经费的拮据无法购置实习时的用品,因此我们失去了一些实习的机会,如:书籍的精装、印刷等。

其四,对于各科的实习没有多大意见,只是功课表上格外注明了那每周两节的实习课有点不大满意,所谓实习应该是实实在在的做,真正的完成理论与实践配合的原则,但我们上学习课时很少切实的去做,还是坐在教室里听理论,两年将完了,许多应该学会做的事情都没有学会,所以我们希望在实习课时多注重做,少说话,课外作业太多了,同时每门功课的教师只注重自己所教的功课,恨不得将所有时间都花在他的功课上,因此交给我们许多课外作业,每个先生都如此做,结果加在我们身上的负担太重,时间支配不来,希望各科先生共同商量给予课外作业。

其五,对于实习方面,我们的实习事项,是临时决定的,而事先一项并无统筹计划和步骤,使同学在实习前无所准备,实习是糊涂的来而以糊涂的过去,其课外作业太多而乱,如抄笔记太费时。

其六,本校为经费、条件限制不能购买昂贵的实验仪器,比如实习装订术,没有装订的机器,仅凭口头讲授,可能的话,希望有这一类的东西时,实地的带我们去参观。①

3. 思维锻炼与理论研究

注重思维锻炼与理论研究是当时图书馆学高等教育的特点,以文华图专为

---

① 湖北私立文华图书馆学专科学校各学科教学情况调查表、学生意见表［A］.湖北省档案馆.档案号:GM7 - 1 - 97.

典型,社会教育学院图书博物馆学系继承了这一传统。注重理论研究的传统开始于 20 世纪 20 年代,在文华图专档案里,在学生成绩单上曾印有图书馆学讨论 (Library Science Seminar)这门课,庚午级学生每人自拟一题进行研究。

同学除受课及实习外,并对中国图书馆界所遇之种种困难问题,各人随其所好,分别在课外作有系统的研究,俾将来在中国图书界能有所供献,例如:

民国以来关于图书馆学中文论文提要　　　　耿君靖民

中国旧时标目提因　　　　　　　　　　　　徐君家璧

儿童图书馆　　　　　　　　　　　　　　　曾宪文女士

国内新旧书坊目录之收集及整理　　　　　　刘华锦女士

中国书籍分类法之研究　　　　　　　　　　陈颂女士

中国书籍编目法之研究　　　　　　　　　　陶君述先

小册与文件保管法　　　　　　　　　　　　李君继先

中国书籍装订之研究　　　　　　　　　　　周君连宽

汉字索引之研究　　　　　　　　　　　　　吴鸿志①

《文华图书馆学专科学校季刊》的内容大多来自文华学生在读期间发表的文章,不少是具有前沿性、开拓性的,具有一定的理论深度。当时有价值、有深度的图书馆学论文并不多见。刘国钧主持中华图书馆协会会刊《图书馆学季刊》时,经常为稿件太少屡屡向文华图专索稿,有时不得不合并刊期发表,而《文华图书馆学专科学校季刊》因为有对学生作业的要求,稿源较为充足。该刊以赠阅的形式发送各大学校图书馆、著名公共图书馆,颇有引领图书馆学研究风气的作用,也是许多没有机会接受专门教育的图书馆员学习的参考。该刊在文华图专内迁后停办,抗战结束后沈祖荣曾试图恢复,但未能实现。

文华图专另一个展示科研的平台是《文华图专丛书》,包括文华图书科和文

---

① 吴鸿志.武昌文华图书科之过去现在及其将来[J].武昌文华图书科季刊,1929,1 (2):235－236.

华图专两个阶段。这些书稿有些是先发表在《文华图书馆学专科学校季刊》上的，而后修改完善再行出版的。《文华图专丛书》现有可考的有 23 种，以译自美日图书馆学家的著作为多。可以说在 1937 抗战全面爆发前，文华图专的学术研究达到了最好的水平。

《华中日报》副刊《图书与文献》是由汪应文在 1947 至 1948 年间主持的图书馆学论坛，其作者以文华图专师生为多，是另一个发行范围较小的学术平台。除了对各自选题的研究，文华图专学生还有集体对新问题的讨论。"编目讨论会——中文书籍之编目法，现各处犹在试行期中，非有深切之经验与研究，则难臻完善。本级自去年以来，即有中文编目股之组织，意在实地练习，以知各种方法之利弊而求改良。本期更增设编目讨论会，每星期开会一次，将吾人实习时所遇之困难及意见，共同探讨，以求解决。其结果虽不能尽如人意，然研究所得，将来或可供图书馆界同人之参考耳"①。文华图专在内迁前的后两届学生课目中加入了毕业论文（Graduation Thesis）课程并作为必修科目，这是文华图专学生理论研究制度化的体现。

"群育讨论会"是文华图专组织的渊源悠久的名家论坛活动，起源于文华公书林的创办，以后渐成惯例，由不定期改为定期，1933 年时定为每隔两周一次，周三下午公开演讲，学生可以自由发问，互动性较强，而被称为"群育讨论会"。演讲的主题以图书馆学为核心，但也包括大量的文献学、教育学、社会科学、历史学、法学、时政等问题的演讲。"本校群育讨论会于近三月内继续举行三次：（一）请湖北省立图书馆谈锡恩馆长讲宇宙间人生之意义与价值。（二）请华中大学陈淑元教授讲目前中国本土文化运动之检讨。（三）请武汉大学其吴昌教授讲十世纪来中国私家藏书之沿革，及其所培造的学风，每次讲员讲毕，各同学随时发问，互相讨论，颇为受益"②。演讲者多系某一领域的专家、名人、政府高官，如闻一多、杜定友、蒋复璁、桂质廷、范洪五、袁同礼、王世杰、何鲁成等。内迁重庆期间，这一传统继续延续，因时局动乱论坛主办次数减少。

汪长炳主持的国立社会教育学院图书博物馆学系延续了文华图专的办学风

---

① 本科消息[J]．武昌文华图书科季刊，1930,2（1）:133.
② 群育讨论会．校闻[J]．文华图书馆学专科学校季刊，1935,7（2）:312.

格,图书博物馆学系学生均要求撰写论文,在武汉大学信管学院资料室,还保留有图书馆博物馆学系赠送给文华图专的毕业论文,如常翠华的《儿童读物之研究》、刘世杰的《用文学作品教育民众》、吉鸿的《中小学生阅读兴趣研究》、谭家琛的《我国公共图书馆制度之改进》等。

国立社会教育学院图书博物馆学系也经常举办学术讲演,"本院每星期一纪念周例请海内专家莅院讲演,兹将本学期来院演讲人姓名及讲题探志于后。钱穆,从历史看中国社会;王芸生,一统与均权;顾颉刚,苏州文化;毛健吾,新闻事业与社会教育;向培良,中国文艺的欣赏"①。而同时期的金陵大学图书馆学专修科亦是如此,这是当时图书馆学高等教育的共同特点。

小　结

中国图书馆学教育最初依附于其他学科,渐有基础以后才开始独立招生和教学。因此由辅系教育过渡到设立图书科,到独立建校往往是高等教育机构办学的规律。

图书馆学的特殊性使高等教育一直是图书馆学教育的主流,其教学可分为授课、实习、科研、参观等几个环节,授课因为涉及教材改良和本土化,问题较多,常常带有实验性质,因此民国时期主要的高等图书馆学教育机构无一不重视学术理论培养以及名家讲演活动。

学术刊物是展示学生理论培养的重要窗口,《文华图书馆学专科学校季刊》,以及国立社会教育学院创办的《图书馆学报》收录的文章多有创新性与实验性质,因此均有相似性。然而也可以看出,这些刊物大都属于内部论坛,较少有来自外部图书馆人的投稿,说明学术交流还不够充分。而中等职业教育机构、函授教育机构一般因循这些教材,少有理论创新,民国时期的一些大家,如杜定友、刘国钧、马宗荣的著作,常被视为通用教材,虽然各机构之间的人员交流很少,也没有讨论教材的统一问题,但实际对分类、编目等图书馆规则是形成了一些共同的认识。除从文华图专向社会教育学院图书博物馆学系人才流动较多外,其他学

---

① 纪念周讲演[J].国立社会教育学院院刊,1946,新1,(1):6.

校的师资都相对固定,金陵大学图书馆学教育还有师资老化的趋势,说明图书馆教育的职业吸引力并不高。

文华图专在教育理念上一直紧跟欧美发达国家。从师资来说,海外留学人员及本土学者一直是图书馆学教育的中坚力量,海外学者仅起到锦上添花的作用,但沈祖荣仍旧认为是必不可少的,这并非是追求时髦的想法,而是与沈祖荣发展文华图专的国际化办学有紧密联系。

第六章　招生、就业与深造

本章讨论几个对于图书馆学教育机构至关重要,但又不能完全控制的环节:招生、就业与深造。招生和就业反映了学校的声誉,也反映了社会对图书馆学专业教育的认可程度,深造则更多地是学生个人意愿的反映,只有对于图书馆职业的热爱,并且也认为这一职业适合自己,才会选择继续进修。

第一节　招生

民国时期图书馆学教育的招生情况是一个有些矛盾的问题。从文华图专历届毕业生的就业情况来看,许多人能够在著名的大学图书馆、国家图书馆、省级图书馆和国外图书馆谋到一份不错的工作,甚至不少人开始工作就能担任图书馆馆长、主任等重要职位,《文华图书馆学专科学校季刊》多次报道文华学生就业情况良好,用人单位屡屡来函聘请的情况。我们也看到金陵大学图书馆学系、国立社会教育学院图书博物馆学系的类似报道记录。然而投考图书馆学专业的学生却并不多,文华图专出现过好几次招录员额未满的情况。有些考生已被录取但放弃来学校就读,比如1928年录取了12名学生,实际到校只有9人;1935年录取了14人,实际到校也只有9人。1926年,钱亚新回忆在上海交大图书馆考试时的情景,"参加考试的人,廖若晨星。六门功课,考了四个半天,成绩如何,毫无把握"①。说明考试人数很少。一直在业界享有卓著声望并提供丰厚助学金的文华图专尚且如此,其他图书馆学教育机构的招生情况应该也不理想。这种结果可能有两个原因:一是大多数考生对图书馆职业前景不看好,影响了招生情况。社会对于图书馆员认同不高,沈祖荣回忆最初选择这一职业时所遇到的难堪:"亲朋好友,谁都不赞成,当面阿谀,则说'方今各处需才孔亟,以你大学毕业,

---

① 钱亚新.钱亚新别集[G].谢欢,整理.南京:南京大学出版社,2013:201.

何事不可为? 乃作此招护书籍的事业,不其长才短驭?' 背地议论,非说某'毫无远志';即说某'学识平庸,不能充当学校的教员,不能做洋行的买办或写字,只有混迹书业,做书班的事业,这种整理书籍的工作,花费数元,雇一个失业的书贾担任足矣。何以在大学毕业之后,反去做这种工作,真是不可解'。"①因此社会认识的偏见限制了学生的投考热情。另一种原因可能是招考门槛太高,不少人可能认为大学毕业或肄业两年以后,再花上两年时间去读图书馆学,然后进入一个发展空间有限的职业并不值得。当文华图专、金陵大学图书馆学系将入学门槛降低至高中毕业程度时,情况才有所改观。

1920 年成立的文华图书科的第一批学生完全来自文华大学,条件达到大学本科二年级肄业程度即可,还没有开设专门考试。这时文华图专尚未独立,图书馆学教育还处于试办的阶段,相当于辅系性质,学生毕业时可以同时获得文华大学及图书科的两个文凭,能增加更多的就业机会。不过第一届学生的就业情况颇为理想,社会对于这一新兴专业也颇为认可,6 个学生均选择图书馆职业,而不是他们主修学科所确定的职业范围,这一结果大大鼓舞了士气,"……现已毕业一班。其学员有在厦门大学图书馆、上海商务书局图书馆、北京政治学会图书馆、北京协和医学院图书馆、燕京大学图书馆、清华大学图书馆任事;更有各图书馆向文华来聘馆员者,因毕业生均已就事,未毕业者尚在求学期中,无以应付,抱歉殊深"②。

最初招生并无入学考试,文华图专及金陵大学图书馆学系均是招收本校二年级肄业及以上学历、对图书馆学感兴趣的学生。1926 年,文华图专获得庚款资助,中华教育基金董事会委托中华图书馆协会与文华图专合办全国招生事宜,才开始有正规的入学考试,文华图专开始成为一所全国性的学校。

一、招生广告与重视女性的趋势

自 1926 年,文华图书科在中华教育文化基金董事会的支持下,在全国重要城市北京、上海、南京、汉口、广州发布招生广告和中华教育文化基金董事会图书

① 沈祖荣. 在文华公书林过去十九年之经验[J]. 文华图书科季刊,1929,1(2):160 - 161.
② 沈祖荣. 民国十年之图书馆[J]. 新教育,1922(4):783 - 797.

馆学助学金规程,招考学生。1930年,增设沈阳考点,考场设在沈阳东北大学图书馆,招考城市达到6处。1926年招考广告如下:

中华教育文化基金董事会委托本会招生

　　中华教育文化基金董事会因鉴于图书馆学专门人才缺乏,近议决补助武昌华中大学文华图书科并扩充其课程;给予助学金额二十五名以期养成此项人才。现已在北京,上海,南京,汉口,广州,五处招生,并来函特请本会会同该校办理。兹录原函如左;

　　径启者:敝会文化事业,拟从图书馆入手,现已决定先在北京设立图书馆一所。顾图书馆学一科,系专门学术,此项人才,培养尤不容缓,查武昌华中大学文华图书科。为国内唯一之图书馆学校。主任韦棣华女士,对于我国图书馆之发展,素具热心。敝会二月间常会议决,委托该校养成此项专才,因特设置图书馆学教席及助学金名额,俾克实现预期之目的。此项办法,业经该校承诺,并商定进行手续在案。惟此次招收新生,系于北京,南京,上海,武昌,广州,五处举行,旨在普及全国,以宏效益;

　　贵会为吾国图书馆事业之重要团体,对于此举谅荷赞同,所有此次招收新生事宜,特请贵会会同该校办理,以资协助,而利进行。为此具函奉托,即希察核见复为荷　此致　中华图书馆协会。

中华教育文化基金董事会启　六月八日

中华教育文化基金董事会图书馆学助学金规程

　　本会为提倡图书馆学起见,自民国十五年八月起,每年设图书馆学助学金二十五名,每名国币二百圆,至十八年六月止,由本会委托武昌华中文华图书科给予之。

　　凡欲得助学金者,须具有下列各项之资格;

　　有关于图书馆事务之经验或兴趣者。

　　至少大学本科二年级程度肄业期满成绩及格者。

　　凡具上项资格者,皆得报名应入学考试,考试地点在北京,南京,武昌,上海,广州五处。

入学考试,由本会委托中华图书馆协会与武昌华中大学文华图书科合组考试委员会执行之。

凡试验及格者,须按照武昌华中大学文华图书科所定课程,在该校选习,并须填具志愿书,声明毕业后志愿服务于图书馆事业。

每年给予之助学金,应按照投考者省籍,略采均用轮递之意。

助学金额如本年不得相当之人,则宁缺勿滥,此项学额所存之款项,应留为下学年之助学金额。

中华图书馆协会、武昌华中大学文华图书科招考
图书馆学免费生规程

学额

中华教育文化基金董事会为提倡图书馆学起见,本年在武昌华中大学文华图书科设图书馆学助学金额二十五名,委托本会、科合组考试委员会执行招考事宜,被取录者照给助学金。(此项助学金每人每年二百元其中一百七十元为学膳宿费,余三十元分四期发给充杂费)

资格及程度

凡欲得助学金者,须具下列各项资格。

有关于图书馆事务之经验或兴趣者。

至少在大学本科二年级肄业期满成绩及格者。

须身体强健品行端正者。

试验科目

凡具上项资格者须经入学试验,试验科目列左;

(一)国文(二)英文(三)历史(本国史及西洋史)(四)物理、化学、社会学、经济学中任选一项。

课程

凡试验及格者须按照武昌华中大学文华图书科所定课程在校肄业两年,肄业期满考试成绩及格者给予图书科证书。

(注)大学毕业生在一年内能将图书科课程习毕者经考试委员会核准得于一年内毕业给予图书科证书。

报名须知

考生须向武昌华中大学文华图书科报名。其报名各项格式须函附邮票十分,就近向北京石虎胡同中华图书馆协会及南京东南大学、上海南洋大学、武昌华中大学、广州广东大学各图书馆索取之。

考生须将各项证书按式样细填注并请其原肄业所在学校之校长或教务长签字证明。

考生须将修业或毕业证书或转学成绩证书寄来备验。

考生须缴费二元由所在邮局汇至武昌文华图书科。

各项证书及考费至迟必于七月五日以前一并挂号寄到武昌华中大学文华图书科以便审查。

审查后如认为所填不符或程度不合不能准考者,当即函告并将考费及证书一并退还,但履历书概不退还。

审查后认为合格者即寄与准考证一纸以为届时应试之凭证。凡准考以后无论应考与否取录与否考费履历书及像片概不退还。

考生应交本年所照四寸半身照片二张一粘履历书一粘履历书副张。

试期及地点

本年考试定于七月二十日起在北京、南京、上海、武昌、广州五处同时举行,考生须于报名时认定一处,认定后不得更改考试地址,当于寄与准考证时同时通知。

入学须知

考生于考取后须请著名西医检查身体并在所备之体质证书内详细填注签字,医生出身一并注明于到校前缴纳。

新生入校前应填写志愿书并请在武昌或投考地觅取能负一切责任者二人为正副保证人出具保证书。

各生须自备书籍文具及由投考地至武昌之舟车等旅费。①

---

① 中华教育文化基金董事会图书馆学助学金规程[J]. 中华图书馆协会会报,1926,1(6):13.

这样的招生广告有几个特点：一是均选择全国重要城市如北京、上海、南京、武汉、广州、沈阳、成都、重庆、昆明等大城市设立考点，委托各大学图书馆代理考试过程，学生能就近考试，择优录取，花费很小。这些大城市经济发达，风气开化，图书馆众多，便于就业。所设考点均为著名大学图书馆，考生对未来的职业前景有清楚的认识。二是文华图专与中华图书馆协会联合招生是很好的广告方式。"中华图书馆协会推荐了戴志骞、刘国钧与文华图书科教师组成考试委员会"①，虽然不过是名义上的协助，但为文华图专在业界树立最高学府的形象提供了无形的宣传，有利于招到素质良好的学生，也有利于增强考生的信心，即便是当代也没有学校能做到这一点。三是文华图专很注重在业界树立一所全国性学校的概念，而不是仅以本校、本地区为招生范围，这种意识也体现在之后的一年制民众班、讲习班的招考区域范围。因此，文华图书科从开始已经有很好的品牌意识和争创一流教育机构的思想。

像文华图专每年在《中华图书馆协会会报》上发布招生广告的情况并不多见，这和文华图专与中华图书馆协会渊源颇深有关。

上海图书馆学函授学校是另一个发布招生广告的机构，陈伯逵花了很长篇幅介绍图书馆职业的好处，以及图书馆人才是如何地供不应求。与文华图专相类似，陈伯逵也试图将办学与上海图书馆协会相联系，该广告原文如下：

本会图书馆学函授社告全国图书馆界同志及
留心永久专门职业者

本会章程第三条第十一项本有设立图书馆学讲习会及函授学校之规定，并曾呈准本市市党部备案市教育局立案。去夏本会即有设暑期图书馆学讲习会之议，暨南大学教授张天方博士，商务印书馆编译所所长王岫庐先生，均赞成焉。当是时，中国国民党上海特别市第一区党部亦有办图书馆之决议，招余前往襄助筹备，余为之商订章程，征集图书，最感困难者，无从得一有图书馆学学力与经验者处理分类编目登记出纳诸事，而且在党服务，须有党籍，所以欲觉不易征求，是以亦有特设党图书馆讲习会之意，旋以沪地

---

① 图书馆学助学金学生之考试[J]. 中华图书馆协会会报,1927,3(2):4.

师资缺少,均未果行,盖暑期内有往各处避暑者,有往各处考察者,亦有久客在外,遄归故里者。是年秋,又有改办图书馆学专科学校之议,既而思及师资仍不易访求,外埠需要图书馆管理人员,较本市尤急,故本市原有之人员,每有受聘外埠者,即以余论,余于图书馆学,仅略得门径耳,已身兼数处,自清晨至深夜,几乎长年无休息之时,其他学力与经验优于余者,其忙碌之情状,更不言而喻矣,复有何暇按时授课,加以沪地为寸金世界,百物昂贵,如租借校舍,购办校具,与一切设备,非有六万元作开办费六万元作经常费不可,而时局不靖,筹款维艰,是以又不果行。两遭挫折,满拟从缓进行,俟国事大定,民生稍舒,由教育当局主办,由本会从旁贡献,无奈各处需才急于昔,即以本市而言,复旦大学自沈丹泥先生受聘清华大学图书馆后,年余无相当者主管图书馆,遂聘余前往,余本已应聘,旋以南京市颇多牵制,不能骤然分身,未几又辞去;于是复旦又改聘孙心磐先生,孙先生以商整会图书馆之牵制,又不能前往专任,计无所出,于是孙先生以一日分两处,半日在商整会图书馆,半日在复旦大学图书馆,但此亦只可暂时,不能持久,盖长途往返,有损精神,职务不专,难望美满;其次如交通大学图书馆,他去者他去,作古者作古,久思不得其人,乃至广州中山大学图书馆调聘杜定友先生主管,杜先生又以一木难支大厦,复往广州调来祝颜先生钱亚新先生,于是广州又告缺人矣;又其次,如洪有丰先生往北平长清华大学图书馆,于是首都中央大学图书馆无人矣,恰好上海圣约翰大学暂时停办,于是是校罗氏图书馆主任黄维廉先生前往担任,去秋约翰大学复开,卜校长以图书馆关系重要,调回黄先生主持。黄先生以母校情切,未及沈先生南来,即辞去中央大学之事而回原职。其后中央大学虽曾礼聘戴志骞先生主持,而戴先生又不久升任是校副校长,又其次如爱群女子中小学校图书馆清心女子中学图书馆,迄今未得分类编目者,目下虽由余及宋景祁先生分别兼理,但终非久长之计。诚各人精神上有不逮也。以外埠而言,北平北海图书馆,奉天东北大学图书馆,又同泽中学图书馆,均需专才。于是乎刘国钧、李小缘、孔敏中等数位先生或离金陵大学或离清华大学等图书馆而去矣。是年中央党部宣传部训令海内外各级党部筹设图书馆,于是图书馆馆界之范围顿时扩大,而人才荒亦益形剧烈矣。最近青岛大学教授宋春舫先生专程来沪采办图书,并物色图书馆管理人才,适孔敏中先生南归,本会即拟介绍孔先生应聘青岛大学图书馆,孰意首都中央政治学校图书馆亦在物色主管者,孔先生以就远毋宁就近,遂罢青岛之行。以上所言,皆彰彰之事实,图书馆事业应社会之需要日益膨胀,而图书馆专才造就之场所,仍依然付诸缺如,以致此有彼无,彼有此无。其他远至川黔滇桂,凡分类编目及一切行政上之设计,均须明白通晓。各处以为上海为人才荟萃之地,全国文化策源之区,必多专才。岂知上海亦独缺图书馆学一门人才,自身难保,遑顾他人;即如十六年冬,本市教育局保局长(君建)时,为倡倡图书馆事业,曾设民众图书馆五所,其后韦局长惩以各馆办理未尽善,一律停止。盖主管者并非全无学问者,大半学问极有根底,亦有曾在大学毕业,所引为缺憾者,从未领受图书馆教育耳。以本会受各地之询问或委托,如此之多,恐同此遗憾者,正不在少数,所以本会同人一再筹议,决设图书馆学函授学社。以各处急需者,无非主管人员或分类员编目员等,概括言之,即图书馆行政人员,所以先办图书馆行政学系,详章见后,预定一年为毕业期限,并发给中西文对照毕业证书一纸,备学员应聘时证明学力之用。所编讲义,悉采语体文,务使海外侨胞亦能一目了然,有时采用外国学术名词,均详注华文解释。如有未习外国文者,亦可明白无虑。最近中央大学戴校长,亦来函赞成,有"图书馆界扼要之图"等语。

夫图书馆学函授学社,产生之原因,已如上述,彰彰明矣,顾其旨趣如何,再申述之如左:

(一)函授只须编辑讲义,毋须按时上课,按时下课。万一为原有职务牵制,势必旷教。编辑函授讲义,尽可在公余之暇,静心从事,如沪地师资缺少,只须总成一切,随时可求之外埠,求之东西各国,是以在外埠及东西各国之图书馆学专家处,均去函征求讲义。若在学员方面,亦研习既便,获益颇宏,如为讲习会或专科学校,外埠学员势必向隅,如负笈来沪,亦所费不赀。现在既为函授性质,无论本埠学员外埠学员,皆可享同等利益,且可免按时上课之拘束,如学员尚在别校肄业,可在课余时研究函授讲义,如学员已有职业者,暂时可不必抛弃原有之职业,可在业余时间研究函授讲义,时间与金钱,既可经济,专门学术亦可在暇暑之中得到,利益之大,良非浅鲜。

(二)现在所谓图书馆界人才荒者,系指图书馆界高级人才,并非指收发抄写者,以上言之再矣,收发抄写之图书馆界同志,何止千百,图书馆中收发抄写之事,即小学毕业者,略加指点,亦可工作矣。现在图书馆界任职之收发抄写之千百低级同志,何尚不思递升之高级,大都自知学识不足,有心事难言之隐,未敢自荐;在其上级者亦未尝不思提携其下级者,亦恐其学识未充,有爱莫能助之苦,无从擢升。其中不思擢升者,或亦难免,然而加薪一念,终难忘怀,即使加薪亦无意,则蝉联原位一念,必不肯漠然放弃。要知加薪或蝉联均与办事能力成正比例,办事能力之大小,与胸中学识之多寡,亦成正比例,亦天演物竞之公例也。除少数官僚化差使式者以个别门路靠牌头为升降者外,均不能逃此公例。如能明此公例,业余研习,一年之后,即可改善地位,增进薪金,无须眼看他人钻门路靠牌头作种种卑鄙龌龊之行为,而自身一无所得者矣。求人不如求己,有本领天坍亦不怕,信哉斯言。所谓求己,求自己研求学术增进办事能力也,否则即变为坐以待毙矣;所谓本领,亦谓研习改善生计之专门学术,俾有一技之长,增加其所生活能力也,否则天即不坍,亦必为天演所淘汰。所以现任图书馆管理员者诚有入社研习之必要。有门路有牌头者,门路与牌头亦有终了之时,不能永久存在,倘入社研习,讲义即为永久之门路,毕业证书即永久之牌领,无门路无牌头者,更宜入社研习,与其业余游玩,耗财丧志,不如专心揣摩,学以致用,一年后毕业证证书领到之日,即在恶环境中恶势力下扬眉吐气之时,千百被压迫之同志,千百向上进之同志,幸勿河汉斯言!

(三)图书馆职业为最永久之专门职业,图书馆为研究学术之最大宝库,在图书馆服务最清雅,最高洁,足不出户,可知天下事,一文不费,可读万卷书,故思想纯洁,志趣光明,可避政治之旋涡,不受意外之风波,常有不倒翁之称,试观近年来失业者,盈千累万,向在图书馆服务者,有失业者乎?只有一身难兼数处之憾,坐无求事如入陌路之状。五十年前各业有人满之患,独学校中教员缺少。故当时教员之职务为唯一之新职业,永久之职业,现在学校中教员亦有人满为患,惟图书馆界缺少人员,故今日之图书馆界人员,独五十年前之教员,顾五十年后之图书馆人员,当不致如今日教员有人满为患之恐慌,因为图书馆事业之范围,要比学校之范围大数百倍,城市乡镇各种机关与团体,各级学校与军营,均须添设图书馆,只有各级学校中添设图书馆之制,从未有图书馆中附设各级学校之议,即此一端,图书馆之范围已大于学校之范围矣,何况如欧美各国交战之时,尚有行营图书馆之随从;海面上有船中图书馆之布置,故留心永久专门职业,除入社研究图书馆学外,殊无他途。只怕今日无研习之决心,莫患他日无良好之出路,快手先得,捷足先登,此其时也,幸勿失之交臂,落在人后!

(四)图书馆事业于女性最合宜。女性好静,图书馆中只有伏案阅览之士,无粗鲁高声之徒,幽静不俗,非他处所能比拟;女性好美,图书馆中布置,均含美术化,清洁雅致,随处可赏心悦目;女性都柔和,图书馆中满贮书香,不损天然柔和之质;女性都谨防饬,图书馆中均名儒硕学之宏著,可以葆真,可以养气。推论之,今日女子职业之合宜者甚少,经商则近俗,何况商界中随处有人浮于事之象;执教则颇劳,何况学校中亦已有人满为患之苦;惟图书馆界女性最少,又以女性合于图书馆事业,故图书馆界莫不盛倡女性管理之说,取物要从多处伸手,择业须在稀处着眼,凡我女性,幸垂注意!且函授之法,欧美各国盛行已久,尚有下列利益数端:

(1)普通学校读书之时间均由学校规定,函授学社读书之时间可由学员自定。

(2)普通学校聚数十人为一级,不免有戕贼个性之弊端,函授学社则因材施教,无异每人特设一级。

(3)普通学校学费贵而不能兼任职业,函授学社学费廉而不妨碍固有之职业。

(4)普通学校须学生亲到学校读书,函授学社可任学员在任何地方研习而得到学校读书的利益。

以上四端,不过就函授学社之性质概括言之,至于本会函授学社,更予学员以特殊之便利,特殊之捷径,再条举如后:

取普通函授学社之学费,授适应现时最需要之专门学术。

以极短时间,速成极重要之功课十种。

有志研究,无论何时均可入社;有力速习,无论何时可以毕业。

毕业证书,中西合璧,无论应聘本国人所设之图书馆或外国人所设之图书馆,均可用以证明资格。

万一教育当局要甄别图书馆人才,或各图书馆要考选图书馆人员,本会函授学社学员可以取出证书,在资格上先占优胜。

本会函授学社所聘教授,不仅经验丰富,而且学问渊博,有扶助学员之心。

各地托聘主管图书馆之信件,络绎不绝,凡属本会函授学社之学员,均得享尽先介绍之权利。

本会函授学社学员之课艺一经寄到,三天之内即改正寄还。

本会函授学社学员在讲义中或有疑问,不论尚在修业期间或已毕业,均可随时来函询问,请求批改答复。

凡本会函授学社之学员无论未毕业或已毕业向本会采办图书馆用品,概予以特别折扣。

总之,加入本会函授学社,有百利而无一弊。机会多失于蹉跎! 成功发源于决心! 全国图书馆界同志,全国留心永久专门职业者,其急起直追! 其急起直追![①]

两则招生广告层次不同,风格差异较大。文华图书科的招生是与中华图书馆协会联合举行,受中华教育文化基金董事会资助,其声望崇高,所以从不进行职业前景劝诱,而其招生的文化程度等,无一不显示其高标准研究型教育的特点。而上海图书馆学函授学校则非常注重宣传图书馆职业的优点,函授教育的灵活性,并特别注意对女性的宣传,认为图书馆职业颇为适合女性从业,其广告很有针对性。

受传统习俗的影响,早期图书馆学招生几乎是清一色的男性,1935 年,费锡恩(Grace D. Phillips)来文华图专任教时,仍然对中国图书馆界的男性占多数感觉惊讶,"假如你厌倦了美国图书馆工作的女性环境,那么来中国吧。这里男性主宰着图书馆工作。我们二年级的学生都是男性,一年级者男女各占一半"[②]。

---

① 陈伯逵.本会图书馆学函授社告全国图书馆界同志及留心永久专门职业者[J].上海图书馆协会会报,1930(2):41-43.

② Grace D. Phillips. The Boone Library School through the Eyes of a Newcomer[J]. 文华图书馆学专科学校季刊,1935,7(2):316.

女性到海外接受图书馆学教育开始的并不算晚:冯陈祖怡于1917至1918年期间在美国加利福尼亚图书馆学校学习并获得图书馆学士学位,是最早留学海外学习图书馆学的中国女性;王京生于1924至1925年第二学期就读于美国伊利诺伊大学图书馆学院①。此后不时有零星赴美国、日本、英国留学的中国女性,比如王重民的妻子刘修业就曾在英国伦敦大学图书馆学校学习。

1924年10月,上海中西女塾曾开设有图书馆学课程,中西女塾学生徐佩珍师从郎罗得女士(Miss Ruth Longden)学习图书馆学,1927年,《图画时报》称其接受过三年的图书馆学教育,"徐佩珍女士中西女塾毕业生并在高等班习图书馆学三年,现在母校为图书馆主任,中国女生习图书馆学者甚少,女士实难得之人才也"②。此为笔者所见在国内最早接受图书馆学教育的女性,此种情况与克乃文在金陵大学所从事的教育活动相似,教育方式为课程教育与经验传授。但关于该校图书馆学教育尚未见更多的资料。

20世纪20年代的女性受图书馆学教育的情况还只是极个别的现象,1927年入校的陆秀是文华图书科的第一位女生。20年代末以后,一些专为女性开设的图书馆学校开始建立。例如,1929年的广州市立职业学校图书管理科,1932年的创制中学女子部图书馆科,1940年开设的成都女子职业学校高级图书管理科等。30年代以后女性接受图书馆学高等教育有了明显的改观,到40年代以后已占据多数地位。查阅文华图专学籍档案,我们发现30至40年代以后女性的招录明显增多,以1930年招录的新生为例,已有朱瑛、张葆篯、李絮吟、沙鸥、宋友英、黄连琴、罗家鹤7位女生。40年代内迁时期及复员时期,文华图专女生人数有很明显的增长,有些年份女生人数可以占到一半以上。1941年建校的国立社会教育学院这样的趋势更加明显,国立社会教育学院到1944年时,学习图书馆学女生人数已大大超过男生。"图书博物馆学系,现有一二三四年级学生一〇〇人,内男生四〇人,女生六〇人"③。反映了女性接受图书馆学教育,以及进入图书馆业工作的情况已经越来越普遍。

① 郑丽芬.筚路蓝缕先驱之路——试论我国第一代图书馆学人留美经历[J].图书馆论坛,2015(4):25.
② 唐僧(摄)[N].图画时报,1927,406:0.
③ 陈礼江.三年来之本院[J].教育与社会季刊,1944,3(1/2):60-61.

二、公费生与自费生

文华图专实行入学考试制度以后,最初只招收受庚款资助的助学生,入学资格为大学本科二年级肄业及以上学生入学,在文华图书科阶段,被纳入文华大学的高年级;独立办学以后,为了和学校的"专科学校"之名对应,称"图书馆学专科班",简称"专科班"。从办学目标和实施来看,这种二年制教育确实有着本科教育的水准。因此在 1941 年后,为了和后来的办学区别,称"本科班"①。此类学生又称为"正科",为"正式专科生"之简称②。

1927 年,文华图书科因时局动荡,招生暂停一年。"该校教职员大半离校引避。以致校务暂归停顿。中华教育文化基金董事会所设之图书馆学免费生额。亦因之暂停。本年并未招考新生"③。从 1930 年起,文华图专既招收两年毕业的专科生,也开始招收一年制的讲习班学生,"本校本年招考新生,除原有之专门班外,并呈部邀准办理讲习班,一年毕业,以应国内各图书馆之需要"④。1931 年,因种种原因,讲习班停办,仍只招专科班⑤。1933 年,文华图专拟将讲习班改为"民众班"⑥。民众班面向中西部经济文化落后的地区,招考地区限于山西、陕西、甘肃、四川、云南、贵州、广西、湖北 8 处。其公费生也要求有图书馆工作经验,仍由中华教育文化基金董事会给予资助。"凡在立案高级中学毕业,且在图书馆服务二年以上者,皆可投考"⑦。

---

① 彭敏惠.文华图书馆学专科学校的创建与发展[M].武汉:武汉大学出版社,2015:136.

② 1930 年"招考图书馆免费生"简章中有"本年招考除正科外添设讲习班免费额十五名"、"设立图书馆学助学金额二十五名计 1. 正式专科生十名(两年毕业)2. 讲习班生十五名(一年毕业)"等语,因此"正科"即所谓"正式专科生"。

③ 文华图书科之停顿[J].中华图书馆协会会报,1927,2(6):20.

④ 招考新生,本科消息[J].文华图书科季刊,1930,2(2):271.

⑤ 中华图书馆协会第六年度报告[J].中华图书馆协会会报,1931,7(1):6.

⑥ 私立武昌文华图书馆学专科学校民众班章程(二十二年七月),有"此章程民国十九年七月经教育部批准备案惟其时名讲习班今改民众班"字样。参见:私立文华专科学校督学报告及校务概况表[A].1933.湖北省档案馆.档案号:LS10-6-272.

⑦ 图书馆学免费新生招考[J].中华图书馆协会会报,1933,8(6):25.

图书馆学免费新生与基金会之新补助①

本会此次与文华图书馆学专科学校合办招考图书馆学免费生额事宜，深得各地图书馆之协助，至可感谢！试卷评阅结果如左：

一、专科免费生正取五名

钱存训	男	江苏人	南京金陵大学肄业金陵大学图书馆服务	（宁）
徐 亮	男	湖南人	武昌华中大学肄业	（鄂）
朱 瑛	女	安徽人	南京金陵大学肄业	（宁）
朱用彝	男	河北人	北平中国大学肄业	（平）
张葆箴	女	湖北人	武昌华中大学肄业	（鄂）

二、专科免费生备取二名

| 李钟履 | 男 | 山东人 | 北平财商毕业国立北平图书馆服务 | （平） |
| 吕绍虞 | 男 | 浙江人 | 上海大夏大学肄业大夏大学图书馆服务 | （申） |

三、讲习班免费生正取十四名

李絮吟	女	河北人	华西协和学②肄业北平第一普通图书馆服务	（平）
邢云林	男	河北人	永清存实中学毕业南开大学图书馆服务	（平）
舒纪维	男	安徽人	南开大学肄业安徽大学图书馆服务	（宁）
张树鹄	男	安徽人	南京钟英中学毕业钟英中学图书馆服务	（宁）
吴立邦	男	安徽人	嘉兴秀州中学毕业秀州中学图书馆服务	（申）
翁衍相	男	江苏人	杭州第一中学毕业杭州流通图书馆服务	（申）
沙 鸥	女	江苏人	南京东南大学肄业上海交大图书馆服务	（申）
郭应丰	男	广东人	广东南海中学毕业南海中学图书馆服务	（粤）
喻友信	男	安徽人	芜湖圣雅各中学毕业文华公书林服务	（鄂）
黄继忠	男	湖北人	武昌中华大学附中毕业大学图书馆服务	（鄂）
骆继驹	男	江苏人	武昌文华中学毕业文华公书林服务	（鄂）
黄铸仁	男	四川人	四川巴中县立中学毕业万县图书馆服务	（鄂）③

---

① 图书馆学免费新生与基金会之新补助[J].中华图书馆协会会报,1930,6(1):27－28.
② 原文如此,应为"华西协合学校"。
③ 原文为"鄂",应为"川"。

　　邓衍林　男　江西人　南昌宏道中学校毕业江西省立图书馆服务（鄂）

　　林斯德　男　湖北人　湖南楚怡中学毕业武汉大学图书馆服务　（鄂）

　　四、讲习班免费生备取二名

　　宋友英　女　浙江人　浙江省立五中学毕业浙江流通图书馆服务（平）

　　顾恒德　男　安徽人　上海浦东中学毕业浦东中学图书馆服务　（申）

　　五、专科自费生正取一名

　　黄连琴　女　湖北人　武昌华中大学肄业　　　　　　　　　　（鄂）

　　六、讲习班自费生正取三名

　　谢日齐　男　广东人　广州培正中学毕业培正中学图书馆服务（粤）

　　罗家鹤　女　浙江人　之江大学肄业　　　　　　　　　　　　（宁）

　　辛显敏　男　湖北人　武昌博文中学毕业　　　　　　　　　　（鄂）

　　专科免费生还分为正取和备取，正取学生不到校就读由备取学生递补，如备取生本年不能入学，则下一年招生时优先考虑，例如 1930 年正科备选生吕绍虞于 1931 年时才招为正选生。

　　1936 年，文华图专招收第三期讲习班学生时，在鄂、湘、川、陕、甘、豫、皖、苏、浙、闽十省招收公费生十名，由各省教育厅在各省省立高级中学、师范学校中保送学生一名来校学生。

表 6－1　1936 年各省教育厅保送学生①

姓名	性别	保送机关
韩宗唐	男	河南省教育厅
胡寿宝	男	江苏省教育厅
邱亦高	男	湖南省教育厅
霍甲荣	男	陕西省教育厅
张鉴	男	甘肃省教育厅
章作人	男	安徽省教育厅
刘铦远	男	湖北省教育厅
章达夫	男	四川省教育厅

① 文华图专校近讯[J].中华图书馆协会会报,1936,12(2):37－38.

这些由各省教育厅资助保送来的学生不经过考试,学历较低,以后的成就也较为有限,是文华图专与各地教育厅联合办学的一种尝试。

除中华教育文化基金董事会以外,北平图书馆馆长袁同礼及文华图专北平同学会也曾建立奖学金,资助公费学额。"国立北平图书馆袁守和馆长,为纪念其太夫人,特在本校设免学额一名,以志孝思,自本年度起每年无间,现双方订定该项简则,名曰'袁母韩太夫人免费学额简则'"①。1933 年,文华图专北平同学会所设纪念韦棣华女士奖学金简章如下:

第一条　名称　本奖金定名为文华图书馆学专科学校北平同学会纪念韦棣华女士奖学金。

第二条　资格　凡在文华图书馆学专科学校肄业已满一年品学兼优家道清贫者得向本奖学金董事会陈请本奖学金(以下简称董事会)

第三条　名额　本奖学金名额暂定一名

第四条　办法　(甲)奖学金每额附国币二百元分两期付给,上下学期各付壹百元。(乙)凡资格相符之学生愿请领此项奖学金者须于下学期开学后一月向本奖学金董事会具函连同成绩表。陈请准给与否由董事会函知。如本年度无相当资格者,其奖学金得由董事会保留之。(丙)凡已得其他奖学金或补助者不得领受本奖学金。(丁)领受本奖学金之学生如在第一学期内成绩不佳或上学期因故中途离校,本董事会得停付其第二学期奖学金。

第五条　董事会　本奖学金之董事会以董事三人组织之其董事由本同学会长期聘请,遇有缺额时仍由本同学会聘补。凡本奖学金之保管及其给予均由董事会办理之。并将每年办理情形于该学年终了后报告本会。其董事细则另订之。

---

① 本年新添免费学额[J].文华图书馆学专科学校季刊,1933,5(3/4):511.

　　第六条　施行　本简章自民国二十三年起施行。①

　　由各种机构选派人员前来就读,自行出资的机构也有不少。1932 年,华西协合大学图书馆选派邓光禄来校学习,称为"特别生"。邓光禄来校前为华西协合大学图书馆馆长助理,后长期担任馆长一职。以后国立北平图书馆、广州协和神学校、浙江省立图书馆、云南省立昆华图书馆等机构,都保送资送学生前往就读②。"国立中央研究院院长蔡子民先生为发展研究院图书馆计,特派陈汲女士于今春来校学习图书馆学。陈女士乃前北京女子师范大学高材毕业生,对于图书馆事业素饶兴趣,将来于中央研究院之图书馆,必有莫大之襄助云"③。1938 年,国立中央图书馆函送馆员李鼎芳、钟静夫二人到该校选修课目④。但这些单位选派的学员,后来都不再以"特别生"称呼。1925 年的上海国民大学图书馆学系,对图书馆在职人员进修也称"特别生",可见"特别生"是专指图书馆员在职进修的情况。

　　从 1930 年开始,文华图专开始招收自费生,不过未在招生简章中明确说明,首批招录的学生有专科自费生黄连琴,讲习班自费生谢日齐、罗家鹤、辛显敏四人⑤。1933 年,招考专门班及民众班的招生简章明确招收了自费生的条款,"入学考试各科平均分数须在七十分以上者方能及格,七十分以下六十分以上者,得以自费入学。凡在七十分以下六十分以上愿自费入学者,报名时须注明之"。"专门民众两班自费新生均只能在武昌本校举行考试"⑥。

　　免费生与自费生的界线并不绝对,若出现"凡免费生在校之期考或年考,平均分数在七十以下者,取消其享免费生之权利"。60 分至 70 分者为自费生,自费生凭意愿入学。如遇"免费生因成绩不良,造出有名费额时,得以自费生之成绩优良者提补之"⑦。

---

　　①　文华专校新设两奖学金[J].中华图书馆协会会报,1934,9(4):27.
　　②　本校保送与资送学生[J].文华图书馆学专科学校季刊,1933,5(3/4):511.
　　③　校闻[J].武昌文华图书科季刊,1929,1(2):237.
　　④　文华图书馆学专科学校由鄂迁渝后工作概况[J].中华图书馆协会会报,1939,13(5):22.
　　⑤　图书馆学免费生与基金会之新补助[J].中华图书馆协会会报,1930,6(1):28.
　　⑥　图书馆学免费新生招考[J].中华图书馆协会会报,1933,8(6):25 - 26.
　　⑦　图书馆学免费新生招考[J].中华图书馆协会会报,1933,8(6):26.

上海图书学校是实行公费制度的又一例子,该校所有学生均称为工读生,又分为本科工读生和预备工读生,预备工读生修业期满后,各项成绩及格学校认为满意时,即行分别升入图书或出版或印制等各本科继续工读,否则仅给修业期满证书。如中途退学,或被开除及预科修业期满升入本科而不同意者,均以退学论,需赔偿学校每月二十五元①。

20 世纪 20 年代,高等图书馆学教育机构普遍将入学学历定为大学肄业二年及以上水平方能入学,30 年代以后,文华图专通过开办讲习班、民众班,将入学学历降低为高中毕业。从文华图专 1930 年招录情况来看,有图书馆工作经验的学生占到了 2/3 以上的比例,这是一个重要的变化。由于从本科二年肄业以上学生中很难招录到足够的学生,限制了文华图专的进一步发展,适当降低入学标准,开设讲习班和民众班有效缓解了生源不足的压力,扩大学校的影响力,当然这不可避免地导致学生素质降低,令其成就远远比不上以前那些根底深厚的前辈。20 世纪 40 年代,经教育部要求,文华图专与金陵大学图书馆学专修科均把入学学历降为高中毕业程度,仅国立社会教育学院图书博物馆学系仍保持大学一二年级的入学水平,反映了高等教育从精英教育逐步走向大众教育的趋势。

中等职业教育及函授教育的入学门槛则不太一致,有要求具有初级中学或初级职业学校毕业相当程度同等学力者,如成都女子职业学校高级图书管理科,有要求中学毕业或同等学力者,如上海图书馆学函授学校。也有仅要求初中毕业或具有同等学力者,如商务印书馆函授学校图书馆学科,其学历要求与定位于应用教育目标有关。

三、报名及录取程序

报考文华图专需向文华图专及各报名点函索报名格式,按相应要求准备个人履历、毕业证书,或请原肄业学校校长或教务长签字证明,并将个人履历、修业或证书或转学证书寄来备验。"除毕业证书者外,均须请其原肄业学校之校长,或教务处填注履历表正副两张,并于正张上签字证明,凡以修业证书或转学证书代履历书

① 上海图书学校预备班招生[J].中华图书馆协会会报,1933,10(6):23.

正张上之成绩证书者,考取后仍须补交成绩证书"①。

考生被录取以后,需到医院体检,"请政府注册西医检查填注,并须其签字证明"②。排除几项重要疾病的可能,报考民众班的学生还需要交备所服务图书馆的证明书。

1933 年,文华图专招考简章已规定被录取学生需要填写志愿书及寻找保证人,作为在校期间学习及生活责任的担保。"凡经取录者,务于本校开学前三日来教务处办理入学手续,填写入学志愿者,缴纳费用,并在武昌或投考地,觅取能负一切责任者一人为保证人,出具保证书,或持有其保送机关之正式分函者,方能入学"③。如考生张毓村的志愿书及担保书情况。

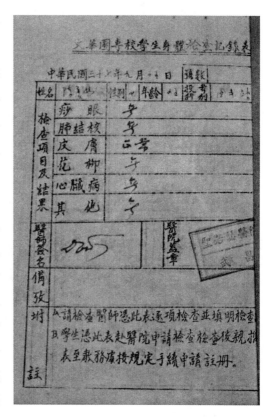

图 6-1 体检证明

志愿书

具志愿人张毓村兹蒙取录入
　　贵校肄业愿专心向学遵守校中一切规章布告所具志愿书是实
谨上
私立武昌文华图书馆学专科学校

　　　　　　　　　具志愿书人姓名:张毓村(签章)

　　　　　　　　　性别:男

①② 图书馆学免费新生招考[J].中华图书馆协会会报,1933,8(6):25.
③ 图书馆学免费新生招考[J].中华图书馆协会会报,1933,8(6):26.

年龄：二十一岁

籍贯：湖北云梦

通讯处：武昌胡林翼路三四〇号中华民国三十六年九月十八日

保证书

　　具保证书人熊卓轩兹保证学生张毓村入贵校肄业该生系思想纯洁能遵守校规如有中途退学情形保证人愿负全责赔偿奖学金及其他损失再该生如染有危险病症保证而其家属又不在武汉时保证人愿负责照料一切此致

私立武昌文华图书馆学专科学校

具保证书人　熊卓轩（签章）

职业　教育

住址　武昌土司莹文华第一别墅

与保证学生之关系　世交

服务机关盖章

中华民国三十六年八月二十五日

　　附注：（一）保证人资格①文官须委任以上②武官须中尉以上③殷实商号地店主或地方绅耆（二）保证人住址须在武汉（三）保送生由保送机关主管人保证①

　　这种情况并非特例，上海图书学校入学手续也要求学生填具志愿书及保证书，并且要求遵守指定日期到校（路费由该校担任），交纳保证金20元（至校注册后如学校发现该生习性不良时，得将保证金移作路费，遣送该生回家）②。

四、入学考试

　　1926年，文华图书科开始公开招考以来，招录正科学生考试科目有四门，国文、英文、历史（本国史及西洋史）及物理、化学、社会学、经济学中任选一项，每年的7月在各大城市同时举行入学考试，1930年，文华图专入学考试增加了党义科

---

①　新生志愿书［A］.1946.武汉大学档案馆.全宗号：7，案卷号：1-8.

②　上海图书学校预备班招生［J］.中华图书馆协会会报，1935，10（6）：23.

目考试①。1937 年,改为大学已毕业者只考国文、英文及口试,大学未毕业者考
国文、英文、中外史地各科常识及口试②。增加了口试科目,取消了党义等科。

讲习班考试科目有党义、国文、英文、历史(本国史及西洋史)、普通理化、本
国文化史六门,普通理化和本国文化史可以任选一门应考。文华图专采取学年
制,但也给予能在一年内修完所有课程特别优异的学生,经考试委员会同意,准
其提前毕业。

1939 年开设的档案管理讲习班考试科目有国文、英文、史地、口试③。文华
图专谋求生源的广泛性,有意在主要城市设立考点,这些考试活动一般委托当地
教育厅代为办理进行,但很少在公开文献中找到具体内容。笔者在档案里查到
1933 年文华图专与云南省教育厅有关代为招考事宜的相关文书。

1933 年,文华图专招考一年制民众班,云南省教育厅接受委托后,组织专人
负责组织考试,并委托专人阅卷,考期也曾改过一次,原考试日期为 1933 年 7 月
12、13 两日,后改为 14、15 两日,考试内容有口试、历史、中国文化史、党义、国文、
英文六项。17 日,由考生自行向英国医院检查体格,将检查证呈云南省教育厅审
查。教育厅厅长龚自知亲自主持口试一项,云南省教育厅预请专家于考后阅卷:

　　　　径启者:查本厅代办考试武昌文华图书馆专科学校民众班学生,完于本
　　月十四、十五④两日在厅分别举行入学试验。除各科试题已由该校函送到厅
　　外;兹送上试验日程表一份,特请台端评阅文科⑤。即希查照为荷,此致　李
　　子廉先生

　　　　　　　　　　　　　　　　　　　　　　　　　　　　　云南省教育厅
　　　　　　　　　　　　　　　　　　　　　　　　　　　　　七月十日⑥

---

①　招考图书馆学免费生[J].中华图书馆协会会报,1930,5(5):35.

②　私立武昌文华图书馆学专科学校招考新生[J].中华图书馆协会会报,1937,12(6):54.

③　私立武昌文华图书馆学专科学校开设档案管理讲习班[J].中华图书馆协会会报,
1939,14(2/3):17.

④　原为十二、十三,用红笔改过。

⑤　原为历史、中国文化史试卷,用红笔改过。

⑥　云南省教育厅:布告武昌文华图书馆专科学校学生入学试验日期由[A].1933.云南
省档案馆.档案号:1012 - 004 - 01145 - 044.

招考结束后,云南省教育厅将所有试卷及考生证件寄往武昌,由文华图专评定成绩。

> 敬启者:敝校此次招考民众班图书馆学免费生云南方面谨请
>
> 贵厅代为办理此种培植人才发扬文化之计,蒙贵厅不弃,乐于赞助,关于考试时所用之试题代报名格式业于五月廿五日已邮寄奉,此时想已收到。
>
> 贵省距此道路遥远,寄递信物往返需时,伏祈于考试之后,即将各生试卷及各项证件寄交敝校,以便从速评定,早日通知。否则时间延长,敝校深恐影响投考各生前程也,此致
>
> 云南省政府教育厅
>
> 私立武昌文华图书馆学专科学校
> 中华民国二十二年七月四日①

对于文华图专所要求的特别注意事项,云南省教育厅还发布启事,以登报形式提请考生注意。

> 批注:此项学生已代招考,各生试卷已函寄校,专件拟呈,阅及存查。
> 云南省教育厅训令第 1249 号
> 令省立各级学校、直属教育机关(登报代令不另行文)
> 案准
> 湖北省私立武昌文华图书馆学专科学校函为本校学生收额有限,凡保送学生,未与本校先函商妥者,概难收录。即烦转令所属知照……等由一案。准此,合行登报代令,仰所属各级学校及直属教育机关,一体知照!
> 此令
>
> 兼厅长　龚自知
> 中华民国廿二年十月廿四日②

---

① 云南省教育厅:布告武昌文华图书馆专科学校学生入学试验日期由[A].1933.云南省档案馆.档案号:1012-004-01145-044.

② 为保送武昌文华图书馆学专科学校学生应先与该校商妥再行保送给各级学校的训令[A].1933.云南省档案馆.档案号:1012-007-00475-010.

可见民众班学生为本省教育厅确定后,还需事先与文华图专交流,取得校方认可。

文华图专入学考试内容又是怎样的呢? 现有文献几乎未见披露,笔者有幸找到 1945 年相关档案中有数份当时的入学试题。从考题内容上来看,涉及范围广泛,包括政治、经济、历史、科学、文学、地理等,设问很深,需要考生有相当广泛的阅读范围和较大的阅读量,才有可能回答得好。

专科新生入学考试题(国文)①

1. 叙自己读书经过

2. 试言中国文字构造之法

3. 中国著名之诗家、词家、小说家、剧作家、散文家能各举三人否

训练班国文试题②

1. 述今日来校途中所见

2. 因事呈请校长准予休学申请书

新生入学公民试题③

1. 说明国父实业计划之主旨,原则及其实施步骤。

2. 解释"民主""宪政""自由""政权""治权"及其相互关系。

3. 比较"自由经济""统制经济"与"计画经济"三者间之利弊,我国今后经济政策究以采取何者为宜?

4. 有人谓三民主义中"民族主义"为"汉族主义"其说然否试抒己见。

档训七新生入学常识试题④

1. 解释名词(任择八个)

细胞 对数 升华 底数 生活素 摩擦 中和 膨胀 保护色 电流

---

①②③④ 呈报本校三十四年春季招考新生报名单各科成绩册等件请鉴核由[A].1945. 中国第二历史档案馆. 档案号:6039.

2.试略述下列诸科学家对科学之贡献(任择六个)

　　爱因斯坦　培根　伽利略　牛顿　达尔文　兰格力　居里夫人　富尔敦

3.试以(＋)(－)号表示下列诸子题之正误

　　A.图形可以变更他的位置而不变他的形状和大小　　(　　)

　　B.两直线相交只有二交点　　　　　　　　　　　　(　　)

　　C.凡直线可以任意延长　　　　　　　　　　　　　(　　)

　　D.分量的积不等于全量　　　　　　　　　　　　　(　　)

　　E.含有镁钙矿质的叫做软水否则叫硬水　　　　　　(　　)

　　F.镭可以治疗瘤、结核、麻疯等病　　　　　　　　(　　)

　　G.光之多少与植物上碳素同化作用有关系　　　　　(　　)

私立武昌文华图书馆学专科学校三十四年秋季
新生入学考试复试①

史地试题

(1)中国史可分为几个时期　试略综述各时期民族政治社会经济文化之
　　演进

(2)欧洲有何数重要河流　沿河有何主要国家与都会试说明之

(3)希腊文明与罗马文明各有何特点试举所知以对

(4)解释下列各项 a 南洋 b 西域 c 西南亚 d 巴尔干 e 拉丁美洲

(5)各生修习中外史地对于其中诸课题所获印象最深者或最感兴趣者
　　为何试申言之

以上五题择答四题完卷

　　由此可见文华图专考试分为口试、初试和复试三个环节,口试由组织考试的地方教育厅或委托机关负责,初试和复试则由文华图专评阅。

　　访问是另一种入学的方式,钱亚新回忆进入上海国民大学图书馆学系的经过,"那时我在上海当小学教员,看到国民大学的招生广告,使我又兴奋又好奇。

---

　　①　呈报本校三十四年春季招考新生报名单各科成绩册等件请鉴核由[A].1945.中国第二历史档案馆.档案号:6039.

兴奋的是感到在国家危亡的严峻时刻,竟有人奋起办学,实在是太难能可贵了。好奇的是该校除设有哲学、文学、史学、政经等学系外,还设有一个图书馆学系。这个图书馆学系是搞什么名堂的? 我感到十分好奇。为了要满足好奇心,便写信给该系主任,要求让我访问一次。在一个阳光灿烂的上午,系主任杜定友先生在校会客室接了我。他眉目清秀,衣履整洁,精神饱满,仪态雍容。待我坐定,他就开门见山地回答我在信中所提出的问题,而后大谈特谈设置图书馆学系的目的是为了培养图书馆工作人员,普及图书馆事业,发展社会教育,从而达到救国救民的目的。他还进一步说明了图书馆是一所社会大学,图书馆学是一门新兴的科学,最后他特别强调说明全国各类型图书馆尤其是高等学校图书馆正缺乏大量的工作人员,所以毕业后的就业是可靠的,决不会'毕业就是失业'。听了杜先生的一番话,我觉得非常新颖,但又似懂非懂,不过想到学习图书馆学同样可以救国救民,而且将来出路可靠,这些正投我好。现在看来,这些想法完全是为个人打算,并不正确。和杜先生握手送别时,我除了表示衷心的感谢他的接待外,还说明了我想插班的愿望。他点头微笑表示欢迎,好像对我寄予殷切的期望。那年九月初我便注册入学,成为国民大学图书馆学系二年级的学生"①。

第二节　毕业与就业

一、毕业考试及毕业典礼

毕业是学生在校的最后程序,以文华图专为例,要经过组成毕业考试委员会,呈教育部批准备案,举行考试,送教育部查核,发放毕业文凭,举行毕业典礼等程序。毕业考试委员会多由名流人士组成,1940 年文华图专讲习班毕业考试委员会委员为:沈祖荣(本校校长)、严绂苹(私立武昌中华大学教务长)、王文山(交通部总务司帮办兼代人事司司长)、彭用仪(四川省立重庆大学图书馆馆长)、汪长炳(本校教务主任)、徐家麟(本校教授)、毛坤(本校教授)②。又如,

---

① 钱亚新. 钱亚新别集[G]. 谢欢,整理. 南京:南京大学出版社,2013:199 – 200.
② 本科二十六至廿九各年学生毕业案[A]. 1936. 武汉大学档案馆. 档案号:6039,全宗号:7,案卷号:1 – 2.

1945 年图书科讲习班的毕业试验委员会组成如下表。

表 6－2 1945 年第二学期图书科毕业试验委员会名单①

姓名	服务机关	职务	备注
沈祖荣	本校	校长	
毛坤	本校	教务主任	
汪应文	本校	训导主任	
徐家麟	本校	教授	
蒋复璁	国立中央图书馆	馆长	
严文郁	国立北平图书馆	总务主任	国立西南联合大学前图书馆主任
林伯遵	中华教育文化基金董事会	秘书	

文华图专将考试委员会组成名单报教育部批准备案,教育部回复同意,并指派校外人员一名来校监考。

教育部代电 中华民国二十九年六月

私立武昌文华图书馆学专科学校校长世呈悉。该校本届毕业考试委员准如所拟,由校函聘。并派金陵大学理学院魏院长就近监试。抑即知照,教育部印。②

1930 年,文华图专第八届学生毕业,其毕业考试及毕业典礼记录是较完整的一次,"此次毕业考试异常隆重,遵照部章先期呈请教部派员来校监考。部令湖北省教育厅派邹予先先生为监考委员。每卷每题皆须监考员加盖私章,毫无作弊之可能。试毕所有试卷备送教育部查核,今已发还,其称成绩之优越。此届毕业典礼,在文华虽云系第八次,而以立案之后计之则为第一次,故筹备举行十分隆重。时为六月九日晨,开会于该校之罗氏纪念厅,清风拂拂,来宾逾百,其盛事

---

① 1945 年第二学期图书科毕业试验委员会名单[A].1945.武汉大学档案馆.案卷号:1－8.

② 本科二十六至廿九各年学生毕业案[A].1936.武汉大学档案馆.档案号:6039,全宗号:7,案卷号:1－2.

也。湖北教育厅黄建中厅长按时到校,训话逾一小时。讲述中国目录之源流变迁甚悉,闻者皆窃叹其饱学。次为杜定友先生演讲。杜先生任职上海交通大学,而能不远千里而来,其热心图书馆事业,难得之事也。典礼举行后,由教授白锡瑞君领导学生于六月十五日东下参观江浙各地图书馆"①。

图6-2 档案管理班毕业证书(1942)②

文华每届都要举行隆重的毕业典礼,按惯例往往是先和华中大学毕业生在文华圣诞堂一同举行毕业礼拜,再转入公书林罗瑟厅举行单独的毕业典礼,这是展现"文华共同体"存在的重要形式③。

截至文华图专并入武汉大学前,共培养毕业生670人。其中有不少在中国图书馆界产生重要影响的人物,且有相当多的毕业生毕生从事图书馆职业。

① 文华之毕业考试与典礼[J].中华图书馆协会会报,1930,6(1):39-40.
② 教育部:文华图专1945年关于呈送战区生持贷金清册,膳贷清册的报告及电复(1944年4月—1945年3月)[A].1945.武汉大学档案馆.档案号:7-1945-7.
③ 周洪宇.不朽的文华——从文华公书林到文华图书馆学专科学校[M].武汉:华中师范大学出版社,2013:364.

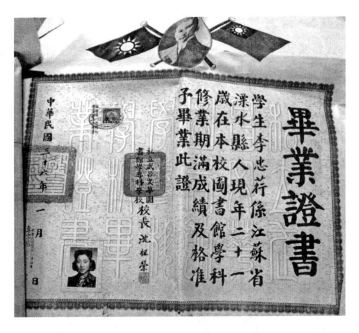

图 6-3　图书馆学毕业证书(1947)①

表 6-3　文华图专各班历届入学及毕业人数统计表②

入学时间	毕业时间	学科	届	入学人数	毕业人数
1920 年 9 月	1922 年 6 月	图本	1	6	6
1920 年 9 月	1923 年 6 月	图本	2	7	7
1922 年 9 月	1924 年 6 月	图本	3	5	5
1923 年 9 月	1925 年 6 月	图本	4	7	7
1924 年 9 月	1926 年 6 月	图本	5	8	8
1925 年 9 月	1927 年 6 月	图本	6	4	4
1926 年 9 月	1928 年 6 月	图本	7	9	9

　　① 教育部. 文华图专 1945 年关于呈送战区生持贷金清册,膳贷清册的报告及电复(1944 年 4 月—1945 年 3 月)[A].1945.武汉大学档案馆.档案号:7-1945-7.

　　② 本表为完整反映文华图专教学相关情况,在时间上有所延展.本表包括图书馆学本科班(图本)、图书馆学专科班(图专)、图书馆学讲习班(图讲)、档案管理讲习班(档讲)、档案管理专科班(档专)、档案管理短期职业训练班(档训)和档案资料管理训练班(档资).参见:彭敏惠.文华图书馆学专科学校的创建与发展[M].武汉:武汉大学出版社,2015:186-188.

续表

入学时间	毕业时间	学科	届	入学人数	毕业人数
1928 年 6 月	1930 年 9 月	图本	8	11	11
1929 年 6 月	1932 年 9 月	图本	9	8	8
1931 年 9 月	1933 年 6 月	图本	10	4	4
1933 年 9 月	1935 年 6 月	图本	11	9	9
1934 年 9 月	1936 年 6 月	图本	12	9	9
1935 年 9 月	1937 年 6 月	图本	13	9	7
1936 年 9 月	1938 年 6 月	图本	14	14	11
1937 年 9 月	1939 年 6 月	图本	15	7	6
1938 年 11 月	1940 年 6 月	图本	16	7	7
1940 年 10 月	1942 年 6 月	图本	17	9	7
1941 年 2 月	1943 年 1 月	图专	1	14	7
1941 年 10 月	1943 年 6 月	图专	2	12	6
1942 年 9 月	1944 年 6 月	图专	3	15	11
1943 年 2 月	1945 年 2 月	图专	4	8	4
1943 年 9 月	1945 年 6 月	图专	5	12	8
1944 年 9 月	1946 年 5 月	图专	6	13	8
1945 年 3 月	1947 年 1 月	图专	7	23	13
1945 年 9 月	1947 年 7 月	图专	8	31	15
1946 年 9 月	1948 年 6 月	图专	9	18	14
1947 年 9 月	1949 年 7 月	图专	10	36	28
1948 年 9 月	1950 年 7 月	图专	11	49	10
1949 年 9 月	1951 年 7 月	图专	12	30	13
1950 年 9 月	1953 年 2 月	图专	13	14	12
1951 年 9 月	1953 年 7 月	图专	14	31	26
1930 年 9 月	1931 年 6 月	图讲	1	17	16
1933 年 9 月	1934 年 6 月	图讲	2	11	10
1936 年 9 月	1937 年 6 月	图讲	3	13	13
1937 年 9 月	1938 年 6 月	图讲	4	12	8
1939 年 10 月	1940 年 6 月	档讲		12	12

续表

入学时间	毕业时间	学科	届	入学人数	毕业人数
1940 年 3 月	1942 年 2 月	档专	1	9	6
1940 年 10 月	1942 年 6 月	档专	2	11	5
1942 年 2 月	1944 年 1 月	档专	3	15	8
1944 年 9 月	1946 年 5 月	档专	4	6	2
1945 年 9 月	1947 年 6 月	档专	5	13	4
1947 年 9 月	1949 年 7 月	档专	6	40	21
1942 年 3 月	1942 年 6 月	档训	1	30	23
1942 年 9 月	1942 年 11 月	档训	2	41	40
1943 年 2 月	1943 年 5 月	档训	3	35	33
1943 年 10 月	1944 年 1 月	档训	4	27	21
1944 年 3 月	1944 年 6 月	档训	5	40	38
1944 年 9 月	1944 年 12 月	档训	6	38	35
1945 年 3 月	1945 年 6 月	档训	7	27	26
1950 年 9 月	1951 年 1 月	档资		44	44
小计				885	670

二、就业

1.学校介绍

对于学校和个人来说就业都是最重要的事情,就业的好坏不仅关系学校声誉,也对未来招生有重要影响。文华图专的毕业生有一部分是用人单位委托培养的,毕业以后回原单位工作,但大部分学生需要市场消化。1937 年,抗战全面爆发前,就业情况非常好,不仅毕业生容易找到好的工作单位,升迁也很快,毛相骞先生认为 20 世纪 20 年代及 30 年代初的文华图专就是培养图书馆馆长的学校。《文华图书科季刊》也常见乐观的报道:"本会会员十人李继先、吴鸿志、徐家璧、房兆楹、陈颂、曾宪文、刘华锦、陶述先、周连宽、耿靖民等,均于本年六月毕业。各人行止,一因交通不便,二因正值暑假期间,尚未十分大定,然可预见测者如下。大约李继先北平北大图书馆,吴鸿志东北大学图书馆,徐家璧、陈颂北平北海图书馆,房兆楹燕京大学图书馆,陶述先国民政府外交部图书馆,周连宽岭南大学图书馆,耿靖民南开大学图书馆,曾宪文、刘华锦武汉图书馆云。"①1931年,讲习班学生毕业以后,全部任职于著名高校图书馆、国家图书馆、政府机关图书馆等机构。

　　邢云林(述平)在文华讲习班卒业后,仍回南开服务。近复有转职齐鲁大学图书馆消息。

　　舒纪维(扬仁)在文华讲习班卒业后,至南京内政部卫生署图书馆服务。

　　张树鹊(正侯)在文华讲习班卒业后,服务于国立北平图书馆。

　　吴立邦(克昌)在文华讲习班卒业后,服务于之江文理学院图书馆。

　　翁衍湘(剑禅)在文华讲习班卒业后,服务于圣约翰大学图书馆。

　　沙鸥(筱宇)在文华讲习班卒业后,服务于金陵女子文理学院图书馆。

　　喻友信(鸿先)在文华讲习班卒业后,服务于上海东吴大学法科学院图书馆。

　　骆继驹在文华讲习班卒业后,服务于浙江大学文理学院图书馆。

　　董铸仁在文华讲习班卒业后,留校服务。

　　邓衍林(竹筠)在文华讲习班卒业后,任事于国立北平图书馆。

　　林斯德(颂齐)在文华讲习班卒业后,任事于青岛大学图书馆。

　　宋友英(涌心)在文华讲习班卒业后,任事于国立北平图书馆。②

　　内迁重庆时期,由于增加了档案学专业及职业训练班,学生数量增加较多,加之时局不靖,就业压力增大。文华图专主动向可能的用人单位写推荐信,介绍毕业生情况,征求用人单位的意见。1943 年,文华图专向重庆市社会局发出征寻用人需求的函:

　　径启者,本校为训练图书馆人员档案管理人员之学府,历届毕业学生,

　　①　同门会消息[J].文华图书科季刊,1930,2(2):275.
　　②　会员消息[J].中华图书馆协会会报,1931,7(1):10.

服务于各图书馆及各档案室尚称满意,查本届有档案管理专科及教育部指办之档案管理职业训练班各一班学生毕业,兹为便利各方征求是项学生起见,制有本校卅二年度毕业学生说明表及征求本校毕业学生工作登记表等件,兹随函检奉,希即查照填覆,俾便尽先介绍为荷!

此致

重庆市政府社会局

附本校卅二学年度毕业学生说明表及征求本校毕业学生工作登记表各一份

私立武昌文华图书馆学专科学校

三十二年十二月十日①

表 6-4 文华图专三十二学年度毕业学生说明表

科别	档案管理专科第三届	教育部指办档案管理职业训练班
入学资格	高级中学毕业	初级中学以上学校毕业
名额及性别	男2名女6名	男24名
在校修业年限	2年	4月
主要课程	档案学	实际档案管理技术
辅助课程		图书资料管理常识
任职范围	档案管理专门技术工作 人事登记 文书处理 图书管理 资料管理	档案管理 图书馆及资料室助理 人事登记 文书及收发工作
备考	均于民国三十三年一月二十二日毕业	

---

① 私立武昌文华图书馆学专科学校关于报送一九四三年毕业学生说明表及征求毕业学生工作登记表等件致重庆市社会局的函(附表)[A]. 1943. 重庆档案馆. 档案号: 00600012000330200005.

表6-5　征求本校毕业学生工作登记表①

职务	
名额及性别	
待遇	正薪	
	津贴	
	其他	
食宿情形	食	
	宿	
工作地点	
主管人	
备考	

　　这种征求函是每年就业工作的一部分,在重庆期间文华图专每年都向一些薪酬高、条件优厚的单位发函征寻,以下为1944年重庆市社会局收到的函及回复(征求函一),以及重庆市财政局对此的回复(征求函二)。

　　征求函一

　　径启者,查本校办理之图书馆学专科及教育部指办之档案管理训练班历届结业学生均承各公私机关学校延用,成绩尚属满意。兹于本年六月下旬图专第三班学生十余名,档训班第五期学生四十名齐届结业。中除档训班有二十余名系由各机关保送仍回原机关供职外,其余均拟觅职服务,兹特检具征求本校毕业学生工作表一份,随函送达。如贵局需用此项人才请即将表列各项填明,赐覆本校,自当酌为介绍学生前来面洽。此致!

　　重庆市政府社会局

　　附表式一份并第六期档训招生广告一份

私立武昌文华图书馆学专科学校　　启

三十三年五月

校址江北香国寺唐家桥

---

　　① 私立武昌文华图书馆学专科学校关于报送一九四三年毕业学生说明表及征求毕业学生工作登记表等件致重庆市社会局的函(附表)[A].1943.重庆档案馆.档案号:00600012000330200005.

回复：本局目前尚不需要是项人才，此件存查。①

征求函二

　　径启者倾准

　　贵校卅四年六月六日教字第三五五〇七号大函以现有档案管理专科一班学生毕业，行函请嘱予录用等由，查本局现在员额已满，无法延揽。容有缺出需要此项专才再行函请。

　　介绍唯函前由相应复请查照为荷

　　此致

　　私立武昌文华图书馆学专科学校

重庆市财政局

卅五、六、十②

　　也有一些用人单位主动征求毕业学生，不过在抗战内迁时期，这种情况较少。

　　国立中央工业专科职业学校

　　(全衔)公函　　函字第163号　　三十一年六月

　　事　由：拟聘图书管理员及管卷员各一人，请代征求介绍由

　　径启者本校拟聘图书馆管理员及管卷员各一人，贵校以往毕业生中有以上项适当人选，拟请代为征求，惠赐介绍以便洽聘，相应函请查照办理并希见复为荷。

　　此致

────────────

① 私立武昌文华图书馆学专科学校关于填报征求毕业学生工作表致重庆市社会局的公函(附表、简章)[A].1944.重庆档案馆.全宗号：0060，目录号：12，案卷号：3.

② 关于暂不录用档案专科班毕业学生致私立武昌文华图书馆学专科学校的函[A].1946.重庆档案馆.全宗号：0064，目录号：2，案卷号：5.

文华图书馆学校

校长魏○○

卅一年六月廿五日①

　　1942 年 7 月,国际问题研究所收到文华图专用人征求函后立即回信,请予介绍毕业生前去工作。文华图专介绍沈宝环前往,被任用为该所图书馆中校馆长。"沈校长②对介绍毕业生就业工作非常重视,由他亲自负责这项工作。所有获得的用人信息由秘书代为登记,使沈校长随时掌握用人信息。学生毕业时,沈校长亲自找学生谈话,进一步了解学生情况和志愿,再结合用人单位的要求,经反复衡量,慎重考虑后,才决定介绍哪位学生到哪个单位工作"③。

　　利用实习机会取得用人单位认可从而获得工作机会是学校介绍工作的另一种方式。国立社会教育学院图书博物馆学系主任汪长炳与罗斯福图书馆筹备委员会主任严文郁私交甚好,两人都曾任职过北平图书馆,以后严文郁又曾任职该系,1949 年,该系学生张玉清、高鸿儒在罗斯福图书馆实习半年,获成绩优良证明,得到留任。

　　文别　证明书

　　送达机关　发给　张玉清　高鸿儒

　　发文字号　渝筹字第 720 号

　　秘书　文郁　作平代　九、廿四

　　干事　刘可宗　九、廿四

　　"全衔"证明书　渝筹字第　号

　　查本馆前准国立社会教育学院卅八年二月一日公函略以该院学生○○○在第四年级第二学期肄业照部会规定应予以六个月之毕业实习并派该生

---

　　①　关于拟聘图书管理员及管卷员致私立武昌文华图书馆学专科学校的公函[A]. 1942.重庆档案馆. 全宗号:0126,目录号:2,案卷号:118.

　　②　指沈祖荣校长。

　　③　梁建洲. 文华图书馆学专科学校毕业生就业的优越条件[G]//陈传夫. 文华情怀——文华图专九十周年纪念文集. 武汉:武汉大学出版社,2010:749 – 750.

于二月一日起前来本馆参加工作实习半年等由现该生在馆实习期间业已届满经考核成绩优良应予发给证明用示嘉勉。

　　此证

　　　　　　　右给国立社会教育学院第四年级第二学期学生〇〇〇收执

　　　　　　　中华民国卅八年九月廿四日

　　　　　　　委员会秘书严文郁①

　　　　　　　报告　八月三日于本馆

窃职等来馆实习，忽马半载，承钧座领导有方，获益匪鲜。兹遵

　　教部规定，实习期满后，应届毕业，故特恳请给予实习证明书各一份，以成所学。另据严馆长行前所谕，对职等待遇事提及再三，允于实习期满后，即按政府规定支薪，以复资历，如蒙赐准，无任感戴之至！

　　　　　　　　　　　　　　　　　　谨呈

　　　　　　　　　　　　　代馆长　杨

　　　　　　　　职　张玉清、高鸿儒　谨呈

　　　　　　　　实习证明书照发

　　　　　　薪俸自七月一日起改为一百四十元　作平代　九、八②

　　对于高等教育机构来说，就业情况一直良好，在抗战期间稍有阻碍，然而总体就业情况还是不错的。国立社会教育学院图书博物馆学系毕业生回忆："历届毕业生绝大多数都能由系安排就业。"③一些临时性的培训机构在专门期刊上做广告，介绍学生特长，吸引用人单位注意。如"金步鳌，年龄：二十三，籍贯：怀宁，经历：座堂保罗初中卒业，省立第一高中卒业，入社会服务两年，长于图书分类及出纳，尤擅英文；孙玉瓒，年龄：二十四，籍贯：太和，经历：安徽省立第三师范毕业后充太和县第七区高小教员二年，擅长编目管理及图书选择"④。

————————

　　①② 国立罗斯福图书馆档案［A］.1948.重庆档案馆.全宗号：0115，目录号：1，案卷号：21.

　　③ 邱克勤，王可权.记汪长炳先生.［G］//苏州大学社会教育学院四川校友会.峥嵘岁月（第二集）［M］.［出版地不详］：［出版者不详］，1989：143.

　　④ 省立一职图书馆专班毕业介绍［J］.学风（安庆），1931（8）：31.

2. 校友及学校声誉的作用

文华图专在图书馆界享有盛誉,不少毕业生身居著名图书馆要职,形成了一个文华学子关系网络,20 世纪 20 年代末 30 年代初,文华图专就开始注重各地学生校友会的建设,以增加学校的凝聚力,也方便学生借此寻找工作。校长沈祖荣非常注重与政府官员的关系,这些有利条件也为就业及再次就业提供相当帮助。

文华学子梁鳣如于 1949 年 5 月到达上海后,写信给北平图书馆馆长王重民先生,请求介绍工作,王重民先生并不认识他,但从来信中得知他是文华图专毕业的,就信任他,很热情地介绍他到中国科学院图书馆工作①。1946 年底毕业的周远照,就是经重庆市市长张笃伦介绍,进入国立罗斯福图书馆工作的②。

1933 年,钱亚新接到文华老同学陆秀的来信,告知她将赴美国深造,希望钱亚新去天津河北省立女子师范学院图书馆接任她的主任职位。钱亚新在 8 月初赴任。1935 年,卢沟桥事变爆发后,钱亚新不得不离开天津,经沈祖荣先生介绍,受聘到湖南大学图书馆任主任。抗战胜利后,四川社会教育学院迁往苏州,该院图书博物系主任汪长炳是钱亚新的老同学,他邀请钱亚新到校任教授③。1946 年,四川大学图书馆馆长程时学主动让贤毛坤,自己担任副馆长,以及 1947 年国民政府国防部副官处的校友胡佑身主动让贤梁建洲担任科长等事例,都说明了校友圈在工作方面的作用。第三次国内革命战争期间,汪长炳托严文郁、周连宽等给学生介绍工作。

绍诚兄

廿四日示意刺□□已函,昌抄长商洽□关于毕业生出路问题大伤脑筋,中央图书馆已允录用毕业生二人,实习生四人,每人每日津贴十五万元,住宿可以在馆内,包伙食。上海给连宽兄亦允依中馆例,用实习生二人,不知

① 梁建洲.文华图书馆学专科学校毕业生就业的优越条件[G]//陈传夫.文华情怀——文华图专九十周年纪念文集.武汉:武汉大学出版社,2010:751.
② 李彭元.寻觅廖家花园——抗战时期文华图专重庆办学旧址廖家花园考[G]//陈传夫.文华情怀——文华图专九十周年纪念文集.武汉:武汉大学出版社,2010:982.
③ 白国应.钱亚新传略[G]//陈传夫.文华情怀——文华图专九十周年纪念文集.武汉:武汉大学出版社,2010:267-269.

尊绍可否用实习生四人,缘中央馆例每人津贴十五万外加旅费。①

中华图书馆协会偶尔也承担介绍职业的工作,"本会会员某君,曾留学欧美,得硕士学位,对于图书馆学研究有素,著作丰富,历任各大学图书馆学教授,兼图书馆主任职务。各学校各图书馆各机关倘有意延聘,请即函向本会接洽,本会当可负责介绍也"②。

由于文华图专毕业生在英语方面的优势,有相当多的学生曾在美国图书馆界工作过,图书本科毕业生在美国图书馆界工作人数共 30 人,占该科毕业生总人数 130 人的 23% 以上,所占比例之高,是其他学校毕业生达不到的③。这些旅外学生较有影响的是裘开明和房兆楹。裘开明长期主持哈佛燕京图书馆的工作,创造性地编制汉和图书分类法,使中、日文文献与西方文献能够融合分类并成为西方图书馆对东亚文献普遍采用的一种分类法。裘开明大大充实了哈佛燕京图书馆的馆藏,使之成为西方汉学研究的最重要的资源。房兆楹也长期在美国、澳大利亚等地图书馆任职,他培养的学生史景迁(Jonathan D. Spence)、芮玛丽(Mary Wright)等是著名的中国史专家。

也有不少毕业生改变了职业方向,成为其他学科领域的专家。冯汉骥毕业后任职厦门大学图书馆,因与鲁迅交往密切,遂对历史、考古及人类学发生兴趣。1931 年,赴美后进入哈佛大学学习人类学,后又入宾夕法尼亚大学获人类学博士,最后成为著名的人类学家、民族学家和历史学家④。又如同为文华学子的陆秀,冯汉骥的妻子,毕业后赴美国攻读教育学硕士,最后成为一名儿童教育专家。戴镏龄毕业后赴英国留学,后来成为著名的英国文学专家和翻译家。

第三节　出国深造与国内交流

图书馆学人多以出国深造为荣。一方面现代图书馆学来自西方,出国进修

① 国立罗斯福图书馆档案[A].1948.重庆档案馆.全宗号:0115,目录号:1,案卷号:59.

② 介绍职业[J].中华图书馆协会会报,1937,12(5):56.

③ 梁建洲.文华图书馆学专科学校毕业生就业的优越条件[G]//陈传夫.文华情怀——文华图专九十周年纪念文集.武汉:武汉大学出版社,2010:752.

④ 冯汉骥之子冯士美先生口述,访问时间:2016 年 11 月 2 日。

有利于开阔眼界、提升学问;另一方面则是出于现实的考虑。当时国内图书馆学校、图书馆学专修科,都只是两年性质的专科教育,1940 年时才成立国立社会教育学院图书博物馆学系,为我国第一个图书馆学本科教育机构。而出国者一般可以在国外获得图书馆学硕士学位,甚至图书馆学博士学位。国外尤其是美国优越的工作环境对留学者颇有吸引力,如果能在国外谋得好的工作是最理想的,如果归国则身价倍增,也容易谋到一个好的差使,担任著名公共图书馆和高校图书馆馆长、主任职位,因此出国具有求学和求职的双重利益。

文华图专毕业生,特别是20 世纪20 至 30 年代的学生,很多以出国为首要考虑。有一些毕业后在国内工作的学生,往往只是权宜之计,过几年即出国留学。冯汉骥之子冯士美介绍,冯汉骥从文华图书科毕业工作以后,一方面要偿还当时教会学校借予的学费,另一方面则为积极出国做经费上的准备①。文华图专在美留学者很多,比如在哈佛大学留学的有裘开明、冯汉骥、黄星辉、于镜宇、陆秀、任简,芝加哥大学有杜质柏,哥伦比亚大学有汪长炳、岳良木、徐家璧,普林斯顿大学有童世纲、吴元清,耶鲁大学有顾家杰,丹佛大学有聂锡恩等。在美国图书馆工作过的文华学子也有很多,如裘开明、王文山、曾宪三、李芳馥、房兆楹、徐亮、陶维勋、张葆箴、吴宝珠、查修、徐家麟、姜文锦、黄慕龄、舒纪维、沈宝环、黄作平、曾宪文、杨漪如、富兰英等(见表6–6)。

表6–6　文华图专学生出国留学深造情况②

届别	姓名	小计（人）	毕业人数（人）	占比例
本科一届	裘开明、桂质柏、查修	3	6	50%
本科二届	冯汉骥、黄星辉、王文山、杨作平	4	7	43%
本科三届	刘廷藩、田洪都	2	5	40%

---

① 冯汉骥之子冯士美口述,访问时间:2016 年 11 月 2 日。

② 不完全统计。引自:梁建洲,梁鳣如.我国图书馆学、档案学专业教育的摇篮——记武昌文华图书馆学专科学校[J].四川图书馆学报,1996(5):76–80。但略有修改,根据梁建洲的另一篇文章《文华图书馆学专科学校毕业生就业的优越条件》,本科二届增加了杨作平,本科十三届改为黄慕龄。本表为完整反映文华图专相关情况,在时间上有所延展。

续表

届别	姓名	小计（人）	毕业人数（人）	占比例
本科四届	曾宪三	1	7	14%
本科五届	严文郁、徐家麟、陆华深、汪长炳、陈普炎、葛受元	6	8	75%
本科六届	李芳馥、曹柏年、岳良木、黄凤翔	4	4	100%
本科七届	陆秀	1	9	11%
本科八届	徐家璧、房兆楹、耿靖民、曾宪文	4	11	36%
本科九届	徐亮、张葆箴	2	8	25%
本科十届	邓光禄、童世纲、于镜宇、吴元清	4	9	44%
本科十一届	戴镏龄	1	9	11%
本科十二届	胡延钧、顾家杰	2	9	22%
本科十三届	黄慕龄	1	7	14%
本科十四届	蓝乾章	1	10	10%
本科十五届	陶维勋	1	6	17%
本科十六届	孙雁征	1	7	14%
本科十七届	沈宝环	1	8	12%
合计（1—17届）		38	130	29%
图专四届	陈本林	1		
讲习一班	邓衍林、喻友信、舒纪维	3		
讲习二班	丁瀞	1		
公办后二班合计（1—2届及公办后一、二班）	李爱珠、彭斐章	1 3		
总计		48		

美国洛克菲勒基金会有一笔文华图专的专款,其所得利息为文华学子留学美国的专门款项,由文华图专向基金会申请使用,汪长炳、徐家麟都是利用这项

费用出国留学的①。

除文华图专以外,两大国立图书馆——北平图书馆和中央图书馆也不时派员出国进修,北平图书馆派出去的馆员有严文郁、岳良木、王重民、向达等人,蒋复璁于 1930 年受北平图书馆派遣赴德进修两年,在柏林普鲁士邦立图书馆、巴彦邦立图书馆、德意志学术协进社之图书馆委员会实习,又在柏林大学图书馆学院学习课程②。王重民以"交换馆员"的身份被派往法国国立图书馆,对太平天国史料、敦煌遗书等散存国外文献进行整理。后又前往美国整理美国国会图书馆所藏的一批中文善本书并撰写提要,为他以后从事目录学教学奠定了基础③。

图书馆学教育机构之间的交叉学习也是进修的一种方式。钱亚新就是从上海国民大学图书馆学系转学到文华图专就读的。"文华图书科的招生广告在我校公布时,杜先生特地与我谈过一次话。他认为文华图书科设备比较完善,教师阵容比较整齐。如果真想学习图书馆学,这是一个很好的机会,因此竭力鼓励我报考。我除同意他的意见外,觉得考试科目偏重英文,比较难于准备,但考取后待遇不差,在经济上可再无后顾之忧了"④。

金陵大学的钱存训曾参加过文华图专的公开招考,后因客观原因未能来校学习,文华图专因此特别呈教育部批准插班读书,未获批准。

> 案查属校本年度招考专科新生钱存训一名,系南京金陵大学三年级生,曾在金陵男大及女大图书馆服务。考试成绩,经考试委员会核定,列为优等正取第一。嗣以逾期未来校报道,所遗缺额早经递补。兹准该钱存训函称,以大学四年级学业未完,现所任金陵女大图书馆职务,复莫由摆脱,人得该校方面图书馆专家李小缘君等具函证明其于图书馆学科研习及工作两项,曾在该校及该馆内,得有相当成绩,现拟恳请准其于明秋在该大学毕业后得

---

① 梁建洲. 我对文华图专校史资料的一些异载的看法[J]. 图书情报知识,2010(1):111.
② 蒋复璁. 留德图书馆学工作报告[J]. 图书馆学季刊,1932,6(1):132.
③ 周佳贵. 王重民设立图书馆学专修科的始末[J]. 国家图书馆学刊,2013(4):84.
④ 钱亚新. 钱亚新别集[G]. 谢欢,整理. 南京:南京大学出版社,2013:200 – 201.

插入现在专科班第二学年肄业,格外特别补习。①

除前文提到文华图专档案科学生王世芳毕业后再入国立社会教育学院图书博物馆学系学习外,成职图书科学生邓崇玉,毕业后前往在重庆办学的文华图专深造。总的来说,由于国内图书馆事业并不发达,图书馆学教育基本孤立进行,因此国内交流学习的情况很少。由于民国时期图书馆学教育机构稀少,很多操作性质的图书馆学教育是通过馆际学习实现。国立北平大学医学院图书馆为培养馆员,曾向燕京大学图书馆、国立北平师范大学图书馆等机构派员学习,以兹为例。

敬启者　查敝院图书馆办理有年,规模粗具,而内容尚少精密之处,殊有整理之必要,素审贵校图书馆卷轴繁富,办理手续最称完善,敝院现须办求改良情殷取法,自宜择善而从,拟即遴派妥员前赴贵处见习两星期,熟识程序规章,俾将来参考所得,施行整顿,有所仿效,务祈赐予照准。
公绥此至燕京大学校

院长　徐○○　谨启
四月廿日②

北平大学医学院的请求得到了燕京大学和北平师范大学的同意,北平师范大学的回函如下:

案准　公函第四三二号内开:拟派图书馆员一人前赴贵校见习,恳祈规定时间派员指导,并希示复等因;查本校图书馆前经整理,粗有头绪,迺承赞许,曷胜感愧,准函前因,本校为交换公务上便益计,自所欢迎,已令该管课长何日章于每日办公时间内招待,特此函复,即希查照转饬该员于来校时径与该课长接洽为荷。

---

① 本校历年招生[A].1937.武汉大学档案馆.档案号:26136.
② 北大医学院关于本院图书馆职员派赴各校见习与有关单位来往函[A].1934.北京市档案馆.档案号:J029－003－00457.

此致

国立北平大学医学院

校长　李蒸①

　　不时可见一些基层的图书馆派馆员前往著名图书馆的例子,例如 1927 年广东新会景堂图书馆派馆员李明若、李仪可前往广州市参观中山大学图书馆、岭南大学图书馆、广东省立图书馆等,向著名图书馆学家杜定友、谭卓垣学习,并制作了详细的学习笔记。

　　这些出国深造活动,多是由个人自筹经费,仅少数由文华图专、国立北平图书馆、国立中央图书馆资助前往,人数有限,也没有统一的规划。而国内交流活动相对更为稀少,且主要限于文华图专及国内著名图书馆。这些出国深造人员,尤其是从 20 世纪 10 年代至 30 年代出国深造者,回国后大多投身于图书馆学教育,为图书馆学本土化的进步发挥了重要作用。

小　结

　　民国时期图书馆学教育招生情况不算乐观,这是因为图书馆教育对学生素质的较高要求,社会对图书馆业有所偏见,以及发展潜力并不大的职场空间等所致。因此当 20 世纪 20 年代至 30 年代初各大图书馆的高级职位逐渐饱和以后,加之战乱的影响,以文华图专为代表的图书馆学教育机构不得不放下身段,降低了对学生学历的要求,招生和就业都从精英化走向了大众化。虽然图书馆学教育总体来说招生不算理想,然而毕业生的就业形势相对很多专业来说并不算差,在抗战全面爆发以前,文华图专的学生基本都在著名公共图书馆、高校图书馆就职,也有相当一部分学生在国外图书馆工作。到了全面抗战时期,找到一份衣食无忧的工作也不算难事,只是在第三次国内革命战争期间,形势才变得有些严峻,不过这是由于国内形势整体恶劣所造成的。

---

　　①　北大医学院关于本院图书馆职员派赴各校见习与有关单位来往函[A].1934.北京市档案馆.档案号:J029 - 003 - 00457.

第七章 日本在华图书馆学教育

20世纪前后,清政府腐朽没落,内忧外患不绝,日本借机蚕食中国领土。1905年,日本在日俄战争胜利后,取代沙俄控制了中国东北中南部的广袤领土,大批移民垦殖,对当地民众实施奴化教育,日本利用图书馆达到其情报收集及奴化教育的目的。为提高办馆水平,东北铁路沿线图书馆建设逐步完善后,"满铁"图书馆各馆联合建立了图书馆协会、图书馆研究会,定期研讨工作中遇到的问题,开设图书馆学讲习会,提高馆员业务水平,开始了日本在华图书馆学教育的历史。

由于历史情感原因,中国图书馆界对日本在中国沦陷区所从事的图书馆活动研究较少,即使有所研究,也是从殖民侵略的角度看待这段历史,有关日本在中国东北地区从事的图书馆学教育活动,只有冷绣锦的《"满铁"图书馆研究》有少量篇幅的叙述。日本在中国东北、台湾地区的图书馆学教育活动属于民国时期发生在中国境内的图书馆学教育活动,虽然这些活动与中国本土学者从事的图书馆学教育活动并无多少联系,然而通过对日本在华图书馆学教育的研究,有利于认识同期日本图书馆学教育的基本情况,也有利于从客观角度认识中国早期图书馆学教育所存在的问题。

第一节 "满铁"图书馆的建立和发展

日俄战争以后,日本接替了沙俄在中国东北中南部的铁路权益,加紧对东北的殖民渗透。1906年,日本成立了南满铁道株式会社,简称"满铁",这是日本政府以公司名义在东北实行殖民统治的机构。1907年,"满铁"由东京迁移到大连,建立了"满铁"图书室,由东京帝国大学教授冈松参太郎负责筹建,这就是"满铁"大连图书馆的前身。早期的"满铁"图书室向公司内部人员服务,相当于专门图书馆,"满铁"图书馆由"满铁"会社调查课图书系和地方课图书系负责。十余年间,"满铁"在东北铁路沿线建立了 24 个图书馆,分别为瓦房店、大石桥、营口、鞍山、辽阳、苏家屯、奉天、奉天八幡、铁岭、开源、四平、公主岭、长春、本溪、抚顺、丹东等 16 个馆以及大连市内的"满铁"大连图书馆、日出町分馆和日本桥、伏见台、近汇町、埠头、沙河口、南沙河口图书馆。此外,还对边远地区划分了 12 个流动区、150 个阅览点。至此,日本已在"满铁"沿线各主要城市和区域建立起了纵横交错的文献网络①。服务对象扩展到铁路沿线的公司职员和居民,兼具了专门图书馆和公共图书馆的性质。"满铁"图书馆也成为铁路沿线一系列日本所开设图书馆的统称。

早在 1909 年,"满铁"图书馆便设立了"巡回文库""林间文库"等图书流通制度。通过列车巡回读者可以很方便地借阅书籍,在公园、市区等处也设有巡回图书机构。1916 年,"满铁"学务课在奉天召开了以此为内容的一个会议,研究图书馆工作存在的问题,这便是"满铁"图书馆业务研究会的雏形。此后,随着这种活动的日益频繁,加之图书的增多,有些巡回文库逐渐转为简易的图书馆,相应地出现了几个小馆之间的以联系和协作为主的联合研究会。例如,1924 年辽阳、鞍山、大石桥、营口、瓦房店的"辽南图书馆协会"。1927 年,奉天、铁岭、开源、四平街、长春几个图书馆的馆长一起制定了这几个馆间研究会的联合协约,而大连市内的 6 个馆则以"满铁"大连图书馆为中心每月召开一次业务研究会议,这可算作"满铁"图书馆业务研究会的摇篮时代,这个组织于 1929 年正式成立。

"满铁"图书馆的历史有几个重要的标志。1919 年,大连图书馆作为"满铁"总公司的参考图书馆独立。1920 年,柿沼介、卫藤利夫加入"满铁"图书馆,成为"满铁"图书馆的灵魂人物。在此期间,为"满铁"图书馆在组织上带来决定性影响的,其一是由于 1937 年 12 月"满铁"附属地被转让给伪满洲国,而随之"满铁"图书馆也一并移交;其二则是 1939 年,根据所谓的大调查部构想,将"满铁"大连图书馆编入调查部。前者意味着"满铁"图书馆群的解体,后者则是要被恢复到"满铁"大连图书馆成立时的调查部资料室的性质,即仍为专门图书馆,而不再兼有公共图书馆作用,这二者均为关系到其图书馆组织发生变化的决定性事件。

---

① 李晓菲."满铁图书馆"及其带给我们的启示[J].图书馆建设,1998(1):73.

图 7 - 1　奉天"满铁"图书馆

　　随着"满铁"图书馆不断发展壮大,1915 年,《书香》①创刊,曾暂时停刊,又于 1929 年作为"满铁"各图书馆馆报复刊,相当于图书馆协会会报的性质。1937 年,"满铁"图书馆转移给伪满洲国以后,随之《书香》成为"满铁"大连图书馆馆报,一直发行到 1944 年。《书香》所报道的内容极其丰富,有图书馆学、考证学的论文,甚至还有一些书评及图书馆活动的报告、新刊目录、主题文献目录等,颇与《中华图书馆协会会报》相类似。其他图书馆的馆报还有"满铁"奉天图书馆馆报《收书月报》,从 1936 至 1943 年,共 90 号;"满铁"哈尔滨图书馆馆报《北窗》,从 1939 年至 1944 年 3 月等,都是根据各馆方针编辑发行的②。

图 7 - 2　奉天"满铁"图书馆内部

---

① 《书香》为"满铁"大连图书馆馆刊,1915 年 2 月创刊,1944 年 12 月终刊。
② 冈村敬二.满铁图书馆·海外日本图书馆的历史[M].京都:阿吽社,1994:56.

1929 年，卞鸿儒担任辽宁省立图书馆馆长期间，参观过"满铁"图书馆，对日本在我国东北地区流露出的野心深感忧虑，这时"满铁"图书馆研究会的活动已颇为成熟。

图书馆研究会 关于图书馆事业之联络与研究，满铁图书馆有图书馆研究会之组织。将各地图书馆分为三区，分别组织。由大连北至辽阳中间之各图书馆为第一区。奉天抚顺及安奉铁路沿线各图书馆为第二区。铁岭以北各图书馆为第三区。各区研究会，每月开会一次，讨论研究关于图书馆学术上或实际设施上之种种问题。大连图书馆在第一区内，其研究会于本年四月末举行第一次，现已举行数次矣。满铁各图书馆又共同印行一种馆报，名曰《书香》，每月刊行一次。现已出版六次。内容以关于中国图书界问题为多。[1]

1931 年 9 月，"九一八"事变爆发后，日本的侵略行径完全公开化，为配合日军行动，"满铁"图书馆业务研究会积极进行了《阵中慰安文库》（以下简称《阵中文库》）和"满铁"时局文库的《全满二十四图书馆通用与满洲相关日汉分类目录》的编辑工作。日军掠夺了沈阳城内的《四库全书》《满洲老档》《满洲实录》的原本，《康熙地图》的铜版本等珍贵文献，接收了张学良的旧邸以及沈阳的文溯阁后，分别作为"满铁"奉天图书馆总馆、分馆，并且接收从城里以及其他机关掠取的资料。

"九一八"事变以后，针对日方图书资料查阅的需求，"满铁"奉天图书馆将与中国东北及蒙古有关图书资料序号前加"M"，进行特别整理形成《满铁时局文库》，专门成立了"满蒙阅览室"。而《阵中文库》则是号召日本本土及当地民众捐赠图书，对前线战士进行"精神慰安"的一种形式[2]。"满铁"奉天图书馆馆长卫藤利夫是《阵中文库》的积极倡导者，著有《图书分类的逻辑原则》，将原本分开排架的日文、中文、外文图书，在目录卡片上都缀上罗马字，作为阅览用的卡片目录，将著者、题名、分类三种混排，同时将图书台账变成卡片式，整理图书时使用循环卡片[3]。

---

① 卞鸿儒. 参观大连图书馆报告[J]. 辽宁省立图书馆丛刊（第 2 种），1929：16 – 17.
② 吴利薇. 满铁奉天图书馆[J]. 外国问题研究，2009（2）：38.
③ 吴利薇. 满铁奉天图书馆[J]. 外国问题研究，2009（2）：40.

1931 年"九一八"事变爆发前,日本沿铁路沿线建立了布局完善的图书馆网络,由组建地区性的图书馆组织向建立整体性图书馆组织发展,在积极从事专业活动的同时,与日军侵略活动相配合,掠夺文物,搜集情报,编制《阵中文库》,显示出为日本军国主义服务的鲜明特色。

第二节 "满铁"图书馆业务研究会的历史

冈村敬二把"满铁"图书馆业务研究会的发展分为四个时期。第一时期为 1906 年至 1929 年 4 月的前期历史,第二时期为 1929 年 9 月至 1934 年 4 月的活动前期,第三时期为 1934 年 4 月至 1938 年 9 月的活动后期,第四时期为 1938 年 9 月至 1942 年 8 月的终止期[①]。若从前期历史算起,绵延有 30 多年,其最兴盛的阶段不过 10 余年时间。

一、前期历史

"满铁"图书馆从 1912 年开始到 1916 年期间,共召开了 5 次事务会议,还开始了去日本国内出差、参考学习的活动。1916 年,"满铁"图书馆设立私立教育研究会,并于 9 月 27、28 日在沈阳举行会议。对于这次会议,"满铁"公司通过支付旅费等方式支持此次会议,地方科长在组织上参加了总理事会。这个时期的核心人物是从日本京都帝国大学调职过来的佐竹义继,他巩固了"满铁"图书馆的基础。此外,这些图书馆阅览场所的各馆员相继组成了"南满洲书司会"[②],1917 年 4 月,创刊《南满洲书司会杂志》。

1921 年,"满铁"图书馆开始向日本文部省[③]图书馆讲习所派遣进修人员,研究热情也不断高涨,其教育活动越来越有规律。1925 年,成立图书馆研究会,1926 年,辽南图书馆协会按照其章程活动。1927 年,铁岭以北地区在长春创立图书馆业务研究会,形成了"满铁"沿线全区域内组建研究会的基础。"满铁"图

---

① 本节有关事实的部分,若无特别注明,均来自冈村敬二的《满铁图书馆·海外日本图书馆的历史》一书第一章第二节"满铁"图书馆业务研究会历史的叙述。
② 相当于研究会。
③ 相当于日本教育部。

书馆业务研究会的前期活动,包括协调各地图书馆发展、制定图书馆规范、研究图书馆实际问题、培训图书馆馆员等活动,也是循着从单个馆到图书馆协会的轨迹发展起来的。

二、活动前期

受沿线全区域局势的影响,1929 年 4 月,"满铁"公司方面认识到了研究会组织化的必要性,根据公司初等教育研究会规定,制定出图书馆业务研究会的内部规章。据此,研究会根据区域,分为三个区,一区是大连地区,二区是奉天地区,三区是铁岭以北地区,负责人分别是桥本八五郎、小野求太郎、东海林太郎。二、三区在 1930 年 9 月合并,之后一、二区则于 1932 年 9 月合并。

这个时期的特征列举如下。第一,整理分类目录规则,并将其标准化等图书馆日常业务,解决运营上的问题,即所谓巩固基础方面。第二,"满铁"图书馆向外界扩张及合作。1930 年 9 月,开始筹建"满铁"图书馆协会,号召学校图书管理员以观察员身份参加。这是以后与"满铁"各种调查机关、资料室及其他机关的合作的第一步。1932 年 9 月,召开了同朝鲜研究会的共同会议。根据当时的议题,朝鲜图书馆协会的设立似乎也被提上了日程。第三,"九一八"事变后,开始编制《阵中文库》与分类名称目录。这两项工作在 1932 年 3 月暂且告一段落,在一、二区联合研究会上,学务科中根信爱对参与两文库编制工作的"满铁"奉天图书馆馆员以及沿线各馆馆员表示谢意。在 9 月第一区第 25 次研究会上,学务科科长有贺做了业务研究会的活动应当限定在业务研究的范围之内的报告,这是对"满铁"图书馆业务研究会"脱离"从事这两项事业的牵制。这一时期,"满铁"各地图书馆所形成的组织不断走向联合,甚至与朝鲜图书馆组织进行联合,有组建东北亚图书馆协会的意图。

三、活动后期

在 1933 年的馆长会议中,提出了重组业务研究会的要求,以 6 名委员为主研究解决方案并一致通过,并于 1934 年 4 月开始实施。据此,研究会首先在学务科的指挥下,提交召开会议需要的认可申请,然后由各馆馆长及"满铁"大连、奉天图书馆主任组成委员会,成为最终决议机关。部门会议在业务上分为管理、目录、运用三个部门,各馆馆员必须分属其中的一个部门。

这个时期值得特别记载的方面有:首先,完成了《全满二十四图书馆通用与满洲相关日汉分类目录》,推进了各图书馆馆际互借制度以及各区域分担资料采集工作,将新收集到的图书作为《满铁各馆增加图书要目》刊登在《书香》中,这种尝试可以说是"满铁"图书馆成熟时期的顶峰。其次,作为业务研究成果与报告的《图书馆业务研究会年报》也发行了。至此,个人的文章都是在《书香》上发表的,而此年报主要登载各部门会议报告、论文。进而,作为第二期后续工作,开始了《全满二五图书馆通用与满洲相关日汉分类目录续编第一》以及举行第二次"满铁"图书馆联合协商会议(1936)的工作,最后商讨制定了《图书馆馆员精神纲领》。1937 年 3 月,第四次管理部门会议上,决定了包括"以文献奉公为宗旨,为工作鞠躬尽瘁"在内的五条纲领,并提交给委员会。最后,卫藤利夫做了题为"关于图书馆经营的根本精神"的演讲,此次演讲与设定图书馆的精神纲要有关。

四、终止期

1937 年 12 月,"满铁"图书馆随"满铁"附属地移交给伪满洲国。早在移交之前,关于移交后的经营状况,在 1935 年 6 月运用部例会上,业务研究会针对学务科提出的咨询事项"如何妥善处理当下形势",商讨了"地方行政权移管之际图书馆经营方针"的第三项。讨论的结果是,业务研究会,以 1936 年的委员会形式,希望在附属地移交之际将图书馆由"满铁"公司保留经营;如果必须分离,那么也应当由日本的机构及日本人来运营。会上决定将以上内容的陈情书,向总裁、副总裁、各董事提出。之后会长、副会长、各委员联名,在 1936 年 5 月 16 日由业务研究会会长柿沼介主持的会议上进行了说明,结果这种保留经营的申请并未被批准。但是,移交工作似乎不甚积极。"满铁"大连图书馆司书主任桥本八五郎指示说:"其他机关正在稳步而顺利地进行着加入新机构的准备,此时若相关人员继续踌躇不决则会耽误工作,恐怕会被各方面误解,而且对我们完成事业上,也会带来不利的影响,希望各馆馆员能够不留遗憾地做加入新机构的准备。"①

关于"满铁"图书馆业务研究会,按照至 1937 年度为止的日程安排,为了研究会的重组,于 1938 年以"满铁"大连图书馆馆长的名义召开会议,9 月召开了最后一次"满铁"图书馆业务研究会委员会,这次会议也就是移交后的"满铁"图书馆研究会的第一次委员会,在会上协商了会名变更、内部规章修改。10 月 8 日,重新召开总会及联合部门会议,正式开始活动。在组织上继承了之前"满铁"图书馆业务研究会的主要内容,分为管理、目录、运用三个部门会议。1938 年的报告沿袭了之前年报的形式,出版了《满铁图书馆研究会年报》第四辑。卷末以书目部门会议报告形式附加了《日俄战争相关资料目录》,说明研究活动依然在进行。1939 年,卫藤被选举为会长,业务研究会每年召开三次。同年因为所谓大调查部的构想,"满铁"大连图书馆被纳入调查部,1940 年 3 月,柿沼介辞去馆长一职,卫藤利夫也在 9 月辞去馆长一职,成为委托馆长(临时馆长),并在 1942 年 1 月连这一职务也辞去了。这样,"满铁"图书馆及研究会失掉了核心人物,组织上重组为临战体制。图书馆以"满铁"奉天图书馆的植野武熊等人为中心,希望维持之前"满铁"图书馆的性质,似乎也召开研究会,但是在 1943 年 2 月,由"满铁"调查局各部课的 36 名主任召开了"满铁"调查局资料委员会,提出应该让"满铁"奉天图书馆以及资料室

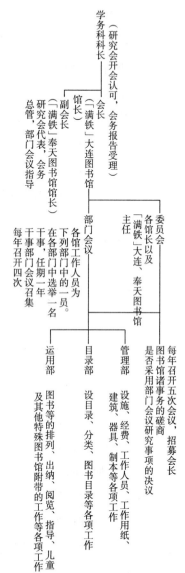

图 7-3 "满铁"图书馆
业务研究会组织图

① 书香,1937(97)[M]//冈村敬二. 满铁图书馆·海外日本图书馆的历史. 京都:阿吽社,1994:64.

直接与公司业务相关,不得不因此改变"满铁"奉天图书馆。之后植野武熊离开大连,"满铁"奉天图书馆的《收书月报》虽然还在发行,但只是徒有其名而已,上面刊登"满铁"调查局各部局委员的稿件,已完全失去了杂志原来的面貌。

随着这个时期的时局进展,殖民地图书馆因战时任务不断加强合作。例如,被分为两部分的"满铁"①、伪满洲国两家图书馆研究会的合并会议(1939年4月),"满铁"奉天图书馆研究会的恳谈会(1940年2月),"满洲图书馆协会"总会及大会(1941年9月)等。特别是在沈阳召开的"满洲图书馆协会"总会及大会,参加人员以"满铁"、伪满洲国代表为主,华北开发株式公司,北京、上海两家现代科学图书馆,朝鲜总督府图书馆等也均有人员前去旁听,粉饰出"大东亚图书馆大会"的样子。

在终止期,如此持续的研究会,也只被公认为到了1942年8月,之后情况不详。总之,可以推测无论是从"满铁"图书馆的组织上,还是从人员阵容上看,几乎均处于停止状态了,曾在"满铁"图书馆历史上盛极一时的研究会逐渐衰退消亡了。

第三节 "满铁"图书馆的图书馆学教育

"满铁"图书馆对于我国图书馆学人来说类似域外世界,国内图书馆开始注意到"满铁"图书馆学教育是在1930年,"满铁奉天图书馆馆长卫藤利夫,在日本图书馆界颇有名望,去年十一月起受前波教育专门学校之礼聘,在该校主讲图书馆学概论,每周二时,并在奉天图书馆指导学生实习。该校主旨专在提高图书馆事业,不仅为校中之特别授业,凡奉天及南满铁道沿线各校图书部与各图书馆之在职人员,皆可请求听讲"②。这个前波教育专门学校应当是日本在中国东北开办的专门学校,此时"满铁"图书馆业务研究会正式成立不久。之后《中华图书馆协会会报》又报道了一次"满铁"图书馆业务研究会的开会经过:

① 指20世纪30年代日本为扶持伪满洲国发展,将"满铁"沿线的一些机构移交伪满洲国,其中包括"满铁"图书馆的大部分,也包括"满铁"图书馆业务研究会的大部分,以及仍属于日本政府管理的业务研究会的一部分,因此称两部分的"满铁"。
② 日人在满洲之公开图书馆讲座[J].中华图书馆协会会报,1930,5(4):24.

不久以前,日本的满铁图书馆(凡南满铁道沿线附属地及其势力所至的地方,由满铁会社设立的图书馆很多,普遍都称为满铁图书馆),在哈尔滨举行第一,二,三各区图书馆业务联合研究会,会期两天。出席者:大连奉天两馆及学务课各有一人或数人,其他各馆各到主事(即主任)一名。(但长春,哈尔滨主事以外的人加入很多,铁岭,开原却一名也没有。)这事极值得我们注意,记者很以报告较迟为歉!五月二十五日午前八时,到会者受哈尔滨图书馆栗栖主事夫妻之欢迎吃过了早饭,就被领到哈尔滨文化协会的讲堂里开会。从午前九点三十分至午后六时才闭会。可以说是十分努力了。那时还参观东省特别区文物研究所附属之博物馆,在会场听八木,池永两氏的演讲。那博物馆原为俄国所设立。所以说明多半是俄文的。所陈列的各地方产物,动植物,古坟的发掘物等等好像比旅顺的关东厅博物馆,大连的满蒙资源馆陈列品还多些。八木总领事讲的是关于美国的图书馆。八木氏在那地方住过,因自己利用图书馆的经验,说他对于图书馆设备的希望。在图书馆之效果与利用上,发现了这样了解图书馆事业的人,大家都很愉快。哈尔滨银行的池永氏的讲题是"北满①经济概况"。池永氏从大正元年起,就在那地方研究,如今把他所得丰富的材料说出一点来。他说"如北满的大豆,有如此的收获,而农民的富的程度,不能增高,其理由实在军阀(马贼也包括在内)的诛求,与货币的跌落。"把最近的状况具体的说明,这又是给大家很好的知识。二十六日,看了栗栖氏的图书馆。和昨天同时间在文化协会的公会堂里开会。会堂课台上放着伊藤博文的半身像。旁边放置伊藤心爱的手杖,书籍等等。这一天的会议,午后一点钟就开完。闭会后也有参观郊外志士碑的,也有实地视察市内的。这两天之间,只有这时候是自由的。联合会在这地方开会,也因为要实地视察中俄两国的图书馆。而俄国的因最近才迁移,正在搬运书籍,谢绝参观。中国的,内部正在整理,据说还设有什么可参考的。建筑宏大,外观倒很可惊人。满铁图书馆最需要的设备之一,确是建筑之完全,因其在中国图书馆的旁边,必须具有刺激的力量才好。但是会议本体,因栗栖预备之完备,和会长得人,收了十分的功效。兹列举会议议决案如下:

①　此段为引文,"北满"是当时日本的提法。

甲　须要呈请的事项

(1)关于职名改正案(第一区提出)通过交委员审议。

(2)呈请学务当局不要将地方部之图书费标准削减到图书经费三分之一以下案(第二区提出)否决。

(3)读书券制度规定以外追加"得附设读书会"一条案(第三区提出)否决。

(4)图书馆增设出纳员案(第一区提出)通过交委员审议。

(5)关于巡回图书馆的希望事项请巡回图书馆对于守备队分遣队不取费案(第三区提出)否决。

(6)关于图书馆大会的出席事项(第一区提出)通过交委员审议。

乙　互相联络关系事项

(7)关于职员互相吊慰的事项(第一区提出)否决。

(8)对于经大连图书馆之寄赠图书希望概算价格通知案(第二区提出)通过。

(9)读书券所有者之转任或转地时各馆联络方法案(第三区提出)否决。

(10)关于《书香》的发行事项(第三区提出)否决。

丙　研究事项

(11)关于职员保障事项(第一区提出)通过交委员审议。

(12)如何使满铁图书馆发展事项(第二区提出)否决。

丁　紧急动议

(13)从速举行主事会议事项(提出者宫地主事)通过。

(14)图书馆职员的任务制定事项(提出者井上主事)通过交委员审议。

(15)关于从午后一时至九时开馆事项　不成立。

戊　关于巡回书库事项

(16)关于书库分布地仍旧无新希望。

(17)配付方法(留置期间与配付册数)多数希望维持现状。[①]

---

①　满铁之图书馆业务研究会联合会[J].中华图书馆协会会报,1930,6(1):41–42.

这次图书馆业务研究会讨论的主要是"满铁"图书馆各地工作的一些解决方案,也进行了一些讲习活动,兼有处理行政事务与教育的双重功能。1935年,《中华图书馆协会会报》对"满铁"图书馆业务研究会的概况进行了描述。"南满铁道株式会社在东北创设之大小图书馆凡二十四所,以大连图书馆为中心。各馆馆员早有图书馆业务研究会之组织,借以互相研究而谋业务之改进,去岁四月间该会改组,设委员会及部会为研究机构,以大连图书馆长及奉天图书馆长为当然会长及副会长。部会分管理(研究设施,经费,从事员,事务用纸,建筑,器具,制本等),目录(研究图书之选定,编目,分类等),运用(研究图书之排列,出纳,阅览,指导,儿童及其他特殊图书馆,附带事业等)三部,每部各举干事一人。委员会每年开会五次,部会每年开会四次,出席者每日支给旅费金二圆。开会之时日地点及议题等主要事项,事前须先经满铁会社学务课长之认可,事后并须详细报告经过。该会自改组以来成绩甚优"①。

总的来说,当时国内图书馆界对"满铁"图书馆教育的认识还停留在组织结构等方面,对教育内容等还一无所知。"满铁"图书馆业务研究会管理部编的《地方行政权移交前的"满铁"图书馆概况(1936—1937)》一书,是目前有关"满铁"图书馆教育最为详尽的叙述,有相当的参考价值②。"满铁"图书馆业务研究会图书馆学教育分为五种类型。

一为初级教育,为培养新入馆员,"满铁"会社制定了专科以上学校毕业定期社员录用培养规章,也制订了社员预先培养的见习录用及其津贴章程。针对高等小学毕业或具备同等以上学历的13至16周岁者,根据试验结果提供助学金并准许进入会社育成学校学习。课程学习年限为四年,以陶冶其品行为目的,教授普通教育课程的同时一并教授应用知识技能,白天专门学习会社业务,夜间修习各专业学科。

二为常规教育,"满铁"大连图书馆、奉天图书馆、抚顺图书馆、哈尔滨图书馆这几个大馆,均有常规的教育活动,活动时期各馆不一,采用学习自编教材和讲

①　满铁之图书馆业务研究会[J].中华图书馆协会会报,1935,10(6):37-38.
②　本节若无特别标注的史实,均来自"满铁"图书馆业务研究会管理部编《地方行政权移交前的满铁图书馆概况(1936—1937)》一书的内容。该书出版时间不详,出版地不详。

座的形式,这是"满铁"图书馆最常见的教育活动。

表7-1 "满铁"图书馆常规教育情况①

各图书馆研究会名称		研究目的、活动方式、参加者、活动次数及时间、开始时间
"满铁"大连图书馆	研究座谈会	以提高图书馆专业知识,实行对业务研究的奖励,改善图书馆工作为研究目的。采取讲座和讨论个人提案的形式。全体馆员参加。每月两次即月末和每月第一个周五活动,有时视情况有变动。活动时间为下班前一个小时。1936年5月15日开始
"满铁"奉天图书馆	周四研究会	以提升馆员自身修养,改进图书馆工作为研究目的。采取馆员宣讲个人研究成果的形式。要求所有能抽出时间的馆员都参加。每周四活动,下午两点或三点,时间为一个小时。1935年4月开始
	阅览工作研究会	以促进阅览相关工作的改进为研究目的。从事阅览工作的相关人员参加。每月最后一天活动,下午一点开始,时间约两个小时。1936年11月开始
"满铁"抚顺图书馆	研究会	研究目的为关于分类法、目录法的研讨。采取学习教材并进行讨论的形式。馆员、抚顺会社内部及相关单位的图书管理员参加。每周活动一次,下午两个小时。1937年8月开始
"满铁"哈尔滨图书馆	周四研究会	以促进改善图书馆工作的全面研究为目的。采取研究讨论个人提案的形式。参加者为全体日本人职员。每月一次活动,周四下午一点,约两个小时。开馆即执行

虽然反映的时间基本为1935—1937年之间,但是从20世纪20年代辽南图书馆协会,以及构成业务研究会雏形的几个图书馆研究组织的情况来看,日常正规图书馆教育的历史可能要早得多。

三为图书馆学夏季讲习会,一年一次。"满铁"为培养图书馆管理员及各单

① 满铁图书馆业务研究会管理部.地方行政权移交前的满铁图书馆概况(1936—1937)[G].满铁图书馆业务研究管理部.满铁图书馆业务研究会年报第三辑.[出版地不详]:[出版者不详],[出版日期不详]:256-257.

位图书相关工作人员,在 1931 年以后每年举办图书馆学夏季讲习会。其主办单位为各地"满铁"图书馆部门学务科,举办期间为 8、9、10 月 3 个月中的 3—5 天,讲师主要委托会社内人员,不少是曾留学过的图书馆员,如柿沼介、卫藤利夫、大佐三四五等人,有时也聘请社外图书馆界专业人士如日本帝国图书馆馆长松本喜一等进行讲学。每次讲师人数多则可及八九名,1935 年,因进行分类名称目录法的理论讲授及实习之故,仅委托日本帝国图书馆司书加藤宗厚一人担任讲师。

听讲者每年约在五六十名左右,如上所述包括图书馆馆员及各单位图书相关工作人员如雇员、佣员出席,1935 年以后也批准准雇员进入讲习会听讲。此外,由日本文部省或青年图书馆员联盟主办的夏季讲习会,"满铁"历年也按惯例尽可能派遣图书馆相关人员参加,但在馆员培养的多种活动中,因费用及时间关系最受重视的仍为"满铁"图书馆主办的夏季讲习会。自 1931 年首次举办以来的各次举办时间、讲义题目、讲师等列举如下表所示。

表 7-2　1931 至 1936 年"满铁"图书馆业务研究会历次夏季讲习会概况①

年度	讲义题目	讲师	备注
1931	图书馆管理法	"满铁"大连图书馆馆长　柿沼介	自 8 月 5 日至 8 月 8 日举办 4 日,会场位于大连本社社员俱乐部
	图书目录法	"满铁"大连图书馆馆长　柿沼介	
	图书分类基础	"满铁"奉天图书馆馆长　卫藤利夫	
	图书馆相关成人教育	"满铁"奉天图书馆馆长　卫藤利夫	
	事务管理相关	效率科嘱托　金子利八郎	
	公费经办管理相关	本社地方科公费处主任　合田德松	
	邦文图书馆参考文献介绍	"满铁"日本桥图书馆主事　桥本八五郎	
	欧文图书馆参考文献介绍	"满铁"抚顺图书馆馆长　大佐三四五	
1932	和书汉书目录法及其实习	"满铁"大连图书馆馆长　柿沼介	自 8 月 2 日至 8 月 6 日举办 5 日,会场位于大连本社社员俱乐部
	分类与分类名称	"满铁"奉天图书馆馆长　卫藤利夫	
	"满洲"相关欧洲图书解说	"满铁"奉天图书馆馆长　卫藤利夫	
	图书支取法	朝鲜铁道图书馆主事　林靖一	

---

①　1937 年伪满洲国举办第三十一届日本图书馆大会,因所需费用超过预算,讲习会中止举办。

续表

年度	讲义题目	讲师	备注
	朝鲜名著解题	朝鲜总督府图书馆馆长　荻山秀雄	
	由经理事务所见的图书馆	本社地方部庶务科　三堀辰五郎	
	办公心得百条	本社考察科　加藤雷二	
	图书、杂志、剪摘集统一整理一例	本社考察科　玉名胜夫	
	阅览室环境相关	本社考察科　大中信夫	
1933	欧美图书馆概况	"满铁"大连图书馆馆长　柿沼介	自 10 月 24 日至 10 月 28 日举办 5 日,会场位于大连本社社员俱乐部
	满洲相关主要文献解说(和书、洋书)	"满铁"大连图书馆司书　田口稔	
	满洲相关主要文献解说(汉书)	"满铁"大连图书馆司书　岛田好	
	考古学上所见的满蒙	关东厅博物馆主事　岛田贞彦	
	分类名称目录法	"满铁"奉天图书馆庶务主任　松原浅右卫门	
	洋书目录法	"满铁"抚顺图书馆馆长　大佐三四五	
	图书出纳法	"满铁"鞍山图书馆馆长　盐谷孝治郎	
	国宝图书介绍(邦书部分)	"满铁"大连图书馆司书主任　桥本八五郎	
	誊写板实习	东亚商会　横田嘉雄	
1934	图书馆通论	日本帝国图书馆馆长　松本喜一	自 9 月 26 日至 9 月 29 日举办 4 日,会场位于大连本社社员俱乐部
	满洲产业概论	精调第一部主任　高田精作	
	阅览指导法	"满铁"大连图书馆馆长　柿沼介	
	满洲基督教文献解说	"满铁"奉天图书馆馆长　卫藤利夫	
	图书馆员注意事项	"满铁"大连图书馆司书主任　桥本八五郎	
	德川初期武士道精神研究	地方部学务科　吉田进	
	夏目漱石论	地方部学务科　益富治保	
1935	分类名称目录详解及其实习	日本帝国图书馆司书　加藤宗厚	自 9 月 26 日至 9 月 28 日举办 3 日,会场位于大连本社社员俱乐部

续表

年度	讲义题目	讲师	备注
1936	鲜满图书政策史及图书馆革新	朝鲜总督府图书馆馆长　荻山秀雄	自 8 月 13 日至 8 月 15 日举办 3 日,会场位于大连本社社员俱乐部
	面向铁道工作者的图书馆经营理论及其实践	朝鲜铁道图书馆主事　　林靖一	
	最新简易制书术实习	日本县立鸟取中央图书馆　田中敏夫	

一些学者的文章,如林靖一的《图书改装费与登录价格等问题》还被翻译成中文发表①。

四为进修学习活动。为促进业务发展,“满铁”会社随时派遣高级社员赴外出差进修,此外以提高社员水平为目的,制订了《外国留学生规章》《国外派遣助学金学生规章》《内地特别派遣员规章》《东亚同文书院及哈尔滨学院助学金学生规章》等章程,于条件符合者中选拔,送其留学或出差。

赴外派遣助学金学生要求为连续工作两年以上社员,经所属单位负责人推荐后接受选拔,为修习学术技艺,于欧美接受高等教育。中国进修生分为甲乙两类,甲种进修生以研究汉语、中国政治、经济、社会等领域为目的,乙种进修生主要以研究汉语为目的,两者均要求为连续工作一年以上社员,且要求进修生为依《会社语言检定测试章程》在汉语中获得二等以上合格者,或为专科以上学校毕业生及其所属教职员。

《内地特别派遣员规章》中所说的“内地”指日本国内,特别派遣员是从社员中选拔优秀者,由特别命令派遣到日本国内,其指导、监督由东京分社社长负责,图书馆员将进入日本文部省图书馆讲习所学习。派往日本国内及中国的进修生均重视汉语的掌握,这与“满铁”图书馆的工作性质有关。

东亚同文书院及哈尔滨学院助学金学生要求为获得一般专科学校入学资格的社员,并连续工作一年以上,年龄在 25 周岁以下者,经所属单位负责人推荐后选拔而得。图书馆相关工作人员受命留学者如下表。

---

① 林靖一.图书改装费与登录价格等问题[J].于式玉,译.图书馆学季刊,1930,4(2):237－254.

表 7 - 3 "满铁"图书馆派遣进修情况表

年份	进修派遣时间	研究课题	进修地学校	学员	
1921	1 年	图书馆学	日本文部省图书馆讲习所	职员	栗楢义助
1922	1 年	图书馆学	日本文部省图书馆讲习所	职员	佐竹英治
1922	1 年	图书馆学	日本文部省图书馆讲习所	职员	松源浅右卫门
1923	1 年	图书馆学	日本文部省图书馆讲习所	职员	宫地元治
1923	1 年	图书馆学	日本文部省图书馆讲习所	职员	泽浩
1924—1926	2 年 3 个月	图书馆管理法及杂志学	美国哥伦比亚大学及欧美各国	参事	柿沼介
1924	1 年	图书馆学	日本文部省图书馆讲习所	职员	樱井政一
1924	1 年	图书馆学	日本文部省图书馆讲习所	职员	胜家清胜
1925	1 年	图书馆学	日本文部省图书馆讲习所	职员	井上正义
1926	1 年	图书馆学	日本文部省图书馆讲习所	职员	岩田实
1926—1928	2 年 3 个月	图书馆学目录法分类法	美国哥伦比亚大学图书馆系及欧美各国	职员	大佐三四五
1927	1 年	图书馆学	文部省图书馆讲习所	职员	尾崎唯一
1928—1929	1 年 2 个月	东洋文献处理法及图书馆业务改善相关调查研究	日本东京	参事	卫藤利夫
1930	1 年	图书馆学	日本文部省图书馆讲习所	职员	神吉三良
1932	1 年	图书馆学	日本文部省图书馆讲习所	职员	下内矢之助
1933	1 年	图书馆学	日本文部省图书馆讲习所	职员	金在斗
1934	1 年	图书馆学	日本文部省图书馆讲习所	雇员	福真太郎
1935	1 年	图书馆学	日本文部省图书馆讲习所	雇员	林聪
1936	1 年	图书馆学	日本文部省图书馆讲习所	佣员	秋场四郎
1935	3 年	东亚同文书院助学金学生	上海东亚同文书院	雇员	斋藏洲臣
1937	1 年	图书馆学	日本文部省图书馆讲习所	佣员	石川春男

　　"满铁"图书馆派员赴外进修最早开始于1921年,从1921至1937年,几乎每年均派1—2名馆员赴外进修,这个时期也正是中国图书馆学人留学的高潮期。进修最主要的目的地是日本文部省图书馆讲习所,有17人,到日本东京学习的有1人,因此"满铁"图书馆主要受日本国内图书馆学教育的影响;第二留学目的地是美国哥伦比亚大学,有2人,赴美留学者颇受重视,回到"满铁"后均担任馆长职;日本在上海开设有专门研究"中国学"的东亚同文书院,为日本在华间谍学校,进修者也有1人,且时间长达3年,其培养动机与前述提到的"满铁"图书馆工作计划有密切联系。以上共计21人,进修时间多为一年,均为图书馆员在职进修。

　　五为学术研究。"满铁"图书馆业务研究会编辑有《满铁图书馆业务研究会年报》(以下简称《年报》),从1934年出版的第一辑,一直到1938年的第四辑,共出四辑,其中1936—1937年的第三辑为合刊。这个内部刊物除了刊登有关委员会、管理部、书目部(目录部)、运用部的行政事务外,还刊登图书馆员发表的演讲题目及论文,内容丰富,其学习研究氛围相当浓厚。与同时期中国图书馆学刊物校雠学、目录学、历史学与图书馆学相混杂的情况不同的是,《年报》刊登的文章几乎均与图书馆学术或其工作相关,因此专业性更高。有不少图书馆学专门教育方面的文章,以1936—1937年《年报》第三辑为例,其《图书馆员工培训的相关方针及方法》《关于图书馆精神的基本理念》等演讲及文章均涉及图书馆员专门教育问题①。

第四节　20世纪20至30年代中日图书馆学教育比较

　　我国图书馆学教育最初取法的对象是日本,直到20世纪20年代,随着沈祖荣、胡庆生、洪有丰、李小缘、刘国钧等留美学者回国,这种情况才开始改变。文华图专、金陵大学图书馆学系等教育机构的出现,使中国图书馆学教育有了明显起步。20世纪30年代以后,中日两国图书馆界都有不少声音认为中国图书馆事业的发展、图书馆学教育的发展已有超越日本之势。1935年,李棣华、许防如的

　　① 满铁图书馆业务研究会.满铁图书馆业务研究会年报.1936—1937(第三辑)[M].大连:满洲日日新闻社印刷所,1937:8.

《日本图书馆概况》中有一段叙述了日本图书馆协会及日本图书馆学教育的
情况。

> 为促进图书馆事业之发展,培养图书馆之专门人才,在日本社会方面有
> 日本图书馆协会,政府方面有文部省之图书馆讲习所。日本图书馆协会创
> 立于明治二十五年(光绪十八年)(注:1892年),初名日本文库协会,嗣改称
> 日本图书馆协会,昭和五年(注:1930年)始经文部省之许可而取得社会法
> 人之资格。明治四十三年(宣统二年)(注:1910年),曾加入万国书史学会,
> 昭和五年又加入国际图书馆协会联盟。总部设于文部省内,九州,山口各设
> 支部一处,现有会员一千四百余名,其资格以从事图书馆事业者为限,协会
> 事业,一面编印月刊,名《图书馆杂志》,用以探讨学理,交换意见,并介绍新
> 刊良书,一面举行讲演会,讲习会,以促进社会人士之注意,并规定每年四月
> 二日为图书馆纪念日,十一月一日至七日为图书馆周间,研究讨论,宣传提
> 倡,对于日本图书馆事业之发展影响至巨,文部省图书馆讲习所,设立于大
> 正十一年(民国十一年)(注:1922年)所址暂假帝国图书馆之旁室,令供讲
> 授,别无设备,较诸吾国武昌之文华图书馆专科学校,简陋多矣,然此即日本
> 全国唯一之图书馆学校。每期三十人,一年卒业。入学资格,以中学卒业,
> 师范学校卒业,高等女学校卒业者为限。课程有:图书馆管理法,图书馆史,
> 目录学,书志学,分类法,外国语(英、德、法),文化科学,社会教育概论,日本
> 绘书史,印刷及制本等科,自开办以来,毕业者约三百人,百分之九十五,皆
> 在国内之各图书馆服务。本期中尚有吾国女生一人在内肄业。①

虽然日本图书馆协会成立得很早,但唯一的图书馆学教育机构文部省图书
馆讲习所却成立很晚,直到1921年才正式成立②,这说明日本的图书馆学正规化

---

① 李栋华,许防如. 日本图书馆概况(参观报告)[J]. 图书馆学季刊,1935,9(2):
268 - 269.
② 《中华图书馆协会会报》1931年6卷6期的《日文部省图书馆讲习所十周年纪念式》
一文又说成立于1921年,与李文有出入,对比上文的"'满铁'图书馆派遣进修情况表",文部
省图书馆讲习所应成立于1921年。

教育开展的时间也很晚,基本与中国同步。日本文部省图书馆讲习所招收高中毕业及同等学力水平的学生,学期一年。其所习课程为图书馆管理法、图书馆史、和汉书目录法、书目录法、日本书志学、中国书志学、西洋书志学、图书分类法、英语、德语、法语、社会教育概论、日本绘画史、印刷及制本等。每周授课 28小时。下为日本文部省图书馆讲习所 1933 年招生广告。

　　日本图书馆讲习所本年四月开班其招生章程已由文部省发表如左:

　　修业年限:一年

　　名额:约三十名

　　投考资格:中等学校毕业者,师范学校毕业者,依专门学校入学者检定规程有专门学校入学资格者。

　　报名手续:报名人须将左记书类呈缴文部省社会教育局成人教育科入学志愿书,履历书,毕业证书,或毕业证明书,或检定合格证明书,最终学年成绩表,人物考查书,身体检查书及最近半身脱帽正身照片等入学志愿书及履历书须依所定格式亲笔填写证明书成绩表,考查书应请出身之学校校长代为呈缴文部省。

　　试验科目:一、国语(国文解释)二、历史(日本东洋西洋)三、英语(英文解释)四、地理(日本外国)五、口试

　　考试地点:帝国图书馆(东京上野公园内)。①

　　其招生广告、考试范围和内容及考试程序均与文华图专相类似,不同之处在于日本文部省图书馆讲习所并未像文华图专那样在全国多处设立考点。而从课程设置来看,二者也颇有相似之处,不过因为学制的缘故,文华图专的课程设置要精细得多。

---

① 日本图书馆讲习所招生[J]. 中华图书馆协会会报,1933,8(5):26.

表 7 – 4　日本文部省图书馆讲习所课程时间支配表①

学科 学期	图书馆管理法	图书馆史	目录法		书志学			分类法	英语	德语	俄语	实修	文化科学	合计
第一学期	图书馆管理法	图书馆史	和汉书目录法	洋书目录法	日本书志学	中国书志学	西洋书志学	图书分类法	英语	德语	俄语		社会教育概论	
每周时数	4	1	4	3	2	2	2	2	2	2	2		2	28
第二学期	图书馆管理法	图书馆史	和汉书目录法	洋书目录法	日本书志学	中国书志学	西洋书志学	图书分类法	英语	德语	俄语	实修	日本绘画史	合计
每周时数	4	1	4	3	2	2	2	2	2	2	2		2	28
第三学期	图书馆管理法	图书馆史	和汉书目录法	洋书目录法	日本书志学	中国书志学	西洋书志学	图书分类法	英语	德语	俄语	实修	印刷术及制本	合计
每周时数	4	1	4	3	2	2	2	2	2	2	2	3	2	31

　　日本文部省图书馆讲习所与同期中国图书馆学教育的代表文华图专的图书馆学教育相比较,在招生类型、招生标准、课程设置、所办刊物等方面均有不如,因此李棣华、许防如认为"较诸吾国武昌之文华图书馆专科学校,简陋多矣",并由此判定同时期的日本图书馆学教育落后于中国。日本方面也有相似的认识,1936 年 12 月,日本图书馆学家间宫不二雄访华后,对中国图书馆事业的发展大加赞美,提及中国图书馆学教育时认为"日本中等学校毕业后再行补习一年之图书馆讲习所只有一处,且多不合实用。中国大学毕业生有施以二年专科之设施,此种学生,大多均远涉重洋,赴英美德法留学,即在图书馆服务者,亦均经专科之

---

① 日文部省图书馆讲习所十周年纪念式[J]. 中华图书馆协会会报,1931,6(6):29.

补习。故余之见解,今后日本如能每年派送两名大学生至武昌文华图书馆专科学校肄业,实较留学欧美为佳也"①。

　　简单比较来看,情况确是如此。然而从实际情况来看,笔者认为同时期的日本图书馆学教育更胜一筹,理由有两点:其一,日本图书馆学正规教育虽只有一所学校,学制也仅为一年,然而日本有文部省、青年图书馆员联盟及地方图书馆、图书馆协会、著名图书馆普遍举办的夏季讲习会,每年均有,可以补其不足。"日本每年夏季开设暑期学校讲习图书馆学之处甚多,本年仍循例举行,如在冈山市有文部省主办之图书馆讲习会,在大阪有青年图书馆员联盟主办之图书馆学讲习会,讲题为小册子及其他资料之搜集整理(目黑加一),小册子装订法(间宫不二雄),在兵库县有该县图书馆协会主办之图书馆经营讲习会,讲题为社会教育与图书馆之使命(铃木镰太郎),日本图书馆事业之动向(伊达友俊),乡村图书馆经营之实际(伊藤新一),小图书馆中之简易图书整理法(森清),福冈县中央图书馆亦办有相当之讲习会,在朝鲜则有总督府主办之图书馆讲习会,讲题为图书馆管理法(荻山秀雄),图书馆教育与学校图书馆及小图书馆之经营(厨川肇),馆外阅览之理论与实际及装订术(林靖一),和汉书目录法及实习(岛崎末平),洋书目录法及实习(关野真吉),及关于社会教育与图书馆事业之特别讲述,惟因气候特别炎热,各处授课期间亦特别缩短,大抵在二日与七日之间云"②。一些学者,如林靖一、荻山秀雄也曾在"满铁"夏季图书馆讲习会做过演讲。中国东北沦陷时期、台湾日据时期都举行过日本图书馆协会年会,也附设讲演。"该会自八月一日至三日③在台中州立图书馆举行,参加者凡三十余人。讲师及科目如下:(A)山中樵:图书馆事情,特江儿童文库,青年文库四实际(三小时)(B)山口尚之:社会教育之图书馆(十一小时)(C)小林藤吉:简易图书馆管理学(四小时)(D)小林藤吉:儿童文库经营法(二小时)(E)荻原秀雄:图书修理实习指导(三小时)"④。而这样的例子相当多,加上提到过的"满铁"图书馆讲习活动,对于日本狭小的领土而言,其讲习会举办强度应当远较中国为多。而中国的图书馆学

---

①　日图书馆专家推崇中国图书馆界[J].中华图书馆协会会报,1937,12(4):39.

②　日本之暑期图书馆学讲习会[J].学觚,1936,1(7):20-21.

③　1932 年。

④　台中主办简易图书馆讲习会[J].中华图书馆协会会报,1932,8(1/2):51.

讲习会,随意性很强,举办地点零散,没有形成制度化的管理方法,实际教育效果应当不及日本同行。

其二,从"满铁"图书馆学教育情况来看,日本政府在图书馆学教育活动中占据主动角色,很早就开始采用制度化、体系化、持续化的教育机制,图书馆员从入馆开始就接受教育,工作以后也会有定期的教育培训、讲习会、留学机会等。虽则从高等教育领域上来看日本未必占优,但在初等教育、在职教育等方面很有优势,因为我们在同时期的国内图书馆里几乎看不到有定期教育的例子,学生从图书馆学校毕业以后,除留学外也很少看到再次接受教育的例子。当时的中日图书馆学人都只看到了表面而未深入考虑这个问题。

其三,就"满铁"图书馆专门教育而言,"满铁"图书馆专业化程度很高,各图书馆分头承担文献收藏和信息采集工作,以第三区图书馆为例,各馆藏书范围如下:"满铁"苏家屯图书馆为铁路;"满铁"奉天八幡町图书馆为工商业、运动、中国东北风俗;"满铁"铁岭图书馆为传记、俳句、中国东北地志;"满铁"开原图书馆为中国东北统计等①。可以说这些图书馆既是专门图书馆,又是独立的情报收集分析机关,这种工作性质对图书馆员提出了很高的要求,因此"满铁"图书馆开展密集的专门教育活动,以及浓厚的学术研究氛围也就不足为怪了。

"满铁"图书馆是较为特殊的图书馆,因为它起源于日本军国主义情报搜集整理的专门机构,"公共服务"反而是相对次要的工作,其后期部分移交伪满洲国以后,"满铁"图书馆服务于专门调查目的的性质就愈发明显了。

小　结

"满铁"图书馆的历史就是从最初的专门图书馆、机构图书馆走向公共图书馆与机构图书馆二元化,然后再回缩到机构图书馆的历史,反映了日本政府和图书馆人双重意愿的影响。"满铁"图书馆作为服务于日本殖民侵略的机构,它的藏书方向、图书馆工作、研究方向都有侧重性,说其是文化侵略的帮凶没有问题。

---

① 满铁图书馆业务研究会.满铁图书馆业务研究会年报.1935(第一辑)[M].大连:满洲日日新闻社印刷所,1935:3.

然而从图书馆的建设角度来说,可以中立客观地评价其教育制度。

从 1916 年"满铁"图书馆业务研究会渐有雏形直至 1943 年其活动逐渐消亡,其图书馆学教育活动不仅具有独特性,也一定程度反映了同期日本国内教育的基本情况和特点。这些特点可以归结为:一是重视将图书馆工作和任务与图书馆学教育紧密联系,教育围绕工作展开,而较少单纯地去谈理论,因此在职教育是日本图书馆学教育的一个重要特点。二是组织严密,教育活动系统而有规律,在图书馆学教育过程中政府扮演重要角色,有较完善的教育制度。从基本文化教育、专门教育、在职教育、留学教育和学术研究等形式来看,呈现由浅入深,教育和研究相结合,教育持续化等特点,反映出图书馆学教育机制的成熟,由于教育的行政化、制度化,其图书馆学教育活动规律性很强。三是教学内容很注重对美国、中国及日本本国图书馆界的了解和学习,可以说其对中国图书馆界的认识要远高于中国同行对日本图书馆界的认识。综合上述分析,结合本文略微述及的日本本土所开展的图书馆学正规教育、夏季讲习会等情况,笔者认为同时期日本图书馆学教育总体情况较中国更胜一筹。

第八章　民间组织、政府对图书馆学教育的影响

图书馆业是高度依赖政府的行业,图书馆协会代表了图书馆业的利益,在与政府的对话中便于统一声音。20 世纪 20 年代以后,成立了第一个图书馆业全国性组织——中华教育改进社图书馆教育组,之后又成立了专业化水平更高、更具代表性的行业组织——中华图书馆协会,图书馆协会通过收集议案提交政府来反映图书馆界的呼声,包括图书馆学教育的需求,这些提案反馈给政府及相关行业,对于图书馆业的发展,图书馆学教育的进步有很大帮助。一些与图书馆密切相关的外围组织,像中华教育文化基金会、教会组织等对于图书馆学教育也有重要影响。30 年代以后,国民政府对于图书馆及图书馆学教育在社会教育方面的作用逐渐重视,不仅颁布法律法规,也对一些重点机构进行扶持,休现出一定的管理职能。本章分析民间组织、政府行为对于图书馆学教育的影响。

第一节　中华教育改进社图书馆教育组及
中华教育文化基金会的贡献

中华教育改进社于 1921 年 12 月 23 日在北京正式成立,它是由新教育共进社、新教育杂志社、实际教育调查社三个机构合并而来,《新教育》是为机关刊物,其使命是"以专业的力量推进教育完善,致力于把教育办得更好",其宗旨为"调查教育实况,研究教育学术,力谋教育改进"。希望以教育来推动社会进步,"使国人能言、能行、能担重大之责任,创造进化的社会"①。鉴于图书馆事业的重要性,中华教育改进社成立了图书馆教育组,这是第一个全国性的图书馆组织。在 1922 年 7 月 3 至 8 日中华教育改进社第一次年会上,戴志骞(戴超)、沈祖荣、洪有丰、杜定友、朱家治、孙心磐、戴罗瑜丽(戴志骞夫人)7 人出席了图书馆教育组

---

① 本月刊倡设之用意[J]. 新教育,1919,1(1):1.

会议,戴志骞提出的《请中华教育改进社组织图书馆教育研究委员会案》获会议通过。会议推选戴志骞为委员会正主任,洪有丰为副主任,书记是程时煃,委员共6人①。因此,在有些文献中这个组织又被称为"中华教育改进社图书馆教育研究委员会",是后来中华图书馆协会的发端。为行文方便,本书采用中华教育改进社图书馆教育组(以下简称"图书馆教育组")的提法。

中华教育改进社的产生,与美国杜威(John Dewey)教育思想的流行有关。杜威认为,"教育的过程,在它自身以外没有目的;它就是它自己的目的"即"教育本身并无目的,只是人,即家长和教师等才有目的""在教育上,由于这些从外面强加的目的的流行,才强调为遥远的将来作准备的教育观点,使教师和学生的工作都变成机械的、奴隶性的工作"。可见,杜威把教育的目的分为"内在目的"和"外部强加的目的",他强烈反对的只是外部强加目的,即反对用外在目的取代教育内在目的②。而图书馆显然是一个实现教育"内在目的",主动学习、自我学习的理想平台,杜威主张的从实践中学习,教育与生活相联系等也与公共图书馆的推广有契合之处。同一时期,与杜威思想有相似之处,强调启发学习兴趣与自我学习的道尔顿学习法在中国教育界也颇有市场,这都为图书馆教育的发展提供了空间。

因此,图书馆教育组是中华教育改进社众多小组中很活跃的一组,引起了文化界和新兴图书馆学人的重视。

图书馆教育组在中华教育改进社的四届年会上相继提出了不少提案。这里的"图书馆教育",在以前的章节里提到过,包含了两层意思:一为图书馆界对于普通民众的教育,即对民众的教育问题;二为培养图书馆人才,或为提高读者利用图书馆的能力所开展的教育工作,即人才教育和素质教育问题,也就是图书馆学教育问题,这是本书所讨论的领域。

---

①　吴稌年.中华图书馆协会的孵化器——中华教育改进社[J].国家图书馆学刊,2014(1):97-98.

②　陶能祥.社会·教育·人——杜威的教育社会学思想初探[J].外国教育研究,2004(10):7.

表 8-1　中华教育改进社四届年会的图书馆教育组提案情况①

	提案名称	提案人	通过不与
第一届年会	中学及师范应添设教导用图书方法课程案	洪有丰	通过
	中国师范学校及高等师范学校应增设图书馆管理科	戴超	通过
	通俗图书馆应设儿童图书部	戴超	
	组织图书馆管理学会	戴超	
	各学校应有图书馆演讲	戴超	
	推广全国图书馆案	杜定友	通过
	统一图书馆管理法案	杜定友	
	拟呈教育部通咨各省长转饬各教育厅长除省内必须建设省立图书馆外凡所属之重要商埠(如上海、汉口等处)亦必有图书馆之建设	沈祖荣	通过
	拟呈教育部通饬全国无论公私已设之大学及大学相当之学校(如高师及高商之类)其中若不附设图书馆备置中西2万册以上之书籍不承认该校之成立	沈祖荣	
	拟呈请教育部会同财政部筹划相当款项建设京师图书馆	沈祖荣	通过
	各市区小学应就近联合于校内创设巡回儿童图书馆以补充教室内之教育	洪有丰	通过
	学校与图书馆有最密切之关系故凡中学暨高等小学皆宜有附设学校图书馆之规定	沈祖荣	
	凡著作家出版之书籍欲巩固版权须经部审查注册者宜将其出版之书籍尽两部义务　一存教育部备案　一存国立图书馆以供众览	沈祖荣	通过
	凡学校未设图书馆者不宜举办图书科或图书馆训练所	沈祖荣	
	向各省教育厅建议设立活动图书馆(亦可名曰巡行图书馆)以便各校教员参考研究案	杨成章	

———————

① 涉及图书馆学教育的提案一律用楷体标出。
引自:李刚,叶继元.中国现代图书馆专业化的一个重要源头——中华教育改进社图书馆教育组的历史考察[J].中国图书馆学报,2011(193):82-83.

续表

	提案名称	提案人	通过不与
第二届年会	图书馆事业办法及应用名辞等等应有规定之标准案	查修	保留
	书籍装订改良案	查修	保留
	筹划图书馆经费案①	查修	
	拟在海关附加税项下酌拔数成建设商业图书馆案	朱家治	保留
	省立图书馆应征集省县志及善本书籍案	洪有丰、施廷镛	修正通过
	图书馆善本书籍应行酌量开放以供参考案	洪有丰、冯陈祖怡、韦棣华	通过
	组织各地图书馆协会案	戴超	通过
	交换重本图书	戴超	保留
	呈请中华教育改进社转请美国政府以其将要退还之庚子赔款三分之一作为扩充中国图书馆案	文华大学图书科全体	一致通过
	请规定图书馆年并请本社图书馆教育委员会速制中等学校图书馆建筑建筑图式及馆中设备计划案	程湘帆	保留
	请本会图书馆组分期编制各种中小学需用图书目录以便各校酌量采用案	许本震、何巽	移交中等及初等教育组
	请中华教育改进社备函向国内各大图书公司接洽凡各地学校公立私立公开图书馆购书应与以相当折扣案	裘开明	修正通过
	呈请中华教育改进社转请各省教育厅增设图书馆学额培植师资案	冯陈祖怡、陆秀	保留
	世界图书馆案	世界教育会议中国代表团②	保留

① 参见:新教育第 5 卷 3 期 559—560 图书教育组议案第 4。
② 中华教育改进社. 国际教育组移交图书馆教育组《国际图书馆案》[J]. 新教育(第二届年会报告号),1923,7(2/3):296.

续表

	提案名称	提案人	通过不与
第三届年会	请中华教育改进社转请部省凡公立图书馆一律免除券资案	章篯	通过
	刊行图书馆学季报案	裘开明	一致通过
	各省公立图书馆得附设古物陈列所案	裘开明	一致通过
	请中华教育改进社转请教育部及各省教育厅于留学科内添图书馆教育科案	上届年会保留	一致通过
	各县宜酌设农村图书馆案	相菊潭	一致通过
	各省教育行政机关应设图书馆教育科案	裘开明	保留
	世界图书馆案	上届年会保留	退还
	世界图书馆事业案	国际教育组移交	
	请政府设立自然科学研究院提高义化培植专门人才案	教育行政组移交	退还
	中文书籍编目问题	查修	
	中学图书馆几个问题	沈祖荣、胡庆生	
第四届年会①	规定学校图书馆购书经费案	邹笑灵	通过
	请公立图书馆及通俗图书馆增设儿童部案	黄竞白	通过
	请教育部通令各省区严禁上级官厅荐人于图书馆案	章篯	保留
	师范学校一律添授图书馆学案		撤销(重复提案)

从四届年会看,涉及图书馆学人才教育和素质教育的议案一共有8项,集中在人才教育(中学及师范学校设立图书馆管理科,呈请政府教育机关设置图书馆教育科,重视图书馆学留学人才培养)和素质教育(对学生进行图书利用方法教育)两个方面。

---

① 第四届年会资料.参见:中华教育改进社[J].新教育(第四届年会报告号),1925,11(2):310-312.

从中华教育改进社图书馆教育组四届年会的代表名册可以看出,以海外留学归国者、文华图专学人及传统儒士所组成的学人团体已见雏形。从提案可见,有关图书馆学教育的议案基本由受过专门教育的图书馆学人提出,开始显示出西方图书馆学教育制度对中国的影响。

李刚等认为,西方所谓专业化的过程也即学科化的过程。在 19 世纪中期,医学、法律等行业通过建立组织、确立其权威地位后逐步完成了"专业化"的过程。这也为其他行业寻求专业化的模式树立了典范,随后包括图书馆在内的各个行业都普遍自觉或不自觉地在追求着像医学、法律和科学那样的地位——在建立了专业协会后,又试图通过推动大学专业教育达到专业化的目的①。在中国图书馆职业化的发展过程中,也首先表现出图书馆学科化的引领作用。

从中华教育改进社图书馆教育组的四届年会提案,以及在社刊《新教育》上刊发的图书馆学论文来看,图书馆学人颇为重视利用图书馆刊物这一重要的"公共空间"来宣传图书馆思想,进行广泛的图书馆学教育。例如,朱家治的《欧美各国目录学举要》、杜定友的《学校图书馆管理法》、戴志骞的《图书馆学简述》、黄威廉的《中文书籍编目法》、查修的《中文书籍编目问题》等文章,其中并无高深的理论,而以简明平实的语言描述可操作性、实务性的图书馆工作指南,可以为众多没有人员接受过专门教育的图书馆提供参考。在文华图专专门教育刚刚起步之时,这些图书馆刊物所登载的图书馆学著论几乎是各地图书馆唯一可资借鉴的途径,其功效显然。因此,裘开明在第三届年会上提出开办"刊行图书馆学季报案"的提案时,得到大会一致通过。《图书馆学季刊》从 1925 年开始发行,成为中国图书馆协会的第一份全国性专业刊物。

在第二届年会上,戴志骞又提出建立各地图书馆协会的设想,这是在之前杜定友提出的"请教育部添设图书馆教育司案",戴志骞提出的"图书馆管理学会案",沈祖荣提出的"全国图书馆研究会""图书馆责任委员会"的基础上更进了一步。因为上述提案主要是从社会教育、学术研究的目的出发,并没有考虑到图书馆职业本身的需要,而图书馆协会则对学术研究、社会教育、职业建设都能够

---

① Miksa F L. Melvil Dewey: The Professional Educator and His Heirs [J]. Library Trends. 1986(34):359-381.

兼容并包,因此戴志骞提出建立各地图书馆协会的方案得到了中华教育改进社的支持。1924 年,北京图书馆协会成立,随后浙江图书馆协会、开封图书馆协会、南京图书馆协会、天津图书馆协会等纷纷成立,渐渐有了成立中华图书馆协会的基础。

1925 年 4 月 25 日,中华图书馆协会在上海召开成立大会,6 月 2 日,在北京举行成立仪式,总事务所设在北京。中华图书馆协会成立以后,中华教育改进社继续与中华图书馆协会保持密切联系,中华教育改进社为准备参加万国教育会议,做了大量会前准备工作,其中一项即为"交换印刷品","推定汤爱理、戴志骞、洪有丰、沈祖荣研究交换印刷品问题"①。为此中华教育改进社于 1926 年 3 月 15 日致函中华图书馆协会:"兹拟敬请贵会酌量分函国内各图书馆,征集关于图书馆建筑设备等影片或模型足以代表吾国现在图书馆发达现状者,附加中英文说明,于阴历四月内寄至敝社,以便于五月初运美展览……"②

如果说图书馆教育组对于中国图书馆学科化建设、职业化的深入发展提出了不少有价值的建设方案。那么 1924 年成立的中华教育文化基金会(以下简称"中基会")则从物质方面给予图书馆事业以实际的经济支持,对文华图专顺利办学帮助很大。

1924 年 5 月 21 日,美国总统柯立芝批准交还中国庚子赔款余额议案,并由美国国务卿休斯照会中国驻华盛顿公使施肇基,将悉数退还庚子赔款余额,并说明庚子赔款为发展中国教育文化事业的款项。1924 年 9 月 18 日,中基会在北京外交大楼召开成立大会,推范源濂为会长,孟禄为副会长。从 1929 年起,任鸿隽出任干事长,长期负责该会的工作。该会的主要任务是负责保管、分配、使用美国退还的庚子赔款,这个新成立的经济组织有部分成员来自中华教育改进社。

图书馆事业一开始就受到中基会的重视,任鸿隽认为"……中华教育文化基金董事会成立之始,划分全会事务为二部,一为教育,一为文化,关于教育方面姑置勿论,在文化方面当时决定先设图书馆,其理由如下:第一,文化是实质的,非

---

① 章洪熙.社务报告:筹备推举代表前赴万国教育会议事项[J].新教育,1923,6(5):741－742.

② 美国费城世界博览会与我国图书馆出品[J].中华图书馆协会会报,1926,1(5):22－23.

可托之空言,而图书馆即文人实质之代表,欲保存旧日文化,务须保存旧日图书,否则旧书散佚,旧日文化亦无从保存。第二,文化为继续发展的,须根据旧有文化,创制新的文化,并须以外洋文化为借镜,始克成功,故决办图书馆"①。

　　虽然中基会支持图书馆事业的发展,然而任鸿隽主张资金要用在刀刃上,不能面面俱到。他认为:"中基会的分配款项,有一个'主要政策',是图吾国自然科学的发达,要图自然科学的发达,所以要设立科学研究教席、设立调查所、设立一个较大的参考图书馆,而不主张设立许多分散的民众图书馆。"②

　　1925 年,中华图书馆协会成立以后,中华教育改进社图书馆教育组曾有一段时间与之并行,图书馆教育组提议中基会应将庚款 1/3 用于图书馆事业,在全国设立 8 所重点图书馆,分 20 年时间建设图书馆基金。而这项提议来自于 1923 年中华教育改进社北京第二届年会上,韦棣华代表文华图书科所提的《呈请中华教育改进社转请美国政府以其将要退还之庚子赔款三分之一作为扩充中国图书馆案》,"希望我国政府推广图书馆事业,现已如泡影,绝无成为事实之可能。故吾人如欲发展中国图书馆事业,舍仰给于'美国退还赔款'外,并无第二捷径"③。因此当美国政府最终同意退还庚款之后,图书馆教育组即致信中基会希望将 1/3 的款项用于图书馆事业。该文如下:

中华教育改进社图书馆教育委员会提关于美国退还
庚款三分之一建设图书馆之提议④

　　庚款余额退还之全数＝美金六·一三七·五二二·九〇一六〇所请愿之图书馆费占全数三分之一＝约美金二·〇〇〇·〇〇〇用此款建设及经营之图书馆共八所,分布于中国各要地,为各该区域之图书馆模范。

　　图书馆款项预算表

　　因欲便于计算,以百万美金建设四处图书馆为标准。第一款百万美金

　　① 任鸿隽.十年来中基会事业的回顾[J].东方杂志,1935,32(7):25.

　　② 任鸿隽.庚款与教育[J].扬州大学学报,2012(3):20－22.

　　③ 图书馆教育组·议决案汇录[J].新教育,1923,7(2/3):304－307.

　　④ 中华教育改进社图书馆教育委员会提关于美国退还庚款三分之一建设图书馆之提议[J].中华图书馆协会会报,1925,1(1):9－10.

之预算

分二十年摊还,每次美金五〇,〇〇〇,第一年所得之美金五〇,〇〇〇暂存[中华图书馆协会]或图书馆事业促进委员会,年利六厘,年息美金三,〇〇〇或墨银五,四〇〇,二十年期满后方得取本。

第二年所得之美金五〇,〇〇〇

第三年所得之美金五〇,〇〇〇

共计美金一〇〇,〇〇〇,或墨银一八〇,〇〇〇用以建筑,布置,创办第一图书馆。

第四年所得之美金五〇,〇〇〇

第五年所得之美金五〇,〇〇〇

第六年所得之美金五〇,〇〇〇

共计美金一五〇,〇〇〇用以作第一图书馆之基金。此项基金以年利六厘计算,有年息美金九,〇〇〇或墨银一六,〇〇〇作第一图书馆之经常费。以墨银计此项经常费预算如左:

薪俸　馆长……二,五〇〇

　　　　一等人员二人,二,四〇〇(每人每月百元)

　　　　二等人员二人,一,二〇〇(每人每月五十)

　　　　三等人员四人,一,二〇〇(每人每月二十至三十)

工资　仆役五人,一,〇〇〇(每人每月二十至十五)

薪俸工资共计八,三〇〇

　　　　修理费:七〇〇

　　　　文具邮费一,〇〇〇

　　　　电煤等杂费一,〇〇〇

保管费共计二,七〇〇

书籍费四,〇〇〇

杂志报章及订书费一,〇〇〇

统计第一图书馆常年费墨银一六,〇〇〇

地方政府补助费之说明

第一年所得之美金五〇,〇〇〇虽存作基金,其最初数年内之利息尚薄,不足以充图书馆之经常费用。故须各图书馆所在地之补助。地方政府除拨用图书馆地基外,年出补助费墨银万元。

（一）地基　地址须便利且适当。地基须宽大,可备加增房屋。

（二）补助　每年墨银一〇,〇〇〇由地方政府指定某项赋税充之。

以墨银计此项补助费预算如左

游行图书馆书籍与设备四,〇〇〇

馆外各项图书事业二,〇〇〇

书籍费……三,〇〇〇

临时费及杂费一,〇〇〇

共计补助费墨银一〇,〇〇〇

第七第八两年所得之美金一〇〇,〇〇〇用以建筑,布置,创办第二图书馆。

第十二第十三两年所得之美金一〇〇,〇〇〇用以建筑,布置,创办第三图书馆。

第十七第十八两年所得之美金一〇〇,〇〇〇用以建筑,布置,创办第四图书馆。

第二款百万美金之预算如第一款,可建筑,布置,创办其他四所图书馆。

第十九年第二十两年所得之美金一〇〇,〇〇〇并入基金。

第二十年图书馆基金成立。

美国图书馆协会代表鲍士伟完成在中国的考察后,对中华教育改进社有关庚款的主张表示支持,他致信中华图书馆协会及中华教育改进社,对"中华教育改进社图书馆教育委员会所提出拨用美国退还庚款三分之一建设图书馆之提议,鄙人认为至当"[1]。

中基会在回复中华图书馆协会[2]的函中,婉拒了这一庞大计划。"惟阅各方

---

[1]　鲍士伟.鲍士伟博士致本会及中华教育改进社报告书[J].中华图书馆协会会报,1925,1(2):6.

[2]　中华图书馆协会曾作第二次申请,内容相似,中基会开会未能通过。

送到多数之请款意见书,属望甚奢,而收回赔款为数有限,且经议定以赔款之一部份留作永久基金,庶赔款期满后,仍得以其息金办理必须继续之事业。因此,目前可以支拨之金额更属不多。本会甚愿就此有限之实力,进谋最大最良之效果……本会分配款项,概言之,与其用以补助专凭未来计划请款之新设机构,毋宁用以补助办理已有成绩及实效已著之现有机关"。意指完全新设之机构不是中基会的资助重点。"本会分配款项,对于地域观念应行顾及,其道在注重影响普遍之机关,如收录学生遍于全国,或学术贡献有益全民者,皆在注重之列"①。那么符合这一标准的,一如文华图专,这是当时全国唯一的图书馆学教育机构,二如北平图书馆,是当时唯一的国立图书馆,学术影响力甚大,而图书馆界其他机构符合这一标准的几乎没有,当然也就用不了 1/3 的庚款投入建设了。至于中华教育改进社图书馆教育组所提将庚款部分存于中华图书馆协会保管的想法,由于中基会是政府决议的保管机关,当然也就不可能转托其他机构管理。

中基会本着"以有限之财力,谋最大最良之效果"的原则,拟定主要资助对象如下:①教育事业,拟暂以下列各项为范围:科学研究、科学应用、科学教育;②文化事业,拟暂以图书馆为限;③其他属于教育文化事业,影响及于全国者,亦在考虑之列②。

因此,一直以来中基会重点支持的图书馆事业有两项,一为北平图书馆的建设,二为文华图专的资助,其他临时性的拨款不算。当然,中基会一开始就对文华图专进行资助与韦棣华女士在美国的游说工作是分不开的。当时中华图书馆协会对此寄予很大希望,"为确定图书馆事业基础起见,认为有立即创办一个图书馆及图书馆学校之必要"③。

虽然创设图书馆学校的想法未曾实现,然而在 1926 年第一次中基会董事会常会上,通过了两项有关图书馆事业的发展计划,"(一)北京图书馆建筑设备费一百万,分四年支出。并通过聘请梁启超君为北京图书馆馆长,李四光君为副馆长。(二)在武昌华中大学文华图书科设置图书馆学教席及助学金"④。在 1926

---

① 中华教育基金董事会分配款项原则[J].中华图书馆协会会报,1925,1(1):13.

② 刘劲松,张书美.中基会对民国图书馆学教育的赞助[J].图书馆学研究,2010(3):14.

③ 关于庚款之进行[J].中华图书馆协会会报,1925,1(1):8.

④ 中华教育文化基金董事会之起源.中华教育文化基金董事会报告[R].北平:中华教育文化基金董事会,1926(1):2-4.

年中基会常会的议决事项中,给予补助金之学校(文华图专),常年补助金(以三年为限)图书馆学教席及助学金,一万元①。

中基会补助文华图专历年资金见下表:

表 8 - 2　中基会补助文华图专金额②

时间	补助情况
1926—1929	每年 10 000 元
1930—1944	每年 15 000 元
1931—1932	增加补助费 3600 元,以扩充课程
1941	紧急补助费 25 000 元

文华图专的 1944 年招生简章中注明,"补助金由中华董事会拨给一部分,另一部分由本校自筹之"。从 1945 年开始,招生简章中不再出现中华文化教育基金会字样,庚款的退还于 1946 年终止③。中基会的补助对于文华图专的稳定办学有很重要的作用,特别是在文华图专内迁时期,来自教会的资金支持基本中断,中基会的资金有效帮助文华图专渡过了危机。

1928 年,任鸿隽参观了文华图书科,肯定了文华图书科的办学成绩,"十二月九日上午任鸿隽博士武汉大学教授陈西滢先生来本科参观,在总讲室面晤全体同学。由胡庆生先生介绍。任博士盛称本科办理成绩之优美,并述中华文化基金委员会对于本科希望甚厚云"④。任鸿隽对文华图专的支持还有一个有趣的佐证。武汉大学档案馆所藏 1944 年任鸿隽之女任以书注册"图 74"的一份入学简表,表中"家长"一栏为"姓名:任鸿隽;性别:男;年龄 58;关系:父女;职业:中华教育文化基金董事会干事长;通讯处:重庆李子坝正街特三号。保证人为林柏遵,职业:中华教育文化基金董事会秘书;现通讯处:江北任家花园 16 号"⑤。说

_____

① 中华教育文化基金董事会举行常会[J]. 新教育评论,1926,1(4):20 - 21.
② 彭敏惠. 文华图书馆学专科学校的创建与发展[M]. 武汉:武汉大学出版社,2015:99.
③ 彭敏惠. 文华图书馆学专科学校的创建与发展[M]. 武汉:武汉大学出版社,2015:99 - 100.
④ 本科消息[J]. 武昌文华图书科季刊,1929,1(1):114.
⑤ 图六级学生学籍案[A]. 1944. 武汉大学档案馆. 档案号:223 - 6.

明任鸿隽所领导的中基会不仅长期为文华图专提供资助,任鸿隽本人也很认可文华图专的教育水平。

第二节 中华图书馆协会对于图书馆学教育的贡献

1925 年 4 月,中华图书馆协会在上海召开成立大会。同年 6 月,在北京举行成立仪式,这是继中华教育改进社图书馆教育组以后成立的又一全国性图书馆组织。中华图书馆协会的成立是图书馆教育组不懈努力的结果,与韦棣华四处奔走游说也有重要关联。

1924 年,美国图书馆协会第 46 届年会上,韦棣华发表《中国近代图书馆的发展》(Recent Library Development in China)一文,邀请美国图书馆协会派遣一名图书馆专家来华做图书馆调查,以确保庚款用于中国图书馆事业,同时协助中国成立一个中美双方认可的图书馆组织①。美国图书馆学教育先驱麦尔维·杜威被选为荣誉会员。因此中华图书馆协会从成立之始就具有国际协作的背景,这是图书馆教育组所不具备的。中华教育改进社由于缺少财政资助,很多提案不易落实,而中华图书馆协会的工作有庚款的一定资助,能够部分实现,这是当时图书馆界对其寄予厚望的重要原因。由于梁启超的名望,中华图书馆协会的成立得到了政府的经费支持,得以顺利成立。

临时执政府秘书厅公函,第一千六百三十九号,

径启者:前奉 执政发下中华图书馆协会董事梁启超等呈请补助图书馆文一件,当经函交财政部查酌办理去后;兹准复称:查中华图书馆协会成立,提倡文化,嘉惠士林,政府自可量予赞助,既奉 执政批财政部酌应即由本部筹拨五千元,藉资补助,函复查照等因,相应函达查照;此致

中华图书馆协会梁董事启超

中华民国十四年八月七日②

① 严文郁.韦棣华女士与庚子赔款[J].传记文学,1971,18(5):13-19.
② 会务纪要,政府补助[J].中华图书馆协会会报,1925,1(2):10-11.

不少中华图书馆协会会员曾参加过中华教育改进社,对于图书馆教育工作有相当经验。中华图书馆协会成立以后,即驾轻就熟建立图书馆教育委员会,成员有洪有丰、胡庆生、朱家治、袁同礼、冯陈祖怡、戴志骞、杨昭悊、徐鸿宾、王文山、刘国钧、李小缘、施廷镛、杜定友、彭清鹏、章篪、沈祖荣、韦棣华、李长春、姬振铎、吴敬轩,他们积极开展图书馆学教育活动。1925 年,中华图书馆协会与国立东南大学、中华职业教育社、江苏省教育会合组暑期学校,其中设有图书馆学组,由李小缘、刘国钧、杜定友、袁同礼、洪有丰、涂羽卿担任临时教席,这是一次中华图书馆协会直接从事的图书馆学教育活动。中华图书馆协会经常以论著等宣传图书馆学教育,出版的专业刊物有《图书馆学季刊》和《中华图书馆协会会报》两种,刊载大量关于图书馆学教育的文章,制造专门教育的气氛,这是中华图书馆协会的一项重要任务,正如《中华图书馆协会致全国各图书馆书》所提到的"图书馆专门之学,任用职员必须有图书馆学识及宏富之经验"①。

表 8 - 3　中华图书馆协会图书馆教育委员会历任人员名单

届次	人员
第一届	胡庆生(主席)　李燕亭(副主席)　毛坤(书记)　陶述先君为临时代司纪录②
第二届	沈祖荣(主席)　徐家麟(书记)　戴志骞　洪有丰　杜定友　陈东原　蒋复璁 王文山　查修③
第三届	沈祖荣(主任)　李小缘(副主任)　毛坤(书记)　李长春④

中华图书馆协会成立以后,参与组织过图书馆学暑期讲习班,与文华图专的共同招生考试,也参加过其他教育组织有关图书馆学教育的提案、全国图书馆学教育调查等,但这些并不是中华图书馆协会教育工作的重点。中华图书馆协会有关图书馆学教育的贡献主要体现在历届年会教育工作、提案工作上。有关图书馆学教育活动见下表:

---

① 中华图书馆协会执行委员会.中华图书馆协会致全国各图书馆书[J].中华图书馆协会会报,1929,5(1/2):2.

② 中华图书馆协会第一次年会纪事[J].中华图书馆协会会报,1929,4(4):10.

③ 中华图书馆协会职员表[J].中华图书馆协会会报,1935,11(2):9.

④ 第三届年会之筹备[J].中华图书馆协会会报,1936,11(6):26.

表 8-4　中华图书馆协会有关图书馆学教育活动及一般提案情况①

时间	组织或参与的教育活动
1925	中华图书馆协会与国立东南大学、中华职业教育社、江苏省教育会合组暑期学校
	中华图书馆协会向中基会申请庚款 1/3 用于图书馆事业,创办第一图书馆和图书馆学校
1926	中基会委托中华图书馆协会与文华图专培养图书馆学人才
1929	中华图书馆协会致全国各图书馆书,倡导任用专门人才
	呈请教育部实行去年全国教育会议关于图书馆方面之各种议决案
	第一次中华图书馆协会年会有关图书馆学教育提案,呈请教育部实行,函请各图书馆采酌办理
	沈祖荣参加图际图书馆大会有关大会图书馆教育组的报告
1930	中基会委托中华图书馆协会与文华图专培养图书馆学人才
	中华图书馆协会第五年度报告涉专门人才与其保障,教育部对于图书馆专门人才问题的回复
1931	陈重寅交中华图书馆协会代为审查出版《中学暨师范学校适用之图书馆学》教本一书,李小缘审定
	中华图书馆协会第六年度报告图书馆学教育部分
	美国伊利诺伊大学图书馆学校教授弗朗西斯·辛普森(Frances Simpson)女士访华,在北平图书馆演讲
1932	中华图书馆协会委托毛坤调查四川省图书馆报告涉图书馆教育问题
	1932 年中华图书馆协会执行委员会议决案关于增加图书馆馆员学识案
1933	中华图书馆协会委托沈祖荣视察国内图书馆,以资改进图书馆教育
	受中华图书馆协会委托,沈祖荣撰成《中国图书馆及图书馆教育调查报告》
	第二届中华图书馆协会年会有关教育提案,呈教育部实施
	中华图书馆协会呈请教育部再设图书馆专科学校,各大学课图书馆学专科,各图书馆设图书馆学讲习所,各省教育厅每年考选图书馆学官费学生
1934	中华图书馆协会第九年度报告有关人才案

---

①　本表以中华图书馆协会会报各期有关图书馆学教育活动情况整理而来,因引用过多,不再一一注明。

续表

时间	组织或参与的教育活动
1935	中华图书馆协会筹备第三届年会
	中华图书馆协会第十年度报告专门教育问题
1936	中华图书馆协会第十一年度报告涉海外留学情况及专门教育问题
1938	中华图书馆协会参与中国教育学术团体年会,就图书馆专门教育提出议案
1944	中华图书馆协会与美国图书馆协会商议战后派遣人员赴美留学及美方派遣图书馆学专家前往中国工作事宜
1948	中华图书馆协会委托雷孝敏出席国际图书馆委员会第十三次会,做《复员后之中国图书馆概况》报告
	欢迎美国图书馆专家白朗、克莱普来华访问
	欢迎美国图书馆专家沙本生来华

　　由于中华图书馆协会经费完全自筹,经常陷入经济困境,不可能广泛从事图书馆学教育活动,中华图书馆协会成立以后的六次年会,是中华图书馆协会最有代表性的活动。每届年会图书馆学教育工作都是重点议题之一。中华图书馆协会历次年会图书馆学教育通过及保留议案见下表。

表 8 - 5　中华图书馆协会历届年会有关图书馆学教育提案①

届次	编号	提案名称	提案人	通过与否
第一届年会	1	由中华图书馆协会拟定图书馆学课程请教育部核定施行案	文华图书科、陈独醒原案	通过
	2	请图书馆专门学校或兼办图书馆学系之大学于图书馆学课程中加入流通图书馆学课目案	陈独醒	通过
	3	请凡办理图书馆学系之大学对于国内办理图书馆之人员得以特别通融函授以宏造就	陈独醒	通过

　　①　中华图书馆协会第一次年会报告[R].中华图书馆协会事务所,1929:173 - 190,226 - 233;中华图书馆协会第二次年会报告[R].中华图书馆协会事务所,1933:62 - 69,80,84 - 86;李文裿.写在第三届年会之后[J].中华图书馆协会会报,1936,12(1):2;中华图书馆协会第六次年会第一次会议记录[J].中华图书馆协会会报,1944,18(4):6 - 7;

续表

届次	编号	提案名称	提案人	通过与否
	4	训练图书馆人才案	李小缘、施维藩、姬在丰、邓克愚、顾天枢、沈孝祥、陕西省教育厅、厦门图书馆、陈策云、黄星辉、欧阳祖经、山西公立图书馆、沪江大学图书馆、上海图书馆协会	通过
	5	中学或师范学校课程中加图书馆学每周一二小时案	山西公立图书馆、陈重寅、高峻	通过
	6	请中华图书馆协会在每暑假期内组织图书馆学暑期学校案	南开大学图书馆、山西公立图书馆、许求己、邓克愚	通过
	7	各种各级学校应有有步骤的图书馆使用法指导案	北平图书馆协会、南开大学图书馆、李小缘、杨昭悊、胡庆生、杨希章、陆恩涌	通过
	8	用无线电广播图书馆常识案	南开大学图书馆	保留
	9	编制各学科专门书目录	李小缘	保留
	10	图书馆仆役应名馆佐并须给以训练学习案	蒋一前	保留
第二届年会	11	请协会建议行政院及教育部指拨的款于北平设立图书馆学专科学校案	李燕亭、杜定友、何日章、刘国钧、刘纯甫、钱存训、吴子平	通过
	12	再请教育部令国立大学添设图书馆学专科案	侯鸿鉴	通过
	13	请本会函请各省市图书馆人才经费设备充足者附设图书馆学讲习所以培育人才案	史悠经、王维麟、蓝达仁	通过
	14	函请各省教育厅每年考选学生二名分送国内图书馆学学校肄业其学膳宿费由教育费中指拨案	陈独醒	通过

续表

届次	编号	提案名称	提案人	通过与否
	15	由本会函请图书馆学校应注重语言案	胡英、宋友英、曾宪文、顾华、袁湧进	通过
	16	县立图书馆经费之支绌人才之缺乏应请教育当局极力设施案	陈平	迟到
	17	资送图书馆学专门人才赴美留学案	岭南大学图书馆	迟到
	18	请中华图书馆协会派员赴苏俄考查图书馆事业案	舒纪维	迟到
	19	请中华图书馆协会派员赴日本考查图书馆事业案	舒纪维	迟到
第三届年会	20	呈请教育部明令中等以上学校增设图书馆学课程		通过
	21	请各省教育当局办理图书馆学暑期讲习会，并请以训练图书馆服务人员案		通过
	22	为图书馆员谋进修机会请厘订方案案		通过
	23	武昌文华图书馆学专科学校增设图书馆学函授部案		通过
	24	呈请教育部在每届英庚款及清华留美公费生名额内，列入图书馆学一科俾资深造案		通过
第四届年会	25	参阅中教学联年会有关图书馆事业议决案，涉专门教育①　即①请开办西南及西北各省图书馆服务人员讲习会案；②由教育部筹设国立图书馆专科学校在未成立前先于各师范学校添设图书馆学系并指定目录学及参考书使用法为大学一年级必修课程案	严文郁	通过

---

　　① 中国教育学术团体联合年会有关图书馆事业议决案[J]. 中华图书馆协会会报，1939，13（4）：9－10.

续表

届次	编号	提案名称	提案人	通过与否
第五届年会	无	无图书馆学教育相关提案		
第六届年会	26	战后图书馆所需人才培养计划,为年会两项议题之一	由沈祖荣、汪长炳召集会员讨论	通过
		充实原有训练图书馆人员机构,积极培养人才以应战后复兴之需要案	中山大学图书馆、厦门大学图书馆、广西南宁图书馆等。	
		培养战后图书馆备用人才案	沈祖荣	

中华图书馆协会有关教育的提案大多数与专门人才教育有关,也有少数关于素质教育的提案,如第一届年会南开大学所提"用无线电广播图书馆常识案"等。在中华图书馆协会第·届年会就有这方面的表述,"中华图书馆协会第一次年会纪事,第三日,一月三十日(星期三)教育组由胡庆生君主席,李燕亭君为副主席,毛坤君为书记,陶述先君为临时代司纪录。讨论人才培养,整理为专门与普通两种。专门如创立图书馆专门学校,在大学添设图书馆系,并资遣留学员生出洋研究及考察等项,普通如设立图书馆员速成班,讲习所,暑期学校及在中等学校添加图书馆学课程,添设职业科等项"[①]。以后的各届年会议案基本是围绕着专业教育和普通教育展开,专业教育包括精英教育和职业教育,普通教育包括讲习会教育、函授教育和素质教育等。

对比历届议案可以看出,抗战爆发前的三届年会与抗战爆发后的三届年会,对人才教育的侧重点有所不同。前三届年会对于精英教育及职业教育的议案比较平均,略有趋向精英教育的特点,如设立图书馆学专门学校、设置图书馆学留学名额、在各大学设图书馆学系及图书馆学课程等。后三届年会,由于时值抗战时期,图书馆事业遭到重创,物资又极度匮乏,所提议案主要转向职业教育内容,如请各地省级图书馆召集图书馆员讲习会,在文华图专设立函授部等内容。除

---

① 中华图书馆协会第一次年会纪事[J]. 中华图书馆协会会报,1929,4(4):10.

了上述提到的原因,可能还有的原因是,前三届年会屡屡提及有关设立专门学校等议案从未被落实,为避免无效工作,中华图书馆协会会员转向较有实现可能性的提案。

历次年会后由中华图书馆协会执行委员会跟进提案落实,将绝大部分议案呈交国民政府教育部,或直接发函到各省教育厅寻求帮助,如1929年第一次中华图书馆协会年会以后,以执行委员会主席袁同礼的名义,将决议案共十二条上书教育部,请求教育部"采择执行",其中有三条涉及图书馆学教育问题。

四　图书馆事业进行应聘专家指导(年会议决案见报告一一〇页),二十年来各省办理之省县立图书馆及通俗教育馆成绩每不甚著,此皆由于缺乏专门人才以资指导。而各馆情形无由上达,故敝会之意以为各省教育厅,各特别市教育局亟应酌聘图书馆专家或对于图书馆学夙有研究而成绩卓著者,详细规划各种图书馆之进行。并随时负视察指导之责,庶图书馆之效率得以增加,此应请采择者四。

五　注重图书馆专门人才(年会议决案一七六至一九〇页),查图书馆为专门之学术,自非任用专门人才不能为功,我国方今建设伊始,亟应努力培植以资应用,窃举左列各条:(一)设立图书馆专门学校或充分津贴已开办之图书馆学校。(二)通令各大学添设图书馆学课程或图书馆学系。(三)逐年举行图书馆学考试选最优者资送留学。(四)中学校及师范学校课程中加授图书馆学,每周一、二小时。在中学校为选科,在师范学校为必修科。(五)各种各级学校应有有系统的图书利用法之指导。此应请采择者五。

六　实行全国教育会议之决案(年会决案见报告一〇三页)二年全国教育会议关于图书馆方面之议决各案皆当令之根本要图,克期实行,不容或缓,亟宜由大部提倡举办以图进展,此应请采择者六。①

---

① 川东共立师范学校,四川省立教育学院,四川省立川东师范学校等关于申拨办公费,福利,全副食费,图书募捐,调查等的函及川东联立师范学校1935年各县官费递补名额一览表,该校附属小学概况[A].1932—1949.重庆档案馆.四川省立川东师范学校.全宗号:0129,目录号:2,案卷号:160.

教育部以中华图书馆协会所呈决议案存在这样或那样的困难,或因客观原因不具备而否决。有关图书馆学教育的议案得到教育部有限的支持,尽管这样,教育部仍需依赖各地教育厅切实的落实。

中华图书馆协会第五年度报告(十八年七月至十九年六月)(摘要)

报告中提及"专门人材与其保障" 专门人材之任用及保障二点,因同人工作之努力,与政府之重视,各地均已渐次实行。近更有数处,特别制定任免规章,以为确实之保障。只因所在地财政状况之不同,待遇方面仍未能尽量提高也。

陈请教育部采择施行者有十二点,已由蒋部长于五月二十四日一一批覆如左:

……

五、关于注重图书馆专门人才者:(一)图书馆专门学校应暂缓设立;至津贴已开办之图书馆学校应照私立学校条例办理。(二)准予通令各大学于文学院或教育学院内酌量添设图书馆学课程,或图书馆学系。(三)准予通令各省教育厅,各特别市教育局及清华大学于每年考送留学生时酌定图书馆学名额。(四)本部颁布中小学课程暂行标准,正在试验俟将来修正时,图书馆课程可酌量增加。(五)各级学校应有系统的图书制用法之指导,暂时无庸由部规定。

六、关于实行第一次全国教育会议议决案者:已由前大学院择要通令遵行。

……

九、专门教育 中国文化基金董事会委托本会办理之图书馆学免费生额,前年所招各生今夏已经毕业,各方多表示欢迎争先聘请。本年文华图书科已在教部立案改名,为私立文华图书馆学专科学校,现正续招新生,继续教授。此次为推广教育人材起见,除正科十名外,另设讲习班,招中等学校毕业者十五人。①

———————————

① 中华图书馆协会第五年度报告[J].中华图书馆协会会报,1930,6(1):5.

　　各地教育厅在接到教育部指令以后,往往口头宣传多于实际行动。以四川省为例,四川省教育厅在给各地学校的训令中虽亦承认图书馆,图书馆学教育的重要性,也强调要切实落实,但通常没有实际成果。

　　四川教育厅　训令　教字第九二二号　令川东联合县立师范学校
　　案奉

　　　　教育部训令第六二七号开案,据中华图书馆协会呈以根据十八年一月第一次年会决议案,拟具条陈请予采择施行等因到部,查图书馆规程业经本部修正颁布在案,此种事业为促进学术研究,实施民众识字运动之基本设备,自应努力推行,除分别批示遵照,并将下列各事项切实奉行。一转饬各级学校对于购书费应特别注意酌量规定。二自十九年度起积极增设各种专门、普通、民众、儿童等图书馆。三对于图书馆事业应酌量聘请专家指导。四每年考选留学生时应视地方需要等情形酌定图书馆学名额。五关于各教育机关出版之各种书报及刊物应尽量减价以广流传。六转饬省立或私立大学于文学院或教育学院内酌设图书馆学程或图书馆学系,所有以上各种情形并仰随时具报,此令计抄发原呈既原批各一份等因,奉此除分别函令外,合亟抄发原呈暨原批令仰该校遵照此令。

　　　　计抄发原呈及原批各一份

　　　　　　　　　　　　　　　　　　　　　代理厅长向楚
　　　　　　　　　　　　　　　　　　第一科科长张　镕代行
　　　　　　　　　　　　　　　　　　中华民国十九年七月①

　　除了给教育部呈文以外,中华图书馆协会执行委员会还直接发函给各省教育厅、各地教育局、各地图书馆要求落实。由于民国时期中央政府管理能力较

---

　　① 川东共立师范学校,四川省立教育学院,四川省立川东师范学校等关于申拨办公费,福利,全副食费,图书募捐,调查等的函及川东联立师范学校 1935 年各县官费递补名额一览表,该校附属小学概况[A].1932—1949.重庆档案馆.四川省立川东师范学校.全宗号:0129,目录号:2,案卷号:160.

弱,各地教育厅有相当大的自主权,以致文华图专开办以职业技能培训为主的讲习班,直接通函各省教育厅办理,而不经过教育部。"函请各省教育厅每年考选学生二名分送国内图书馆学校肄业其学膳费宿费由教育费中指拨"①。

　　本会执行委员会前曾根据年会议决案,呈请教育部指拨的款于北平设立图书馆学专科学校,并再令各国立大学添设图书馆学专科,嗣又通函江苏省立国学图书馆,河南图书馆,国立北平图书馆,浙江省立图书馆,山东省立图书馆,广州市立中山图书馆,安徽省立图书馆,福建省立图书馆,山西公立图书馆,湖南省立中山图书馆,广西省立第一图书馆,江西省立图书馆,附设图书馆学讲习所;通函各省教育厅各市教育局社会局或管理公署,每年考选图书馆学官费学生,以期广育专门人才。兹录函文如左:

　　甲　致各省教育厅教育局等公函

　　案查吾国图书馆事业日趋竞进,惟专门人才亟感缺乏,至于已致身图书馆界者,时须再求新知识之增进,方能应付裕如。

　　倾本会举行第二次年会于北平,有各省市图书馆人才经费设备充足者,附设图书馆学讲习所以培育人才一案,业经议决通过,查上项办法,允为当务之急。相应检附原案(中华图书馆协会第二次年会报告第六十四页)函请查照办理。仍希将进行情形随时见覆为荷!

　　乙　致各省市各大图书馆公函

　　案查吾国图书馆事业,日趋竞进,而图书馆专门人才,殊感缺乏。国内如武昌文华图书馆学专科学校,南京金陵大学图书馆学科,历年毕业者分布于各地,仍有供不应求之势。推其原因,前往就学者为数甚少;欲期人才辈出,非由官厅特予奖诱不为功。倾本会举行第二次年会于北平,议决函请各省市教育厅自二十二年度起,每年考选二人,分送国内各图书馆学校读书;其学膳宿费由省教育费中指拨,以期广育人才。事关图书馆事业前途之发展,谅荷赞许!兹特检附原案(中华图书馆协会第二次年会报告第六十四

---

① 沈祖荣.中华图书馆协会第三次年会图书馆教育委员会报告[J].中华图书馆协会会报,1936,12(2):1-2.

页)函请查照;并希将办理情形,随时见覆为荷!①

对于政府有关中华图书馆协会提案的落实效果颇值怀疑,尽管政府曾允诺落实部分议案,但是不久又看到相似议案提出,说明之前政府允诺多是空头支票。例如,1929 年教育部就曾同意中华图书馆协会关于留学名额提案并做出了规定,第二届年会又有《资送图书馆学专门人才赴美留学案》提出,第三届年会又有《呈请教育部在每届英庚款及清华留美公费生名额内,列入图书馆学一科俾资深造案》提出,都很能说明问题。可见由于各省财力有限,情况千差万别,教育部的指令并不能得到认真执行,笔者在《中华图书馆协会会报》偶见浙江省教育厅遵办情况。

浙江省教育厅于奉到教育部第六百二十七号训令后,业将奉行事项遵办情形分别具报如下:

三、对于图书馆事业,当遵令酌量聘请专家指导。

四、本省已于去岁秋间,由省政府议决,派蒋复(璁)聘赴欧调查研究图书馆教育,该员已于本年春间出国,以后并拟酌量情形。于考选留学生时规定图书馆学名额。

六、除转饬私立之江文理学院,于该院教育学系内,酌设图书馆学程外,本省省立民众教育实验学校社会教育专修科已列图书馆学为必修学程,师范科亦列为选修学程,并拟于该校添办图书馆专修科。②

除了中华图书馆协会历届年会的提案外,中华图书馆协会会员在《中华图书馆协会会报》《图书馆学季刊》上发表的有关图书馆学教育的个人建议也有不少。最著名的要算 1928 年李小缘发表的《全国图书馆计划书》,李小缘设想国家成立 5 所国立图书馆,国立图书馆附设图书馆学校。

定名国立中山图书馆。按时分期组织。分立以下五处,如南京,北京,

---

① 推广图书馆教育[J].中华图书馆协会会报,1933,9(3):18 – 19.

② 浙教厅对于南京年会议案之推行[J].中华图书馆协会会报,1930,6(1):33.

武昌,广州,成都,而以立于中央政府所在之首都——南京者为总馆。(国立图书馆之组织)图书馆委员会下设图书馆馆长,图书馆馆长下设图书馆学学校,图书馆学研究部。五所国立图书馆,当成立五个委员会。此五所国立中山图书馆,应附设五所图书馆学校,冀养成图书馆专门人才,供全国之用。并选国内图书馆学深造者数人,留学欧美,以期造为成材,备充各处馆长。(各馆选用职员应将国立图书馆学校毕业者尽先录用。)设图书馆学研究部,研究中西图书馆学,及中国图书馆所必需解决之问题,如索引问题,分类问题,编目问题等。并编制杂志索引中国图书总目及编制印行图书馆书籍。学校应有用图书馆用参考书用目录学之初级课程。关于人才方面,无论委员,馆长,职员,皆应选有图书馆学识者充之。国立图书馆学校之毕业生应尽先录用。致于非图书馆学校卒业者,应一律以考试法任用。①

对于中华图书馆协会会员屡屡提及设立专门图书馆学校的提案,政府态度消极。1934 年,教育部民教委会议对此敷衍道:"设立图书馆学校实有必要,但其内容、经费、课程程度、人才、设备等均须详细讨论,非短时间所能拟定或先由部调查各地已设有此项学科之学校酌量予以鼓励亦可。"②1936 年,沈祖荣代表中华图书馆协会图书馆教育委员会所做报告又说:"第一案③因中央政府财政困难,一时未能指拨的款,故所拟办之图书馆专科学校,至今尚未举办。一俟国库稍裕,吾人再行呈请,想能达目的,亦未可知。"④而从师资情况来看,当时设立图书馆学校也不太充分,留学归国人才多集中于文华图专及金陵大学图书馆学系,要再设立一所图书馆学校,势必从上述机构抽调力量,并与之形成就业竞争关系,享有垄断地位的文华图专并非乐见其成。从王重民设想建立北京大学图书馆学系的信件往来中,也清楚地展现了这种顾虑。

因此沈祖荣认为不应做不切实的设想,而应谋较易实现的教育计划,例如联

---

① 李小缘. 全国图书馆计划书后记[J]. 图书馆学季刊,1928,2(2):213 - 233.

② 教部民教委会会议[J]. 中华图书馆协会会报,1934,9(4):10

③ 指在北平设立图书馆学校案。

④ 沈祖荣. 中华图书馆协会第三次年会图书馆教育委员会报告[J]. 中华图书馆协会会报,1936,12(2):1 - 2.

络各省教育厅单独办理暑期讲习会。

　　以为此后数年内,本会之图书馆教育推进方面,应每年联络各省教育厅办理暑期讲习会。

　　理由:目下全国图书馆大小在一千以上,馆员最少亦有数千人,就中曾受图书馆学训练者固不乏人,未受训练而欲努力求得新知识者,苦无机会。各省之县市民众图书馆员,若能于暑假期间聚集一处,施以相当之训练,则全省图书馆事业工作效率之增进为必然之事。

　　办法:

　　讲习会名称　某某省或市图书馆学暑期讲习会。

　　讲习时间　　四礼拜至八礼拜。

　　受训人员　　省县市及民众图书馆在职馆员。

　　进行方法　　每年春假时即由本会函各省政府教育厅或某市政府教育局,询问是否愿办此项讲习会。如有愿办者,即可与之筹划一切。如不只一处愿办者,可分别缓急,审度力量,或同时办理,或先办一处,再办他处。

　　课程　每周假定十八小时,四礼拜共六十四小时,设立图书馆行政16,分类编目16,选择与购求8,目录与参考8,检字与排列8,其他8。

　　教员　尽先向讲习会所在地域聘请,该地无相当人才时亦可向他处聘请。

　　　　　由本会聘请三人,完全义务职。但川资及住食费由本会及合办之官厅供给。

　　　　　本会及合办之官厅,得叙明情由代向被聘人之工作机关请假。

　　经费与设备　学生住食地及教具等,由省市教育当局负责筹划。教员之川资及食宿费,本会得酌量补助一部分。

　　毕业　学生修业期满后,是否加以考试,临时决定。

　　　　　毕业学生应由本会及合办之省市当局,发给图书馆暑期讲习会毕业证书。①

由于中华图书馆协会执行委员会散居各地,开会不易,决议更为不易。1932年中华图书馆协会修改决议程序,先由北京的执行委员开会议决作为方案,再分函各地执行委员征求建议,然后形成议决案,交由事务所实行。这种决策方式提高了工作效率,如增加图书馆馆员学识案就是采用这种方式的产物。

增加图书馆馆员学识案

[理由]学术演进日新月异,图书馆馆员学识亦必随时增高,方足以应付环境。故馆员于工余或可能范围之内,须尽量增加其学识。

[办法](一)建议全国各图书馆遇必要时,可派馆员至大图书馆实习,但须预先接洽。

(二)建议各图书馆可以互相交换馆员,但详细办法须自行决定。①

1933年,第二次年会前,中华图书馆协会曾委托教育委员会主席沈祖荣进行全国调查。沈祖荣写了《中国图书馆及图书馆教育调查报告》一文,文中有关图书馆学教育的部分如下:

(七)许多图书馆中之助理,多为未经专门训练者,似应授以若干图书馆工作必需知识。若某馆能资助馆员到邻馆考查实习,藉收观摩之效,似较为经济也。

(九)各地宜成立图书馆学研究会,图书馆俱乐部等,以谋推进本界专门事业发展之地步。

(十)图书馆学训练与各专门学术研究,亟须打成一片,吾人深愿曾研究各专门学术者,仍能加入图书馆学学校再受两年图书馆学之训练,盖图书馆学训练,启示用书方法,及致力学问方法之处特多。对于治学方法与工具,指导特详,故修习各专门学术者,如能得图书馆学训练,将更易一直成为该科之专家,必无疑也。

(十一)现时我国民众教育馆,各省皆是。民众教育为当前之急务,故民

---

① 本年度第一次执行委员会议决案[J].中华图书馆协会会报,1932,8(3):13-14.

众图书馆人才之训练,此时亦刻不容缓也。

（十二）簿记之学,似应成为图书馆学训练必修科目之一种,以养成图书馆员管理经济记录账簿之技能。即在大学图书馆中,虽常有专司之机关,此项训练亦属必要。各公立省立图书馆中司账人员,即可不必延请。设此种知识果已成为我图书馆员具备之技能者。

（十三）在大规模图书馆中,如北平之国立北平图书馆等处,图书馆员专精某项图书馆事业,诚为必要,将来图书馆学学生应习高深图书馆学学术如编目,分类,参考,官书,管理等项,以应其需求,似无疑义。但为普通一般图书馆设想,则图书馆人员,仍应对图书馆整个工作有所谙习,庶可应付图书馆中各方面之业务,如俗所谓生,旦,净,丑,末,样样俱能者也。①

调查报告提到了不少问题值得注意。一是当时图书馆界人才匮乏,因此图书馆学教育有很大市场;二是图书馆学教育不能仅靠专门学校,馆际观摩,设立图书馆学研究会都是必要的办法;三是图书馆学教育不能闭门造车,还要多与其他学术团体交流,吸引外界的关注,这是因为图书馆学教育也是其他学科的治学门径;四是民众教育馆蓬勃发展,其工作内容部分与图书馆重叠,因此要注重此类人才培养;五是以后的图书馆学教育不应拘泥于高深图书馆学学术的研究,还应重视图书馆实务技术的培养,既要训练专才,也要培养通才。沈祖荣的这份报告对于中华图书馆协会以后年会提案有一定影响。1930年,文华图专开设以高中毕业生为招生对象的讲习班,1933年改名为民众班,也都是受当时民众教育思想,以及民众教育馆发展的影响。

抗战内迁以后,中华图书馆协会虽又组织了三次年会,但主办仓促,参与会员不多,议案大大少于从前。由于时局艰辛,图书馆人面临严重的生存困境,第四次年会只不过将中华图书馆协会在中国教育学术团体联合会上的有关提案再行重申而已,第五届年会甚至没有图书馆学教育的有关提案。而从议案题目来看,后三届议案也多是以前议案的翻版,并无多少新意,图书馆学教育主要着眼于花费较少的讲习会、短训班,或者是在大学、师范学校开设图书馆学课程等形

---

① 沈祖荣.中国图书馆及图书馆教育调查报告[J].中华图书馆协会会报,1933,9(2):8.

式。1939年,中华图书馆协会在中国教育学术团体联合年会的两则提案,就带有职业教育、技能教育的典型特点:

请开办西南及西北各省图书馆服务人员讲习会案

中华图书馆协会原案。大会议决,修正通过。

[理由]一、现时西南及西北各省图书馆教育缺点甚多,应予改进;二、过去图书馆畸形发展,专门人才未能深至内地;三、将来西南及西北各省教育之推进,有赖图书馆界努力。

[办法]择定一处或分区开办讲习会,由教育厅令各县已设之图书馆酌派现任工作人员一二人,授以六星期至十星期之新式图书馆学训练。

由教育部筹设国立图书馆专科学校在未成立前先于各师范学院添设
图书馆学系并指定目录学及参考书使用法为大学一年级必修课程案

严文郁原案。大会议决,照原案通过。

[理由]图书馆为文化食粮之供给场所,战时急要迫切,平时更无论矣。如欲发展图书馆事业,非培植专门人才不可,至今公立之图书馆学校尚付阙如,应请教育部从速筹设。在未成立之前,先于各师范学院设图书馆学系,以资救济。再大学学生不知利用图书馆及参考书者大有人在。须于入学之初予以相当训练,俾能于治学之工具充分利用,故有以"目录学"及"参考书使用法"为一年级必修课程之必要。

[办法]如主文。①

中华图书馆协会一直与美国图书馆协会保持联系,在抗战时期,这种联系更为密切,中华图书馆协会争取美英图书馆界对中国进行文献支援,在图书馆学教育领域也有类似计划。"目前国内此项专门人才,为数过少,本会现已与美国商定合作办法,于战后派遣我国人士赴美研究,并约美国人士来华协助技术上之改

---

① 中国教育学术团体联合年会有关图书馆事业议决案汇录[J].中华图书馆协会会报,1939,13(4):9—10.

进;美国图书馆协会,并组织一远东委员会,主持此事。吾人目前自应积极准备此项人才之供给,使其生活安定,并推广其进修之机会"①。只是后来因为时局剧变,未能实现。中华图书馆协会还积极联系美方设立图书馆学奖学金,帮助中国学生出国留学。"二十三年间袁同礼先生与纽约罗氏基金会(Rockefeller Foundation)商妥专为我国图书馆界设立图书馆学奖学金,以期多得赴美深造机会。首次获领奖学金者为李芳馥黄维廉两君。罗氏基金会补助人文科学之研究,以此为创举矣"②。袁同礼还自费在文华图专设立为纪念其母的韩太夫人图书馆学奖学金,可以算中华图书馆协会对文华图专支持的一种态度。

除上述主要工作外,中华图书馆协会偶尔通过会报推荐人才。"本会会员某君,擅长国学,著作丰富,历任各文献机关委员,图书馆主任职务,现愿在后方各文化机关服务。各学校,各图书馆,各机关,倘有意延聘,请即向本会接洽,本会当可负责介绍也"③。有时也承担鉴定书稿等工作。应当说,中华图书馆协会在力所能及的范围内尽量为图书馆业争取利益,促进图书馆学教育的发展,由于时局艰难,中华图书馆协会及个人所提议案及建议很少得到政府的采纳和执行,作为民间组织中华图书馆协会对此无能为力。

第三节　国民政府对于图书馆学教育的影响

民国时期政局动荡,经济不振,图书馆事业一直不是政府关注的重点,当然对图书馆学教育的支持也远远不够。民国早期,政府对于图书馆事业仅有一些法律规定,但都不涉及图书馆学教育。直到1928年国民政府大学院开始对图书馆学教育做了一些原则上的规定,不过没有来得及实施。国民政府对图书馆学教育的支持主要体现在个案方面,比如对文华图专教育的影响,设立国立社会教育学院图书博物馆学系等。本书主要从政策规定,以文华图专办学等为例从个案管理角度分析国民政府对图书馆学教育的影响。

①　袁同礼.中华图书馆协会之过去现在与将来[J].中华图书馆协会会报,1944,18(4):3.
②　中华图书馆协会第十度报告[J].中华图书馆协会会报,1935,10(6):5.
③　中华图书馆协会介绍专才[J].中华图书馆协会会报,1939,13(4):21.

一、政府的政策支持

国民政府教育部虽于 1915 年就颁布了《通俗图书馆规程》《图书馆规程》两份法律文件,然而对图书馆的管理基本处于缺位的状态。1923 年,在中华教育改进社第二届年会上,韦棣华认为"希望我国政府推广图书馆事业,现已如泡影,绝无成为事实之可能。故吾人如欲发展中国图书馆事业,舍仰给于'美国退还赔款'外,并无第二捷径"①。当然话虽如此,图书馆人对于政府的希望一直未曾断绝。李小缘认为国民政府对于中国图书馆发达之责任有五点:

1. 关于经济与人才方面,国民政府应搜罗图书馆专门人才,并先筹备充分款项,与稳固基金,设立大规模国立中山图书馆,及其附设图书馆学校。

2. 关于发展及提倡图书事,国民政府应责成各省,县、市、乡政府,筹备开办各省立,县立,市立图书馆;并资送专员至图书馆学习。

3. 关于思想信仰之自由,国民政府当予相当之法律保障,俾各问题,各方面之材料,馆中无不应有尽有,以示不偏,如此方可称学术最高机构,如此文献方可足征。

4. 关于扩张推广人选等之事权与责任,国民政府当予施行者,以充分便利,使其主张自由,权力集中。

5. 关于转运交通事宜,国民政府当予以得当之便利及援助,使转运灵通,交通便利,省立图书馆,方可施行互借及巡回书库之原理。②

李小缘的《全国图书馆计划书》有两条谈到了政府对图书馆学教育的责任。此外中华教育改进社、中华图书馆协会历届年会有不少呼吁政府应对的提案,然而政府少有回应。1927 年,蔡元培主政国民政府大学院期间,锐意进取,图书馆事业为教育改革重点之一。蔡元培建立了图书馆教育司,由刘国钧任图书馆教育司司长。1928 年,大学院在南京召开全国教育会议,通过的《请规定全国图书

---

① 图书馆教育组·议决案汇录[J]. 新教育,1923,7(2/3):304-307.

② 李小缘. 全国图书馆计划书[J]. 图书馆学季刊,1928,2(2):212-213.

馆发展步骤大纲案》规定,"培养图书馆人才办法:一,由国家设立专门学校招收大学毕业生,授以图书馆学,目录学及社会教育学之原理与方法,以求养成深造之专门人才;二,由国家或各省区大学办理专修科招收程度适当之学生,以教授图书馆之技术的训练为目的;三,由各大学图书馆学系或科以教授应用之目录学与基本之图书馆学原理为主;四,私立大学之愿举办是项事业者,宜设法奖励并监督之;五,此上四项在图书馆事业进行程序上,而第一项尤为重要,盖基础不立无以进行也"①。又在《筹设中央图书馆案》里规定"中央图书馆于馆长及副馆长下设图书研究出版三部……研究部主研究图书管理法,及训练图书馆应用人才"②。

蔡元培主持的大学院对于图书馆学教育有"两条腿走路"的设想,一是教育体系化的设想,即国家设立公办图书馆学校,国立或省立大学办理图书馆学专修科,各大学图书馆学系或科以教授图书馆学应用为主的课程,鼓励私立大学办学;二是中央图书馆辅助教育的设想。概而言之以国家办学为主,私人办学为辅,这可能是最早的一份政府关于图书馆学教育的文件。然而由于教育改革阻力极大,蔡元培被迫辞职,大学院仅维持一年即被裁撤,所有改革成果一并撤销。

国民政府图书馆法令还规定了省市县立公共图书馆馆长、主任、干事(馆员)的任用条件,都要求有一定的图书馆学教育经历,对馆长、主任要求较高,从职业准入的角度肯定和鼓励图书馆学教育的发展。1929年的《修正图书馆规程》第13条至第17条就规定了省市立图书馆、县市立图书馆馆长、主任、干事(相当于馆员)的任职标准。省市立图书馆馆长须具备的条件:图书馆专科学校或图书馆专修科毕业,曾任图书馆职务一年以上,著有成绩者;师范学院教育学院或教育科系毕业,曾任图书馆职务二年以上,著有成绩者;大学或其他专科学校毕业有曾受图书馆专业训练并曾任图书馆职务三年以上,著有成绩者;在学术上确有特殊贡献,并对于图书馆学素有研究者。县市立图书馆主任或干事,也要求对于图书馆职务有相当学识及经验者③。这些条规都规定了图书馆员,特别是馆长、主

①② 全国教育会议中关于图书馆之提案[J].图书馆学季刊,1928,2(3):496-498.
③ 修正图书馆规程(1929)[G]//教育部.教育法令汇编(第二辑).[出版地不详]:[出版者不详],1937.

任的任职标准,具有图书馆学教育经历的条件被排在首位,从侧面肯定了图书馆学教育的必要性。1930年的第二次全国教育会议通过了《改进全国教育方案》提倡设立更多的民众图书馆和民众教育馆,也推动了图书馆业的发展,然而这次会议没有在图书馆学教育方面颁布有力的政策。

此外,国民政府颁布的法令还有一些原则性规定,如"省市(行政院直辖市)立图书馆之工作规定,研究辅导部(六)举办图书馆员暑期讲习会,促进图书馆事业之发展;(七)举办全省图书馆员研究会,交换专门知识"①。概言之,国民政府的设想是,除了图书馆学专门学校,图书馆学专修科以外,把在职人员的专门教育放在国家及省一级公共图书馆层面进行,将其作为工作任务之一。这可能是考虑到国家财力有限,依靠图书馆学正规教育无力快速提高各地图书馆员专业水平,而以各地图书馆临时讲习会,各省图书馆研究会这种形式,花费较少,适用于操作性质的专门教育。

地方政府也做出了一些有关图书馆学教育的规定。1937年,云南省教育厅接受云南大学校长何瑶的申请,决定在省立大学教育系增设图书馆学课程计划。原文如下:

> 云南省教育厅训令(第七三五号)
> 案据省立云南大学校长何瑶呈称:
> 窃查本校为培植本省图书馆人才,以适应需要起见,特于本校教育学系增设图书馆学课程。原拟加授图书经营法,分类法,编目法,及参考学四科目。兹值试验时间,拟自本学期起,暂定为图书馆学,每周二小时,以一年授毕。所有本校教育学系四年级学生,均应学习。又凡本省图书馆在职人员,曾在大学肄业三年以上,或高中毕业,在图书馆服务三年以上者,拟请钧厅通令各图书馆,选派此项合格人员,送来参加听讲,以宏造就,期臻奖用。所有拟请各录由,是否有当?理合缮具,云南省立大学教育系增设图书馆学课程计划,随文呈请钧厅俯赐签核□□,并新指令饬送计呈云南省立大学教育

---

① 图书馆工作大纲[G]//湖北省志《文艺志》编辑室.文艺志资料选辑(四)图书馆专辑.武汉:湖北省志《文艺志》编辑室,1984:365.

学系增设图书馆学课程计划一份,等情。

据此,查该系为增进图书馆人员学识起见,应予照准,合将呈到计划抄发,饬即迅速递派合格人员,径送该校听讲,以资造就。

此令。

计抄发省立大学教育学系增设图书馆学课程计划一份。

兼厅长:龚自知

中华民国二十六年四月二日①

而《中华图书馆协会会报》报道似有些相左,报道称"云南省教育厅第三科图书教育专员张鸿书,以本省图书馆之根本缺点,不外乎职员无专门之技术,谨拟具详细训练办法,呈请核办,教厅据情,已转令省立大学,先行就该校教育学系,加授图书馆学程,除本系学生听讲外,并由该校作为推广事业,酌收校外人士听讲,以利作育,省大校长奉令后,闻已筹备加授云"②。1946 年夏,国民政府教育部在出国留学人员考试中,为图书馆学专业保留了名额,公费和自费名额各一,沈宝环考取了自费名额③。

然而,由于国民政府在图书馆学教育方面投入极少,抗战前文华图专每年只能培养 6 至 10 名学生,包括临时性的讲习会培训的学员也很有限,国民政府的构想大都停留在纸面上,很多都没有得到认真的实施。

二、教育部视察活动

国民政府对于文华图专的管理较为宽松,20 世纪 30 年代多以视察活动为主。1929 年,文华图专在南京国民政府立案后,教育部曾数次派员视察。钟道瓒、刘士英等都给予了很高的评价④。

---

①　为抄发省立大学教育学系增设图书馆学课程计划给省立昆华职业学校的训令[A].1937.云南省档案馆.档案号:1012 - 012 - 00097 - 019.

②　云南省大教育系加授图书馆学程[J].中华图书馆协会会报,1937,12(5):36.

③　梁建洲.我对文华图专校史资料中一些异载的看法[J].图书情报知识,2010(1):111.

④　教育部派员视察私立无锡国学专科学校,武昌文华图书馆学专科学校报告及有关文件[A].1941—1943.中国第二历史档案馆.档案号:5/2031.

在重庆期间,教育部曾数次派员考察文华图专办学情况,对该校的办学成就予以肯定。对其不足之处予以指正。教育部在 1943 年的训令中指出:

> 该校上年经本部派员视察,报送视察报告,该校布置整洁,环境甚佳;事务管理,颇具条理;学生对于社会事务,颇为踊跃;宿舍秩序为佳,图书馆藏书尚能应付需要;所用中英文教本由学校购备,借给学生应用,颇可取法;惟该校学生人数甚少,应设法增加名额;学生笔记能力不佳;卫生设备亦颇简陋;均应设法改进。合行令仰,遵照办理具款。此令![①]

这是一个总结式的训令,后附一份较详细的视察报告,内分多个项目。教育部认为校长和教职员工称职,"校长沈祖荣笃信基督教甚诚恳切实,视学校为终身事业,兴趣浓厚,治事甚勤。""在校人员均能勤于所事,事务管理秩序井然",学生就业情况甚好,但也因此有不少学生不到毕业时间即离校就业,需要采取措施避免这一情况。

教育部对于导师制甚为肯定,认为"学生人数甚少,师生易于接近,导师制较能著效,现将学生分为六组,每组四人至九人,课外活动有小组会、讲演会、辩论会、旅行等劳动服务及社会服务,如整理校园,写印讲义,发行壁报及办理巡回文库等,学生均颇乐于从事"。

对于文华图专办学的不足,教育部的意见有两点:一是关于教育方面,学校有扩大招生的必要,只不过"向以经费所缺未能扩充"。指出因为就业情况较好,学生往往不到毕业时间即行离校,还认为学生不太好记笔记,"能力稍差"。二是关于经济方面,认为"账目登记过于简单,而会计兼办出纳,尤违会计法则,似应分开。""库存毫无,在零星支出均开支票,必较不便,似宜增设库存,以资应付。"

随后的另一次视察结果与前一次相似,这一次教育部提出了具体的改进意见:

> 为防止学生中途离校服务,可添办予以相当时期之短期训练班,拟招收

---

① 教育部派员视察私立无锡国学专科学校,武昌文华图书馆学专科学校报告及有关文件[A].1941—1943.中国第二历史档案馆.档案号:5/2031.

高中毕业生,以应社会需要。关于学生实习事宜,该校设备简单,可与中央
图书馆及其各机关商洽合作,于假期内派往实地练习,以资熟练。关于训导
方面,升降旗应逐日举行,俾符规定。体育卫生设备应设法充实以应谋增进
学生健康。关于会计出纳方面,应改善账目登记手续,不宜过于简单。会计
兼办出纳,与会计法则不合,应分开办理,出纳部分应酌设库存,以资应付零
星支出。合行令仰,遵照办理具报。此令。①

这些意见文华图专大多遵照落实。在考察报告里还附有一份文华图专的汇
报,从中可以看出该校一些未来设想及政府对此的态度。以下为沈祖荣对文华
图专教育建设的一些设想:

(甲)训练方面

(一)拟收大学毕业之学生训练一年给以必要之图书馆或档案管理之学
识,以便为国内图书馆及档案室之领袖人员。

(二)档案管理短期职业训练班两班均办毕后,拟仍请教部补助办理图
书馆管理短期职业训练班数班,以养成图书馆干部人员。

(三)拟开办博物馆专科以完成本校图书档案博物三科之计划。

(乙)世事稍平静时即拟选派现在服务之教职员赴外国深造。

(丙)拟聘考古专家及博物馆学专科家各一人来校讲授。②

沈祖荣强调了精英教育的必要性,抗战内迁时期,应教育部的要求文华图专
的入学标准已降至专科,导致学生素质下降,带来笔记能力较差,学生心态浮躁
等问题。因此沈祖荣谋求提高学生入学水准,学习期间减为一年,与内迁前文华
图专的教育风格一致。另外有两点值得注意,一是打算将档案管理的临时性训
练班长期办下去,需要教育部的长期支持;二是增设博物馆学专业,需要聘请专
家前来授课。

教育部认为"该校为国内唯一之图书馆学专科学校,惟所收容之学生太少,

---

①②　教育部派员视察私立无锡国学专科学校,武昌文华图书馆学专科学校报告及有关
文件[A].1941—1943.中国第二历史档案馆.档案号:5/2031.

战后图书馆及博物馆事务必发达,需要校内之人才,殆无可疑。除图书馆科应再设法扩充名额外,博物馆学科似应助其早日设立,以储备此项人才为异日用。关于档案管理科,亦应招收此处之学生,以为改进各机关档案管理之用(或由各机关保送入校)"①。教育部对文华图专的未来设想予以肯定,对其办学评价很高,但沈祖荣提高入学标准的倡议是与教育部 1943 年的视察总结相抵触的,因此教育部未做回应。

这份文件还体现了沈祖荣筹设独立学院的初步设想,在 1946 年的一份文件里,沈祖荣再提设立博物馆科一事,并指出已获政府支持,所欠缺者只是经费,应当就是指教育部的视察意见。

> 为加深学术研究,广为储备人材以应今后之建国需要计,拟乘此抗战胜利举国复员之会筹建独立学院。此事经征求有关当局与各地校友意见无不欢为赞许早观厥成,进行办法拟一面将学校由渝迁回武昌并添设博物馆科,一面勘定新校址建筑新校舍添置图书仪器约聘国内外专家。一俟人才设备大体就绪,再呈请升格为独立学院,图书档案博物三系鼎立,以为东亚唯一研究文献管理之最高学府。②

三、对于文华图专临时性经费及经常性支持

这些视察活动为教育部对文华图专的经济支持提供了依据。教育部的支持分两个方面,一为临时性资助,二为经常性资助。

由于内迁时期教会支持减少,物价飞涨,文华图专校长沈祖荣及董事会曾多次向政府去函寻求临时经费支持,多位深居政府要职的董事会成员发挥了重要作用。兹举两例,一为文华图专 1941 年在重庆遭遇轰炸以后向政府求援,行政院与财政部之间的公函。

① 教育部派员视察私立无锡国学专科学校,武昌文华图书馆学专科学校报告及有关文件[A].1941—1943.中国第二历史档案馆.档案号:5/2031.

② 私立武昌文华图书馆学专科学校募集基金启事[A].1946.武汉大学档案馆.档案号:876,全宗号:8,案卷号:1946–8.

私立武昌文华图书馆学专科学校校董会函为该校校址被炸全毁损失奇重,请予补助一案。

奉批:[特准补助七万元]。私立武昌文华图书馆学专科学校校董会外,相应抄同原函径送查照。此致

教育部

计抄送私立武昌文华图书馆学专科学校校董会原函附

代理行政院秘书长 蒋廷黼

财政部公函(中华民国三十年九月廿贰日是公函)

事由:奉院令饬垫拨私立武昌文华图书馆学专科学校补助费

案奉

行政院三十年九月四日急字第四五三号紧急命令饬垫拨私立武昌文华图书馆学专科学校补助费国币柒万元等因自应遵办除函中央银行照拨外相应抄录原令函达

查照此致

教育部

附抄送原令一件

财政部长 孔祥熙[1]

另一公函为1943年文华图专董事会吴国桢向教育部部长陈立夫部长的催促迅速办理的函件。

立夫先生部长赐鉴

江北香国寺廖家花园私立武昌文华图书馆学专科学校每年例由贵部补助二万五千元近因物价飞涨不敷甚钜自在洞鉴之中,曾由该校沈校长祖荣呈请贵部体念困难实况,准在全国省私专科以上学校补助费项下将该校卅二年度常年补助费增拨至八万元或十万元。蒙贵部批示允予注意在案,弟

---

① 私立武昌文华图书馆学专科学校教员任命资格审查等有关人事文件[A]. 1938—1946. 中国第二历史档案馆. 全宗号:5,案卷号:2904.

叨员该校董事深知该校之经过,近方筹划建筑礼堂与图书馆,支持扩张备极艰辛,为此专函代为呼吁,尚希垂察迅予核办,至纫公谊,祇颂。

勋绥

弟 吴国桢 拜启

三十二年四月三日[①]

从档案显示的两次经济求助活动来看,如果没有政府的支持,文华图专的办学几乎是不可持续。而这些经济求助活动多都能成功的重要因素是由于与文华图专相熟的政府官员支持,比如校董吴国桢就曾任汉口特别市市长,宣传部次长等职,在文华图专申领经费、复员回迁武汉后划拨土地等方面从中斡旋,也发挥了重要作用。而政府的经常性支持主要用于设立特种教席及购置设备。从1934年起,教育部每年补助文华图专相当数额的资金,几乎没有中断,这是除庚款以外又一项稳定的收入来源。

四、对于人员的管理、资格及校内规则的审查认定

抗战时期出于财政困难,教育部对各学校人员数量有严格规定,要求各学校定期上报学校教职员人数,薪金待遇,学校概况等内容。在1942年文华图专呈教育部的公文中有"钧部三十一年七月二十日高字第二八九八八号令,发大学及独立学院教员人数暂行标准,专科以上学校普通职员人数暂行标准,教员编制表式,职员编制表式及专科以上学校工警人数暂行标准各一份下校,饬分别依式编造三份送部备核等因"[②]等语。

教师资格评定的决定权一直以来在学校,政府只是从旁监督。1929年,《国民政府颁布大学组织法》就规定教师聘任"大学各学院教员分教授、副教授、讲师、助教四种,由院长商请校长聘任之"[③]。到了1940年,政府将教师资格评定权收归教育部,教育部公布《大学及独立学院教员资格审查暂行规程》,规定"大学

①② 私立武昌文华图书馆学专科学校教员任命资格审查等有关人事文件[A].1938—1946.中国第二历史档案馆.全宗号:5,案卷号:2904.

③ 中国第二历史档案馆.中华民国史档案资料汇编(第五辑·第一编·教育)(一)[G].南京:江苏古籍出版社,1991:168,172,168–169,171–173.

及独立学院教员等别,由教育部审查其资格定之"①。因此文华图专的教员资格认定均需呈教育部重新认定。

一份文华图专"教字第三二一五六"的文件,介绍了沈祖荣等四人教授、讲师资格的重新认定过程。

案奉　钧部训令学字第二五六一〇号内开:

"查该校送审教员资格案内,毛坤、许学源、沈祖荣、颜泽霶等四员业经发交本部学术审议委员会审查竣事,兹核定毛坤、许学源、沈祖荣等,均合于教授资格,颜泽霶合于讲师资格,除证书应俟每份缴送印花费四元再行填发外,该员等前缴之证件著作即由学术审议委员会发还,合亟令仰知照此令。"等因奉此兹遵缴送上项证书,印花费每份四元,共拾陆元,理合备文呈乞钧部赐收,饬将证书填发承领转给实感。

德便呈上

教育部

　　附缴印花费国币壹拾陆元

　　　　　　　　私立武昌文华图书馆学专科学校校长沈祖荣

　　　　　　　　中华民国三十二年六月七日②

又如文华图专向教育部申领皮高品职称证书的函,以及教育部的回复:

贵校本年九月二十三日呈部文一件,附送教员皮高品合格证书,印花费伍元请发给证书等由,查该员副教授证书尚在印制,俟印就当再补发相应函请,查照转知为荷此致私立武昌文华图书馆学专科学校。

　　　　　　　　　　　　　　　　教育部学术审议委员会③

―――――――――――

　①　中国第二历史档案馆. 中华民国史档案资料汇编(第五辑·第二编·教育)(一)[G].南京:江苏古籍出版社,1997:181,716-718.

　②③　私立武昌文华图书馆学专科学校教员任命资格审查等有关人事文件[A].1938—1946.中国第二历史档案馆. 全宗号:5,案卷号:2904.

沈祖荣、毛坤等从事图书馆学教育、研究工作多年,著作丰富,在 20 世纪 20 年代已经以教授的头衔出现在各类文献里,因为政府新规出台仍需上报教育部重新认定,说明教育部对于以往各校标准各异的职称评价方式并不满意,也反映出政府加强了对各公私立院校的管制。

政府的管理还渗透到学校教员的奖励过程中,比如 1946 年文华图专呈报教员汪应文申请三等服务奖状的过程。

事由:为本校现任教授汪应文连续服务已满十年,检具名单证件送呈,准予发给该员三等服务奖状由私立武昌文华图书馆学专科学校 呈文 教字第三五五一三号 中华民国三十五年六月十五日发

窃查本校现任教授汪应文自二十四年七月起在本校连续服务已满十年以上,该员历任助教、讲师、副教授、教授,并自二十八年秋季起兼任本校训导主任,今已满七年。平日好学深思,教课有方,所兼行政工作成绩卓著,兹谨依照教员服务奖励规则第十条之规定,造具名单检同证件送呈。

钧部即祈准予依照同上规则发给该员三等服务奖状以资激励无任感祷谨呈

教育部

附名单一纸,证书共二件

私立武昌文华图书馆学专科学校校长 沈祖荣①

后附《服务证明书》,由学校证明汪应文在校历任的职务、职称、工作起止年月等内容。教育部收到函件后一个月批复同意。

事由:令知准予发给该校教员汪应文三等服务奖状一纸由

指令

令私立武昌文华图书馆学专科学校

---

① 私立武昌文华图书馆学专科学校教员任命资格审查等有关人事文件[A]. 1938—1946.中国第二历史档案馆.全宗号:5,案卷号:2904.

　　卅五年六月十五日教字第三五五一三号呈一件为请核发本校教授汪应文三等服务奖状由。

　　呈件均悉,据呈报该校教授汪应文连续服务十年以上,应准授予三等服务奖状一纸,仰令照发,此令。

　　附发三等服务奖状一纸。①

　　这些资质认定可以带来现实的好处,抗战期间由于生活艰难,教育部通过奖助金等来减轻教师负担,具有高级资格的教授能够因此获益。比如1942年教育部关于清寒教授的相关补助文件就是对高职称知识分子的照顾政策。

　　案奉　钧部三十一年八月五日高字第三〇九九三号代电,内开:

　　"仰将该校专任教授副教授必需由本人赡养之直系亲属在五口以上,家境清寒而未兼其他有给职各者姓名,于电到五日内复。"等因;奉此,查本校清寒教授而其直系家属在五口以上,未兼其他有给职务者,计有毛坤等三名,遵即造具名册,备文呈送钧部鉴核!

　　谨呈　教育部

　　附呈　本校清寒教授名册一份

　　　　　　　　　　　私立武昌文华图书馆学专科学校　沈祖荣

　　　　　　　　　　　中华民国卅一年八月十三日

　　1942年11月的一份文件"甲种奖助金,遵照规定应由本人检同原件,填具表式,向国立编译馆或各有关专门委员会或学术审议委员会申请转呈外,其合于申请乙种奖助金之教员,业于八月十二日呈报清寒教授名册有案"②。最后,文华图专推举了毛坤、汪应文、皮高品三位教授作为人选。

　　文华图专虽为私立学校,然而人事决定权并不掌握在学校手里,这与以往的习惯思维有所不同。文华图专校内职务的评定,通常由校方提出候选名单,报教

---

①②　私立武昌文华图书馆学专科学校教员任命资格审查等有关人事文件[A].1938—1946.中国第二历史档案馆.全宗号:5,案卷号:2904.

育部核定,学校履行聘任手续,虽然档案中从未见教育部对人选提出过异议,然而人事变动仍由教育部决定。

事由:呈荐本校教务主任总务主任请　核定由

私立武昌文华图书馆学专科学校呈

人字第三三〇〇一号

附履历表一件

中华民国三十三年五月十三日发

　　　案奉

钧部三十三年四月一日高字第一五九〇六号训令节开:

"查专科以上学校教务长,总务长或教务主任,总务主任应由校长或院长就教授或教员中呈荐二人由部核定一人,再由校聘任……合行令仰,遵照办理此令。"等因;奉此,自应遵办;兹谨呈荐本校教员毛坤、皮高品等二员为本校教务主任候圈人。沈宝环、何德全等二员为本校总务主任候圈人,理合造具该员等履历表一份,备文呈送鉴核示遵。

谨呈

教育部

　　　　　　　　　私立武昌文华图书馆学专科学校校长沈祖荣

教育部回复

指令

　　令私立武昌文华图书馆学专科学校

　　卅三年五月十三日人字三三〇〇一号呈一件为呈荐教务主任,总务主任,请核定。

　　呈件均悉,兹核定毛坤为该校教务主任,沈宝环为总务主任,仰即遵照聘任件存。此令![1]

---

① 私立武昌文华图书馆学专科学校教员任命资格审查等有关人事文件[A]. 1938—1946. 中国第二历史档案馆. 全宗号:5,案卷号:2904.

然而教育部并不总是一切照准,充当"橡皮图章"的角色,在一些由教育部掌握的资金划拨过程中,教育部对各校的财政分配制度有修改和决定权。1945年,美国援华联合会捐赠国内各大学教职员福利会一笔巨额资金,教育部争取到国币3500万元,专用于全国公私立专科以上学校及研究机关教职员福利金①。在文华图专草拟的《本校管理教职员福利金暂行办法及分配预算》的报告中,教育部就圈出多条修改意见,如"第五条应依照前令规定注意事项第三项改为'本校设教职员福利金委员会由委员五人组织……除校长为当然委员外,其余委员四人由本校全体教职员互选',又第六条应改为'本校教职员福利基金委员会设主席、司库、会计及秘书各一人,由委员互推。'余准备查,委员名单,存销款之汇发,仰令知照,此令"②。不仅要求修改条款,并要求附列详细预算。

五、文华图专向政府主动求助的活动

1. 申请临时教席

教育部为弥补抗战初期各大学财力匮乏,师资力量严重不足的情况,采取的临时性补贴措施,加派临时教席就是其中一种。在武昌时文华图专教授法语的是张春蕙先生,他是法国黎尔大学硕士,文华图专迁重庆以后,另谋他就不愿前来;文华图专内迁初期,师资力量缺口很大,没有一位外籍教师前往重庆。文华图专因此向教育部求助,以与教育部的往来公函中,阐述了这一政策及求聘始末。

司函:

径启者:查本部时值二十七年度开始,为充实各省私立大学师资起见,拟分派历次登记合格之战区专科以上学校教员。现任本部青年及民众读物临时编辑员担任各大学临时教席,其薪给仍按照原支生活费全额由部发给,川资由聘请学校负担,授课时数每周以六小时为度。曾于本年九月廿日高

① 参见:核发教职员福利金并规定应行注意事项仰切实遵办由[A].1938—1946.中国第二历史档案馆.全宗号:5,案卷号:2904.

② 私立武昌文华图书馆学专科学校教员任命资格审查等有关人事文件[A].1938—1946.中国第二历史档案馆.全宗号:5,案卷号:2904.

壹5甲第七〇二二号训令,检发各该员原任职务及擅长科目名单,令各大学选定拟聘教员呈部检定。并据私立武昌文华图书馆学专科选定拟聘教员经部核准后在案。兹准私立武昌图书馆学专科学校原派教席张祖尧因故不克,部长核示,改派

台端各该校临时教席,相应函达。

查照,即希前往该校(本市曾家岩求精中学内)服务为荷!

此致

袁志刚先生

高等教育司启　　月　　日①

武昌文华图书馆学专校呈

事由:奉令已选定登记合格战区专科以上教员张祖尧、杨叔荪二人分别担任本校法文及民众教育二课,祈核夺由

案奉

……钧部救济失业,充实师资至意,曷胜感佩!兹已照表选定张祖尧杨叔荪二先生,拟请张先生担任本校"法文"(两班共六小时),杨先生担任本校"民众教育"(两班共四小时)课,理合呈复,核准尚祈,转知于期前来校服务是为学便!谨呈国民政府教育部

私立武昌文华图书馆学专科学校沈祖荣

中华民国二十七年九月二十九日②

教育部原推荐暂住昆明的张祖尧前往担任,文华图专汇出旅费后,张祖尧又改变主意。沈祖荣只得又寻求教育部支持,最后派袁志刚来校任教。而另一教师杨叔荪来重庆以后,迟迟得不到两个月工资以至生活困窘,反复催促教育部补发,最后如愿来校任教。

---

①② 私立武昌文华图书馆学专科学校教员任命资格审查等有关人事文件[A].1938—1946.中国第二历史档案馆.全宗号:5,案卷号:2904.

关于专科以上学校登记合格教员杨叔苏蒙核准在本校任课一案

经遵令将旅费如数寄发该员,业于上月十四日来校报到,并于本星期起开始担任民众教育暨教育心理二课讲席,理合呈报,钧部鉴核备查。

谨呈

国民政府教育部

私立武昌文华图书馆学专科学校校长沈祖荣

中华民国二十七年十一月十九日①

可见没有教育部临时教席的支持计划,文华图专的教学活动还将受到很大影响,文华图专在重庆期间的顺利办学与教育部在人、财两方面的扶持大有关系。

2. 寻求政府在招生活动方面的支持

文华图专谋求生源的广泛性,有意在主要城市设立考点,这些考试活动一般委托当地教育厅代为办理进行,但过程很少在公开文献中找到具体内容。档案中就有 1933 年文华图专与云南省教育厅之间关于代为招考事宜的有关文书,内容详尽。

云南省教育厅接受委托后,组织专人负责组织考试,并委托专人阅卷,考期也曾改过一次,原考试日期为 1933 年 7 月 12、13 两日,后改为 14、15 两日,考试内容有口试、历史、中国文化史、党义、国文、英文六项,而没有我们以为可能会出现的与图书馆学相关的专业科目。17 日由考生自行向英国医院检查体格,将检查证呈云南省教育厅审查。

招考结束后,考生成绩已经在考试地阅卷评定,而不是邮寄到武昌由文华图专评定成绩,从单方面的函件里也看不出这一点,因此最终的录取名单很可能只是文华图专对云南省教育厅阅卷结果的再确认。

敬启者:敝校此次招考民众班图书馆学免费生云南方面谨请

---

① 私立武昌文华图书馆学专科学校教员任命资格审查等有关人事文件[A]. 1938—1946. 中国第二历史档案馆. 全宗号:5,案卷号:2904.

贵厅代为办理此种培植人才发扬文化之计,蒙贵厅不弃,乐于赞助,关于考试时所用之试题代报名格式业于五月廿五日已邮寄奉,此时想已收到。

贵省距此道路遥远,寄递信物往返需时,伏祈于考试之后,即将各生试卷及各项证件寄交敝校,以便从速评定,早日通知。否则时间延长,敝校深恐影响投考各生前程也,此致

云南省政府教育厅

私立武昌文华图书馆学专科学校
中华民国二十二年七月四日①

对于文华图专所要求的特别注意事项,云南省教育厅还发布启事,以登报形式提请考生注意。

批注:此项学生已代招考,各生试卷已函寄校,专件拟呈,阅及存查。
云南省教育厅训令第1249号
令省立各级学校、直属教育机关(登报代令不另行文)
案准
湖北省私立武昌文华图书馆学专科学校函为本校学生收额有限,凡保送学生,未与本校先函商妥者,概难收录。即烦转令所属知照……等由一案。准此,合行登报代令,仰所属各级学校及直属教育机关,一体知照!
此令

兼厅长 龚自知
中华民国廿二年十月廿四日②

至于文华图专为何要强调保送学生须先与学校商妥,否则不予录取是一个有趣的问题,为就业?还是其他问题?尚须进一步查证资料寻找答案。

---

① 云南省教育厅:布告武昌文华图书馆专科学校学生入学试验日期由[A].1933.云南省档案馆.档案号:1012 - 004 - 01145 - 044.
② 为保送武昌文华图书馆学专科学校学生应先与该校商妥再行保送给各级学校的训令[A].1933.云南省档案馆.档案号:1012 - 007 - 00475 - 010.

从档案可见政府在 20 世纪 30 年代明显加强了对学校的管理,着重体现在招生、课程设置、资金扶助、人员聘任、资格认定等许多方面,本文因篇幅所限,仅就重要之处略为论及。

六、中美图书馆学教育合作

除了早期金陵大学图书馆学系尝试与美国国会图书馆合办图书馆研究班以后,中美图书馆界有关图书馆学教育的交流基本保持在访学、赠书及演讲这一层次。沈祖荣复员回武汉以后,曾希望建立一所新的教育机构,届时由美国图书馆协会资助,邀请美国及欧洲学者前往中国讲学。而美国图书馆协会也相当热衷于中国图书馆事业的发展,包括提供文献援助,建立美国式的公共图书馆,协助地方图书馆协会的发展,培养中国的图书馆员等。这些构想早在抗战时期就已形成。

抗战结束后,随着美国文化输出战略的影响,美国国务院及美国图书馆协会仍对在中国建立现代化的图书馆,培养中国的图书馆员有很高的热情。布朗认为"在西南太平洋地区国家的图书馆员和学者,需要将美国图书馆的管理原则应用于他们本国",这是"中国图书馆员的发展蓝图"[①]。从布朗对中国大学的了解来看,中国图书馆人对此是有热情的,然而美国图书馆协会与美国政府在对华问题上步调不一,怀特访华失败就是一个例证,布朗打算资助北京大学开展图书馆学专门教育的失败则是另一个例证。"美国图书馆协会远东委员会主席布朗(Brown)就要到中国了。他曾提议由美国图书馆协会转请罗氏基金会(洛克菲勒基金会)拿五万美金,帮助我们北京大学发展'图书馆博物馆系'。适之先生因为我们自己还没有根基,婉辞谢绝。他这次来,又想拿福布莱特(Fulbright Bill)的钱,假借我们北京大学,来举办'西文编目学习班',我们该怎样欢迎,或者怎样应付呢? 布朗想办的是图书馆补习班是注重训练西文编目人才,我们现在正办着的'图书馆学专科',仅教授普通功课,还没有分门训练。可我们既已举办专科,

① 转引自:孙洋.太平洋战争时期美国对华文化援助研究[D].长春:吉林大学,2012:233.

他若再办一个训练班,未免重复"①。

由于袁同礼对美国图书馆协会态度趋冷,而布朗受华中大学及袁同礼的影响,对沈祖荣采取敷衍态度,影响了美国图书馆协会对华图书馆学教育援助政策的落实。

1947 年 11 月 10 日,中美政府签署了《教育交流项目筹资协议》(Financing of Educational Exchange Programs)。之后,大致形成于 1947 年末或 1948 年初的《拟援美国福布莱特法案请求资助在中国组织图书馆研究会或讲习会建议书》②文件(以下简称《建议书》),参考了美国图书馆协会的意见,订立了十分详细的实施计划。

拟援美国福布莱特法案请求资助在中国组织图书馆
研究会或讲习会建议书

中国政府当局与图书馆界请美国图书馆协会遣送图书馆学专家来华教授图书馆技术兼任顾问职务。

美国图书馆协会因此建议对方在中国成立图书馆研究会而由佛尔伯莱法案资助其宗旨在:

一、由图书与阅览上推进国际间之互相了解,此可由中美图书馆功效之增加而得。

二、在中美两国学者官员及图书馆员间为一交换知识之媒介,尤其在图书馆事业之理论及图书馆功效方面中国图书馆界之理想与需要如何转达于美国图书馆界,美国图书馆界之理想与需要如何转达于中国图书馆界,及其他关心之教育家亦以此为媒介。

三、教授图书馆之技术工作想为必要,尤其是关于西文图书之征选与编目。

四、就图书馆在高等教育中等教育与成人教育中之地位交换知识与意

---

① 王函. 王重民致胡适、袁同礼的一封信[J]. 国家图书馆学刊,2004(1):87.

② 拟援美国福布莱特法案请求资助在中国组织图书馆研究会或讲习会建议书[A]. 1947 或 1948. 中国第二历史档案馆. 全宗号:5,案卷号:1342. 此为国民政府教育部档案,文中未明确日期,但所用稿纸左下角有 1947.11.20000.瑞,稿纸中缝印有教育部字样,很有可能说明该稿纸批量印刷于 1947 年 11 月,因此该文应形成于 1947 年底或 1948 年初。

见,在参考图书馆、学校图书馆、专门图书馆之功效及管理上亦然。

发起组织与管理

美国图书馆协会建议中国五大学校长各经美国大使馆向中美教育基金董事会申请派美国图书馆家二人至各该大学服务至多一年,即在各该大学所在地区举办图书馆研究会。此二人一为经验丰富之图书馆员,一为随同实习之图书馆学校新毕业生。此提议拟送致下列各大学:

国立北京大学

金陵大学

国立中山大学

国立复旦大学

华西协和大学

如上列五大学有不能参加上述计划者,美国图书馆协会及国务院愿再考虑其他学校。

中国五大学之申请书送出后必备副本一份送交美国图书馆协会,该协会再送交国务院之外国学生资助部。

美国图书馆协会准备参加图书馆研究会之适当图书馆家名单以便邀请,但邀请尚未正式成立之时决不提出。

服务期间

美国图书馆家之任期为一年惟本计划可延持(迟)数年之久,中国其他大学或专科学校将来尚拟请其陆续参加。

美国图书馆家应出国前聚会两三星期,地点或在华盛顿以举行会议并研究美国国会图书馆中文图书之管理与利用方法,在此期间同时搜集图书影片幻灯片及照片等将来需用之品。图书馆研究会在中国各城市举办以八个月或九个月为期,但应留出余闲以使美国图书馆家应各地区内各图书馆之请前往参观,并于必要时为之顾问。

经费

依福布莱特之规定,美国图书馆家之薪给以中国国币支付另津贴在中国之旅费。来华旅费如属可能亦以中国国币支付。若蒙特提案得照法案通过而款项有着,则在美国国内之旅费及来华前聚会之用费均可援请该法案支付,否则不能以中国国币支付之用费,美国图书馆协会将另筹款项开支。

管理

此图书馆研究会受中美教育基金董事会之督导,美国图书馆家以派在南京区各大学校长高级馆员为首而请各大学校长分邀中国图书馆员组织顾问,委员会襄助计划之进行,并由发起机关派中国图书馆员协助图书馆研究会之工作员,当地委员会应准备研究会应用之房舍。

报告与纪录

各地举办图书馆研究会之报告应由美国图书馆家提交美国方面主管当局,其摘要亦得在两国公布。

遗憾的是《建议书》的内容仅此数页,再无其他相关文件。不过《建议书》的内容仍颇有圈点之处。其一,这份文件是中美政府的对接,代表了双方政府的意志。美国国务院援用《福布莱特法案》由美国图书馆协会派遣专家赴华任教,而从沈祖荣与布朗的交换信件可见,布朗对沈祖荣的一切需求基本都是拒绝的,包括派遣图书馆学家赴华。中国政府按中美图书馆界所商定的五所大学作为教学地点,建立图书馆研究会,受中美教育基金董事会管理,中方提供相应资助。文中又提到若蒙特提案通过,美国可以承担部分经费,若中方不能以国币支付的费用,美国图书馆协会将另行筹资解决。也说明美国图书馆协会在国家意志下并不反对与中国联合办学。其二,《建议书》中五所大学所在地为北京、南京、广州、上海、成都,是中国东南西北中各地有代表性的城市,可以看出中美合作兴办图书馆学教育的设想是宏大的。而《建议书》并未提及文华图专以及对美援期盼甚殷的沈祖荣,很可能是因为美国图书馆协会与之不睦的关系所致,而国民政府也刻意回避了这个问题,显然是受到了美国方面的影响。其三,《建议书》丝毫没有反映美国政府对国民党政府在中国继续执政的优虑,说明该《建议书》的更早版本形成时间较早,国民政府在军事形势上还大有优势,因此这项设想很可能形成于抗日战争胜利以后的不久。

由于战局迅速逆转,美国国务院停止了对该项目的拨款。基金会的活动实际上在(1949年)8月31日就已经中止,仅剩的一笔中国银圆的紧急资金"被用来支付中国员工的工资"。不动产和设备被转移到大使馆内,而所有美国和中国员工在那天被解雇①。

小　结

中华教育改进社图书馆教育组及后来的中华图书馆协会,均致力于图书馆学教育的体系化、制度化建设,作为民间组织,这些机构既没有行政资源也没有经济资源,只能通过不断向政府反映议案,推动政府采纳。而像中基会这类机构,由于有大量的教育事业需要扶助,也仅能将有限资源用于扶持文华图专、国立北平图书馆等少数机构的发展,不能做到遍地开花。

近代以降,以儒学为代表的传统学问观让位于以西方科学为代表的新型学术体系。由于物理、化学、数学等应用技术能够带来立竿见影的成效,极易受到饱受西方坚船利炮之苦的中国社会所追捧。当时的知识界认识到仅从"器物""制度"模仿西方仍是不够的,还要从"文化"上建立科学的强势地位。在这一风气的影响下,重视与社会民生相关的"实学"研究和教育成为新的风尚。1929年,《中华民国教育宗旨及其实施方针》第四条规定"大学及专门教育,必须注重实用科学,充实科学内容,养成专门知识技能"。图书馆学虽也属于实用科学的范畴,但归于应用文科的范畴,在"重理轻文"思想影响下,这种应用成效不显的学科自然得不到国民政府的重视。

由于当时的政治经济状况,社会对教育的忽视,国民政府对于图书馆学教育长期处于缺位状态,既没有形成体系化、制度化教育的政策,也无意无心去贯彻落实,仅颁布的一些用人标准算是对图书馆学教育的侧面肯定,对于文华图专的扶持,开设社会教育学院图书博物馆学系,也都是对孤立的点的支持。因此,民国时期图书馆学教育主要是由民间力量承担的。而民国末期与美国政府合作办学,国民政府也多是从国家利益的角度行事,由于国民党政权迅速溃败,这些计划还只是停留在纸面上。

---

① 卢永嘉.美国富布赖特计划在中国的早期实施(1947—1949)[D].苏州:苏州大学,2007:66.

余 论

　　民国时期图书馆学教育活动是中国文献整理与利用学科领域从古代经验认知到西方理性认知的一次转化，是图书馆学科专门化的开始，这一主题涉及西方图书馆学的本土化过程、图书馆学教育与图书馆业及图书馆协会三个图书馆事业组成部分的交流与互动，政府对于图书馆学教育的影响，以及图书馆学教育与图书馆学研究的交融与促进，内容丰富，其思想蕴含富有吸引力。其内容可分为以下三点进行阐述。

　　民国时期的图书馆学办学活动由图书馆学教育机构的办学活动及临时性质的图书馆学讲习活动组成，教育对象为在校学生、图书馆职员及图书馆学爱好者。这一阶段图书馆学教育一直处于各自为政，孤立生长的状态，缺乏政府的统一指导，也缺少图书馆学教育机构的相互交流，学界所熟悉并经常提及的，不外乎文华图专、金陵大学图书馆学系、国立社会教育学院图书博物馆学系等高等教育机构，甚至认为这些机构的活动就是当时图书馆学办学的全部，这是一种普遍认识，对目前的图书馆学研究亦有影响。

　　民国时期图书馆学教育活动有多个层次，金敏甫将其分为图书馆学讲习科、学校中之图书馆学课程、大学中之图书馆科、图书馆学校四个层次[①]；严文郁将其划分为大专图书馆学科系、短期训练班、函授学校和公费留学四个层次[②]。王振鹄、郭丽玲则将民国时期的图书馆学教育划分为正规教育与短期训练两个层次。由于本书主要研究民国时期中国范围内的办学情况，留学活动属于赴国外学习，接受国外图书馆学教育的范畴，属于中国与国际图书馆界交流的一部分，而不单独列入中国图书馆学教育的层次。

---

　　① 金敏甫.中国现代图书馆学概况[M].广州:广州图书馆协会,1925:45-50.
　　② 严文郁.中国图书馆发展史——自清末至抗战胜利[M].台北:"中国图书馆学会",1983:187-197.

笔者认为,如果以教育目的来划分,这一时期的图书馆学办学层次大致可以分为三类,第一类是培养高层次管理人才及研究学术为目的的高等教学机构,可称为学研并重的办学活动,以文华图专为代表,即沈祖荣所谓:"要养成一般高深的图书馆学者。"第二类是以培养应用型高级图书馆员为目的的教学机构,称为实务导向型的办学活动,以成都女子职业学校高级图书管理科、上海图书学校、上海图书馆函授学校等为代表,这些机构强调学生技能的掌握,不太注重学术理论的研究,即沈祖荣所谓:"要养成一般通俗图书馆或学校图书馆管理员。"第三类是以掌握基本应用技能,类似扫盲教育性质的临时性图书馆员短期培训班、讲习会,以及各级学校里开设的图书馆学辅修课程等形式,是以速成教育或以培养图书馆学素养为目的的办学活动,称为培养基本素质的办学活动。

在 1929 年中华图书馆协会第一次年会上,图书馆界对图书馆学教育的开展有了层次性构想,认为可以通过"创立图书馆专门学校,在大学添设图书馆系,并资遣留学员生出洋研究及考察"来培养一个人数较少的学者精英群体。通过"设立图书馆员速成班,讲习所,暑期学校及在中等学校添加图书馆学课程,添设职业科"①来培养一个以应用型人才为目标的职业群体。长期担任中华图书馆协会图书馆教育委员会主席的沈祖荣曾说:"为普通一般图书馆设想,则图书馆人员,仍应对图书馆整个工作有所谙习,庶可应付图书馆中各方面之业务,如俗所谓生,旦,净,丑,末,样样俱能者也。"②只是由于当时时局混乱,中华图书馆协会只是一个行业性民间机构,并无稳定经费支持,缺少执行力,这些设想并未得到很好的执行。

中华图书馆协会及各地图书馆协会议案反映了图书馆业发展存在的问题,不少议案与图书馆学教育有密切联系,这些议案大致分为两类,一类反映了图书馆业对于图书馆学专门人才的需求,这方面的议案多是倡议政府在条件较好的城市比如北京和上海设立图书馆学校,或是在大学里开设图书馆学课程,设置图书馆学系,有计划地培养图书馆人才,此类议案反映了当时图书馆业对于专门人才存在很大需求,越来越反对未经专门教育的人担任图书馆职位,至少在馆长、

---

① 中华图书馆协会第一次年会纪事[J]. 中华图书馆协会会报,1929,4(4):10.

② 沈祖荣. 中国图书馆及图书馆教育调查报告[J]. 中华图书馆协会会报,1933(2):1-8.

主任岗位上,专业化的呼声是很强烈的,这是图书馆职业化的深入发展的表现。另一类议案则对图书馆学教育提出了相应的标准,对教学课程提出一定的改良意见,比如《由本会函请图书馆学校应注重语言案》(1933)。这些议案反映了图书馆协会对图书馆学教育的影响,也反映出图书馆业的发展推动图书馆学教育标准化的趋向。

在当时动荡的社会环境中,政府无暇顾及图书馆业的发展,由于图书馆业对政府严重依赖,图书馆业发展不振也影响到图书馆学教育的开展。由于图书馆业举步维艰,既对图书馆学教育招生产生影响,也对学生就业产生影响,因此图书馆学教育机构常常需要借助图书馆协会进行宣传,扩大学校影响,解决学生就业问题。文华图专就一直宣称与中华图书馆协会联合办学,上海图书馆学函授学校亦称受上海图书馆协会指令建立。

图书馆学研究对于图书馆学教育具有导向作用,在图书馆学教育肇始之时,图书馆学研究往往为图书馆学教育的发展规划方向。在 20 世纪初,一批觉醒的知识分子积极翻译国外图书馆学著作,将西方图书馆学一些实践的、感性的知识引入中国,较有影响的有《图书馆管理》《图书馆小识》《图书馆学指南》等作品。金敏甫曾说:"以上二书[①],实东洋图书馆流入之代表作,而此时之一般办理图书馆者,亦莫不奉为上法,于是中国之图书馆,皆成为东洋式之图书馆,盖受此二书影响也。"[②]20 世纪初来到中国的克乃文、韦棣华等美国图书馆学专家,首开中国图书馆学教育的先河,韦棣华创立的文华图专基本就是美国纽约州立图书馆学校的翻版。20 年代的美国图书馆学家鲍士伟,以及 40 年代的沙本生访华,都对美国图书馆学在中国的传播产生了重要影响。

在 20 世纪 20 至 30 年代图书馆学活跃的核心人物,如沈祖荣、胡庆生、徐家麟、洪有丰、王云五、戴志骞、杜定友、汪长炳、严文郁、袁同礼、杨昭悊、刘国钧、李燕亭、马宗荣等,基本都有海外留学经历,这一群体有关文献整理与利用的思维与中国传统迥然不同,认为西方图书馆学是系统的科学,而中国的校雠学则不算,这种观点在当时颇有代表性,杨昭悊在《图书馆学指南》一书中的译者序就是

---

① 指《图书馆小识》与《图书馆学指南》。
② 金敏甫. 中国现代图书馆概况[M]. 广州:广州图书馆协会,1929:29.

这种观点的体现。

> 图书馆事业,以美国为最盛;图书馆学者,亦以美国为最多。彼邦学制,除图书馆专门学校以外,尚有图书大学分科,学术既有专攻,事业斯能精进……我国向少图书馆,更无所谓图书馆学,古者虽有目录学、校雠学,与现今目录学、书史学相类似,然乏科学的方法,不足语于图书馆学也。①

这些学者归国后致力于引入西方图书馆学的思想,相继有大量西方图书馆学译作产生。以著作为例,就有杨昭悊的《图书馆学》,戴志骞的《图书馆学术讲稿》,洪有丰的《图书馆组织与管理》,杜定友的《图书馆通论》,刘国钧的《图书馆要旨》,俞爽迷的《图书馆学通论》,沈祖荣、胡庆生的《仿杜威书目十类法》等,这些作品或直译或参考西方图书馆学的思维加以改良,可以说引领了当时中国图书馆学的发展。戴志骞于 1925 年翻译的《图书馆员专门训练》,以及杨昭悊于 1929 年翻译的《图书馆学教育》均为中国图书馆学教育打下了很深的西方烙印。

然而,图书馆学教育又起到了推动图书馆学研究进程的作用。中国图书馆学虽深受西方图书学的影响,但在发展过程中图书馆人亦发现西方理论颇有不便之处,因此根据中国国情不断进行本土化改良,图书馆学教育活动是推动这一过程发展的重要力量,而分类与编目问题又是当时图书馆学本土化面临的主要问题。文华图专创办的《文华图书学专科学校季刊》是当时前沿研究领域的重要窗口,该刊中大量文章都具有一定的试验性质,不少文章带有观念性的创新,代表了文华图专在教学中的一些思路,推动了学界对一些热点问题的持续讨论。

从 20 世纪初萌芽到 1949 年中华人民共和国成立,民国时期图书馆学教育历经三十余年的风风雨雨,众多图书馆学人为之奋斗不息,其精神值得敬佩,其艰辛令人嗟叹。其生存和发展所受到的影响因素多样,有以下四点值得思索。

---

① 田中敬. 图书馆学指南译者序 [M]. 杨昭悊,译 // 刘宝瑞,秦亚欧. 民国图书馆学文献学著译序跋辑要. 北京:国家图书馆出版社,2012:16.

"生逢其时"与"生不逢时"

　　随着 20 世纪初公共图书馆运动的发展,图书馆学教育诞生了。由于中国长期处于封建社会,读书是为了致仕而不是为了社会需要,读书和民众生活相脱节,虽有相当多的私家藏书楼,但却没有形成知识分享风气,这是近代图书馆产生时的社会状况。在近代内忧外患之际,社会精英与开明士绅开始认识到知识分享的重要性,图书馆被提高到与学校并列的地位。清末民初兴建了不少省级图书馆和学校图书馆,20 世纪 20 年代以后民众教育馆也有了很大发展,同期白话文运动,民众教育运动与图书馆发展相得益彰,图书馆进入了蓬勃发展的时期,图书馆职业也渐有了不同于其他职业的特征。图书馆学教育产生于这一阶段,面临日益增长的职业市场需要,有着快速发展的预期,因此可以说图书馆学教育生逢其时。

　　然而中国没有全民阅读的习惯,读书只是少数人的事情。在自上而下的图书馆建设热潮中,民众的反应显得滞后,办得好的仍然以学校图书馆为主。政府虽然承认图书馆业的价值,颁布了一系列图书馆法律法规,但对图书馆建设投入极少。而图书馆业又是高度依赖政府投入的行业,政府投入不足必然限制行业的发展,因此民国时期大多数图书馆经营不佳,存续时间不长,社会效果差强人意。与政府倡导图书馆建设相对应的是,政府很少考虑到图书馆里的"人",而只是粗线条地规定了省市县图书馆馆长、主任的任用资格,在这些资格规定里把接受过图书馆学教育排到最优先的位置,但却从未考虑过如何培养合格图书馆员的问题,从未颁布有关图书馆学教育的法律法规,没有系统地设计图书馆员不同层次的教育计划。此种说法可能有些绝对,但大致符合当时的事实。这与政府承认图书馆为社会教育机构,赞扬图书馆的社会价值与地位的表面论调颇不协调。尽管不少图书馆学人以及中华图书馆协会屡屡提案呼吁,国民政府却一直无动于衷。因此,民国时期图书馆学教育在大多数时候是由民间力量来承担并孤立发展的,图书馆学教育机构之间缺乏合作,也没有讨论过图书馆学教育标准化的问题。

　　由于政治动荡,战乱频仍,政府无心也无力将资源投向图书馆学教育,因此图书馆学教育活动是零散和小规模的,大多数图书馆员未曾受过任何训练,形成了一个极小范围内的图书馆学人不断宣传呼吁与绝大多数未受教育的图书馆员保持沉默的奇怪格局。系统的图书馆学教育只停留在高等教育层次,热闹一时的讲习会教育缺点甚多,举办随意性太强,不足为切实的依靠,而旨在培养大量"产业工人"的中等职业教育起步很晚。政府在图书馆学教育方面,虽然有周济文华图专、建立社会教育学院图书博物馆学系等少数案例,然而表现总体缺位。因此,对于高度依赖政府投入的图书馆学教育来说,可谓又是生不逢时。

学科特点与社会认识的错位

近代图书馆学来自西方,图书馆学教育以西学为体,中学为用。图书馆学教育的特殊性使图书馆学人一致认为正规图书馆学教育的起点至少应为大学以上程度,低于这个程度只适合"操作训练"而不适宜接受相应的素质教育。因此,文华图专、金陵大学图书馆学系、国立社会教育学院图书博物馆学系,北京大学图书馆学专修科在早期基本只招收本校学生。文华图专公开对外招生要求大学二年级以上肄业程度令相当多的学生望而却步,以致中基会每年给予文华图专的补助名额很难招满,一直都只能维持一个极小的教学规模,与庞大的图书馆职业需求极不匹配。1932 年,毛坤应中华图书馆协会要求做《调查四川省图书馆报告》一文:"多数青年馆员,胥望研究或深造,对于文华图书馆学专科学校之收录资格,感叹过高。若协会能辅助文华办理一民众图书馆班,或自办类似之训练班于北平或各省之省城,定有良好之效果。"[①]因此,文华图专也采取了多层次办学的方法,从 1930 年开始招收高中毕业生程度,一年制的图书馆学讲习班,后改为民众班。但人数也相当有限,这种招生稀少的情况直到抗战内迁时期,应教育部的要求降低入学标准才稍有好转。

另一方面,社会对于图书馆员的职业评价并不高,图书馆员的待遇甚至比不上生活清贫的教师。沈祖荣大学毕业以后自愿在文华公书林工作所受到的非议并非个案。这是因为当时的大学生数量本就稀少,毕业以后不论出国进修或是

---

① 毛坤.调查四川省图书馆报告[J].中华图书馆协会会报,1932,8(3):6.

谋到一份待遇优厚的工作并非难事。而图书馆职业上升空间有限又不为社会传统所重视,一般家庭对于花费高昂代价培养出来的学生进入一个发展有限的职业颇有怀疑。因此要寻求图书馆学的本土化,可能也要适应中国社会对于图书馆职业的认识,这种来自就业市场的压力对于图书馆学教育来说既是动力又是阻力。当沈祖荣等面对职业市场不断要求降低入学难度的压力时,可能也受到了美国教育家赫钦斯(Robert Maynard Hutchins)理论的困扰,"大学首先是一个纯粹追求真理的地方,其次才是一个为今后职业做素养储备的地方……众多专业过于关注毕业生能否在未来职场中顺利找到职业位置,其结果不仅贬低了大学,也没有提高专业的地位。纯粹追求真理与知识的目标在大学里越来越变得模糊起来"①。因此沈祖荣不断地在两种相互矛盾的思想中寻找平衡。可见,图书馆学教育的特点与社会认识形成强烈错位,限制了图书馆学教育的扩大。

图书馆学教育的三重任务

相比同期美国图书馆学教育,中国图书馆学教育所肩负的任务要大得多。图书馆学教育来自于西方,要形成中国的图书馆学,需要消化吸收西方图书馆学的理论,这个过程不能一蹴而就,不但需要学生前往国外留学,更多地需要翻译引入国外的经典著作,20世纪早期的翻译作品多是概述性质,只能使人"窥其门径",而要"睹其精华"则需要翻译引入专业性更强的书籍。以文华图专为代表的一代学人为此付出了辛勤的努力,这是图书馆学教育的第一重任务。西方图书馆学与中国书籍存在诸多不适之处,需要不断试验加以改进,这是西方图书馆学本土化的过程。中国图书馆学教育不是照搬美国图书馆学教材,照本宣科就可以的,必须加以变通。因此教学的过程也是试验的过程,教学的过程也是不断创新的过程,而这种创新,必须建立在深谙东西方文化的基础上,包括语言、历史、数理等许多相关学科的知识,因此中国图书馆学教育的压力相对更加沉重,这也是沈祖荣坚持图书馆学教育应保持较高学生素质的原因,因此探索图书馆学本土化是为图书馆学教育的第二重任务。中国藏书楼历史虽然悠久,图书馆却是

---

① 王子舟.中国图书馆学教育九十年回望与反思[J].中国图书馆学报,2009(6):72.

新鲜事物,图书馆学教育的目的不止限于课堂,还需要学生深入社会,向社会倡导图书馆的好处,使人们亲近它,熟悉它,因此中国图书馆学教育还肩付有社会教育的重任,这是第三重任务。

献身精神与职业操守

沈祖荣曾劝导学生在做图书馆员时要甘于清贫,乐于奉献,默默无闻。图书馆职业特点决定了这是一份收入不高,社会地位不高的工作。这一特点使图书馆界失去了不少优秀的人才,著名的有戴志骞、胡庆生等,严文郁曾有三次差点更换职业①。因此,图书馆学教育比较强调的也是职业操守问题,由于文华图专重视献身精神和职业操守的教育,学生毕业以后绝大多数均从事图书馆工作,而少有变更者。由于女性的一些先天优势,其对职业稳定性、收入、发展空间的期望更为符合图书馆业的需求,在 20 世纪 30 年代以后,女性图书馆员有显著的增长,逐渐使图书馆学教育成为女性占主导的学科,及至今天情况也是如此。

---

① "第一次是在大学二年级时,也就是选修图书科第一年,一时冲动,投考邮政局邮务员,幸获录取。终经师长们劝止,未曾就业。第二次是毕业之时,正值五卅惨案发生,全国学校罢课,离开学校,即告失业。十年寒窗,不肯回家坐食,加入一家洋行作雇员。北京大学需要一名受过专门训练的图书馆员,先师韦棣华女士催促应聘,因舍八旬祖父母凄然北上。第三次是抗战最艰苦的时期,在昆明收入不敷维持五口之家,经前辈戴志骞介绍到中国银行昆明分行兼一半日差事,与经理邻室办公,谈得颇为投机,不到半月他劝我离开西南联合大学,在行中充外汇部副主任。蒙联大校委蒋梦麟劝止,于生活上给予资助最终放弃。"参见:严文郁. 国立罗斯福图书馆筹备纪实[J]. 传记文学,1970,16(4):47.

附录 I　运动庚子赔款退回中国扩充推广中国图书馆之经过^①

韦棣华

棣华于廿五年前来中国,即任提倡图书馆之事业。图书馆之在美国,与学校相辅而行,图书馆即公共之大学校也。近日各国皆力求图书馆之发达,以期文化之普及,国民教育之进步。惟中国从无前无所谓图书馆。只有藏书楼,专事藏书,但供文人浏览而已。而今之图书馆,可供给各界士女求学自修。例如上海为商业中心,则图书馆中应搜藏大部份之商业书籍。以供社会需用,然今则未多见也。今中国教育之改造,进步极速。教育制度亦极完备,但少注意于图书馆事业不无可憾耳。一千九百十年,美即款助文华大学,建筑图书馆二年前余为提倡图书馆起见,曾来上海,与余日章博士晤面余君以庚款发展图书馆,实为最善之法。余从之,乃赴各大埠,请诸行政官长,及国内有名望者,协助此事。复由余君拟稿,向美国国会建议。余因此提带该件议案赴美。自前年十二月一日,即美国国会开始集会之日起,至去年六月上旬,该会闭会之日止。余曾亲往谒见两院议员,计获见参议员八十二人(该院共八十六人)及众议员四百二十人(该院共四百三十五人)专为庚子赔款案运动,希图通过二院中,其未克接谈者,不过数人而已。然余亦曾与两院秘书长作一度之接洽。嗣后,议案既交两院之外交事务审查委员会后,余即将中国上美国大总统之呈请书(有中国各界领袖及名流一百五十余人署名)并中华教育改进社之议案,及重要文件,抄录多份,呈给该委员会,各人一份,以备参考。迨至该议案通过后,余复亲往谒见美大总统,当时又向总统提出上列二项文件,以证明中国人民。对于美国庚款退还用途之一种建议,美大总统答云(我明白办中国图书馆,亦是庚款用途之一种)美议员中,如参议员(别白)众议员(林弟根)等氏皆在议员院中,极有势力之人物。此次议案之通过,实赖有伊等之赞助,等且皆极端赞成中国图书馆事业之发展。并允许此后仍当继续为之效力提倡,嗣因美国对于庚款虽指为教育之用。但如何分配,尚待研

---

　　① 韦棣华女士演讲,程葆成笔记.运动庚子赔款退回中国扩充推广中国图书馆之经过[J].图书馆,1925(创刊号):33 - 35.

究。因有庚款委员会之设立又闻该委员会对于庚款之分配,将采纳专门家之意见。于是有人提议聘请美国图书馆界中,声望昭著之专家。来华考察,中国情形及图书馆之急需状况,俾有具体之建议,以便转达中美庚款委员会。余旋往纽约省,赴美国图书馆总办协会之年会,当时即恳请该会,资助成此义举,并请选定相当专员,以应中国之聘。美国图书馆协会,共有会员六千余人,平日对各国图书馆,多作友谊之辅助,对于此举十分尽力因推选图书馆专家鲍士伟博士来华,俟渠调查后,当作报告书。转达中美庚款委员会。以期吾辈理想之实现,惟于该专员,未曾莅华之前,尚须仰赖贵会,有所指导。俾早有筹备,余于对调查传扬等事,如有可以效劳者,自当谒诚服劳,至于该专员之川资费用,余早蒙敝国诸友人热心襄助。业已捐有的款,可勿代虑,窃以上海图书馆协会,为中国新近极为声望之组织也。美国图书馆协会者,著名全美之团体也。而今有此专员来华,匪特可使两大机关。可资联络,互通声气,更可敦笃友谊,而感情俞深矣。此次美国国会议定,退还庚子赔款,全赖中美国各大佬之力,余不过略为效劳,乃承贵会开会欢迎,余感激良深。

附录 II 上海图书馆协会附设函授学社图书馆行政学系章程①

一、定名

本社定名为上海图书馆协会附设函授学社图书馆行政学系 The Correspondence School of The Shanghai Library Association：School of Library Administration.

二、宗旨

灌输图书馆行政学识及养成主管图书馆之技能为宗旨。

三、组织

本社由上海图书馆协会根据会章第三条第十一项聘请图书馆学专家组织之。

四、课程

本社图书馆行政学系之课程有下列十组：

(1)理论组　(2)设备组　(3)选择组　(4)订购组　(5)登记组
(6)分类组　(7)编目组　(8)出纳组　(9)参考组　(10)装订组

五、期限

本社图书馆行政学系以一年为毕业期限,自报名日起算,期内将十组修毕,不论何时均可毕业,但学费如有不得已事,来函请假,亦得酌量展期。

六、程度

凡中学毕业或具同等程度而有志研究图书馆学者,不分性别,不拘年岁,均得为本社学员。

---

① 本篇原名为《本会函授学社图书馆行政学系章程》。
　本会函授学社图书馆行政学系章程[J].上海图书馆协会会报,1930(2):43-44.

七、报名

不论何时,均可报名。

八、学费

现定学费每学员二十元,两期缴付,每期十元;一次缴付者十八元。选修者亦须全缴。

九、讲义

本社延聘图书馆学专家编辑讲义,分订数十小册,发给学员,不另取费。讲义悉用中文语体,间引外国术语,亦用中文详细注释,毋须另阅外国字典。

十、课艺

各组课本均有练习功课,学员逐一演答后寄交本社教授阅看,改正发还。所用课卷纸,本社寄发第一批讲义时,附送三十张,此后可随时向本社购买,以归一律,课卷纸每份五十张,售实洋四角,邮费在内。

十一、质疑

学员对于讲义如有疑难之处,可用课卷纸写出寄交本社,当即答复。

十二、邮费

学员寄交本社之信件,须贴足邮票,以免遗失,本社寄发信件之邮费,由本社担任。

十三、汇款

外埠学员付款,须由邮局汇寄,或由银行兑交,如将纸币或现款封入信内,遇有遗失或被罚,本社概不负责。

十四、毕业

学员修业完毕时,须先寄本社论文一篇,俟本社连同平日成绩审查及格后,给予中英文对照证书一纸。

十五、奖品

学员毕业成绩在九十分以上者,由本社酌赠奖品。

十六、介绍

学员毕业后得由本社介绍于各图书馆聘用。

十七、退学

学员自请退学者,所交之费,概不发还。

十八、迁移

学员居处如有迁移,请即通知本社,以便将讲义改寄。

十九、通讯

凡与本社通讯,请径寄上海大南门中华路民立中学图书馆转上海图书馆协会本社。

附录Ⅲ　1927 年广东新会景堂图书馆员拜访杜定友、谭卓垣笔录①

杜定友有关图书馆工作访谈记录

一、关于总括者

问一:敝馆曾寄上所编概况一种,贵馆已收到否,先生阅后有何指示。

答一:蒙贵馆寄赠概况一种,我曾详细阅过,甚为满意,闻贵馆办理甚完善,我屡欲亲往,只以事阻,未能如愿。

问二:敝馆试办三年,未有成绩,可见此次参观贵馆,对于各种办理俱甚忻羡,得见先生尤为满意,甚望先生到敝馆一地,作详细之指示,俾敝馆从事改革。

答二:我近来各事甚忙,倘有机会到贵馆时,亦不过作半日之勾留耳,对于贵馆情形实不能深知,最好贵馆派一人到此处实习一个月或廿日,彼此可以参照矣。

问三:先生对于图书馆之贡献,我等夙所钦佩,不知近日有新发现否。

答三:(此处有掉页)此书柜之尺寸等,可参看杂录第四十二页,惟此架未十分满意者,贵馆倘取用时,还须注意。又贵馆书柜太低(我等即问,先生何以知之,答谓从概况影片见之)但报纸架颇佳,敝馆将来尚要照制也。

问四:贵馆革命文库,乃先生所创造者,未知该库办法何如。

答四:(略)。

问五:闻贵馆书目分期用钢笔板印送,其办法何如?

答五:分期用钢笔板印送,我颇主张之。因备印书目所费时间,非半年不能出版。如此麻烦,实辜负阅书者之热心。不如于编好千百本时,即行印发,以后亦不必再印。倘再印时,备齐印之,亦事半而功倍也。唯贵馆备印一厚册书目亦无不可。因贵馆为纪念性质,与其他图书馆只顾目前便利者不同也。又我国图书馆事业正在萌芽,全国未有一标准图书分类法。热心办图书馆者,同时仍要自创一分类法,苟欲将书目编印,每怀疑分类法之未当因而中止焉。我以为图书不

① 李明若,李仪可.参观广州市图书馆报告书(附购书及顺道香江情形)〔A〕.广东新会图书馆馆藏档案,1927.

一定要印类名书目,能印一书名目录,已较便利。因分类法乃馆员在书架上之取便,阅者甚少明了之,若改用此法,至少可以救现在一时之困难也。

二、关于分类法者

问一:贵馆现在分类法,系取先生所著世界图书分类法否?

答一:敝馆西文书采美国国会图书馆分类法,中文书则采拙著之分类法,惟此法我现在略有修改矣。

问二:敝馆现在分类法先生有何批评?并有大碍否?

答二:规模之图书馆尚无大碍,倘贵馆有扩充之机会,便发生困难矣。

问三:诚如先生所言,敝馆亦时时深虑到此,先生将何以教之?

答三:容再详细阅过,然后答复(先生随介绍蒋经三先生于我等),并谓蒋先生为敝馆中文编目主任,容蒋先生代贵馆参订可也。

问四:蒙先生等允代参订,甚感,惟目下有所疑问,请先生指示也。书号类号本应分刊,敝馆则混而为一,用小数点分开,有无窒碍。

答四:贵馆类号书号混合,未尝不可,但颇嫌太过肯定,于图书馆分类原理未合,虽贵馆号数连小数点之上位共有四位,每目藏书未必有九千九百九十九本之多,但不敢必其无也。

问五:敝馆分类法如心理学,论理学,论理学独立一类是否可行?

答五:独立一类,其中繁简颇嫌不相称,如论理学之书最少是也,统入哲学又嫌不能包括,故拙著分类法,称为哲理科学,多一理字,似较妥当也。

问六:哲学类书籍,有照派别分者,有照地方分者,究竟何者为当。

答六:哲学类书籍分法,我以为用时代分之为当,由古到今,颇为自然。

问七:童子军书籍入教育类,抑或入社会类?

答七:以入教育类为近。

问八:德华字典,法华字典,英汉辞典等是否入该国之言语学,抑入西文书籍?

答八:凡此等书以第一字为标准,如德华字典则应入西文部德国言语学(华德字典则入中文部德国言语学)余此类推。

问九:作文法等书应入言语学类抑入文学类?

答九:应入言语学类,因作成一篇有文字之价值者方称为文,此种研究文学方法,未成文学,故要入言语学类也。

三、关于杂项者

问一:领借书特许证时,应填志愿书否?

答一:亦无不可,惟贵馆之借书特计证第一行之号码应与姓名相调,始易检阅耳。

问二:书签借书券等物要用箱安置,其箱制法及用法如何?

答二:敝馆所用,适在完制中,请后日再阅。

问三:贵馆所用之高头咭①及目录咭如此精致,在何处购得?

答三:在日本间宫商店。

问四:先生曾主任之教育委员会图书馆有杂志夹甚好,现在何处可以购得?

答四:前年在美国购得,惟其价太昂,每个合本国银约五元左右,殊不经济,不必购矣。

谭卓垣有关图书馆工作访谈记录

问一:敝馆曾肃一函,敬询贵馆暑假期内开馆办法以便参观,蒙即函复,我等得以从容到省,甚感。

答一:我于廿日以前得贵馆函询后,我便预备君等来矣。我意君等之来,将以一日或半日之时间,为君等之咨询,我亦新会人也。闻贵馆办理完善,窃喜故乡之人受福不浅。

问二:贵馆图书分类法为何编制,请先生指示。

答二:敝馆图书分类法曾经陈德芸先生参订杜威十进分类法用之,我以为杜氏十进法当为现代之最善者,美国学者组织一委员会研究之,将该法年年订改出版一次,我只购得第十次版,现在当出至第十二版矣。中国学者研究此法亦多,如杜定友先生等是也。不过现在尚在试验时期,亦未知何人者最善,迟十年八年后,当有定评。近日敝馆蒙上海民立中学图书馆寄赠实用图书分类法一本,君等

---

　　① "咭"即广东话"卡"的意思,广东人使用大量带口字旁的汉字,都是英文的译音字。高头卡,也就是目录导卡,是为检取便利所设图书大类的导卡,因导卡类名或者字词部分高出卡片约0.5厘米,所以称为高头卡。

可参考也。(按实用图书分类法上海中华路上海民立中学图书馆陈天鸿著,定价贰元)

问三:贵馆分类取杜威法,然则新旧书亦混合否?

答三:新旧书要混合,现在已成定律,敝馆旧书分编于哲学、历史、文学者各类,亦颇觉便当。

问四:贵馆之分类既闻命①矣。惟目录咭排列一层,用何方法统请指示。

答四:说到目录片排列,更是重大问题,盖分类已有杜威法及各图书馆家仿杜威法,将来不难划一,惟咭片排列则现尚未完,故颇费研究,现敝馆得陈德芸先生新创一法,完全以笔顺为次序,可免去检查该字若干画之繁,但有些仍未满意,不过亦备一格,以供各方研究,随时参考改善耳。

问五:贵馆目录咭片有用红蓝线咭,有用白咭,有用颜色咭,其意何在?

答五:敝馆目录咭分两种,一为字典式目录咭,供学生检查。一为书架咭,供馆员检查,颜色咭者,书架咭也。又每一册书有时要用咭片数十张,皆用红蓝线咭,其余副咭用白色咭也。

问六:贵馆之书是否全用开架式。

答六:正是,但现时觉得中国人公德心略为缺乏,将来改组妥当,或将此法略为变更。

问七:贵馆中文书籍用中国式按置,书面尚未有书号码,其取时亦便利否?

答七:此法将来必要改善,惟暂时取书亦不见难,盖中书号有书根,一望便知,故敝馆只用纸印蛮好看的于书内,书明类别登记号即得,至西文部则不然,完全贴有书号码,具有一律位置也。

---

① 指接受命令或者教导。

附录Ⅳ 民国时期图书馆学教育编年

1913 年

美国人克乃文来华担任金陵大学外国文学系系主任并主持图书馆工作,同年在金陵大学文科设图书馆学课程。

1914 年

受韦棣华女士派遣,沈祖荣赴美国纽约公共图书馆学校学习,是首个赴美学习图书馆学留学生。

1917 年

受韦棣华女士派遣,胡庆生赴美国纽约公共图书馆学校留学。

1919 年

洪有丰赴美国纽约州立图书馆学校留学。

1920 年

5 月 1 日,武昌文华大学图书科成立,这是中国第一个图书馆学专门教育机构。

8 月 2—20 日,北京高等师范学校开设暑期图书馆学讲习会,这是第一次在职图书馆员的教育培训。

1921 年

李小缘赴纽约州立图书馆学校留学;杜定友在广州师范学校开设图书馆学课程。

中华教育改进社成立,下设图书馆教育组,这是第一个全国性的图书馆教育组织。

1922 年

刘国钧赴美国威斯康星大学麦迪逊分校留学,学习哲学并加修图书馆学课程;金陵大学与美国国会图书馆合作办理图书馆研究班。

3 月,杜定友在广州创办图书馆管理员养成所,讲师有杜定友、穆耀枢、陈德芸等。

是年,杜定友在上海嘉定南翔图书馆讲演。

7 月 3—8 日,中华教育改进社第一届年会上,洪有丰提出《中学及师范应添设教导用图书方法课程案》,戴志骞提出《中国师范学校及高等师范学校应增设图书馆管理科》及《各学校应有图书馆演讲》。

1923 年

1923—1926 年,洪有丰每年在东南大学创办暑期图书馆学校,任教人员有刘国钧、袁同礼、杜定友、朱家治等人。

8 月 20—24 日,中华教育改进社第二届年会上,图书馆教育组冯陈祖怡、陆秀提出《呈请中华教育改进社转请各省教育厅增设图书馆学额培植师资案》。

1924 年

7 月 4 日,中华教育改进社第三届年会提出《请中华教育改进社转请教育部及各省教育厅于留学科内添图书馆教育科案》《各省教育行政机关应设图书馆教育科案》。

是年暑假,上海圣约翰大学海氏图书馆主办图书馆讲习会;四川成都举办暑期图书馆演讲会,由穆耀枢演讲;河南开封小学校教员讲习会设小学图书馆管理法一科,请杜定友担任主讲。

9 月,文华图书科遂改称华中大学文华图书科;江苏第二师范学校在高年级开设图书馆学课程,每周 2 学时,由杜定友讲授;杜定友同时还应上海广肇公学之请,为该校师生讲授小学图书馆利用法。

10 月,上海中西女塾开设图书馆学课程,徐佩珍师从郎罗得女士学习图书馆学。

11 月 29 日,北京大学教育系开设图书馆学课程,包括图书馆学、图书馆利用法、目录学等,教师为袁同礼、杨荫庆、樊际昌、严毅、傅铜。

1925 年

是年春天,刘国钧任金陵大学图书馆主任并担任学校哲学教授;李小缘回国受聘于金陵大学图书馆;金陵大学图书馆为新生培训之目的,开设图书馆用法演讲。

4 月 25 日,中华图书馆协会在上海成立,下设图书馆教育专门委员会,由洪有丰任主任,胡庆生任副主任。

7月，中华图书馆协会、国立东南大学、中华职业教育社、江苏省教育会在东南大学联合举办暑期学校。

是年，穆耀枢在成都创办草堂图书馆，附设图书馆学校，还办有女子图书馆、读书会、图书馆青年社、图书馆用品店。

8月17日，中华教育改进社召开第四届年会，图书馆教育组提出《师范学校一律添授图书馆学案》。

9月，上海国民大学成立，下设图书馆学系，教授有杜定友任系主任，教师有胡朴安、孙心磐、陈伯逵等多人。

1926 年

陈伯逵在上海民立中学高中部讲授实用图书馆分类法；杜定友受聘文华图书科担任顾问。

1月，中华教育文化基金董事会举行第一次年会，决议资助文华图书科。

7月8日—8月7日，华东基督教暑期大学设初级图书科，学生八人，李小缘、黄星辉担任讲师。

是年冬天，上海国民大学图书馆学系停办。

1927 年

华中大学停办，但文华图书科仍坚持办学；湖北省教育厅在汉口举办图书馆学讲习会，沈祖荣担任主讲教授；四川图书馆学校关闭；克乃文离开中国。

7月，上海东方图书馆设图书馆学讲习会，授课内容有王云五的中外图书统一分类法及四角号码检字法，陈立夫的五笔检字法，张凤的点线面检字法等，王云五、孙心磐、沈丹泥、陈伯逵、宋景祁、陈友松等分别授课。

是年秋天，金陵大学正式创建图书馆学系，由李小缘任主任，刘国钧、万国鼎任教授，蒋一前任助教。

1928 年

上海清心中学一度在该校的课程中增设图书馆学课程，由图书馆主任宋景祁授课。

4月3—5日，李小缘在苏州民众学校演讲图书馆学。

5月，中华民国大学院第一次全国教育会议上，上海图书馆协会提交了《国立大学应增设图书馆学专科案》，但未获通过。

1929 年

上海中学校长郑西谷在师范科设图书馆学程,聘陈伯逵任教。

1 月,文华图书科董事会向教育部办理专科学校立案手续,8 月获批立案,文华图书科独立为私立武昌文华图书馆学专科学校。

1 月 28 日—2 月 1 日,中华图书馆协会召开第一次年会,通过多项有关图书馆学教育的提案。

6 月,戴志骞、袁同礼、沈祖荣代表中华图书馆协会出席在意大利罗马举行的第一届国际图书馆协会联合会第一届大会。

是年暑假,李燕亭在河南"举办夏期图书馆员训练班,养成管理人才,以图图书馆教育之推广";文华图专部分学生前往北平大学图书馆帮助编目西文书籍。

8 月,文华图书科正式更名为"私立武昌文华图书馆学专科学校"。

是年秋天,江苏省立民众教育院和省立劳农学院开设图书馆学选修课,由徐旭任教授"民众图书馆学",之后两院合并为江苏省立教育学院,继续讲授图书馆学,专兼任教师还有刘子亚、高序玉、孔敏中、俞爽迷、沈学植、洪有丰、刘国钧、李小缘等人。

1930 年

河南大学开设图书馆学选修课,由李燕亭主讲;上海东方图书馆图书馆学讲习班再次开班;满铁奉天图书馆馆长卫藤利夫在前波教育专门学校主讲"图书馆学概论",并在奉天图书馆指导学生实习。

2 月,上海江苏省立第二师范学校开设"图书馆管理法"课程,聘请杜定友讲授(实际则由钱亚新授课)。

3 月 5 日,上海图书馆协会在民立中学图书馆召开执委会。鉴于全国各地图书馆人才匮乏,图书馆专业人才需求量增加,而女管理员尤见缺乏,推举陈伯逵、宋景祁组织建立图书馆学函授学校。

6 月,文华图专庚午级学生毕业前由教师白锡瑞带领,前往我国东南一带著名图书馆参观。

是年夏天,江苏省立教育学院社会教育暑期大学开设民众图书馆学的课程,由杜定友、马宗荣等主讲;天津市立师范学校开设图书馆学讲习班。

8 月 1 日,上海图书馆协会附设函授学社图书馆行政学系,1931 年初改名为

"上海图书馆学函授社",1932 年初再改名"上海图书馆学函授学校"。

9 月,中华图书馆协会与武昌文华图书馆学专科学校合作举办讲习班,学制一年;大夏大学教育学院社会教育系开设图书馆学课程,马宗荣任教授。

是年秋天,安徽省立第一中等职业学校开设图书馆专科班,修业 6 个月毕业。

11 月 12 日,安徽省教育厅请省立图书馆开办图书馆专班。

12 月 1 日,文华图专正式独立建校。

1931 年

5 月 1 日,韦棣华病逝;24 日,上海图书馆协会在上海市商会召开第六届第二次执监委员会,决议通过筹办图书馆学暑期讲习会,推定马宗荣、孙心磐、杜定友为筹办委员。

是年夏天,湖北省教育厅在汉口举办图书馆学讲习会,沈祖荣主讲;江苏省教育厅举办教育服务人员暑期讲习会,请马宗荣主讲"公共图书馆组织与实施"、杜定友主讲"民众图书馆"。"满铁"图书馆业务研究会夏季讲习会召开,从 1931 年至 1936 年每年夏季定期开设。

1932 年

文华图专通过美国图书馆协会获得将本校毕业生直接送入美国图书馆学研究院校继续深造的许可;江苏省立民众教育学院民众教育学系下设图书馆组,施行分组教学,凡选图书馆组为主科的,须另选一组作副科,俞爽迷任民众教育系图书馆学教授,讲授"图书流通法"和"图书馆学通论"等课程;张嘉谋在开封创办河南国学专修馆,聘请河南大学图书馆馆长李燕亭教授图书馆学课程。

是年春天,沈祖荣发起成立"私立武昌文华图书馆学专科学校学生服务团"。

5 月,河北省教育厅邀请刘国钧在天津开办图书馆学讲习班,刘国钧主讲图书分类学,为期 2 个多月;山东民众教育馆在青岛举办图书馆讲习会,为期一个月,其中女性居多,由赵波隐讲授"民众图书馆之设施法"。

7 月,上海创制中学添设女子部图书馆科,招收一年级学生和二年级插班生,开设图书馆课程,主任为高乃同。

是年暑期,河北省教育厅开办社会教育讲习会,为期 1 个月,由李文褀、于震寰讲授图书馆学课程。

9月，钱亚新在上海大夏大学教育学院开设图书馆学课程，讲授"分类学和编目学"。

1933 年

沈祖荣受中华图书馆协会执行委员会之命，调查国内图书馆及图书馆教育状况，撰成《中国图书馆及图书馆教育调查报告》；文华图专将"特别演讲课"改为"群育讨论会"；河南国学专修馆经教育部备案，改名为河南省私立尚志高级文书科职业学校；安徽省立图书馆再次开办图书馆短期专修班。

5月20日，杭州师范图书馆学选课学生十余人到浙江图书馆阅览组实习。

8月28日，中华图书馆协会在北平召开第二次年会，通过有关图书馆学教育议案多项。

1934 年

民国政府教育部颁布《师范学校课程标准》，将图书馆管理法作为一门选修课；文华图专学生受邀前往希理达女中图书馆整理中西书籍共千余册。

是年春天，钱亚新在河北省立女子师范学院开设图书馆学课程。

是年夏天，上海图书学校成立，教员杜定友等，学校分设图书、出版、印刷、组织四科，其中图书、出版修业期限为6年，以上海国际图书馆及日内瓦中国国际图书馆为实习场所。

是年秋天，教育部资助文华图专设特别教席，在图书馆学专科及图书讲习班分别开设中西文档案管理课程，每周各授课二小时，讲授一年。中文档案管理由毛坤讲授，西文档案管理由美籍费锡恩女士讲授，这是中国档案学教育的开始。

9月，钱亚新在河北省立女子师范学院附属学校开设图书馆学课程。

1935 年

安徽省教育厅颁布《区立图书馆保送学员实习规程》，安徽省图书馆举办区图书馆员实习班，学员由各区保送，为期3个月，成绩合格者，由教育厅分配工作。

1936 年

7月20—24日，中华图书馆协会在青岛召开第三次年会，通过了关于图书馆学教育的议案多项。

1937 年

北京大学文学院添加图书馆学选修课,由严文郁担任讲师;云南教育厅第三科图书教育专员张鸿书曾呈省教育厅,提议在云南省立大学教育学系中加授图书馆学课程,云南大学根据提议,随即在教育系开设图书馆学课程;山东省教育厅开设民众图书馆管理员班,分期训练各县民众图书馆管理人员,为期一个半月。

7 月,上海商务印书馆函授学校添设图书馆学科,学期半年,教师王云五、徐亮,抗战爆发后,函授学校随商务印书馆总管理处迁往长沙继续办理。

8 月,钱亚新担任湖南大学图书馆主任,在文学院开设图书馆学课程。

11 月 27 日,中华图书馆协会在重庆召开第四届年会,通过《请开办西南及西北各省图书馆服务人员讲习会案》《由教育部筹设国立图书馆专科学校在未成立前先于各师范学校添设图书馆学系并指定目录学及参考书使用法为大学一年级必修课程案》。

1938 年

6 月,抗战开始后文华图专奉命西迁重庆。

1939 年

上海中华图书馆学函授学校成立,教师吕绍虞,学期一年。

上海国际劳工局中国分局发起图书管理讲演会,聘请查修、陈鸿飞、吕绍虞、喻友信等人讲授图书馆学。

9 月,文华图专开办档案管理讲习班一班,修业期限 1 年。

12 月,教育部举办民众教育馆馆长训练班,培训时间为 2 个月。

1940 年

重庆基督教青年会举办蟾秋图书馆夜间训练班;金陵大学经教育部批准,在文学院设立图书馆学专修科。

3 月,文华图专以"档案管理训练班"的名义,招收首届学员。

8 月,四川省成都女子职业学校增设高级图书管理科,学制三年,教员有伍宗华、张祯琳、邓光禄、马琪亭、廖洛纲,是我国开办最早的图书馆中专班,该科一直办理至 1954 年。

9 月 24 日,文华图专向教育部申请添设档案管理科。10 月 17 日,经教育部批准,文华图专设立档案管理科,入校学历为高中毕业,图书科亦改招高中毕业生。

1941 年

四川省教育厅为改进中等学校图书管理,训练专门技术人员,委托省立图书馆办理第一期中等学校图书管理员讲习班,学员 25 人,讲师有刘国钧、李小缘、陈长伟、戴安邦、曹祖彬、陶述先、吕洪年、陶吉庭等。

5—7 月,文华图专遭受了四次轰炸,物资损失严重。

7 月 23 日,文华图专呈文教育部,请准予由教育部指定该校办理档案管理短期职业训练班。

8 月,钱亚新在蓝田国立师范学院教育系开设图书馆学课程。

8 月,国立社会教育学院在四川璧山成立,设立有图书博物馆学系,汪长炳先生担任系主任并兼任图书馆主任。教师有徐家麟、严文郁、皮高品、岳良木等。该系招收高中毕业生,学制四年,是我国第一个四年制图书馆学本科专业。

10 月,文华图专迁至江北香国寺廖家花园。

12 月 20 日,教育部批准文华图专开设档案管理短期训练班。

1942 年

3 月,文华图专"档案管理短期职业训练班"开始招生。至 1945 年 7 月教育部停止拨支经费停办,该训练班共举办 7 期,培训学员共计 220 余人。

7 月 2 日—9 月 20 日,中央图书馆在重庆设立图书馆学补习学校,所学内容包括图书馆学通论、编目学、分类学、图书参考、图书征订、目录学、专题演讲等。

1943 年

4 月,杜定友在韶关主办广东省图书馆教育人员培训班,学期 8 周,学员凡 30 余人,由教育厅分令各县选派。由于办学成功,受到教育部的嘉奖。

1944 年

5 月 5—6 日,中华图书馆协会在重庆召开第六次年会,通过了《充实原有训练图书馆人员机构,积极培养人材,以应战后复兴之需要案》。

12 月 5 日,国立社会教育学院图书博物馆学系《教育与社会》还出版一期图书馆博物馆学专号。

1945 年

国立社会教育学院迁至苏州,暂借拙政园为临时校址,并在南京栖霞山设新生部,继续办学。学院更名为苏州国立社会教育学院,下仍设图书博物馆学系。

6 月 30 日,国立社会教育学院图书博物馆学系出版了《图书馆学报》创刊号。

1946 年

北京基督教青年会举办图书馆学讲演会,讲授"中国现代图书馆概况""图书馆使用法"等内容;广东省图书馆协会举办图书馆学讲习班,为期 8 周。

1947 年

文华图专学制由两年改为三年;台湾省立师范学院增设图书馆专修科;清华大学当年公布的《清华大学学程一览》中,中国文学系文学专业二年级必修课列有"读书指导",4 个学分,选修课列有"目录学"和"校勘实习",各 3 个学分,三年级选修课列有"图书馆学",3 个学分;广东省图书馆协会举办图书馆训练班,为期 12 周;毛坤在四川大学历史系教授"史部目录学",程永年在中文系开设选修课"图书馆学";杜定友在广东省文理学院讲授图书馆学课程。

1 月,文华图专迁回武汉。

4 月,上海文化函授学校函授班成立,钱亚新任教。

9 月,北京大学图书馆学专修科经民国教育部核准成立并开始招生。王重民担任科主任,图书馆学专修科附设于文学院内。

是年底或 1948 年初,中美政府达成《拟援美国福布莱特法案请求资助在中国组织图书馆研究会或讲习会建议书》方案。

1948 年

台湾省教育厅举办图书馆学演讲会;台湾大学校长陆志鸿及台湾省教育厅邀请洪有丰赴台讲学,为期一个月,举办了两期图书馆学短训班;周连宽应上海广播电台之邀,数次向上海全体市民播讲"中国图书馆学教育";南京、上海等地的教会大学派出 6 名图书馆员赴美深造。

1949 年

7 月,经华北高等教育委员会批准,北京大学图书馆学专修科从文学院建制中独立出来,仍为两年制专修科,王重民担任系主任。

主要参考文献

1. 档案

[1] 北大医学院关于本院图书馆职员派赴各校见习与有关单位来往函[A].1934.北京市档案馆.档号:J029 - 003 - 00457.

[2] 本科二十六至廿九各年学生毕业案[A].1936.武汉大学档案馆.档案号:6039,全宗号:7,案卷号:1 - 2.

[3] 本校历年招生[A].1937.武汉大学档案馆.档案号:26136.

[4] 关于呈送本校民国二十九学年度校务行政计划与工作进度对照报告表及民国三十学年度校务行政计划及进度表的报告[A].1942.武汉大学档案馆.档案号:7 - 1942 - 10.

[5] 关于拟聘图书管理员及管卷员致私立武昌文华图书馆学专科学校的公函[A].1942.重庆档案馆.全宗号:0126,目录号:2,案卷号:118.

[6] 关于暂不录用档案专科班毕业学生致私立武昌文华图书馆学专科学校的函[A].1946.重庆档案馆.全宗号:0064,目录号:2,案卷号:5.

[7] 国立罗斯福图书馆档案[A].1948.重庆档案馆.全宗号:0115,目录号:1,案卷号:21.

[8] 国立罗斯福图书馆档案[A].1948.重庆档案馆.全宗号:0115,目录号:1,案卷号:59.

[9] 湖北私立文华图书馆学专科学校概况、访问材料、教职员工学生名册、调查表、毕业生历年成绩表[A].湖北省档案馆.档案号:GM7 - 1 - 96.

[10] 湖北私立文华图书馆学专科学校各学科教学情况调查表、学生意见表[A].湖北省档案馆.档案号:GM7 - 1 - 97.

[11] 教育部:文华图专1945年关于呈送战区生持贷金清册,膳贷清册的报告及电复(1944年4月—1945年3月)[A].1945.武汉大学档案馆.档案号:7 - 1945 - 7.

[12] 教育部派员视察私立无锡国学专科学校,武昌文华图书馆学专科学校报告及有关文件[A].1941—1943.中国第二历史档案馆.档案号:5/2031.

[13] 金陵大学附设图书馆学专修科计划[A].1940.中国第二历史档案馆.全宗号:649,案卷号:1644.

[14] 金陵大学文学院附设图书馆学专修科计划[A].1940.第二历史档案馆.全宗号:5,案卷号:5227.

［15］拟援美国《福布莱特法案》请求资助在中国组织图书馆研究会或讲习会建议书［A］.1947
　　或1948.中国第二历史档案馆.全宗号:5,案卷号:1342.

［16］上海教育局关于私立第二届木刻函授班,上海文化函授学校,中华新闻学社呈请立案
　　［A］.1946—1948.上海档案馆.档案号:Q235 – 2 – 3622.

［17］上海市教育局关于图书馆函授学校、电影迷成传习所立案［A］.1931—1932.上海档案
　　馆.档案号:Q235 – 1 – 1830.

［18］沈祖荣向教育部《呈本校办公处康宁楼被炸损失清单恳请鉴核准予拨款重建》文［A］.
　　1941.中国第二历史档案馆.档案号:五一 5284.

［19］省立成都女子职业学校图管科三至六班学生学籍成绩册［A］.1948.四川省档案馆.档案
　　号:民 107 – 02 – 2413.

［20］省立成都女子职业学校图管科一二班学生学籍、成绩册,呈四川省教育厅关于高级图书
　　管理科第一班新生一览表及证件请予鉴核备查令遵由［A］.1940.四川省档案馆.档案
　　号:民 107 – 02 – 2412.

［21］省立成都女子职业学校图书科一二班学生学籍、成绩册:为赍呈高级图书管理科第二班
　　新生一览表及证件,请予从宽核定学籍由［A］.1941.四川省档案馆.档案号:民 107 –
　　02 – 2412.

［22］私立文华中学校董立案［A］.1929.湖北省档案馆.档案号:LS10 – 2 – 833.

［23］私立文华专科学校督学报告及校务概况表［A］.1933.湖北省档案馆.档案号:LS10 –
　　6 – 272.

［24］私立武昌文华图书馆学专科学校补助费设置特种教席计划表［A］.1937.中国第二历史
　　档案馆.全宗号:5,案卷号:5227.

［25］私立武昌文华图书馆学专科学校各项经费书表及有关文书［A］.1943.中国第二历史档
　　案馆.全宗号:5,案卷号:5227.

［26］私立武昌文华图书馆学专科学校关于报送一九四三年毕业学生说明表及征求毕业学生
　　工作登记表等件致重庆市社会局的函(附表)［A］.1943.重庆档案馆.档案
　　号:00600012000330200005.

［27］私立武昌文华图书馆学专科学校关于填报征求毕业学生工作表致重庆市社会局的公函
　　(附表、简章)［A］.1944.重庆档案馆.全宗号:0060,目录号:12,案卷号:3.

［28］私立武昌文华图书馆学专科学校教员任命资格审查等有关人事文件［A］.1938—1946.
　　中国第二历史档案馆.全宗号:5,案卷号:2904.

［29］私立武昌文华图书馆学专科学校募集基金启事［A］.1946.武汉大学档案馆.档案号:

876,全宗号:8,案卷号:1946 - 8.

[30] 四川省立成都女子职业学校卅五年度三月份现有教职员工生活补助费名册[A].1945—1946.四川省档案馆.档案号:民107 -02.

[31] 四川省立体育、云南省立英语、广东省立工业、私立武昌文华图书馆学专科学校等概况一览[A].1943.中国第二历史档案馆.档案号:5 -2150(2).

[32] 四川政府教育厅训令致《省立华阳中学》厅三字第14190号[A].1940.成都市档案馆.全宗号:74,案卷号:164.

[33] 图六级学生学籍案[A].1944.武汉大学档案馆.档案号:223 - 6.

[34] 图书馆学科本科学生成绩案(1928—1935)[A].1936.武汉大学档案馆.全宗号:7,案卷号:1928 - 1.

[35] 为保送武昌文华图书馆学专科学校学生应先与该校商妥再行保送给各级学校的训令[A].1933.云南省档案馆.档案号:1012 -007 -00475 -010.

[36] 为抄发省立大学教育学系增设图书馆学课程计划给省立昆华职业学校的训令[A].1937.云南省档案馆.档案号:1012 -012 -00097 -019.

[37] 文华图书馆学专科学校图十、图十一、图十二、档六级学生毕业证书存根案[A].1949.武汉大学档案馆.全宗号:7,案卷号:3 - 6.

[38] 云南省教育厅:布告武昌文华图书馆专科学校学生入学试验日期由[A].1933.云南省档案馆.档案号:1012 -004 -01145 -044.

2. 专著

[1] 北京大学信息管理系,南京大学信息管理系,甘肃省图书馆.一代宗师——纪念刘国钧先生百年诞辰学术论文集[G].北京:北京图书馆出版社,1999.

[2] 北京大学信息管理系,台北胡适纪念馆.胡适王重民先生往来书信集[M].北京:国家图书馆出版社,2009.

[3] 陈伯逵.实用图书馆学讲义[M].上海:素行图书编译社,1943.

[4] 陈传夫.文华情怀——文华图专九十周年纪念文集[G].武汉:武汉大学出版社,2010.

[5] 陈颂.建议书业共同合作编印全国出版图书目录案.中华图书馆协会第二次年会[C].北京:中华图书馆协会事务所,1933:68.

[6] 成都市地方志编纂委员会.成都市志·教育志(下册)[M].成都:四川人民出版社,2000.

[7] 成都市地方志编纂委员会.成都市志·文化艺术志[M].成都:四川辞书出版社,1999.

［8］范凡.民国时期图书馆学著作出版与学术传承［M］.北京:国家图书馆出版社,2011.

［9］费正清,费维恺.剑桥中华民国史 1912—1949(下)［M］.刘敬坤,等,译.北京:中国社会科学出版社,1994.

［10］佛里特.图书馆员之训练［M］.杨昭悊,李燕亭,译.上海:商务印书馆,1929.

［11］冈村敬二.满铁图书馆·海外日本图书馆的历史［M］.京都:阿吽社,1994.

［12］吉尔伯特·罗兹曼.中国的现代化［M］.南京:江苏人民出版社,2003.

［13］教育部.教育法令汇编(第二辑)［G］.［出版地不详］:［出版者不详］,1937.

［14］金陵大学.金陵大学六十周年纪念册［M］.南京:金陵大学,1948.

［15］金陵大学.金陵大学六十周年校庆纪念册［M］.南京:金陵大学,1948.

［16］金陵大学秘书处.私立金陵大学一览［M］.南京:金陵大学秘书处,1933.

［17］金陵大学图书馆.金陵大学图书馆概况［M］.南京:金陵大学图书馆,1929.

［18］金敏甫.中国现代图书馆学概况［M］.广州:广州图书馆协会,1925.

［19］来新夏.中国图书馆事业史［M］.上海:上海人民出版社,2009.

［20］李刚,等.制度与范式:中国图书馆学的历史考察(1909—2009)［M］.北京:科学出版社,2013.

［21］李桂林,戚名琇,钱曼倩.中国近代教育史料汇编(普通教育)［M］.上海:上海教育出版社,1995.

［22］李希泌,张椒华.中国古代藏书与近代图书馆史料(春秋至五四前后)［M］.北京:中华书局,1982.

［23］李小缘.金陵大学图书馆丛刊(第四种)［G］.南京:金陵大学,1929.

［24］李钟履.图书馆学论文索引(一)［M］.北京:商务印书馆,1959.

［25］梁建洲,廖洛纲,梁鱣如.毛坤图书馆学档案学文选［M］.成都:四川大学出版社,2000.

［26］刘宝瑞,秦亚欧.民国图书馆学文献学著译序跋辑要［M］.北京:国家图书馆出版社,2012.

［27］吕绍虞.最近之上海图书馆:上海图书馆协会丛书［M］.中国图书服务社,1938.

［28］马先阵,倪波.李小缘纪念文集［G］.南京:南京大学出版社,1988.

［29］马宗荣.现代图书馆经营论［M］.上海:中华学艺社,1928.

［30］麦群忠,朱育培.中国图书馆界名人辞典［M］.沈阳:沈阳出版社,1991.

［31］满铁图书馆业务研究会管理部.地方行政权移交前的满铁图书馆概况(1936—1937)［M］.［出版地不详］:［出版者不详］,［出版时间不详］.

［32］毛坤.机关文书处理规程序［Z］.1945 年,未刊本.

[33] 《南大百年实录》编辑组.南大百年实录[M].南京:南京大学出版社,2002.

[34] 南京大学高教研究所校史编写组.金陵大学史料集[M].南京:南京大学出版社,1999.

[35] 彭敏惠.文华图书馆学专科学校的创建与发展[M].武汉:武汉大学出版社,2015.

[36] 钱亚新,钱亮,钱唐.杜定友先生遗稿文选[M].南京:江苏图书馆学会,1987.

[37] 钱亚新.钱亚新别集[G].谢欢,整理.南京:南京大学出版社,2013.

[38] 上海图书馆.中国近代期刊篇目汇编[G].上海:上海人民出版社,1965.

[39] 沈祖荣.沈祖荣文集[G].武汉:武汉大学出版社,2013.

[40] 苏州大学社会教育学院四川校友会.峥嵘岁月(第二集)[G].[出版地不详]:[出版者不详],1989.

[41] 王强.民国大学校史资料汇编[G].南京:凤凰出版社,2014.

[42] 王余光.清末民国图书馆史料汇编[G].北京:国家图书馆出版社,2014.

[43] 文华图书馆学专科学校.私立武昌文华图书馆学专科学校一览(二十六年度)[M].该校印行,1937:104.

[44] 吴慰慈.图书馆事业与图书馆学教育[M].北京:北京图书馆出版社,2006.

[45] 吴相湘,刘绍唐.民国史料丛刊第五种:国立北京大学纪念刊(第三册)[M].台北:传记文学出版社,1971.

[46] 严文郁.中国图书馆发展史——自清末至抗战胜利[M].台北:"中国图书馆学会",1983.

[47] 杨家骆.图书年鉴第三编(上)[M].南京:中国图书大辞典编辑馆,1933.

[48] 杨昭悊.图书馆学(下)[M].上海:商务印书馆,1923.

[49] 叶至诚.职业社会学[M].台北:台湾五南图书出版公司,2001.

[50] 张锦郎.中国图书馆事业论集[M].台北:台湾学生书局,1984.

[51] 张丽萍.中西合冶——华西协合大学[M].成都:巴蜀书社,2013.

[52] 张树华.中国图书馆事业和中国图书馆学发展史论丛[M].北京:国家图书馆出版社,2013.

[53] 中国第二历史档案馆.中华民国史档案资料汇编(第五辑·第一编·教育)(一)[G].南京:江苏古籍出版社,1991.

[54] 中国国际图书馆图册[M].上海:上海世界书局,1934.

[55] 中国教育年鉴(二)[M].上海:商务印书馆,1948.

[56] 中华教育文化基金董事会之起源.中华教育文化基金董事会报告[R].北平:中华教育文化基金董事会,1926.

［57］中华图书馆协会执行委员会.中华图书馆协会第一次年会报告［R］.北京:中华图书馆协会事务所,1929.

［58］中央人民政府文化部文物局.图书分类法问题研究资料［Z］.北京:中央人民政府文化部文物局,1949:158－161.

［59］周洪宇.不朽的文华——从文华公书林到文华图书馆学专科学校［M］.武汉:华中师范大学出版社,2013.

［60］周绍明(Joseph P. McDermott).书籍的社会史——中华帝国晚期的书籍与士人文化［M］.北京:北京大学出版社,2009.

3. 学位论文

［1］卢永嘉.美国富布赖特计划在中国的早期实施(1947—1949)［D］.苏州:苏州大学,2007.

［2］孙洋.太平洋战争时期美国对华文化援助研究［D］.长春:吉林大学,2012.

［3］王子舟.杜定友和中国图书馆学［D］.武汉:武汉大学,1999.

［4］周玉玲.图书馆学教育的起源与发展［D］.武汉:武汉大学,1988.

［5］Kuang-Pei Tu. Transformation and Dissemination of Western Knowledge and Values:the Shaping of Library Services in Early Twentieth Century China［D］. Los Angeles:University of California, 1996.

4. 期刊论文

［1］安徽省立图书馆创办图书馆专班［J］.武昌文华图书科季刊,1930,2(3/4).

［2］白国应.杜定友先生的生平活动和杰出贡献［J］.晋图学刊,1997(4).

［3］鲍士伟.鲍士伟博士致本会及中华教育改进社报告书［J］.中华图书馆协会会报,1925,1(2).

［4］北大考虑增辟图博职业专科［J］.中华图书馆协会会报,1948(1/2).

［5］北大添图书馆学选科［J］.中华图书馆协会会报,1937,12(4).

［6］北大文学院增设两专科［J］.中华图书馆协会会报,1948(3/4).

［7］本会函授学社图书馆行政学系章程［J］.上海图书馆协会会报,1930(2).

［8］本刊宗旨及范围［J］.图书馆学季刊,1926(1).

［9］本科消息:杜定友先生讲演［J］.文华图书科季刊,1930,2(2).

［10］本科消息［J］.文华图书科季刊,1930,2(1).

［11］本科消息［J］.武昌文华图书科季刊,1929,1(4).

[12] 本年度第一次执行委员会议决案[J].中华图书馆协会会报,1932,8(3).

[13] 本年新添免费学额[J].文华图书馆学专科学校季刊,1933,5(3/4).

[14] 本社职教员一览表[J].上海图书馆协会会报,1933(2).

[15] 本市图书馆界新讯[J].上海图书馆协会会报,1929(1).

[16] 本校保送与资送学生[J].文华图书馆学专科学校季刊,1933,5(3/4).

[17] 本校设立之旨趣[J].文华月刊.1921,1(5/6).

[18] 本校消息[J].文华图书科季刊,1931,3(4).

[19] 本月刊倡设之用意[J].新教育,1919,1(1).

[20] 卞鸿儒.参观大连图书馆报告[J].辽宁省立图书馆丛刊(第2种),1929.

[21] 陈伯逵.本会图书馆学函授社告全国图书馆界同志及留心永久专门职业者[J].上海图
书馆协会会报,1930(6).

[22] 陈伯逵.上海图书馆事业检讨[J].上海评论,1939(4).

[23] 陈长伟.小图书馆组织法[J].图书馆学季刊,1928(4).

[24] 陈礼江.本院设立之旨趣及办理方针[J].社会与教育,1941(创刊号).

[25] 陈礼江.创建六年之国立社会教育学院[J].读书通讯.1947(137).

[26] 陈礼江.三年来之本院[J].教育与社会季刊,1944,3(1/2).

[27] 陈树义.自从到日内瓦中国国际图书之后[J].工读周刊,1935,1(1).

[28] 陈颂.图书馆之任务与其在中国之地位[J].武昌文华图书科季刊,1929,1(1).

[29] 程焕文.百年沧桑 世纪华章——20世纪中国图书馆事业的回顾与展望[J].图书馆建
设,2004(6).

[30] 程焕文.民国时期图书馆事业的发展与评价[J].图书情报知识,1986(3).

[31] 大会情形:(19)四川省立女子职业学校提议案[J].教育与职业,1936(178).

[32] 第九届毕业典礼[J].文华图书馆学专科学校季刊,1932,4(2).

[33] 第三届年会之筹备[J].中华图书馆协会会报,1936,11(6).

[34] 董惠敏.伪满图书馆学会组织及其刊物概述[J].图书馆学研究,1982(1).

[35] 杜定友.葆撮.图书馆迷[J].图书馆学季刊,1933(7).

[36] 杜定友.出版界与图书馆[J].中华书局图书月刊,1932(6/7).

[37] 杜定友.广东图书馆教育计划[J].教育丛刊,1923,3(6).

[38] 杜定友.图书馆学的内容和方法[J].教育杂志,1926,18(9).

[39] 发刊词[J].北京图书馆协会会刊,1924(1).

[40] 范并思.从经验图书馆学到新型图书馆学[J].中国图书馆学报,1993(2).

[41] 逢挣.我做了图书馆女职员[J].妇女(上海1948),3(7).

[42] 耿靖民.发刊词[J].文华图书科季刊创刊号,1929(1).

[43] 顾建新,田芳,石磊.论洪范五对中国现代图书馆事业的贡献[J].中国图书馆学报,2014
(4).

[44] 顾烨青,吴稌年,刘宇.从学科认同的构建看"中国的图书馆学"的建立[J].图书馆杂志,
2012(3).

[45] 顾烨青.民国时期图书馆学会考略[J].山东图书馆学刊,2009(6).

[46] 关于庚款之进行[J].中华图书馆协会会报,1925,1(1).

[47] 广西省立民众教育馆函授民众图书馆学(四)[J].民教通讯,1934(8).

[48] 广州之图书馆教育[J].中华图书馆协会会报,1929,5(1/2).

[49] 郭宗晞.图书学校诞生的背景和它的使命[J].工读周刊,1935(1).

[50] 何人俊.师生情深　思念绵绵——悼念著名图书馆学专家汪长炳老师[J].江苏图书馆
学报,1988(2).

[51] 黄宗忠.武汉大学图书馆学系六十年——兼评文华图专和韦棣华在我国图书馆事业史
上的作用[J].武汉大学学报(哲社版),1980(6).

[52] 会员消息[J].中华图书馆协会会报,1931,7(1).

[53] 吉鸿.忆汪长炳师[J].新世纪图书馆,2004(3).

[54] 纪念周讲演[J].国立社会教育学院院刊,1946,新1,(1).

[55] 季维龙,刘重焘,罗友松.洪范五先生事略[J].图书馆杂志,1983(1).

[56] 冀省教育厅创办暑期社会教育讲习会[J].中华图书馆协会会报,1932,8(1/2).

[57] 蒋复璁.留德图书馆学工作报告[J].图书馆学季刊,1932,6(1).

[58] 蒋复璁.中国图书分类问题之商榷[J].图书馆学季刊,1929,3(1/2).

[59] 教部民教委会会议[J].中华图书馆协会会报,1934,9(4).

[60] 介绍职业[J].中华图书馆协会会报,1937,12(5).

[61] 金陵大学图书馆学座谈会成立[J].中华图书馆协会会报,1941,15(3/4).

[62] 金陵大学图书馆之农业部与图书馆教育[J].中华图书馆协会会报,1930,6(2).

[63] 金敏甫.评王云五的中外图书统一分类法[J].图书馆学季刊,1929(1/2).

[64] 金敏甫.上海国民大学图书馆学系概况[J].图书馆学季刊,1926,1(1).

[65] 瞿成雄,查启森.文华图专重庆办学实录[J].图书情报知识,2010(5).

[66] 锟.图博系近讯[J],国立社会教育学院院刊,1946,1(1).

[67] 李棣华,许防如.日本图书馆概况(参观报告)[J].图书馆学季刊,1935,9(2).

[68] 李刚,叶继元.中国现代图书馆专业化的一个重要源头——中华教育改进社图书馆教育组的历史考察[J].中国图书馆学报,2011(193).

[69] 李满花,傅荣贤.20世纪初我国图书馆学研究中国化诉求得失评[J].图书情报工作,2008,52(1).

[70] 李文裿.写在第三届年会之后.中华图书馆协会会报[J],1936,12(1).

[71] 李小缘.藏书楼与公共图书馆[J].图书馆学季刊,1926,1(3).

[72] 李小缘.全国图书馆计划书[J].图书馆学季刊,1928,2(2).

[73] 李小缘.全国图书馆计划书后记[J].图书馆学季刊,1928,2(2).

[74] 李小缘.中国图书馆事业十年来之进步[J].图书馆学季刊.1936(4).

[75] 李晓菲."满铁图书馆"及其带给我们的启示[J].图书馆建设,1998(1).

[76] 李英.中国现代图书馆之父——李大钊[J].津图学刊,1997(4).

[77] 李蒸视察冀鲁社教所见之图书馆事业[J].中华图书馆协会会报,1932,8(1/2).

[78] 李仲甲.广西图书馆现状及改进意见[J].中华图书馆协会会报,1937,12(6).

[79] 梁建洲,梁鱣如.我国图书馆学、档案学专业教育的摇篮——记武昌文华图书馆学专科学校[J].四川图书馆学报,1996(5).

[80] 梁启超.中华图书馆协会成立会演说辞[J].中华图书馆协会会报,1925,1(1).

[81] 林靖一.图书改装费与登录价格等问题[J].于式玉,译.图书馆学季刊,1930,4(2).

[82] 刘国钧.敬悼洪范五先生[J].图书馆,1963(1).

[83] 刘国钧.图书馆与民族复兴[J].熊飞,笔记.文华图书馆学专科学校季刊,1937,9(3/4).

[84] 刘国钧.现时中文图书馆学书籍评[J].图书馆学季刊,1926,1(2).

[85] 刘劲松,张书美.中基会对民国图书馆学教育的赞助[J].图书馆学研究,2010(3).

[86] 刘廷元.图书馆新书介绍[J].工读周刊,1935,1(1).

[87] 刘脩业.王重民教授生平及学术活动年表(附《著述目录》)[J].图书馆学研究,1985(5).

[88] 刘宇,谢欢,杜慧平.合法性的争夺:为什么图书馆学人热衷于讨论研究对象——兼与刘君先生商榷[J].大学图书馆学报,2014(4).

[89] 鲁省分期调训各县图书馆管理员[J].中华图书馆协会会报,1937,12(5).

[90] 吕绍虞.图书馆生活的十年[J].职业与修养,1940,3(2).

[91] 满铁之图书馆业务研究会[J].中华图书馆协会会报,1935,10(6).

[92] 满铁之图书馆业务研究会联合会[J].中华图书馆协会会报,1930,6(1).

[93] 毛坤.悼韦棣华女士[J].文华图书馆学专科学校季刊,1931,3(3).

［94］毛坤.调查四川省图书馆报告［J］.中华图书馆协会会报,1932,8(3).

［95］毛坤.图书馆当前的问题［J］.文华图书馆学专科学校季刊,1935,7(2).

［96］毛世锟.领导国内图书馆事业的两个会社［J］.图书馆学报(创刊号),1945(1).

［97］毛相麟.文华图专旧事——从公书林到廖家花园［J］.图书情报知识,2007(5).

［98］美国费城世界博览会与我国图书馆出品［J］.中华图书馆协会会报.1926,1(5).

［99］派代表赴万国教育会议之筹备［J］.新教育,1923,6(4).

［100］彭飞.国立社会教育学院图书博物馆学系简史［J］.大学图书馆学报,2007(3).

［101］彭斐章,彭敏惠.文华图专目录学教育与目录学思想现代化［J］.图书馆论坛,2009(6).

［102］平保兴.民国时期汉字检字法史论［J］.辞书研究,2014(5).

［103］钱亮.文华生活回忆——据钱亚新先生生前录音整理［J］.图书情报知识,2008(1).

［104］钱维均.西方图书馆学在中国的早期传播［J］.复旦学报(社会科学版),1985(6).

［105］钱亚新.我的回忆录(9)［J］.图书馆杂志,1990(5).

［106］清心中学添设图书馆学课程［J］.中华图书馆协会会报,1929,4(5).

［107］裘开明.韦师棣华女士传略［J］.中华图书馆协会会报.1931,6(6).

［108］全国教育会议中关于图书馆之提案［J］.图书馆学季刊,1928,2(3).

［109］群育讨论会,校闻［J］.文华图书馆学专科学校季刊,1935,7(2).

［110］群忠,傅振伦.关心图书馆事业的博物馆学家［J］,图书馆界,1998(1).

［111］任鸿隽.庚款与教育［J］.扬州大学学报,2012(3).

［112］任鸿隽.十年来中基会事业的回顾［J］.东方杂志,1935,32(7).

［113］任家乐,姚乐野.民国时期四川省立成都女子职业学校高级图书管理科办学研究［J］,
大学图书馆学报,2015(5).

［114］日本图书馆讲习所招生［J］.中华图书馆协会会报,1933,8(5).

［115］日本之全国图书馆协议会［J］.中华图书馆协会会报,1929,5(1/2).

［116］日本之暑期图书馆学讲习会［J］.学觚,1936,1(7).

［117］日人在满洲之公开图书馆讲座［J］.中华图书馆协会会报,1930,5(4).

［118］日图书馆专家推崇中国图书馆界［J］.中华图书馆协会会报,1937,12(4).

［119］日文部省图书馆讲习所十周年纪念式［J］.中华图书馆协会会报,1931,6(6).

［120］山东省民教馆图书馆讲习会［J］.中华图书馆协会会报,1932,8(1/2).

［121］上海国际劳工分局举办图书馆学讲演［J］.中华图书馆协会会报,1939,14(2/3).

［122］上海国民大学开学典礼摄影(民国十四年秋季)［J］.教育杂志,1926,18(1).

［123］上海图书馆事业战后复兴现象［J］.中国图书馆声,1932(8).

[124] 上海图书馆学函授社招男女学员[J].中国图书馆声,1931(1).

[125] 上海图书馆学函授学校[J].中国图书馆声,1932(5).

[126] 上海图书馆学函授学校续招男女学员[J].中国图书馆声,1932(5).

[127] 上海图书学校[J].中华图书馆学会会报,1934,10(3).

[128] 上海图书学校预备班招生[J].中华图书馆协会会报,1933,10(6).

[129] 沈祖荣.参加国际图书馆第一次大会及欧洲图书馆概况调查报告[J].中华图书馆协会会报,1929(3).

[130] 沈祖荣.国际图书馆大会[J].武昌文华图书科季刊,1929,1(3).

[131] 沈祖荣.民国十年之图书馆[J].新教育,1922(4).

[132] 沈祖荣.私立武昌文华图书馆学专科学校近况[J].中华图书馆协会会报,1942,16(3/4).

[133] 沈祖荣.谈图书馆员的生活[J].文华图书馆学专科学校季刊,1934,9(1).

[134] 沈祖荣.谈图书馆专业教育[J].湖北教育月刊,1935,2(4).

[135] 沈祖荣.图书馆所希望于出版界的[J].文华图书馆学专科学校季刊,1933(2).

[136] 沈祖荣.我对文华图书科季刊的几种希望[J].武昌文华图书科季刊(创刊号),1929(1).

[137] 沈祖荣.在文华公书林过去十九年之经验[J].文华图书科季刊,1929,1(2).

[138] 沈祖荣.中国图书馆及图书馆教育调查报告[J].中华图书馆协会会报,1933(2).

[139] 沈祖荣.中华图书馆协会第三次年会图书馆教育委员会报告[J].中华图书馆协会会报,1936,12(2).

[140] 私立金陵大学文学院概况[J].金大周刊,1929(4).

[141] 私立武昌文华图书馆学专科学校开设档案管理讲习班[J].中华图书馆协会会报,1939,14(2/3).

[142] 私立武昌文华图书馆学专科学校招考新生[J].中华图书馆协会会报,1937,12(6).

[143] 宋景祁.促进中国图书馆的方法及其经过[J].上海图书馆协会会报,1929(3).

[144] 孙心磐.上海图书馆协会概况[J].图书馆学季刊,1926,1(1).

[145] 孙毓修.图书馆[J].教育杂志,1909,1(11).

[146] 孙云畴.纪念我国著名的图书馆学家李小缘先生[J].江苏图书馆学报,1987(1).

[147] 台中主办简易图书馆讲习会[J].中华图书馆协会会报,1932,8(1/2).

[148] 谈金铠.略论解放前我国图书馆专业期刊的发展[J].图书馆论坛,1991(3).

[149] 唐僧(摄).图画时报[J],1927,406.

[150] 陶能祥.社会·教育·人——杜威的教育社会学思想初探[J].外国教育研究,2004

（10）.

[151] 同门会消息[J].文华图书科季刊,1930,2(2).

[152] 图书馆第五次座谈会与新年同乐会同时举行[J].金陵大学校刊,1941(385).

[153] 图书馆教育组·议决案汇录[J].新教育,1923,7(2/3).

[154] 图书馆人才缺乏,多方征聘,供不应求[J].金陵大学校刊,1940(178).

[155] 图书馆消息[J].金陵大学校刊,1940(283).

[156] 图书馆消息四则[J].金陵大学校刊,1941(293).

[157] 图书馆学电影[J].中华图书馆协会会报,1934,10(2).

[158] 图书馆学函授学校近讯[J].中华图书馆协会会报,1935,11(1).

[159] 图书馆学会成立[J].金陵大学校刊,1934,11(2).

[160] 图书馆学会大会纪要新干事产生双十节远足清凉山[J].金陵大学校刊,1935,10(3).

[161] 图书馆学会消息[J].中华图书馆协会会报,1931,7(3).

[162] 图书馆学教本稿本之审查[J].中华图书馆协会会报,1931,6(6).

[163] 图书馆学科章程摘要[J].商务印书馆通信录,1938(436).

[164] 图书馆学免费新生与基金会之新补助[J].中华图书馆协会会报,1930,6(1).

[165] 图书馆学免费新生招考[J].中华图书馆协会会报,1933,8(6).

[166] 图书馆学助学金学生之考试[J].中华图书馆协会会报,1927,3(2).

[167] 图书馆座谈会[J].金陵大学校刊,1941(292).

[168] 图书馆座谈会一周岁[J].金陵大学校刊,1941(259).

[169] 推广图书馆教育[J].中华图书馆协会会报,1933,9(3).

[170] 皖二届中学校长会议成立案[J].中华图书馆协会会报,1930,6(3).

[171] 皖省各专员区设立图书馆办法大纲[J].中华图书馆协会会报,1935,10(6).

[172] 皖省馆办理区图书馆学员实习事宜[J].中华图书馆协会会报,1935,11(2).

[173] 万国鼎.索引与序列[J].图书馆学季刊,1928(3).

[174] 汪长炳.一种研究图书馆学之方法[J].文华图书馆学专科学校季刊,1936,8(3).

[175] 王雅戈,侯汉清.近代索引研究的先驱万国鼎——纪念万国鼎先生诞辰110周年[J].大
学图书馆学报,2008(4).

[176] 王子舟.中国图书馆学教育九十年回望与反思[J].中国图书馆学报,2009(6).

[177] 韦棣华女士演讲,程葆成笔记.运动庚子赔款退回中国扩充推扩中国图书馆之经过
[J].图书馆,1925(创刊号).

[178] 文华图书馆学专科学校消息一束[J].中华图书馆协会会报,1937,12(6).

[179] 文华图书馆学专校校闻[J].中华图书馆协会会报,1931,6(5).

[180] 文华图书科之停顿[J].中华图书馆协会会报,1927,2(6).

[181] 文华图专校近讯[J].中华图书馆协会会报,1936,12(2).

[182] 文华之毕业考试与典礼[J].中华图书馆协会会报,1930,6(1).

[183] 文华专校新设两奖学金[J].中华图书馆协会会报,1934,9(4).

[184] 我国最早的报纸索引——《时报索引》[J].图书馆杂志,1984(2).

[185] 吴鸿志.武昌文华图书科之过去现在及其将来[J].武昌文华图书科季刊,1929,1(2).

[186] 吴利薇.满铁奉天图书馆[J].外国问题研究,2009(2).

[187] 吴稌年.中国近代图书馆史分期的历史语境[J].图书情报工作,2008(3).

[188] 吴稌年.中国近代图书馆事业南京重镇的形成与特征[J].图书馆,2015(1).

[189] 吴稌年.中华图书馆协会的孵化器——中华教育改进社[J].国家图书馆学刊,2014(1).

[190] 吴晓琳.民国时期国立社会教育学院考论[J].教育史研究,2012(4).

[191] 吴稚晖.吴稚晖先生来校演讲记录[J].工读周刊,1935(1).

[192] 萧林来.解放前我国的图书馆学教育史料[J].图书馆学研究,1985(5).

[193] 肖永寿.中国早期函授教育的产生和发展[J].四川师范学院学报(哲学社会科学版),1996(3).

[194] 校董会年会[J].文华图书馆学专科学校季刊,1933,5(2).

[195] 校闻:新聘教授[J].文华图书馆学专科学校季刊,1933,5(1).

[196] 校闻[J].文华图书馆学专科学校季刊,1935,7(3/4).

[197] 校闻[J].武昌文华图书科季刊,1929,1(2).

[198] 校务简述[J].文华图书馆学专科学校季刊,1932,4(3/4).

[199] 校务简述[J].文华图书馆学专科学校季刊,1932,4(3/4).

[200] 新聘教授[J].文华图书馆学专科学校季刊,1932,5(1).

[201] 星五.图书馆要现代化[J].天津市市立通俗图书馆月刊(创刊号),1934,1(1).

[202] 徐家璧.图书馆专业之研究[J].文华图书科季刊,1930,2(1).

[203] 徐雁.人去遗文在,丹青育门生——纪念我国图书馆学教育家王重民先生[J].图书情报工作,2003(5).

[204] 严文郁.国立罗斯福图书馆筹备纪实[J].传记文学,1970,16(4).

[205] 严文郁.美国图书馆概况[J].图书馆学季刊,1932,5(3/4).

[206] 严文郁.韦棣华女士与庚子赔款[J].传记文学,1971,18(5).

[207] 严文郁.文华图专的三位教务主任—悼念汪长炳、徐家麟和毛坤三位同学[J].高校图书情报学刊,1989(2).

[208] 杨学游.介绍图书馆学专家杜定友氏新发明编目卡片使用法[J].工读周刊,1935,1(1).

[209] 喻友信.我国图书馆应有之法规[J].中华图书馆协会会报,1938,13(3).

[210] 袁同礼.中华图书馆协会之过去现在与将来[J].中华图书馆协会会报,1944,18(4).

[211] 缘.华东基督教暑期大学图书馆科[J].图书馆学季刊,1926,1(3).

[212] 云南省大教育系加授图书馆学程[J].中华图书馆协会会报,1937,12(5).

[213] 翟桂荣.1920年北京高等师范学校图书馆学讲习会的历史意义及影响[J].大学图书馆学报,2014(4).

[214] 张敏.中国近代第一份图书馆馆刊——《浙江公立图书馆年报》述评[J].科技情报开发与经济,2011(26).

[215] 张明生.难忘母校、缅怀恩师[J].图书情报知识,2007(5).

[216] 张世泰.杜定友先生传略[J].广东图书馆学刊,1981(3).

[217] 张树华.早期的北大图书馆学系[J].黑龙江图书馆,1987(5).

[218] 张文涛.区分历史书写的三种范式—认知性的历史、认同性的历史和承认性的历史[J].甘肃社会科学,2014(4).

[219] 张衍,卫潇,周毅.苏州大学图书馆学专业发展源流探析[J].新世纪图书馆.2012(8).

[220] 章洪熙.社务报告:筹备推举代表前赴万国教育会议事项[J].新教育,1923,6(5).

[221] 招考图书馆学免费生[J].中华图书馆协会会报,1928,3(6).

[222] 招考新生,本科消息[J].文华图书科季刊,1930,2(2).

[223] 赵福来.文华图书馆学专科学校学生服务组工作报告[J].文华图书馆学专科学校季刊,1932,4(3/4).

[224] 浙第一学区图书馆协会大会[J].中华图书馆协会会报,1933,9(3).

[225] 浙教厅对于南京年会议案之推行[J].中华图书馆协会会报,1930,6(1).

[226] 郑锦怀.韦棣华早年生平史实辨析[J].图书馆论坛,2015(2).

[227] 郑锦怀.中国图书馆学教育的肇始者——克乃文生平略考[J].图书馆,2013(1).

[228] 郑丽芬.筚路蓝缕先驱之路——试论我国第一代图书馆学人留美经历[J],图书馆论坛,2015(4).

[229] 中国教育学术团体联合年会有关图书馆事业议决案汇录[J].中华图书馆协会会报,1939,13(4).

[230] 中华教育改进社图书馆教育委员会提关于美国退还庚款三分之一建设图书馆之提议 [J]. 中华图书馆协会会报,1925,1(1).

[231] 中华教育基金董事会分配款项原则[J]. 中华图书馆协会会报,1925,1(1).

[232] 中华教育文化基金董事会举行常会[J]. 新教育评论,1926,1(4).

[233] 中华教育文化基金董事会图书馆学助学金规程[J]. 中华图书馆协会会报,1926,1(6).

[234] 中华图书馆协会,国立东南大学,中华职业教育社. 江苏省教育会合组暑期学校广告 [J]. 中华图书馆协会会报,1925,1(1).

[235] 中华图书馆协会成立宣言[J]. 中华图书馆协会会报,1925:1(1).

[236] 中华图书馆协会第六次年会第一次会议记录[J]. 中华图书馆协会会报,1944,18(4).

[237] 中华图书馆协会第六年度报告[J]. 中华图书馆协会会报,1931,7(1).

[238] 中华图书馆协会第十年度报告[J]. 中华图书馆协会会报,1935,10(6).

[239] 中华图书馆协会第五年度报告[J]. 中华图书馆协会会报,1930,6(1).

[240] 中华图书馆协会第一次年会纪事[J]. 中华图书馆协会会报,1929,4(4).

[241] 中华图书馆协会第一周年报告[J]. 中华图书馆协会会报,1926,2(1).

[242] 中华图书馆协会介绍专才[J]. 中华图书馆协会会报,1939,13(4).

[243] 中华图书馆协会图书馆学暑期学校之经过[J]. 中华图书馆协会会报,1925,1(4).

[244] 中华图书馆协会缘起[J]. 中华图书馆协会会报,1925:1(1).

[245] 中华图书馆协会执行委员会. 中华图书馆协会致全国各图书馆书[J]. 中华图书馆协会 会报,1929,5(1/2).

[246] 中华图书馆协会职员表[J]. 中华图书馆协会会报,1935,11(2).

[247] 周洪宇,刘飒. 教会学校与近代中国图书馆事业——关于"文华"的个案研究[J]. 基督 教与中国文化丛刊,2004(2).

[248] 周佳贵. 王重民设立图书馆学专修科的始末[J]. 国家图书馆学刊 2013,22(4).

[249] 周连宽. 中国图书馆事业与地方图书馆事业指导团[J]. 武昌文华图书科季刊,1929,1 (1).

[250] Alfred K. M. Chieo. Boone University Library Past,Present and Future—A Review of the History of the Library up to the Tenth Anniversary and Its Outlook for the Future[J]. 文华温故 集,1920,15(4).

[251] Grace D. Phillips. 韦棣华女士与文华图书馆学专科学校(台湾)[J]. 传记文学,1971,18 (5).

[252] Grace D. Phillips. The Boone Library School through the Eyes of a Newcomer[J]. 文华图书

馆学专科学校季刊,1935,7(2).

[253] Harry Clemons. A Great Book or Two[J]. 金陵光,1924(夏季特号).

[254] George W. Huang. Miss Mary Elizabeth Wood:Pioneer of the Library Movement in China[J]. Journal of Library and Information Science(Taiwan),1975(1).

[255] Jing Zheng Chuan,You Deng Shao,Min Cheng Wen,et al. The Queen of the Modern Library Movement in China:Mary Elizabeth Wood[J]. Library Review,2010,59(5).

[256] Miksa F L. Melvil Dewey:The Professional Educator and His Heirs. Library Trends[J],1986 (34).

[257] WF. 倍得沙尔. 图书馆员职务,职业特性与社会变革[J]. 王通,译. 江苏图书馆工作, 1983(1).

[258] William Hwang. The First Library School in China[J]. 文华温故集,1920,15(4).

5. 报纸

[1] 北高师. 北高图书馆讲习会志盛[N]. 晨报,1920 – 08 – 08(3).

[2] 杜定友. 吾校图书馆计划[N]. 国大周刊. 1925 – 10 – 15:1 – 2.

[3] 各校简讯[N]. 申报,1938 – 10 – 22(13).

[4] 教育简报[N]. 申报,1936 – 04 – 13.

[5] 梁启超. 中华图书馆协会成立会演说辞[N]. 晨报副刊. 1925 – 06 – 02(1).

[6] 上海图书馆协会执监会议[N]. 申报,1933 – 10 – 23(12).

[7] 上海图书馆协会执行委员会纪[N]. 申报,1925 – 09 – 22(9).

[8] 上海图书馆学函授学校设奖学金[N]. 申报,1941 – 11 – 18(7).

[9] 市府备案教局登记上海图书馆学函授学校续招第十二届男女生[N]. 申报,1937 – 03 – 11(4).

[10] 市府备案教局登记上海图书馆学函授学校招十四届男女生[N]. 申报,1938 – 10 – 24 (8).

[11] 图书馆函授校[N]. 申报,1935 – 09 – 07(16).

[12] 图书馆学图书馆之组织[N]. 申报,1925 – 09 – 23(20).

[13] 校讯:通告三(三月二十六日)杜定友先生所授图书馆学系课程[N]. 国大周刊,1926 – 03 – 26:2.

[14] 杨昭悊. 我对于图书馆讲习会的意见[N]. 晨报,1920 – 08 – 19(7).

[15] 杂闻:图书馆学播音演讲[N]. 申报,1933 – 04 – 05.

［16］中华图书馆服务社主办中华图书馆学函授学校招男女生［N］.申报，1939－09－22(5).

［17］中华图书馆协会成立会梁启超演说［N］.上海时事新报，1925－06－06/7(2).

6. 网络

［1］程焕文.伟大的图书馆学家杜定友先生［EB/OL］.［2016－08－13］.http://blog. sina. com. cn/s/blog_4978019f0102dzlg. html.

［2］程焕文.英国语言文学大师戴镏龄先生鲜为人知的故事［EB/OL］.［2017－02－03］.ht-tp://blog. sina. com. cn/s/blog_4978019f0100f2eb. html.

［3］上海图书馆大事记.［EB/OL］.［2015－08－03］.http://www. shtong. gov. cn/newsite/node2/node2245/node4457/node55857/userobject1ai41635. html.

［4］上海图书馆事业大事记［EB/OL］.［2015－06－11］.http://www. shtong. gov. cn/node2/node2245/node4457/node55857/index. html.

［5］孙心磐及其图书馆活动.［EB/OL］.［2015－08－03］.http://www. 21cnlunwen. com/gggl/1112/1324434582_1. html.

7. 口述访谈

［1］冯汉骥之子冯士美先生口述，访问时间：2016 年 11 月 2 日。

［2］桂质柏之子桂裕民先生口述，访问时间：2016 年 9 月 20 日。

［3］毛坤之子毛相骞先生口述，访问时间：2016 年 10 月 5 日。

后　记

　　2014年申报国家社科基金确定选题时候,我心里只想着怎么能够拿到项目,而并没有考虑得过多,当最终获批之后,我立即感觉到这项任务的压力。无论从图书馆学教育的学术渊源,或者说从资历的角度来说,由武汉大学、南京大学或者北京大学的学者来执笔都可能更适合一些。而本着无知者无畏的精神,懵懂中接受了这项任务并着手准备时,才明白这并不是件轻松的事情,时常感觉诚惶诚恐,如履薄冰。

　　沈祖荣云:"要特重实事,图书馆学为实用科学。"可见近代图书馆学主要是要解决图书馆工作中所遇到的实际问题,具有工具之学的价值。由于近代图书馆学来自西方,而中国图书馆学教育的肇始又源于两位美国人——克乃文和韦棣华,因此中国图书馆学教育是由模仿美国图书馆学教育开始的。然而,国情不同,文化殊异,西方图书馆学在中国必然遇到一些水土不服的状况,需要加以改良,因此中国图书馆学教育又是一个教学与实验相长的过程,图书馆学本土化伴随了图书馆学教育的整个过程,这是近代图书馆学教育研究的一条主线。

　　另一方面,图书馆学教育与近代图书馆职业化的发展密不可分。由于近代图书馆业的发展,图书馆成为独立的社会教育机构,图书馆人希望通过职业学术的构建来昭示图书馆业的可识别性,希望通过职业教育、正规教育的发展来建立图书馆员的职业准入资格。换言之,图书馆人的职业意识在不断增强,而图书馆学教育则是实现图书馆职业化的有力武器。因此,图书馆学教育不仅是知识传授的过程,也促进了图书馆人职业意识的萌芽。除了技术问题的讨论,沈祖荣、杜定友等人关于图书馆人职业精神、职业操守的讨论,也具有建立职业文化的意味。因此,图书馆学教育与图书馆职业化的联系与影响是本书研究的另一条主线。

　　由于图书馆业是严重依赖政府的非营利性行业,因此图书馆学教育与图书馆业联系紧密,两者都受政府政策影响;而中华图书馆协会是图书馆业的全国性组织,其工作与图书馆学教育也有密切联系,笔者主要以文华图书馆学专科学校等为据进行了分析。此外,对于中等职业教育、临时教育、图书馆学函授教育、日本在华图书馆学教育等一些问题本书也有所涉猎,也算对这一时期图书馆学教育有一个全面的整理。就我个人认为,全书离自己最初所订立的目标有所差异,然而力有不逮,虽已尽力所为,然而错漏与不足仍在所难免,如有时间和精力,还望今后有所修正。

我要感谢导师姚乐野教授为本书作序,姚老师在我申报课题,写作,结题,以及出版过程中提出了很多有价值的意见,这些意见促成了本书的最终形成。我还要感谢中山大学程焕文教授在百忙之中为本书作序,程老师是中国图书馆史研究的权威,也是我所敬慕的前辈。此外还要感谢国家图书馆出版社邓咏秋女士对我的支持与帮助,关于"圕"字的讨论使我理解了出版和写作的不同之处。

时光如梭,从开始着手至今,一晃四年快过去了,谨以此书感谢自己,也感谢那些关心过我的人。本书的出版得益于国家社科基金经费的资助,特志于此。

任家乐

2018 年 4 月 16 日于成都